MACROECONOMICS

MICHAEL PARKIN

Eighth Edition

STUDY GUIDE

MARK RUSH

（第 8 版）

帕金宏观经济学

学 习 指 南

【美】马克·拉什 著 朱中彬 译

人民邮电出版社

北 京

图书在版编目(CIP)数据

帕金宏观经济学(第8版)学习指南/(美)拉什(Rush,M.)著;朱中彬 译.
-北京:人民邮电出版社,2009.2(2010.10 重印)
ISBN 978-7-115-21444-7

Ⅰ.帕… Ⅱ.①拉… ②朱… Ⅲ.宏观经济学—高等学校—教学参考资料 Ⅳ.F015

中国版本图书馆 CIP 数据核字(2009)第167161号

帕金宏观经济学(第8版)学习指南

◆ 著 (美)马克·拉什
译 朱中彬

策 划 刘 力 陆 瑜
责任编辑 刘 力 周敏芳

◆ 人民邮电出版社出版发行 北京市崇文区夕照寺街14号A座
邮编 100061 电子函件 315@ptpress.com.cn
网址 http://www.ptpress.com.cn
电话 (编辑部)010-84937150 (市场部)010-84937152
(教师服务中心)010-84931276
北京人卫印刷厂印刷
新华书店经销

◆ 开本:850×1092 1/16
印张:15
字数:495千字 2009年10月第1版 2010年10月第3次印刷
著作权合同登记号 图字:01-2008-0749
ISBN 978-7-115-21444-7/F

定价:36.00元

本书如有印装质量问题,请与本社联系 电话:(010)84937153

内 容 提 要

本书是迈克尔·帕金《宏观经济学》(第8版)的配套学习指南。书中对帕金《宏观经济学》(第8版)所介绍的经济学关键概念、原理以及理论进行了课堂笔记式的提炼总结，便于读者同步练习、复习和准备考试。书中精心设计各类习题1000余道，每道题都给出了完整的答案，是读者同步练习、复习备考的宝贵资源。

本书适合作为高等院校经济学课程学习的配套参考书。

目　录

前言　怎样取得好成绩

■ 引 言

根据我的经验，学生们最想通过使用学习指南来帮助自己掌握课程内容，以便在考试中取得好成绩。我们编写的这本《帕金宏观经济学（第8版）学习指南》（以下简称《学习指南》），就是用来满足学生们这一特定需要的。然而，仅仅借助于这本《学习指南》还不足以保证你学好宏观经济学课程。为了帮助你解决大多数学生所普遍面临的问题、克服大多数学生所普遍遇到的困难，我在此提出一些如何学习的一般性建议，以及怎样充分利用这本《学习指南》的一些具体建议。与你所学的其他课程相比，经济学提供了一种不同的思维方式。经济学家采用大量假设，将一个复杂问题变成简单的、易于分析的几个可控部分。尽管从根本上讲，这种分析方式并不比其他学科的思维方式要求更高，但大多数学生对它感到生疏，并且需要进行训练才能掌握它。因此，与单纯依靠智力和高中所学知识就能学好的许多其他课程不同，学好经济学并非易事。许多学生在其他课程中取得了A或B这样的好成绩，但是，经济学课程的成绩却是C或更糟；他们到办公室来找我，并对此感到非常沮丧和困惑。他们没有认识到，经济学不同于其他课程，是需要进行训练才能够掌握的。为了你不至于在第一次考试后沮丧地找你的老师，我向你提出如下的建议。

- *不要仅仅依赖你在高中所学的经济学知识*。如果你在高中阶段学过经济学课程，那么你一定了解有关供给与需求的知识，而这些知识正是老师在最初几周内要向你讲授的内容。不要因此而宽慰自己：经济学课程是一门简单的课程。你在高中所学到的有关经济学概念的知识会很有用，但这些知识还不足以保证你在考试中取得高分。你的大学老师要求你掌握有关概念方面更加详细的知识，并且要求你将这些知识运用于新的环境中。
- *以每一周为基础，紧跟课程进度*。在老师讲解之前，要预习课本中有关章节的内容。在初次阅读过程中，不要为你不太理解的细节或论点而担心——只要试着对基本概念和基本问题有大体理解就可以了。当你对课堂讲授内容进行预习后，你可能会惊喜地感受到老师教学能力的提高。老师一讲完某一章的内容，你就要完成《学习指南》中这一章的习题。千万不要在考试的前一天或前一周去死记硬背。但是，根据我所掌握的情况，那些在考前三天通过死记硬背突击学习的学生，其考试分数比普通学生要高，但前者的分类测试成绩较后者的要差，后者是那些在整个学期都一直坚持学习的学生。所以，*不要*掉入反复学习这一陷阱。
- *做好听课笔记*。好的课堂笔记对于有重点的学习是至关重要的。你的老师会讲解课本中大标题下某一小标题中的内容。你的老师在课堂上所讲解的大标题中的内容，是你在学习时需要重点掌握的。你也要重点掌握老师所讲解过的图表。

  老师讲解的重点与课本中的重点会有所不同，所以，要早一点问清楚，在复习备考时，课堂笔记和教材哪个*更*重要。如果你的老师回答两者都重要，那么，你要问以下典型的经济问题：多花一小时复习课堂笔记和多花一小时复习课本，哪一个会更有利呢？这个问题的假设前提是：你已经把课本中每一章内容都阅读了两遍（在课前阅读一遍以求大致理解，在课后阅读一遍以求彻底理解）；你已经做好了一套完整的课堂笔记；还有，你已经将《学习指南》中各章的习题都做完了。在将这种分析方式用于有效分配你的学习时间这一问题中，你已经开始像一名经济学家那样思考了！
- *求助于你的老师和（或）助教*。当你学习这门课程遇到问题时，就去请教老师。请记住：你是在为你所接受的教育付费，而你的老师则是在帮助你学习。在我上班的时间内，只有极少数学生来问我问题，对此我感到很惊讶。请不要害羞。这种一对一的个别指导不仅只有你会受益，而且老师也会有一种职业上的满足感。

- 组建学习小组。与其他同学探讨教材内容和问题，是激发你学习并学好经济学的一种非常有用的方法。大声地讲出问题的答案，是让你了解自己对问题理解程度的一种有效方式。当你只用大脑思考一个问题的答案时，你通常会跳过整个推理过程中的某些环节，而你却并没有意识到这一点。当你迫使自己大声说出时，其中的一些空白点和错误很快就会暴露出来，你（还有你的小组成员）会很快更正你的推理过程。在本书中的分析题和教材中每章后面的复习题，都是特别适用于学习小组的材料。在做完本书中的习题以后，你们学习小组成员可以聚在一起，但在看答案之前，小组成员通过相互帮助来解决以前未解决的问题。
- 做以前的试题。一种最有效的学习方法是，做你的老师前几年所出的试题。以前的试题能够让你感受到老师的出题风格，同时，如果你迫使自己在规定的时间内做完试题，那么为你提供了习惯于紧张气氛的锻炼。从以前的试卷中学东西并不是作弊，只要你是合法得到的试卷。有些学校的图书馆保存着以前的试卷，另外一些学校的试卷则保存在系里。从以前学过这门课程的同学那里得到试卷，也是一种较好的方式。请记住，只有你理解试卷中每一道试题的推导时，这些试卷才会对你的学习有所帮助。如果你仅仅只是记住答案并希望你的老师在考试时出同样的题目，那么你可能会失利。老师们通常每年都会变换试题，或者改动类似试题中的数据。
- 利用 MyEconLab 网站。本教材最令人心动的一个特点是，它提供了利用 MyEconLab 网站进行学习的机会。本教材的作者迈克尔·帕金建立了一家新网站，其中有一个帮助学生们学习的有用的新专题片；他是这方面的领先者。你一定要登录这家网站，因为它提供了全方位的帮助。在教材中，对这家网站有全面系统的介绍。

■ 使用《学习指南》

在读完教材中的每一章并听过老师的讲解后，你就应该做《学习指南》中相关章节的习题。《学习指南》中每一章都包括以下几部分内容。

关键概念　这是第一部分的内容，是按要点形式编写的简短小结，其中包括教材中相关章节中的所有关键定义、概念和要点。教材中的关键概念排的是黑体字。每个黑体的术语都已列入教材的词汇表中。编写第一部分的目的，是让你很快就准确地了解必须掌握的核心内容。这也是考试前一个晚上你最好的学习材料。你也可以把它想像为夹带，用来对你学过的关键概念进行最后的测试。

帮助提示　在掌握概念或方法时，不只是你会遇到困难。许多学生都会发现某些概念较难，而且常常犯同样的错误。我教过3万多名学生学习经济学原理，我常常发现一些共同的错误，并且知道怎样帮助学生们避免这些错误。这些提示指出了这些错误，而且提供了避免这些错误的技巧。这些提示把重点放在最重要的概念、公式及解决问题的方法上。在提示中，也会评论每位老师都会考到的一些关键图形。因为老师们总是要求试题能够检查出学生在理解知识过程中可能出现的错误，所以，我认为这部分内容将是非常有用的。

自测习题　这是《学习指南》中最有用的部分。这些题目意在让你练习，并且测试考试中你必须掌握的技巧与方法。

在自测习题部分，有大量的单项选择题和其他类型的题目，每道题都有特定的教学目的。本书共有近1 000道单项选择题。

在我介绍自测习题的四个组成部分之前，在这里先谈谈适用于各部分的某些共同技巧。

用铅笔直接在《学习指南》上写答案，这样，你才能保证指南书的整洁和完整。在适合用图说明问题时，就画出图形。一些习题很明显是根据图形来提问的；对于许多其他问题，只不过要求对图形稍微做一些调整来回答。总要想着画图。不要试着通过大脑的直接思考得出答案——因为这样你会出现更多错误。无论什么时候画图，你都要想着标明坐标，即使你在《学习指南》中一页的边角空白处画图也要如此。你可能会认为，你能把标示的内容记在大脑中，但是你会面对坐标轴上许多不同变量的许多不同图形。所以，为避免混淆，一定要写明坐标所代表的变量。作为一种附加的激励，你会记住考试时所要求掌握的图形，老师们对于试卷中坐标没有标识的图形会扣分。

把自测习题当作真正的试题来做，这就意味着你在做题时不会翻看答案。这是我向你提供的有效使用《学习指南》提高考试成绩最重要的一个技巧。对于你认为的难题，去刻苦钻研答案是一种最有效的学习方法。“没有付出，便没有收获”，这句谚语同样适用于学习。从你冥思苦想出的正确答案、从你做出的错误答案以及你所犯的错误中，你会学到最多的东西。只有在你试着解答所有的习题后，才能去看答案。当你最后去核对答案时，一定要搞清楚你错在哪里，为什么所给定的答案是正确的。

每章都有许多习题，需要你花费 2 至 6 小时的时间来完成。如果你感到疲劳（或烦了），那么就不要让自己太累，不要试图一次就做完所有习题。可以考虑把自测习题分成两部分（或更多部分）来分次完成。

自测习题包括以下四个方面：

判断并解释 这类题目测试基本概念知识以及你应用这些概念的能力。有些题目能够检验你的理解能力，看你是否能够用基本概念来辨别陈述中的错误。这些题目能够帮助你发现你一些知识方面的空白点，在学习小组中大声说出自己的答案是有用的。

在做这类题目时，要辨别每个陈述是正确还是错误。在每道题下面的空白处，用*你自己的一句话*来解释。

单项选择题 这类测试题较难，用以检验你的分析能力，要求你能够把概念用于新的情况，能够加工信息，并且解决数字和图形问题。

这类题在考试中最常见，自测习题中有许多这类题。

在选择答案前，要阅读问题与四个选项。这几个选项似乎都是正确的，并且仅仅略有差别。你需要选择*最合适的答案*。在做这类题目时，一种有益的策略是，首先去掉有明显错误的选项，然后把重点放在其余的选项上。如果你不能很快就找出正确的选项，那么，千万不要沮丧或者认为自己反应迟钝。设计这些题目，目的是让你通过一番努力才能找到正确选项。

简答题 每章都有几道简答题。有些题是要你直接回答基本概念。这类题通常是要用几句话，至多用一段话来回答。其他题是思考题。学好经济学的最佳方法是做思考题。这类题也是考试中出现第二多的题型——尽可能多地做这类题目。

分析题 每章中都有 1 ~3 个问题（分析题），要么是覆盖面较广的问题，要么是学生们在学习过程中最易出错的问题。这些问题也许是在你的学习小组里讨论的最有价值的问题。大家轮流扮演老师的角色，回答学习小组其他同学提出的问题。也许，你可能非常喜欢这一过程，最终你可能成为一所大学讲授经济学的教授。

习题答案 自测习题后面附有所有习题的答案。与市场上其他学习指南不同，本书提供了所有习题的答案，因为我认为，看这些完整的答案能够帮助你掌握教材的内容，这也是编写本《学习指南》的目的。但是，在做完一道题之前，*不要*去看答案。当你最后看答案时，利用这些答案来了解你错在哪里，所给答案为什么是正确的。

在你做这些习题时，你会发现，判断并解释、单项选择题以及其后的答案，与教材的标题是一致的。如果你某一部分的题目做错了好多，那么，你就应该翻开教材，专心致志地阅读相应标题下的内容！换言之，*使用*教材和本《学习指南》来帮你赢得好成绩！

小测验 在每一章后面的最后部分，都有覆盖这一章内容的另外 10 道选择题。这些题目是我和其他老师在以前的考试中出过的。因为这些题目是由几个老师编写的，各章的小测验风格各异，所以，我确信这是你掌握教材内容的一种好工具。在你学完各章后，你可以马上就做这些题目；你也可以在考试临近时集中做这些题目，以帮助你做考前准备。小测验的答案都附在本指南的后面。

各编习题 每隔几章，在各编的最后，你都会看到一套专门的习题（及其答案）。这一部分的习题是自测习题，编中各章都有 4 道选择题。选择题的题序按各章顺序排列。如果有一章中你错了几道题，那么，你就知道在备考时要在这一章花费更多时间。与各章中的选择题相比，这些选择题的编写风格不同，这是由老师们的编写风格不同所致。通过接触这些不同风格的习题，你将会为你的考试作更好的准备。

期终考试题 在本书的最后，有两套多项选择题的期终试题及答案。这是我在佛罗里达大学用过的两套期终试题。你可以用这些试题来帮助你备考。

如果你能有效地将教材、《学习指南》、MyEconLab 网站以及其他教学资源结合起来使用，那么，你就为考试做好了充分准备。与此同时，你的分析技巧与推理能力都会提高；这会让你终生受益，也会有利于你选择自己的职业。

■ 你的未来与经济学

在你结束这门课程的学习时，你可能会充分考虑是否把经济学作为自己的专业。在本书的最后，有一篇由罗伯特·惠普尔斯撰写的文章。这篇文章通过探讨经济学是否应该成为你的主攻专业，来帮助你选择未来。我请你阅读这篇文章，并且考虑其中的问题。经济学是一个前途光明的专业，所以，我认为你会对这篇重要文章感兴趣的。

■ 评论与致谢

我努力让《学习指南》尽可能地对你有帮助和有用。无疑，你将会看到，这本书会存在一些错误。如果你发现了书中的错误，并且告诉我，那么我和学生们都会非常感谢。我在佛罗里达大学结束讲授宏观经济学课程时，我会要求学生们给我一些建议。我对学生们说，这些建议对他们可能没有什么帮助了，因为他们刚学完了这门课。但是，他们的评论与建议却会影响到未来的教学工作。因此，正如学生们要感谢以前的学生给我提供的评论与建议一样，此后的学生们也会感谢他们。你处于同样的境况中。如果你有问题、建议或仅仅只是评论，那么，请告诉我。我的联系地址在本前言的最后部分，你也可以把邮件发到我的电子邮箱（我的邮箱地址为MARK. RUSH@CBA. UFL. EDU）。你的付出不可能让你直接受益，但却让你以后的学生们受益。而且，如果你同意，那么，我会在以后的版本中列出你的姓名和学校，以便师弟师妹们（或许未来若干年后还有你的孩子们）都能看到你的名字，并且都会对你表示感谢。

到目前为止，一些学生指出了书中的某些错误，我们都应感谢他们。他们是：

- Jeanie Callen（University of Minnesota-Twin Cities）
- Brian Mulligan（University of Florida）
- Patrick Lusby（University of Florida）
- Jonathan Baskind（University of Florida）
- Breina Polk（Cook College at Rutgers University）
- Ethan Schulman（University of Iowa）
- Adrian Garza（University of Iowa）
- Curtis Hazel（University of North Florida）
- Zhang Zili（American University）
- Valerie Stewart（University of Georgia）
- Rob Bleeker（Ohio State University）
- Katherine Hamilton（University of Florida）
- Dennis Spinks（Ohio State University）
- Debbie McGuffie（University of Florida）
- Daniel Glassman（University of Florida）
- Thomas Cowan（University of Florida）
- Christopher Bland（University of Florida）
- Richard Caitung（University of Florida）
- Kristin L. Thistle（University of Florida）
- Michael Benkoczy（University of Florida）
- J. B. Johns（Hopkings University）
- Joshua R. Levenson（University of Miami）
- Ryan Ellis（University of Wisconsin，Madisson）
- Daniel Law（Butte Community College）
- Katherine Kowsh（University of Florida）
- Will Broadway（University of Florida）
- Yalcyn Bican（Turkey）
- Hillary Huffmire（Brigham Young University）
- Michael Lagoe（University of Florida）

我要感谢约克大学的科恩和里贾纳大学的哈维·金。他们为迈克尔·帕金加拿大版本的经济学编写了高质量的学习指南，该指南成为编写本书的基础，本书中的许多优点都是他们著作的直接反映。

韦克福里斯特大学的罗伯特·惠普尔斯为本书撰写了有关主修经济学专业的文章。他还校正了本书原稿中的一些错误，并提供了我在本书中所使用的一些习题。罗伯特是一位杰出的经济学家，他为本书增色不少！另一位杰出的教师西乔治亚州立大学的卡罗尔·多尔，也提供了一些我在本书中所采纳的习题。公正地说，那些具有技巧的习题是卡罗尔和罗伯特的成果。

我还要感谢迈克尔·帕金和罗宾·巴德。迈克尔写出了这么优秀的教材，因此，很容易激发人满怀热情地编写这本配套的《学习指南》。此外，迈克尔和巴德在这本《学习指南》的构思与写作过程中给予我很大的帮助，并且还提出了大力改进这本《学习指南》的建议。

我想要感谢我的家人：苏珊、汤米、博比和卡蒂。苏姗能让我专心致志地写作；汤米帮助我掌握了复杂的FTPing电脑文件操作；博比让我把和他一起骑自行车旅行的计划推迟到了我完成书稿之后；卡蒂来到我的打字室，告诉我她在塞尔达比赛中的进步。非常感谢他们！

最后，我还要感谢Lucky、Pearl和Butterscotch。在我打字时，它们就呆在我的脚上和紧挨电脑的一个盒子里（偶而还会发出咪咪的叫声）。

马克·拉什
佛罗里达大学
经济学系
佛罗里达，盖恩斯维尔 32611
2007 年 1 月

第 1 章 什么是经济学

关键概念

■ 经济学的定义

最基本的经济问题产生于**稀缺性**（scarcity），即我们的欲望不可能全部得到满足。因为所获得的资源不足以满足我们每个人的欲望，所以选择是必要的。作为鼓励一种行为的激励（incentive），或者抑制一种行为的惩罚都影响着选择。

经济学（Economics）是研究选择的社会科学。个人、企业、政府和社会都面临着稀缺性问题，并受激励影响，他们需要进行选择并且协调各种选择。

- **微观经济学**（Microeconomics）研究个人和企业做出的选择，这些选择在市场中相互影响的方式，以及政府对这些选择的影响。
- **宏观经济学**（Macroeconomics）研究国民经济与全球经济的活动。

■ 经济学的两个重大问题

经济学探讨两个重大问题：

- 如何决定生产什么、如何生产以及为谁生产？
- 什么条件下追求个人利益的选择也增进社会利益？

产品和服务（goods and services）是人们认为有价值并且为了满足人们需要而生产出来的东西。产品和服务是使用人们称为生产要素（factors of production）的生产资源生产出来的。共有四类生产要素：

- **土地**（land）是"大自然的恩赐"，如土地、矿产和水。
- **劳动**（labor）是人们生产产品和服务付出的工作时间与努力。劳动的质量取决于人力资本（human capital）的水平。后者是人们从教育、岗位培训和工作经历中所获得的知识与技能。
- **资本**（capital）是企业用于生产产品和服务的工具、设备、机器和建筑物。
- **企业家才能**（entrepreneurship）是指把土地、劳动和资本组织起来的人力资源。

产品和服务是为谁生产的，这取决于人们的收入水平。为了获得收入，人们需要出售他们所拥有的生产要素的服务。土地得到**地租**（rent），劳动得到**工资**（wage），资本得到**利息**（interest），企业家才能得到利润（profit）。

人们是按照**个人利益**（self interest）做出选择的，即做出对自身最有利的选择。最有利于整个社会的选择是基于**社会利益**（social interest）做出的。经济学家致力于研究，什么条件下基于个人利益的选择能够增进社会利益。例如，企业的私人所有制与全球化最有利于社会利益吗？以高科技为标志的"新经济"是基于社会利益所做出的选择吗？由于"9·11"恐怖袭击对生产所做的调整是基于社会利益吗？有关新药品的定价、热带雨林的利用、解决水资源短缺的措施、失业人口数量、政府赤字规模等方面的个人选择是基于社会利益吗？

■ 经济学的思维方式

选择是一种**权衡**（tradeoff）。权衡是一种交换——得到某件东西的同时必须放弃另一件东西。权衡包括权衡"什么"，"如何"权衡，以及"为谁"权衡。

- **艰难的权衡**（big tradeoff）是平等与效率之间的权衡，这也是政府进行收入再分配时必须面对的。

选择改变并影响着我们的经济生活质量。例如，放弃目前的消费去储蓄，意味着将来具有较高的人均消费水平，这样的一种选择是以目前较低的人均消费水平为代价的。

选择的**机会成本**（opportunity cost）是可供选项中价值最高的东西。机会成本不是可供选择的所有东西的价值，而是其中价值最高的东西的价值。所有权衡都与机会成本有关。选择是逐步做出来的，并且是在**边际**（margin）上进行的。

- 增加一项活动所带来的好处称为**边际利益**（marginal benefit）。
- 增加一项活动的成本称为**边际成本**（marginal cost）。

在进行决策时，人们把一项活动的边际成本与其边际利益进行比较。边际成本和（或）边际利益的变动影响到决策，因而，选择是对激励的反应。制度影响到是否基于个人利益的选择能够增进社会利益。

■　经济学：一门社会科学

经济学家区分了两类陈述：

- 实证陈述——关于是什么的陈述。可以通过观察与测量来验证这类陈述的正误。
- 规范陈述——关于应该是什么的陈述。这类陈述涉及到有分歧的观点。

经济学是由与现实世界相一致的一系列实证陈述构成的。经济学采用以下三个步骤进行研究：

- 观察与测量——经济学家观察并记录经济数据。
- 建立模型——一个**经济模型**（economic model）是对经济世界某些方面的描述。此描述仅仅抓住了与研究目的有关的现实经济世界的某些特征。
- 检验模型——对一个模型进行检验的目的在于，确定其预测结果与现实世界一致的程度。**经济理论**（economic theory）是对那些我们认为我们所了解的人们进行的经济选择，以及产业经济与整体经济活动的概括与总结。

　　在建立模型与发展理论时，经济学家采用了其他条件相同的观点。**其他条件相同**（*ceteris paribus*）是一个拉丁词，是指在“其他因素都保持不变”时，集中研究某一特定因素的影响。

在建立模型与发展理论的过程中，可能出现两种谬误：

- 合成谬误是指这样一种（错误的）陈述：对局部而言是正确的，对整体而言也一定是正确的，或者对整体而言是正确的，对局部而言也一定是正确的。
- 事后归因谬误是指这样的一种陈述：因为第一个事件发生在第二个事件之前，所以第一个事件引起第二个事件。

帮助提示

1. **选择与激励**：经济学家所做的关于人类行为的基本假设是，人们尽可能地让自己的状况变得更好。因此，人们通过改变自己的决策来对变化的激励做出反应。一个关键的观点是，一个人会把其采取行动的额外（或“边际”）利益与这一行动的额外（或“边际”）成本进行比较。如果这一行动的边际利益大于边际成本，那么采取行动就会使这个人的状况变得更好，因此，这个人就会采取行动。相反，如果这一行动的边际利益小于边际成本，那么这个人就不会采取行动。额外利益与额外成本是这个人采取行动将得到的利益与承担的成本，这二者相互关联，以确定是否采取行动。明确区分额外利益与额外成本以及总利益与总成本，是经济学特别是微观经济学的一个关键点。
2. **模型与简化**：在试图了解某一事物（例如，一架飞机或一个经济体）是如何运作以及运作的原因时，我们可以进行描述，也可以运用理论。描述列出某物的各方面因素。但却不能告诉我们，理解飞机飞行的重要因素有哪些（如机翼的形状），不重要的因素又有哪些（如飞机的颜色）。科学家运用理论对所描述的复杂的客观世界进行抽象，并且仅仅集中研究其中的几个重要因素。用这些因素建立起模型——对客观世界描述的高度简化。从真正意义上讲，模型如同地图一样。由于抽象掉了有关客观世界无关紧要的细节，地图就变得非常实用了。如果地图上包含了客观世界的全部细节（如路灯、红绿灯和电线），那么，它将是毫无用处的。一幅有用的地图提供的是简化的图形，而后者是根据制图的目的而精心挑选的。一个有用的经济理论同样也是简化的：它能够指导人们理解错综复杂的客观世界是如何运行的，以及如何应对环境的变化。

习　题

判断并解释

经济学的定义

1. 只有穷人才面临着稀缺性问题。
2. 宏观经济学研究改变国民就业与国民收入的因素。

经济学的两个重大问题

3. 回答“生产什么产品和服务”这一问题，也就回答了“如何生产产品和服务”这一问题。
4. 第一个重大经济问题中“如何生产”的一个实例是：“一个国家如何决定谁得到所生产出来的产品和服务?”
5. 资本得到利润。
6. 在做出选择时，大多数人都会考虑社会利益。
7. 基于个人利益的选择有时会增进社会利益。

经济学的思维方式

8. 权衡意味着，你想要得到某种东西就必须放弃其他东西。
9. 在“如何生产”方面不需要权衡，因为企业只采用一种方式来生产产品和服务。
10. 艰难的权衡是指生产什么与如何生产之间的权衡。
11. 如果萨姆花 3 美元购买了一块比萨而不是墨西哥玉米煎饼，那么，这块玉米煎饼就是购买这块比萨的机会成本。
12. 通过比较成本与利益的微小变动，你在边际上做出选择。

经济学：一门社会科学

13. 实证陈述是有关是什么的问题；规范陈述是有关将是什么的问题。
14. 无论什么时候验证事后归因谬误，都要用到其他条件相同这一思想。

单项选择题

经济学的定义

1. 可利用的资源难以满足人们欲望的事实称为______。
   a. 激励
   b. 稀缺性
   c. 产出与通货膨胀之间的权衡
   d. 为谁生产
2. 研究选择对国民经济的影响是______的一部分内容。
   a. 稀缺性
   b. 微观经济学
   c. 宏观经济学
   d. 全球学

经济学的两个重大问题

3. ______不是第一个重大经济问题的组成部分。
   a. 生产什么产品和服务
   b. 如何生产产品和服务
   c. 产品和服务是为谁生产的
   d. 为什么要生产产品和服务
4. “是生产个人电脑，还是生产大型电脑”的问题是______的实例。
   a. 关于“生产什么”的问题
   b. 关于“如何生产”的问题
   c. 关于“何地生产”的问题
   d. 关于“为谁生产”的问题
5. 人们的收入水平各不相同。这种情况直接与第一个重大经济问题中______有关。
   a. “生产什么”的问题
   b. “如何生产”的问题
   c. “为什么生产”的问题
   d. “为谁生产”的问题
6. 获得最高收入的生产要素是______。
   a. 土地
   b. 劳动
   c. 资本
   d. 企业家才能
7. 如果药店经理把一种新药的价格定在每剂 1 000 美元，因为这一价格水平是最有利于经理的，该经理无疑做出了基于______。
   a. 个人利益的选择
   b. 社会利益的选择
   c. 全球化的选择
   d. 生产要素的选择
8. 追求个人利益的选择______。
   a. 总是增进社会利益
   b. 有时增进社会利益
   c. 不会增进社会利益
   d. 不能与基于社会利益的选择相比

经济学的思维方式

9. 英特尔公司决定生产中央处理器芯片，而不是存储器芯片，这最直接反映了______权衡。
   a. 生产什么
   b. 如何生产
   c. 为谁生产
   d. 生活水平
10. 有关储蓄多少的选择______。
   a. 没有机会成本，因为储蓄意味着未来更多的消费
   b. 有更多未来消费的机会成本
   c. 是目前消费与未来消费的权衡
   d. 上述答案都不正确
11. 在上午9：00至10：00之间，弗瑞德可以睡觉，也可以听经济学讲座，还可以打网球。假设他决定去听讲座却只是想想而已，如果他不听讲座，他可能会去睡觉。那么，他听讲座的机会成本是______。
   a. 睡觉和打网球
   b. 打网球
   c. 睡觉
   d. 一个小时的时间
12. 当政府将某些资源用于建造水坝时，这些资源就不能被用于修建公路。此选择说明的概念是______。
   a. 市场
   b. 宏观经济学
   c. 机会成本
   d. 边际利益
13. 一个人在边际上做出选择时，______。
   a. 如果活动的边际利益非常大，那么他或她就不会考虑机会成本
   b. 只有在总利益非常大时，他或她才会选择使用其稀缺的资源
   c. 要比较该项活动的边际成本和边际利益
   d. 选择最小机会成本的活动

经济学：一门社会科学

14. 实证陈述是______。
   a. 关于应该是什么的陈述
   b. 关于是什么的陈述
   c. 往往正确的陈述
   d. 不以其他条件相同为分析工具的陈述
15. 下列选项中，为实证表述的是______。
   a. 政府必须降低比萨的价格，以便让更多的学生能够消费
   b. 最佳的税率是零，因为零税率可以让人们拥有其所挣得的全部收入
   c. 经济学课程应该连续开设两个学期，因为它是我最喜欢的课程
   d. 大学学费增加会导致申请上学的学生人数减少
16. 经济模型______。
   a. 仅仅包括规范表述
   b. 不包括其他条件相同的采用
   c. 包括有关现实状况的所有已知因素
   d. 仅仅包括被认为是非常重要的细节
17. 拉丁语中其他条件相同这一术语的含义是______。
   a. “除非被证明是正确的，否则就是错误的”
   b. “其他条件都相同”
   c. “因为发生在此事件之后，所以此事件为原因”
   d. “即使有逻辑性，也是不正确的”
18. 在一个有30个学生的班级中，一名学生可以轻松地从门口通过。由此可推断，30名学生同时都可以轻而易举地从此门口通过。此为______的例子。
   a. 机会成本谬误
   b. 合成谬误
   c. 替代谬误
   d. 事后归因谬误
19. 事后归因谬误是指______。
   a. 这样一种陈述：对局部而言是正确的，对整体来说也一定是正确的
   b. 这样一种陈述：由于第一个事件先于第二个事件发生，所以，第一个事件是第二个事件发生的原因
   c. 使用其他条件相同这一工具，以便集中研究某一个因素的影响
   d. 这样一种陈述：两个事件发生时间的确定与哪一个事件导致另一个事件的发生无关

■ 简答题

1. “将来，随着技术的更进一步发展，我们最终会消除稀缺性。在高新技术发展的未来，稀缺性将会消失。”你是否赞同这一说法？请说出你的理由，并请解释稀缺性的含义。为什么稀缺性的存在需要人们进行选择？
2. 什么是生产要素？基于生产要素，描述“如何生产产品和服务”这一问题与“为谁生产产品和服务”这一问题的关系。

3. 什么是基于个人利益的决策？什么是基于社会利益的决策？为什么确定基于个人利益的选择与基于社会利益的选择是否相同这一问题很重要？
4. 为什么你从一家商店购买玉米面豆卷的决定是一种权衡？请务必探讨机会成本在其中的作用。
5. “受教育是一项基本的权利。就像幼儿园的 12 级教育是免费的一样，对每一个美国公民而言，接受高等教育也应该是免费的和有保障的。”请运用本章所讨论的有关概念对此陈述进行分析，并回答下列问题：
   a. 对每一个人提供免费高等教育的机会成本是什么？
   b. 从整个社会的角度来看，要提供免费高等教育吗？
6. 指出下列每一种陈述是实证陈述还是规范陈述。如果此陈述是规范陈述，那么，请将其改写为实证陈述；如果此陈述是实证陈述，那么，请将其改写为规范陈述。
   a. 政策制定者即使减少产出，也应该降低通货膨胀率。
   b. 政府对烟制品征税就会减少其消费量。
   c. 应该降低医疗费，以便比较贫穷的人也能够享受优质医疗保健。
7. 在诸如化学这样的学科中，受控实验起着关键的作用。这与经济学家所运用的其他条件相同的工具有何关联？

■ 分析题

1. 你的朋友问道，“做每件事都有机会成本吗？”你的朋友偶然发现了一个非常好的问题。请提供一个同样好的答案。
2. “经济理论毫无用处，因为经济模型建立在不切实际的基础之上。由于经济理论忽略了客观世界太多可描述的细节，因而，它们不可能帮助人们理解经济是如何运行的。”你持怀疑态度的同学这样说道。你想让你的朋友同在一个班学习经济学课程，为的是你们两人能够在一起学习。解释一下经济理论比现实世界简单得多这一事实，并且帮助你的朋友认识到花费时间学习经济理论是值得的！

习题答案

判断并解释

经济学的定义

1. **错误**　稀缺性存在的原因是，人们的欲望超过了客观世界满足这些欲望的能力。稀缺性对任何人——无论是穷人，还是富人——都是客观存在的。
2. **正确**　宏观经济学研究整个经济，微观经济学研究经济的各个独立部分。

经济学的两个重大问题

3. **错误**　几乎所有的产品和服务都可以用许多不同方法进行生产，所以，“如何生产”的问题需要单独来回答，不是回答“生产什么”的问题所包括的。
4. **错误**　第一个重大经济问题中“如何生产”是这样的一个问题：“如何生产产品和服务？”
5. **错误**　资本得到利息，企业家才能得到利润。
6. **错误**　人们在做出选择时是考虑个人利益的，也就是说，他们是按照最有利于自己的原则来进行选择的。
7. **错误**　经济学的一个作用就是发现：在什么条件下基于个人利益的选择能够增进社会利益，以及在什么条件下基于个人利益的选择与社会利益会发生冲突。

经济学的思维方式

8. **正确**　题中给出了权衡的定义。
9. **错误**　企业几乎总可以用多种不同方法生产其产品，所以，当它们选择所使用的生产方法时会面临着“如何生产”的权衡。
10. **错误**　艰难的权衡是指平等与效率之间的权衡。
11. **正确**　机会成本是为了购买比萨所放弃的墨西哥玉米煎饼。
12. **正确**　在边际上做出选择的定义意味着选择考虑微小的变动。

经济学：一门社会科学

13. **错误**　尽管实证陈述确实是关于是什么的问题，但是，规范陈述却是告诉人们政策应该遵循什么。
14. **错误**　“其他条件相同”这一拉丁语，用于集中研究只有一个因素的变动所产生的影响。

单项选择题

经济学的定义

1. **b**　稀缺性是指这样的一个事实：欲望是无限的，但是用来满足这些欲望的资源却是有限的。
2. **c**　宏观经济学研究国民经济与全球经济。

经济学的两个重大问题

3. **d**　“为什么生产”的问题不是第一个重大经济问题的组成部分。
4. **a**　“生产什么”的问题，是指“生产什么产品和服务”这样的一个问题。
5. **d**　收入较高的人比收入较低的人获得更多的产品和服务。
6. **b**　劳动得到工资，工资加上福利约占总收入的70%。
7. **a**　因为选择是最有利于经理的，所以是基于个人利益的选择。
8. **b**　经济学家的部分工作是确定：什么条件下基于个人利益的选择会增进社会利益，什么条件下这两种利益会发生冲突。

经济学的思维方式

9. **a**　“生产什么”的权衡，反映出因特尔公司有关生产“什么”的决策。
10. **c**　因为储蓄减少了目前消费，所以，储蓄的机会成本就是所放弃的目前的消费。
11. **c**　一种行为的机会成本，就是由于采取这一行为而放弃的其他价值最高的选择。
12. **c**　因为资源用于修建大坝了，使用这些资源修建公路的机会就被放弃了。
13. **c**　比较边际成本与边际利益是一个重要的技术，在微观经济学中就更是如此。

经济学：一门社会科学

14. **b**　实证陈述描述了世界是如何运行的。
15. **d**　该陈述仅仅是试图描述世界实际上是如何运行的陈述。其他所有陈述都是描述应该追求什么政策的规范陈述。
16. **d**　由于只包括重要的细节，经济模型比现实世界要简单得多。
17. **b**　其他条件相同相当于可控的经济实验：它的使用能够让我们确定每一个独立因素的影响，尽管其他许多因素也可能对这一个变量产生影响。

18. **b**　在这种情况下，合成谬误认为，对局部正确的东西也必定对整体是正确的。

19. **b**　通常，事后归因谬误是这样一种观点：由于第一件事发生在第二件事之前，所以是第一件事导致了第二件事的发生。

■ 简答题

1. 这种说法是错误的。因为稀缺性将永远存在。由于人们的欲望基本上是无限的，而用来满足其欲望的资源却是有限的，从而出现了稀缺性问题。因此，并不是每一个人的欲望都能完全得到满足，例如看看那些想在不拥挤的滑雪场滑雪来度过整个冬季的人们。不管技术水平如何，也依然没有足够的滑雪场来满足每一个想在整个冬季滑雪的人的愿望。不拥挤的滑雪场是稀缺的，并且将永远如此。

   并不是所有想要的产品和服务都能生产，因此，必须进行选择，以确定哪些欲望会得到满足，哪些欲望不能得到满足。

2. 生产的四要素是土地、劳动、资本和企业家才能。这些要素是用于生产产品和服务的资源，题中的问题是，如何生产产品和服务是指要用哪些要素去生产。人们通过提供生产要素并被使用可以获得收入。土地获得地租，劳动获得工资，资本获得利息，企业家才能获得利润。该题要求回答，产品和服务是为谁生产的，这取决于人们的收入。例如，如果有较多的土地用于生产产品和服务，那么土地所有者的收入就会较高，从而他们会获得较多所生产出来的产品和服务。

3. 基于个人利益的选择，是最有利于做出选择的个人的选择。基于社会利益的选择，是最有利于社会的选择。重要的是要确定，基于个人利益的选择与基于社会利益的选择是否相同。如果这二者相同，那么，追求个人利益的人们也增进了社会利益。

4. 购买玉米面豆卷的决定反映了一种权衡，因为你是放弃你的现金来获得这块豆卷。购买这块玉米面豆卷的机会成本是所放弃的价值最高的东西。例如，如果你没有决定购买这块玉米面豆卷，你就会用这些现金从汉堡王快餐店购买一块汉堡包。在这种情况下，购买一个玉米面豆卷的机会成本就是所放弃的汉堡包，因为这是所放弃的价值最高的物品。

5. a. 即使可以不收费（免费）提供高等教育，也依然存在机会成本。提供免费教育的机会成本，是指建设大学所用资源在其他用途中的最大价值，加上用来维持学校运转所需资源（包括人力资源）在其他用途中的最大价值。

   b. 就社会而言，提供“免费”高等教育并不是免费的。如果某些资源被用于提供免费教育，那么，它们将不能再用于其他方面。例如，已经用于建立一所新大学的资源就不可能再用于建造一家医院以提供更好的医疗保健。另外，那些教职员工和学生在管理与参与学校事务方面所花费的时间以及所付出的努力，也都具有相当大的机会成本。事实上，他们不可能完全参与其他经济部门的事务。这一切都说明，对每一个人提供“免费”高等教育会让整个社会为此付出代价！

6. a. 该陈述是规范陈述。实证陈述是：“如果政策制定者将通货膨胀率降低一个百分点，那么产出就会减少一个百分点。”

   b. 该陈述是实证陈述。规范陈述是：“我们应该对烟制品征税，目的是减少其消费量。”

   c. 该陈述是规范陈述。实证陈述是：“如果医疗费降低，那么，就会有更多穷人能够享受医疗保健。”

7. 通过进行可控实验和观察实验结果，化学家可以检验一个模型预测的准确程度。例如，要确定温度对某一特殊反应的影响，他们就可以保证在不同的实验中，保持其他因素不变，只有温度发生变化。经济学家通常不能进行这样的可控实验，取而代之的是：每次只让某一模型中的一个因素发生变化，并比较这一因素变化的不同结果。这种研究方法包括其他条件相同——只允许一种因素变化——的运用。因此，与化学家和其他科学家所进行的可控实验相比，经济学家有可能在建立和检验模型中面临更大的困难和更大的不确定性。

■ 分析题

1. “事实上，每件事都有机会成本。人们有时会说，在撒哈拉大沙漠的中部观看美丽的日落或使用沙子没有机会成本。但严格来讲，这种说法并不正确。观看日落的机会成本是观看日落所花费的时间。这些时间可以用在其他某种活动上。不管价值第二高的选择是什么，观看日落所花费的时间就是观看日落的机会成本。同样，使用撒哈拉大沙漠的沙子也有机会成本——花费在采集沙子上的时间或用于采集沙子的资源。所以，从更广的视野看，答案是：每件事都确实有机会成本。”

2. “经济理论好像是地图，地图非常实用，因为它们是从客观世界的细节中抽象出来的。一幅实用的地图提供简化的视图，并且是根据地图的用途进行认真筛选得到的。没有哪一个地图制作者认为世界会像地图那样简单（或单调），经济学家们也不会认为现实经济像他们的理论所描述的那么简单。经济学家认为，他们的理论不受经济中实际因素的影响，根据这些理论所做出的预测能够用客观经济世界中的经济数据进行检验，因而所做的预测往往是正确的。

“我父母曾经给过我一本书，该书作者是诺贝尔经济学奖得主米尔顿·弗里德曼。关于这一问题，他在本书中有这样的一些论述：‘从最接近的描述角度看，一种理论或它的‘假设条件’不可能是完全真实的……一种小麦市场完全‘真实的’理论，不仅必须包括直接基于小麦供给与需求的条件，而且还包括用于进行交换的硬币或信用票据的种类。小麦交易者的个人特征，诸如每一个交易者的头发与眼睛的颜色，……其家庭的每一个成员及其特征，……小麦所生长的土壤种类，……小麦生长期内主要的气候等等诸如此类的不确定因素，在实现这种‘现实主义’的过程中，任何进一步的尝试一定会导致理论完全失去作用。’

“我认为，弗里德曼在其论述中道出了许多深刻道理。在我看来，一个理论要想有影响，似乎必须是简单的。也正因为如此，我尚未发现忽视琐碎的细枝末节的经济理论有任何问题。”

资料来源：Milton Friedman, “The Methodology of Positive Economics,” in *Essays in Positive Economics.* （Chicago：University of Chicago Press，1953），32.

小测验

1. 最基本的经济问题是______。
   a. 减少失业
   b. 健康与医疗保健
   c. 稀缺性
   d. 降低通货膨胀率
2. 研究单个企业如何确定产品价格，主要是______关心的问题。
   a. 规范经济学
   b. 宏观经济学
   c. 微观经济学
   d. 所有经济学家
3. ______是关于宏观经济学的论题。
   a. 为什么个人电脑的价格一直在下降
   b. 奶酪价格的上升是如何影响比萨市场的
   c. 决定国家通货膨胀率的因素有哪些
   d. 消费者如何决定消费墨西哥玉米面豆卷的数量
4. 一经济单位在 7 月 4 日（美国独立纪念日——译者注）生产烟火用于销售，此陈述最直接地回答了______的问题。
   a. 生产什么产品和服务
   b. 机会成本
   c. 为谁生产产品和服务
   d. 如何生产产品和服务
5. 医生们的平均收入已经超过了 250 000 美元，这种经济状况直接回答了______的问题。
   a. 生产什么产品和服务
   b. 机会成本
   c. 如何生产产品和服务
   d. 为谁生产产品和服务
6. ______是微观经济学问题。
   a. 制药公司如何确定药品价格
   b. 政府赤字对失业率有何影响
   c. 通货膨胀是否有害
   d. 为什么失业率会降低
7. 平等与效率之间的艰难权衡反映出的观点是______。
   a. 生产什么能够影响人们的收入
   b. 如果多生产一种产品，那么就会减少另一种产品的生产
   c. 对生产活动征税，意味着生产出较少产品和服务
   d. 上述答案都不正确
8. 机会成本______。
   a. 对服务而言是零，因为服务不会持续很久；而对产品而言是正的，因为产品具有长久性
   b. 由社会支付，而非由个人支付
   c. 是为了进行某一选择而放弃的评价最高的选择
   d. 为进行某一选择而放弃的所有选择
9. 在经济学中，实证陈述______。
   a. 仅仅是关于经济学家无疑是（“确实是”）正确的事实的陈述
   b. 指出了政府应该出台的政策
   c. 取决于价值判断
   d. 从原则上讲，是可以进行检验从而确定其正确与否的
10. 合成谬误是这样一种（错误的）表述：______。
   a. 理论对于更好地理解现实世界是必要的
   b. 模型就其实质而言，是可以进行规范的，它不需要任何实证的结论
   c. 人们的自主意识将会使对其行为的预测变得无效
   d. 对整体而言是正确的，对局部来说也是正确的

本小测验的答案请参见第 224 页

附录　经济学中的图形

关键概念

用数据作图

图形中直线上的距离代表数量。在一个图形中，带有刻度的水平线为*x*轴，带有刻度的垂直线为*y*轴，两条轴的交点为*原点*。

经济图形主要有三种类型：

- **时间序列图**（time-series graph）——表示时间（用*x*轴表示）与另一个变量（用*y*轴表示）之间的关系。时间序列图显示出变量的大小、变化的方向、变化的速度与趋势（trend）；趋势是指变量的总体升降方向。
- **横截面图**（cross - section graph，也可译作“**截面图**”）——显示某一时点上同一个经济变量在不同组别或类别上的值。
- **散点图**（scatter diagram）——在平面坐标上标出表示两种不同变量对应关系的点，以揭示两个变量之间的关系。这样一种关系表明的是两个变量如何*相互关联*的关系，而不是要表明一个变量的变化是否*会导致*另一个变量的变化。

经济模型中运用的图形

变量之间存在如下四种重要关系：

- **正相关**（positive relationship）或**同方向相关**（direct relationship）——同方向变动的两个变量之间的关系，如图A1.1所示。表示这种关系的曲线是向右上方倾斜的。
- **负相关**（negative relationship）或**反方向相关**（inverse relationship）——反方向变动的两个变量之间的关系，如图A1.2所示。表示这种关系的曲线是向右下方倾斜的。

图 A1.1　正相关

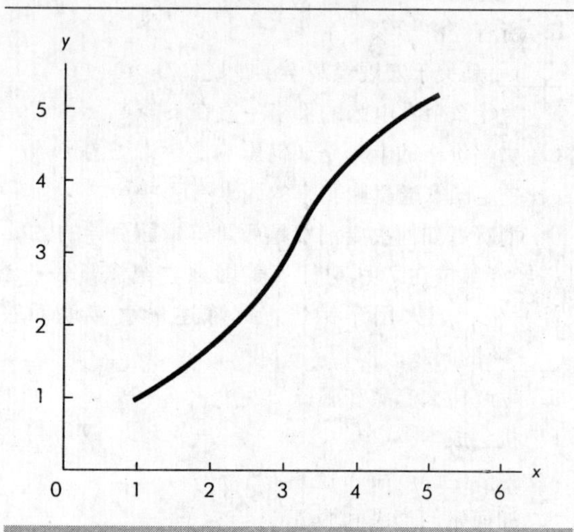

图 A1.2　负相关

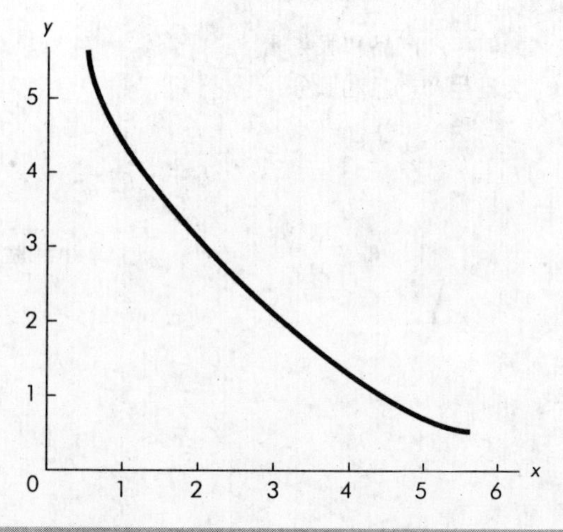

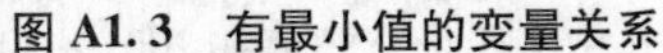

图 A1.3　有最小值的变量关系

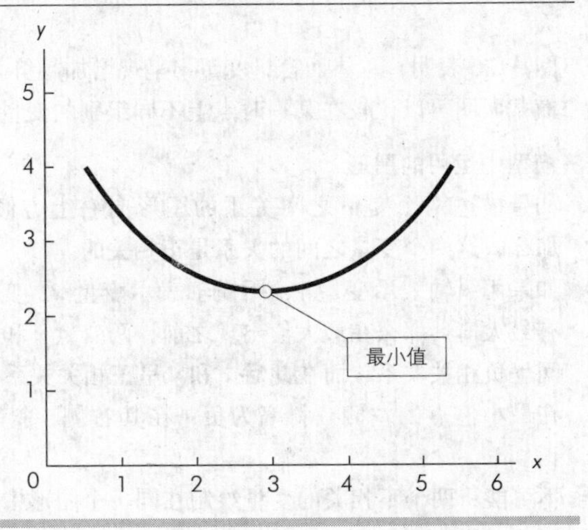

图 A1.4　无关变量关系

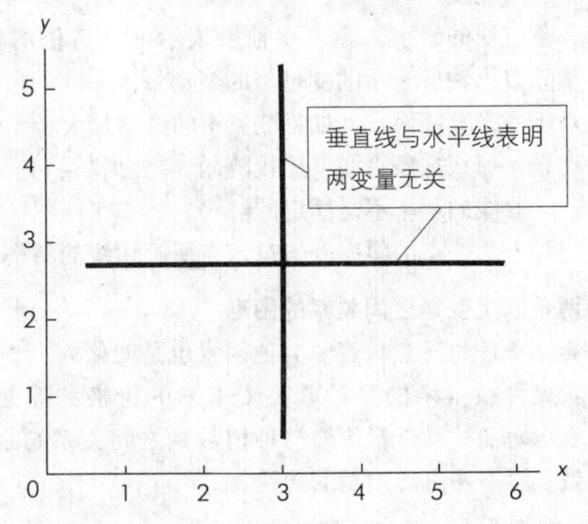

- 有最大值或最小值的变量关系——在变量关系达到最大值或最小值后，变量之间的关系会发生方向上的变化。图 A1.3 表示有最小值的变量关系。
- 无关的变量关系——两个变量毫无关联，这样，一个变量的变化不会影响到另一个变量。表示这种关系的图形要么是垂直线，要么是水平线，如图 A1.4 所示。

能用直线来表示的两个变量之间的关系被称为**线性相关**（linear relationship）。

■　一种关系的斜率

一种关系的斜率（slope）是 y 轴上变量值的变动量除以 x 轴上变量值的变动量。斜率的表达式为：$\Delta y/\Delta x$，Δ 表示“变动量”。一条直线（或线性关系）的斜率是不变的。一条曲线的斜率则是多变的，可以用两种方法来计算：

- *一点的斜率*——过曲线上的某一点画出一条切线，然后计算出切线的斜率。
- *一段弧之间的斜率*——过一条曲线上的两点画出一条直线，然后计算出这条直线的斜率。

■　绘制两个以上变量之间关系的图形

为了绘制两个以上变量关系的图形，我们可以假定除了两个变量以外的其他变量值都不变（*其他条件相同*假设，即“其他条件不变”）。因此，在*其他条件相同*的情况下，我们在绘制两个变量的关系时，只有所研究的变量在变化。当其中某个不在图形中表示的变量发生变化时，表示这两个变量关系的图形会移动。

帮助提示

1. 图形与图形分析的重要性：经济学家几乎总是运用图形来说明变量之间的关系。这一点不应让你对经济学感到“恐惧”，也不会让你停止学习经济学。经济学家之所以这么做，是因为图形使得分析简化了。本附录介绍了你需要掌握的所有关键概念。如果你很少运用图形分析问题，那么，本附录对于你尽快掌握经济分析能力是至关重要的。然而，如果你在绘制与运用图形方面有着丰富的经验，那么，本附录的内容可能是“陈旧的”。尽管如此，你还是要浏览一下该附录，并且做本《*学习指南*》中有关附录的习题。
2. 计算斜率：各种关系的斜率常常是重要的。通常，关键是斜率的符号——斜率是正的，还是负的——而不是斜率的实际大小。记住斜率公式的一个简便方法是把它记为“高度比长度”，这是木匠和其他人常用的一种说法。如图 A1.5 如示，高度是纵轴所表示的变量的变动量，或者用符号 Δy 表示，长度是横轴所表示的变量的变动量，或者用 Δx 表示。“高度比长度”这一表达式，也可以帮助我们很容易地记住斜率是正数、还是负数。如图 A1.5 所示，如果高度实际上是在下降，那么斜率就是负的；这是因为，当以横轴表示的变量增加时，以纵轴表示的变量却在减少。相反，如果高度实际上是在增加，那么斜率就是正的。在这种情况下，以横轴表示的变量和以纵轴表示的变量都在增加。

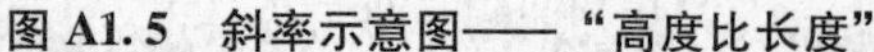

图 A1.5　斜率示意图——“高度比长度”

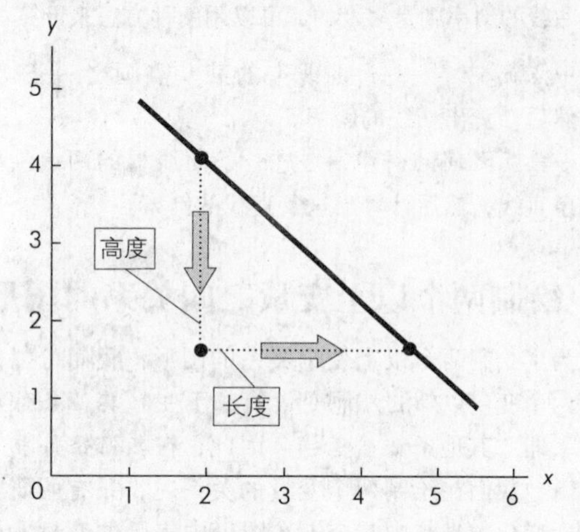

图 A1.6　判断并解释 3～5 题

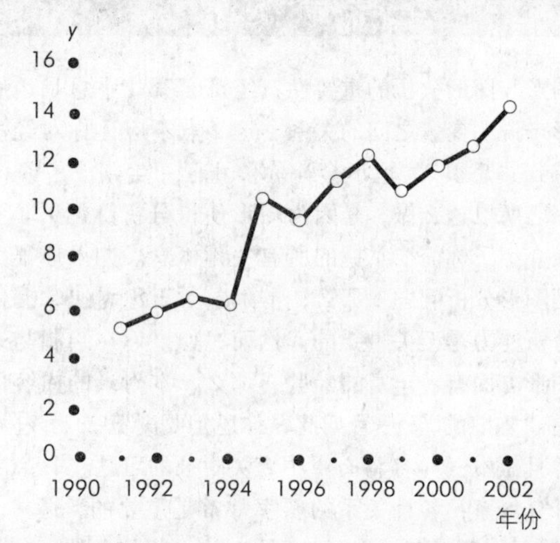

习　题

■ 判断并解释

用数据作图

1. 原点是图形的起点。
2. 表示股票价格与国民总产值之间正相关的图形说明，股票价格上涨会导致国民总产值的增加。
3. 在图 A1.6 中，变量 y 的值在 1998～1999 年是下降的。
4. 在图 A1.6 中，变量 y 的值在 2001～2002 年增速最大。
5. 图 A1.6 表明，总体而言，变量 y 呈现增加趋势。
6. 横截面图可以比较在某一时点上不同组别的变量值。

经济模型中运用的图形

7. 如果描述两个变量之间关系的图形向右上方倾斜，那么，这两个变量之间的关系是正相关的。
8. 如果用纵轴表示变量 y，用横轴表示变量 x，变量 y 有最大值，那么在最大值出现之前，两变量 x 和 y 之间呈负相关关系，而在此后 x 和 y 呈正相关关系。
9. 在最小值点的左侧，斜率为负；在其右侧，斜率为正。
10. 不可能将两个不相关的变量绘制在同一个图形中。

一种关系的斜率

11. 当沿着正相关的图形向右上方移动时，该图形的斜率有可能变小。
12. 一条直线的斜率，等于横轴所表示的变量值的变动量除以纵轴所表示的变量值的变动量。
13. 对于一条直线而言，如果变量 y 的变动量大于 x 的变动量，那么这条直线就比较陡峭。
14. 一条曲线的斜率不是固定的。
15. 曲线上某一点的斜率等于过该点所画切线的斜率。

绘制两个以上变量之间关系的图形

16. 其他条件相同意味着“其他因素也是变化的”。
17. 农民种植玉米的数量取决于玉米的价格和降雨量。表示每蒲式耳玉米价格与种植数量之间关系的曲线，就是没有考虑降雨量的曲线。

■ 单项选择题

用数据作图

1. 描述经济变量是如何逐年变化的最合适的图形是______。
   a. 单一变量的图形
   b. 时间序列图
   c. 线性图形
   d. 横截面图
2. 你注意到：当通货膨胀率上升时，利率也趋向于上升。这一事实表明，______。
   a. 通货膨胀率与利率之间存在着不真实的因果关系
   b. 通货膨胀率的上升一定会导致利率的上升

c. 通货膨胀率与利率的散点图呈正相关关系

d. 通货膨胀率与利率的横截面图呈正相关关系

3. 你认为美国生产的产品的总量通常是增加的，那么，在描述该总量的时间序列图中，你期望看到______。

a. 该图形向上方倾斜

b. 时间变量与所生产产品的数量无关

c. 时间变量与所生产产品的数量呈反向关系

d. 时间变量与所生产产品的数量呈线性关系

4. 假设在东北部地区，冬季越冷，天然气的销售量就越大。如果该假设成立，那么下列哪种图形最好地揭示了这一点______。

a. 表示东北部地区在过去30年间天然气数量的时间序列图

b. 表示东北部地区在过去30年间平均气温的时间序列图

c. 表示东北部地区天然气销售量与平均气温变化关系的散点图

d. 表示东北部地区在过去30年天然气销售量与30年前以及今年的平均气温变化趋势的趋势图

5. 可能产生误导的图形是______。

a. 时间序列图

b. 横截面图

c. 散点图

d. 任何类型的图形

经济模型中运用的图形

6. 如果变量 x 和 y 同时向上和向下变动，那么二者是______。

a. 正相关的

b. 负相关的

c. 不相关的

d. 有相关趋势的

7. 在图 A1.7 中，当收入为 20 000 美元时，消费量等于______。

a. 0 美元

b. 10 000 美元

c. 20 000 美元

d. 不确定

8. 如图 A1.7 所示，收入与消费量之间的关系是______。

a. 正相关的与线性的

b. 正相关的与非线性的

c. 负相关的与线性的

d. 负相关的与非线性的

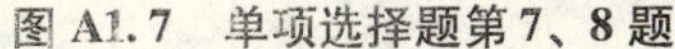

图 A1.7　单项选择题第7、8题

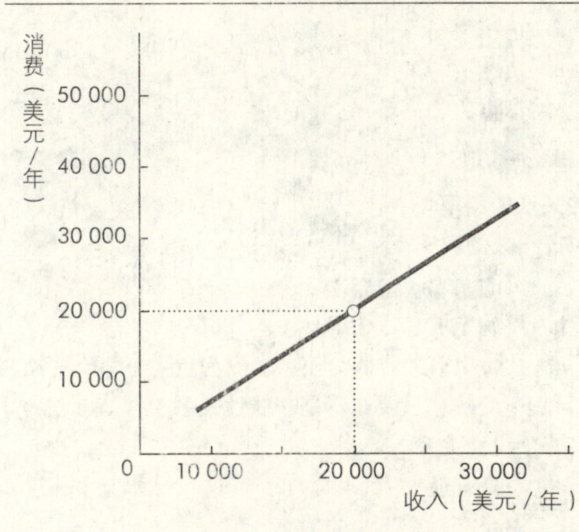

图 A1.8　单项选择题第8题

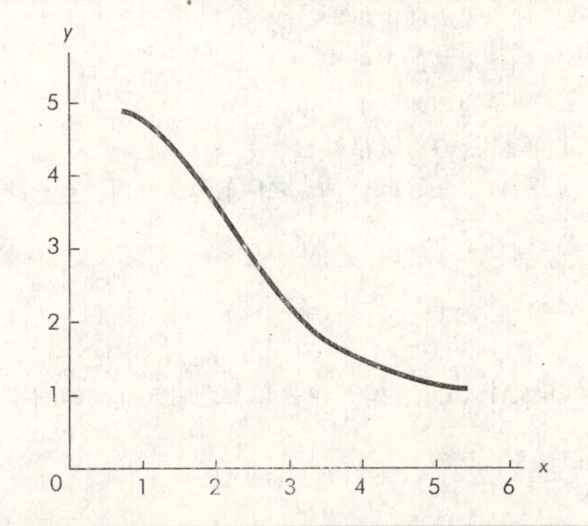

9. “同方向相关”这一概念的含义与______相同。

a. 相关

b. 趋势

c. 正相关

d. 负相关

10. 图 A1.8 表明______。

a. 一种正相关关系

b. 一种时间序列关系

c. 一种负相关关系

d. 两个变量是无关变量

11. x 和 y 两个变量之间的关系表现为一条垂直线，那么，x 和 y 是______。
   a. 正相关
   b. 负相关
   c. 不相关
   d. 假相关

一种关系的斜率

12. 负相关的斜率是______。
   a. 负的
   b. 不确定的
   c. 在最大值的右侧为正，左侧为负
   d. 不变的，只要二者是非线性关系
13. 一个线性关系______。
   a. 总是有最大值
   b. 总是有一个不变的斜率
   c. 总是向右上方倾斜
   d. 绝对不会有不变的斜率
14. 在图 A1.9 中，x 和 y 的关系是______。
   a. 斜率递增的正相关
   b. 斜率递减的正相关
   c. 斜率递增的负相关
   d. 斜率递减的负相关
15. 在图 A1.9 中，a、b 两点之间的弧斜率为______。
   a. 5
   b. 4
   c. 2
   d. 1
16. 在图 A1.10 中，若 x 在 2 和 3 之间，直线的斜率是______。
   a. 1
   b. －1
   c. 2
   d. 3
17. 在图 A1.10 中，将 x 等于 4 和 5 之间的直线斜率与 x 等于 2 和 3 之间的直线斜率进行比较，其结果是______。
   a. 在 x 等于 4 和 5 之间的斜率更大
   b. 在 x 等于 2 和 3 之间的斜率更大
   c. 这两个斜率相同
   d. 这两个斜率不可比较

图 A1.9　单项选择题第 14、15 题

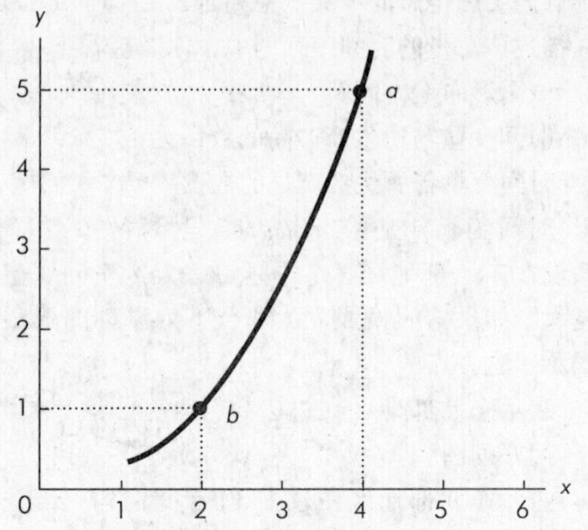

图 A1.10　单项选择题第 16、17 题

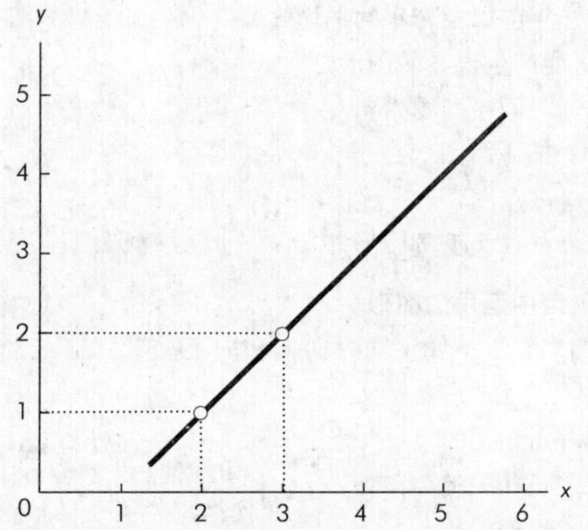

绘制两个以上变量之间关系的图形

18. 在图 A1.11 中，______。
   a. x 与 y 是正相关，而与 z 是负相关
   b. x 与 y 和 z 都是正相关
   c. x 与 y 是负相关，而与 z 是正相关
   d. x 与 y 和 z 都是负相关
19. 在图 A1.11 中，在其他条件相同的条件下，x 的增加会引起______。
   a. y 的增加
   b. y 的减少
   c. z 的减少

图 A1.11　单项选择题第 18～20 题

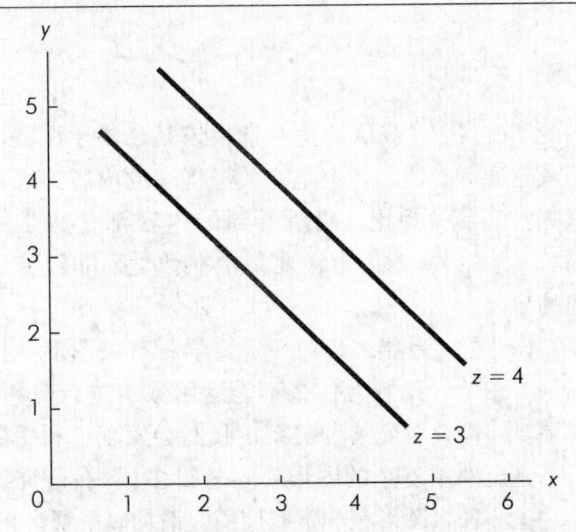

d. 以上选项都不正确

20. 在图 A1.11 中，z 的增加会导致______。

a. 点在表示 x 和 y 之间关系的一条直线上向上移动

b. 点在表示 x 和 y 之间关系的一条直线上向下移动

c. 表示 x 和 y 之间关系的直线向右移动

d. 表示 x 和 y 之间关系的直线向左移动

■ 简答题

1. a. 表 A1.1 给出了美国 1981～2005 年期间的失业率数据。请画出这些数据的时间序列图。

b. 哪一年的失业率最高？

2. a. 根据表 A1.2 中的数据画出 x 和 y 的关系图。

b. x 的取值在什么范围内时，x 和 y 是正相关的？x 的取值在什么范围内时，x 和 y 是负相关的？

c. 计算 x 为 1 和 2 之间的曲线的斜率。

d. 计算 x 为 5 和 6 之间的曲线的斜率。

e. c 和 d 的答案与 b 的答案有何关系？

表 A1.2　简答题第 2 题

x	y
1	2
2	4
3	6
4	8
5	7
6	6

表 A1.1　简答题第 1 题

年　份	失业率（%）
1981	7.6
1982	9.7
1983	9.6
1984	7.5
1985	7.2
1986	7.0
1987	6.2
1988	5.5
1989	5.3
1990	5.5
1991	6.7
1992	7.4
1993	6.8
1994	6.1
1995	5.6
1996	5.4
1997	5.6
1998	5.0
1999	4.2
2000	4.0
2001	4.7
2002	5.8
2003	6.0
2004	5.5
2005	5.1

3. a. 在图 A1.12 中，利用 b 点处的切线来求斜率。

b. 计算点 a 和 b 之间的弧的斜率。

c. 计算点 c 和 b 之间的弧的斜率。

图 A1.12　简答题第 3 题

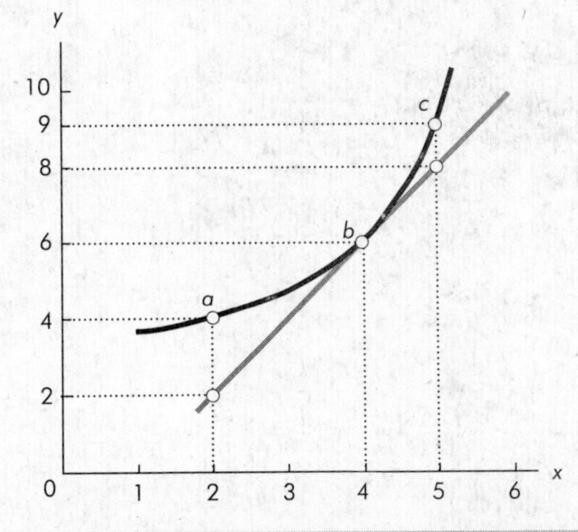

4. 一条曲线的斜率既可以大于零而又递减吗？如果可以，请举例并画图。

5. a. 博比说由于CD的价格较高，他很少购买。但他又说等他毕业后，收入较高时，他会购买更多的CD。博比的CD购买量与CD的价格是正相关还是负相关？博比的收入与其CD的购买量是正相关还是负相关？

b. 表A1.3分别列出了博比在低收入和高收入两种情况下，在不同的CD价格水平下，每月的CD购买量。请在以纵轴表示CD的价格，以横轴表示CD的购买量的坐标系中，画出博比在其收入水平较低时，CD的购买量与CD的价格之间的关系图。

c. 在上述坐标系中，画出博比在其收入水平较高时，CD的购买量与CD的价格之间的关系图。

表A1.3 简答题第5题

价格（美元/张）	CD的购买量（张数，低收入时）	CD的购买量（张数，高收入时）
11	5	6
12	4	5
13	3	4
14	1	3
15	0	2

d. 博比收入的增加会导致表示CD的价格与CD的购买量之间关系的曲线向右移动，还是向左移动？

分析题

1. 你的朋友说："我认为这一章应该是经济学课程，而非数学课程的内容。但是有关经济学的内容到底在哪里呢？到目前为止，我所看到的内容都是数学方面的！"请解释本章内容主要集中在数学而非经济学方面的原因。

2. "我不明白，为什么我们一定要学习有关图形分析的知识。相反，我们为什么不能运用数字进行分析呢？如果我们需要看到某种关系，我们会发现，利用数字而不是全部用复杂的图形要容易得多！"在研究经济学时，为什么图形是非常有用的？请加以解释。

3. 一名学生问道："在一条曲线的倾斜方向、斜率大小与其所反映的一个变量和另一个变量的关系（正相关，还是负相关）之间一定存在着联系。但是，我却看不到这种联系。真的存在一种联系吗？是一种什么样的联系？"通过回答这名学生提出的这些问题来帮助他。

习题答案

■ 判断并解释

用数据作图

1. **错误**　原点是横轴与纵轴的起点，而不是图形的起点。
2. **错误**　该图形说明股票价格与国民总产值之间的相互关系，但是，它并不一定说明股票价格上涨会导致国民总产值的增加。
3. **正确**　由图 A1.6 可以看出，y 的值由大约 12 下降到大约 10。
4. **错误**　变量 y 的值在 1994 ~ 1995 年之间增速最大。
5. **正确**　因为图 A1.6 已经清楚地展示了变量 y 向上变化的趋势。时间序列图可以将一个变量的变化趋势表现得简单明了。
6. **正确**　这是横截面图的定义。

经济模型中运用的图形

7. **正确**　如果图形向右上方倾斜，那么，横轴所表示的变量的增加，一定会伴随着纵轴所表示的变量的增加。
8. **错误**　如图 A1.13 所示，在达到最大值之前，x 和 y 之间的关系一定是正相关的；在达到最大值以后，x 和 y 之间的关系一定是负相关的。
9. **正确**　为了验证这个答案，请将图 A1.13 颠倒一下。这样，在最小值的左侧，曲线是向下倾斜的，所以，其斜率为负；而在最小值的右侧，曲线是向上倾斜的，所以，其斜率为正。

图 A1.13　判断并解释第 8 题

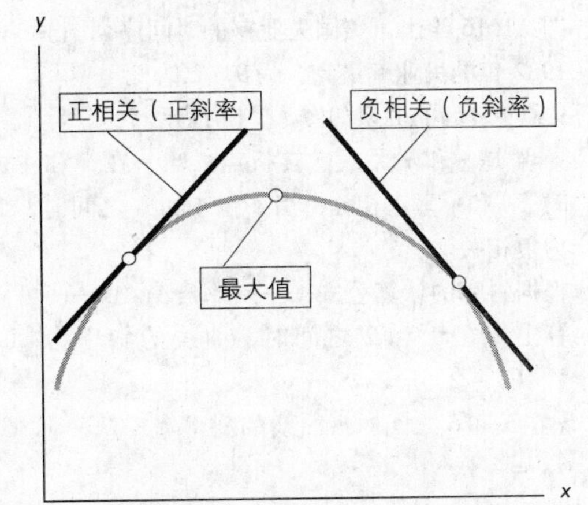

10. **错误**　如果将两个不相关的变量绘制在同一个图形中，则二者之间的“关系”要么表现为一条垂直线，要么表现为一条水平线。

一种关系的斜率

11. **正确**　图 A1.14 说明了，当某一点沿着表示正相关的图形向右上方移动（如从 a 点移动到 b 点）时，该曲线的斜率逐渐变小。

图 A1.14　判断并解释第 11 题

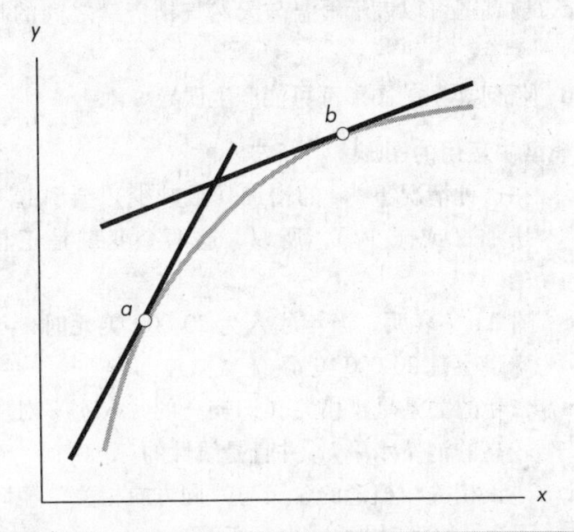

12. **错误**　正确的表述正好与此相反，即用纵轴表示的变量的变化量除以用横轴表示的变量的变化量。
13. **正确**　斜率的定义为 $\Delta y/\Delta x$。这样，如果一个较大的 y 的变动量（分子）对应于一个较小的 x 的变动量（分母），那么斜率相对就大，这也说明曲线相对比较陡峭。
14. **正确**　只有直线的斜率才是一个不变值。
15. **正确**　这一陈述准确地说明了曲线上某一点的斜率的计算方法。

绘制两个以上变量之间关系的图形

16. **错误**　其他条件相同意味着只让被研究的变量变化，而其他变量都保持不变。
17. **错误**　针对不同的降雨量，就有不同的反映每蒲式耳玉米价格与玉米种植量关系的曲线。

单项选择题

用数据作图

1. **b** 时间序列图表示经济变量如何随着时间的变化而变化。
2. **c** 通货膨胀率和利率之间的正的相互关联可以作为一种正相关在散点图中加以反映，所有的点都会沿着一条向右上方倾斜的直线趋于集中。
3. **a** 这一上升趋势表明，该总量通常会随着时间的推移而增加。
4. **c** 散点图可以表示气温与天然气销售量之间的相互关系。
5. **d** 任何类型的图形都可能产生误导。

经济模型中运用的图形

6. **a** 在这种情况下，x 的增加（或减少）会引起 y 的增加（或减少），所以，这两个变量是正相关的。
7. **c** 图 A1.7 表明，当年收入为 20 000 美元时，年消费量也是 20 000 美元。
8. **a** 二者的关系呈正相关（即较高的收入水平对应着较高的消费水平），并且是线性的。
9. **c** “正相关”概念的含义与“同方向相关”相同。
10. **c** 因为 x 增加时，y 减少，所以，x 和 y 之间的关系是负相关。
11. **c** 图 A1.15 表明，y 从 2 变为 3 对 x 没有任何影响——x 的值一直等于 3。

图 A1.15　单项选择题第 11 题

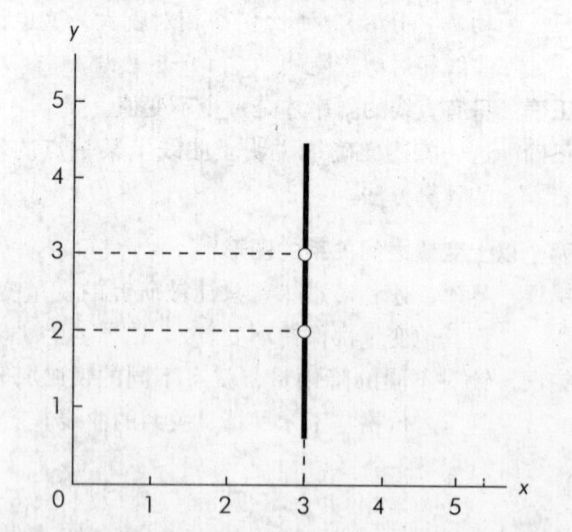

一种关系的斜率

12. **a** 负相关具有一个负的斜率，正相关具有一个正的斜率。
13. **b** 一条直线——具有线性关系——只有一个不变的斜率。而非线性关系的曲线却具有变化的斜率。因此，一条直线上任何一点的斜率都是相同的。
14. **a** 这条曲线的斜率是正的。由于这条曲线变得越来越陡峭，所以，其斜率是递增的。
15. **c** a 和 b 两点间的斜率，等于垂直距离的变动量（即高度）除以水平距离的变动量（即长度），也就是：$(5-1)/(4-2)=2$。
16. **a** 斜率等于纵轴所表示的变量的变动量除以横轴所表示的变量的变动量，即为：$(2-1)/(3-2)=1$。
17. **c** 该图给出了一条直线，而直线的斜率是固定值，所以，x 在 4 和 5 之间的斜率与 x 在 2 和 3 之间的斜率是相同的。

绘制两个以上变量之间关系的图形

18. **c** 反映 x 和 y 之间关系的曲线说明了 x 和 y 的负相关。对于给定的任何 y 的值，z 值的增加都伴随着 x 值的增加，所以，x 和 z 呈正相关。
19. **b** 沿着任何一条反映 x 和 y 之间关系的曲线（如 $z=3$ 所对应的曲线）移动，都可以看出，当 x 增加时，y 减少。
20. **c** z 值的增加会导致表示 x 和 y 之间关系的曲线向右移动。

简答题

1. a. 图 A1.16 给出了美国失业率的时间序列图。
   b. 1982 年的失业率最高，为 9.7%。
2. a. x 和 y 之间的关系如图 A1.17 所示。
   b. $x=4$ 是 x 和 y 关系的转折点。当 x 在 1 和 4 之间时，x 和 y 呈正相关；当 x 在 4 和 6 之间时，二者为负相关。
   c. 根据斜率的计算公式——斜率 $=\Delta y/\Delta x$——可以计算出 x 在 1 和 2 之间时，曲线的斜率为：$(2-4)/(1-2)=2$。
   d. x 在 5 和 6 之间时，曲线的斜率为：$(7-6)/(5-6)=-1$。

图 A1.16　简答题第 1 题

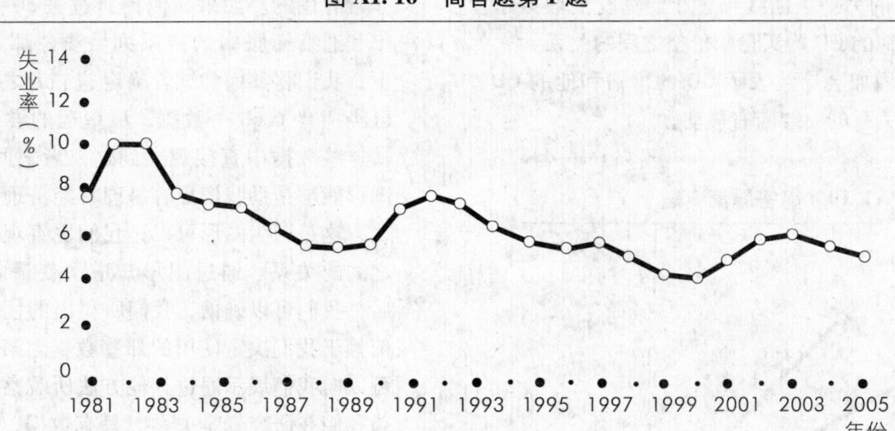

图 A1.17　简答题第 2 题

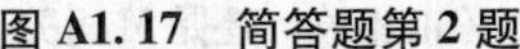

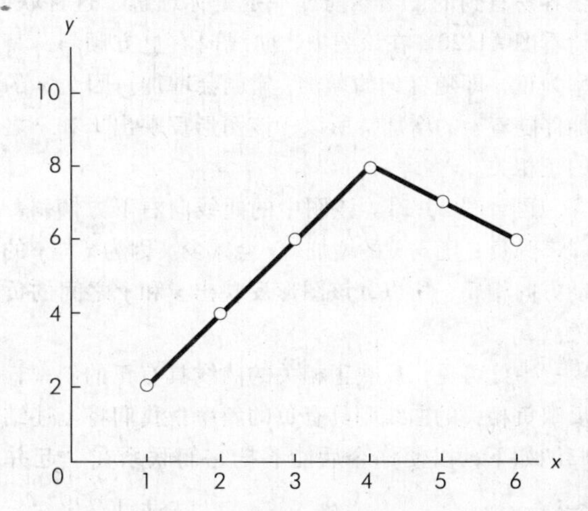

e. 在 x 和 y 为正相关的范围内——从 $x=1$ 到 $x=4$ 的区间内，曲线的斜率是正数；在 x 和 y 为负相关的范围内——从 $x=4$ 到 $x=6$ 的区间内，曲线的斜率是负数。由此可见，呈正相关的曲线的斜率为正，而呈负相关的曲线的斜率为负。

3. a. 曲线在 b 点处的斜率为：$(8-2)/(5-2)=2$。
   b. b 点和 a 点之间的弧的斜率为：$(6-4)/(4-2)=1$。
   c. c 点和 b 点之间的弧的斜率为：$(9-6)/(5-4)=3$。
4. 可以，一条曲线可以有既大于零，同时又递减的斜率。如图 A1.18 所示，该曲线就具有这样的斜率特征。当 x 的值相对较小时，曲线比较陡峭，这表明曲线的斜率较大。但随着 x 值的增加，曲线变得越来越平缓，这就意味着该曲线斜率在减小。(为了验证这些陈述，可以在 a 点和 b 点处画出切线，并比较切线的斜率大小。）该图还说明在某些点的斜率大小存在着较大的差异，也就是说，要弄清楚 y 值与斜率大小的关系。

图 A1.18　简答题第 4 题

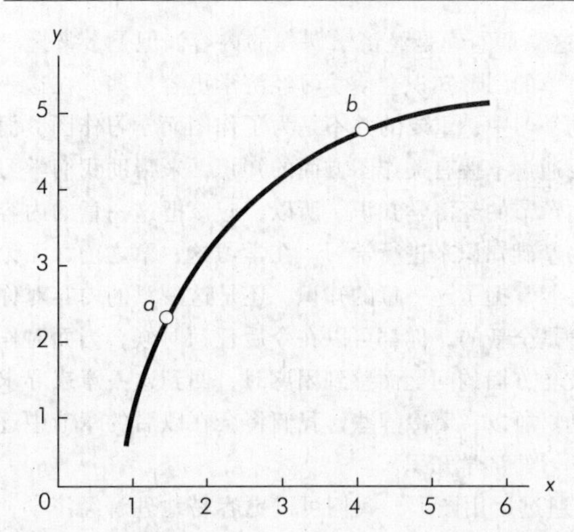

5. a. 因为在 CD 的价格较低时，博比会购买更多数量的 CD，所以，博比的 CD 的购买量与其价格之间表现为负相关。同样，博比的收入与他的 CD 购买量之间呈正相关。
   b. 图 A1.19 中的一条曲线描述了当博比的收入水平

较低时，他的CD购买量与价格之间的关系。

c. 图A1.19中的另一条曲线描述了当博比的收入水平较高时，他的CD购买量与价格之间的关系。

d. 博比收入的增加会导致表示CD的价格和他的CD购买量之间关系的曲线向右移动。

图A1.19 简答题第5题

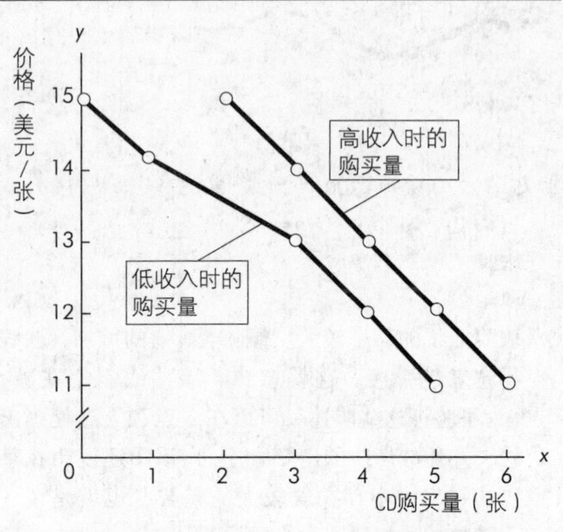

■ 分析题

1. "这一章的确是经济学课程的内容。但是，掌握一些简单的图形知识会使学习经济学更容易些。在这一章的学习中，重要的并不是为了作图而学习作图，而是要通过掌握有关作图方面的知识，来帮助我们学习后面章节的经济学知识。所以，应该把这一章的内容作为基础知识来进行学习。在学习这一章之前，无论你已经掌握了这一章的知识，还是这一章的内容对你而言是全新的，你都可以在今后任何时候，当面对作图技巧方面的问题而感到困惑时，回到这一章来寻求帮助。所以，请冷静些，我们将会在以后的章节中逐步学习经济学知识。"

2. "通过运用图形，我们可以更容易地理解经济学，理解经济变量之间的关系。这主要表现在以下三个方面：第一，图形对于反映两个经济变量之间的关系是非常有用的。如果我们拥有过去30年间每一年的利率和通货膨胀率的一系列数据，那么，可以设想一下，我们将如何尝试着确定这二者之间的关系。我们已经拥有了60个数据，最幸运的尝试结果是，能够从这些数据中直接观察到这二者之间的关系！第二，图形能够帮助我们更容易理解经济理论试图要解释什么，这是因为图形可以让我们更直观地看到两个变量之间的关系。通过图形知道了变量之间的一般关系后，我们可以确信，我们所得出的任何结论并不仅仅依赖于我们决定使用的那些数据。第三，图形有时还可以向我们展示通过其他方法所观察不到的结果。如果我们在研究变量关系时只有数据，那么，我们便难以把握变量之间的关系。图形能够让我们的学习变得更容易一些，正因如此，我们必须掌握图形的运用！"

3. "一条曲线的倾斜方向、斜率大小与其所反映的变量间的关系种类（正相关，还是负相关）之间的联系是很容易看到的，当然前提一定是你理解了这种联系！请看图A1.20。在该图中，曲线向右上方倾斜，其斜率为正，即随着x的增加，y也会增加。因为x的增加伴随着y的增加，所以，该图形反映出x和y之间的正相关。

再看图A1.21。该图中的曲线向右下方倾斜，其斜率为负，随着x的增加，y会减少。因为x与y的变动方向相反，所以，该图形反映出x和y之间的负相关。

由此可见，反映正相关的曲线具有正的斜率，而反映负相关的曲线则具有负的斜率！我们将上述结论归纳如下，以便你今后能够把它们联系在一起并牢记：

曲线方向		斜率符号		关系种类
向右上方倾斜	⇔	正	⇔	正相关
向右下方倾斜	⇔	负	⇔	负相关

这一总结应该能够帮助你牢固掌握上述这些关系。现在，问题应该变得容易多了！"

图 A1. 20　分析题第 3 题

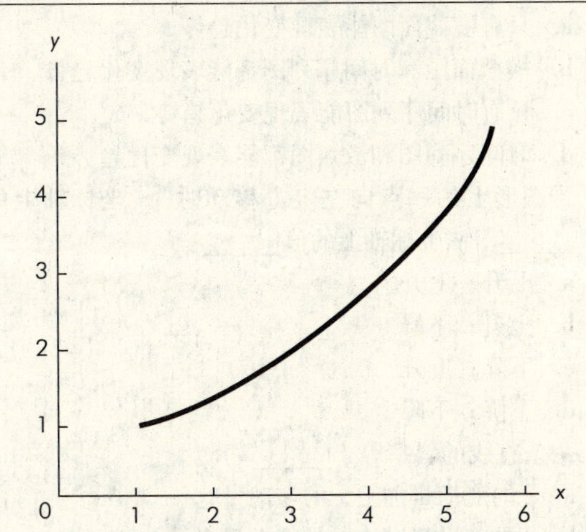

图 A1. 21　分析题第 3 题

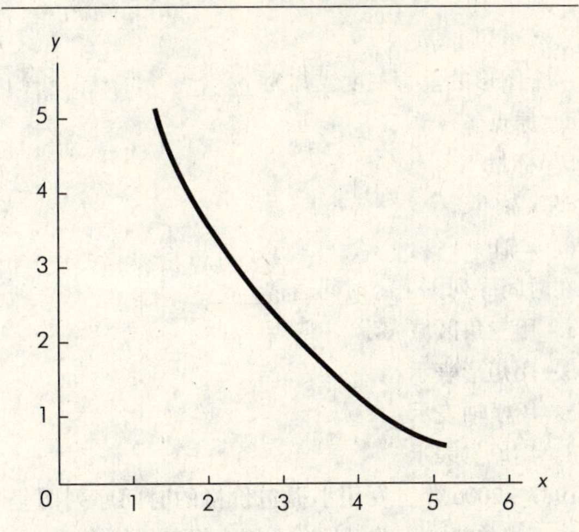

小测验

1. 一个图形的垂直刻度线称为______。
   a. 原点
   b. 标量
   c. y 轴
   d. x 轴
2. 在时间序列图上，时间通常______。
   a. 用三角区域表示
   b. 用矩形表示
   c. 用横轴表示
   d. 用原点表示
3. 1987～2006 年，女用小提包价格的时间序列图呈现向下的趋势。由此可见，女用小提包的价格______。
   a. 在 1987 年高于 2006 年
   b. 在 2006 年高于 1987 年
   c. 一定逐年下降
   d. 以上各选项均不正确
4. 两个变量间的散点图具有负的斜率。因此，以纵轴表示的变量的增加伴随着以横轴表示的变量的______。
   a. 增加
   b. 不变
   c. 减少
   d. 变动方向不确定
5. 一个图形说明了 2007 年主修经济学课程的男女生数量。使用这些数据的图形是______。
   a. 散点图
   b. 时间序列图
   c. 横截面图
   d. 维恩图
6. 就考虑变化趋势而言，下面陈述正确的是______。
   a. 只有横截面图能表现变化趋势
   b. 横截面图和时间序列图都能表现变化趋势
   c. 只有时间序列图能表现变化趋势
   d. 时间序列图和散点图都能表现变化趋势
7. 当图形上的一点向左上方移动时，x 坐标轴上的值______，y 坐标轴上的值______。
   a. 上升；上升
   b. 上升；下降
   c. 下降；上升
   d. 下降；下降
8. 一条直线的斜率等于______。
   a. y 的变动量加上 x 的变动量
   b. y 的变动量减去 x 的变动量
   c. y 的变动量乘以 x 的变动量
   d. y 的变动量除以 x 的变动量
9. 当一条曲线接近最小值时，其斜率______。
   a. 在达到最小值以前大于零，在达到最小值以后小于零
   b. 在达到最小值以前小于零，在达到最小值以后大于零
   c. 在最小值的两侧保持不变
   d. 会发生变化，但不同曲线的情况不同
10. 如果 y 的变动量为 10，x 的变动量为 -5，那么______。
    a. 该曲线的斜率为正
    b. 该曲线的斜率为负
    c. 该曲线一定是一条直线
    d. 由于没有更多信息，该曲线的斜率不能计算出来

本小测验的答案请参见第 224 页

第 2 章　经济问题

关键概念

■ 生产可能性和机会成本

所能生产的产品和服务的数量受限于可利用资源的数量和技术。**生产可能性边界**（production possibilities frontier，*PPF*）是指可以生产的产品和服务的组合与不可能生产的产品和服务的组合之间的分界线。

图 2.1 显示了一条生产可能性边界。所有的生产可能性边界都具有以下两个共同特征：

- 在 *PPF* 之内和 *PPF* 之上的点是可以达到的产品和服务组合，而 *PPF* 以外的点是不能达到的产品和服务组合。
- 在 *PPF* 上的生产点实现了**生产效率**（production efficiency），因为这时要多生产一种产品必须要少生产另一种产品。在 *PPF* 之内的生产点是*无效率的*，这时存在着资源配置不当或资源闲置的状况。

生产点沿着 *PPF* 移动需要权衡，这是因为要放弃某种产品的生产才能得到更多的另一种产品。一种行为的机会成本，是所放弃的评价最高的其他可供选择的行为。在图 2.1 中，从 *a* 点移动到 *b* 点，多得到 20 个比萨的机会成本是所放弃的 10 张 CD。机会成本是一种比率。它等于一种产品的减少量除以另一种产品的增加量。当从 *a* 点移动到 *b* 点时，机会成本等于 10 张 CD 除以 20 个比萨，或每个比萨的机会成本是 1/2 张 CD。

如图 2.1 所示，在生产不同的产品和服务时资源的生产能力并不相同，*PPF* 呈现出递增的机会成本，并且向外凸出。随着比萨产量的增加，每个比萨的机会成本也随之增加。

图 2.1　机会成本递增的生产可能性边界

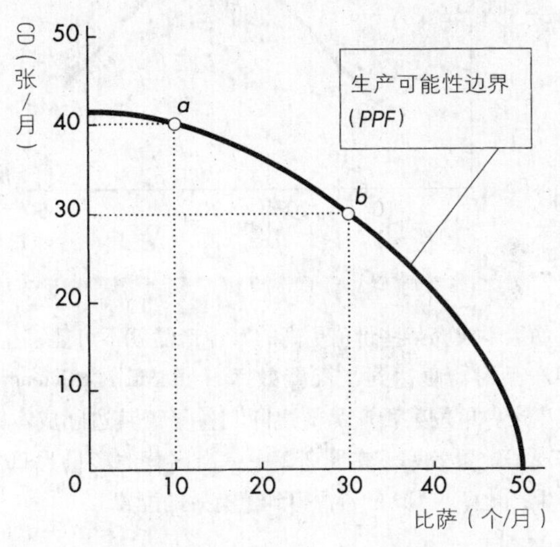

■ 有效地利用资源

- 一种产品的**边际成本**（marginal cost）是多生产一单位该种产品的机会成本。由于机会成本是递增的，所以，当沿着生产可能性边界移动时，随着一种产品产量的不断增加，该产品的边际成本也逐渐增加。因此，边际成本曲线向上倾斜，如图 2.2 所示。
- **偏好**（preference）是对一个人喜爱与厌恶的描述。它可以用边际利益这一概念来描述。一种产品的**边际利益**（marginal benefit），是一个人从多消费一个单位该种产品所获得的利益。一种产品的边际利益可以用一个人为增加一个单位该种产品所愿意支付的最大值来衡量。随着消费数量的增加，一个人从所增加的一个单位产品中得到的边际利益逐步减少。

因此，表示一种产品的边际利益与消费数量之间关系的边际利益曲线（marginal benefit curve）是向下倾斜的，如图2.2所示。

图 2.2 资源的有效利用：*MB* 和 *MC*

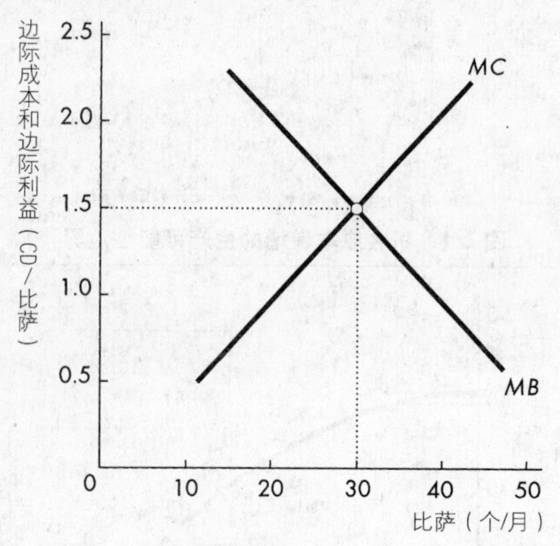

如果不放弃某些价值更高的其他产品就不可能多生产一种产品时，便达到了**配置效率**（allocative efficiency）。当多生产一单位某种产品的边际利益等于其边际成本时，就实现了配置效率。在图2.2中，当比萨的产量为30个时，生产比萨与CD的资源得到了有效的配置。

■ 经济增长

当生产扩张时，就出现了**经济增长**（economic growth）。**技术变革**（technological change）是指新产品的开发和生产产品与服务的更好方法。**资本积累**（capital accumulation）是资本资源的增长。技术变革和资本积累是促进经济增长的两个关键因素。

- 经济增长导致 *PPF* 向外移动。*PPF* 移动得越快，经济增长得就越快。
- 经济增长的机会成本是目前的消费。
- 那些把更多资源用于积累的国家会有更高的经济增长速度。

■ 从贸易中获益

- 如果一个人能够以低于其他人的机会成本从事某项活动，那么，他或她在这项活动中就具有**比较优势**（comparative advantage）。
- 比较优势不同于绝对优势。如果一个人比其他人更有生产效率（在既定时间内能生产更多产品），那么这个人就具有**绝对优势**（absolute advantage）。

基于比较优势的专业化以及为获得其他产品而进行的交易活动能够带来利益，因为这种专业化和交易导致代表消费组合的点落在 *PPF* 曲线之外。

- 如果只是重复地生产某一特定的产品或服务，人们在该项活动中变得更具有生产力，这就叫做**干中学**（learning-by-doing）。
- **动态比较优势**（dynamic comparative advantage）是指由于在某种产品上进行专业化分工，并且由于干中学的作用，成为机会成本最小的生产者所具有的比较优势。

■ 经济协调

企业和市场逐步成为帮助数亿万个体进行经济协调的要素。

- **企业**（firm）是一个利用生产要素并组织生产要素来生产、销售产品和服务的经济单位。
- **市场**（market）是指任何一种能让买卖双方进行交易的安排。市场汇集各种信息并形成价格，而价格向买卖双方发出了应该采取何种行动的信号。

  市场只有在产权存在的时候才会起作用。

- **产权**（property rights）是确定资源、产品和服务的所有、使用和处置的社会安排。

产品市场是买卖产品和服务的场所；要素市场是买卖生产要素的场所。通过价格调整，市场协调循环流中的决策。

帮助提示

1. ***PPF* 的假设**：*PPF* 提供了在经济分析中通过简单化假设发挥作用的一个例子。在世界上没有一个社会只生产两种产品，但是，通过一个国家只生产“两种产品”这一假设，我们可以获得对现实世界有价值的见解。比如，可以解释，一旦一个国家的生产处于生产可能性边界上，那么，无论这个国家生产多少种产品，只要增加一种产品的生产，就必须放弃其他一种或多种产品的生产。因此，增加一种产品的生产是有机会成本的。此外，还可以解释，那些把较大比例的资源用于资本积累的国家将会有更快速的经济增长。

2. ***PPF* 之内的点是没有生产效率的点**：表示生产组合的点落在 *PPF* 以内是可能的，但却是没有效率的。无论是资源的某些无效利用还是资源的配置不当，例如，任何一种资源的过度浪费或无效利用，都会导致代表生产组合的点落在 *PPF* 以内。在 *PPF* 之外代表生产组合的点则是不可能达到的。这个区域的点不能划分为有效率的和无效率的，因为这个区域的点不是该社会所能达到的生产组合。
3. **机会成本的计算**：对计算机会成本有帮助的一个公式源于这样的一个事实：机会成本是一种比率。机会成本等于你所必须放弃的产品的数量除以你将得到的产品的数量。

　　请考虑图 2.3 中的 *PPF*。如果我们沿着 *PPF* 从 *a* 点移动到 *b* 点，那么多生产一码布的机会成本是多少？这个国家必须放弃 2 磅玉米（25－23）才能得到 1 码布料（1－0），生产第一码布料的机会成本是 2 磅玉米除以 1 码布料，或者说是每码布料 2 磅玉米。接下来，如果我们继续从 *b* 点移动 *c* 点，那么，生产第二码布的机会成本可以用同样的方法进行计算，其结果是每码布料 3 磅玉米。

图 2.3　玉米与布料的 *PPF*

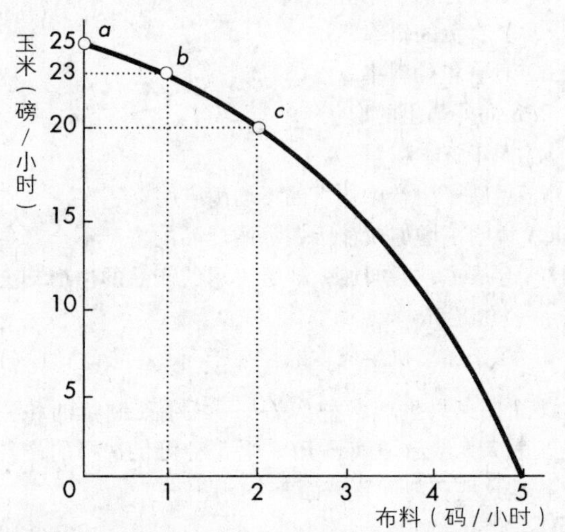

习　题

■ 判断并解释

生产可能性和机会成本

1. 在图 2.4 中，*a* 点是不可能达到的生产组合点。
2. 在图 2.4 中，从 *b* 点移动到 *c* 点的机会成本是 10 台电脑。
3. 在 *PPF* 上的某一点处，可以重新安排生产并生产出更多的所有产品。
4. 在 *PPF* 之内某一点上，通过重新安排生产可以生产出更多的所有产品。
5. 生产效率要求生产处于 *PPF* 上的某一点处。
6. 沿着向外凸的 *PPF* 向下移动时，随着一种产品产量的增加，生产该种产品的机会成本会下降。

有效地利用资源

7. 生产第 20 吨水泥的边际成本就是生产全部 20 吨水泥的成本。
8. 随着人们消费某一产品数量的增加，该产品的边际利益会减少。
9. 当某产品的产量处于这样的状态——最后生产一个单位该产品的边际利益远远大于其边际成本时，配置效率就实现了。

图 2.4　判断并解释第 1、2 题

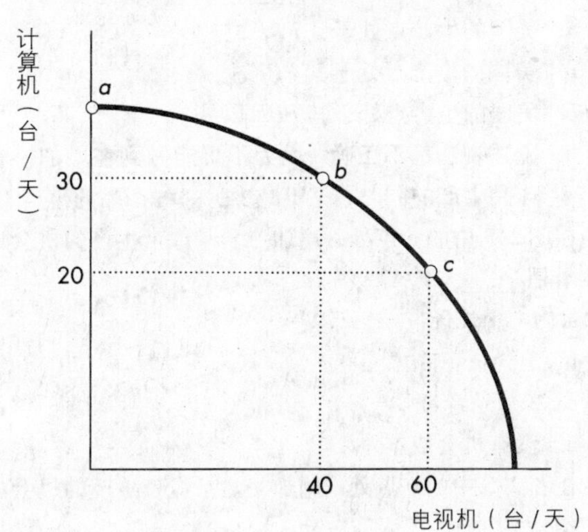

经济增长

10. 经济增长可以用 *PPF* 的向外移动来说明。
11. 提高一国的经济增长率是有机会成本的。

从贸易中获益

12. 与利萨相比，如果达芙妮能够生产更多毛衣，那么她就具有生产毛衣的比较优势。
13. 如果两个人在产品的生产中具有不同的机会成本，那么，他们都能够从专业化与交易中获益。
14. 如果美国在玉米种植和计算机制造上都具有绝对优势，那么，它在玉米种植方面一定具有比较优势。
15. 干中学将会导致动态比较优势。

经济协调

16. 买卖双方必须在市场上面对面地打交道。
17. 产品市场可以通过价格调节来协调决策，但要素市场则不可以。

■　单项选择题

生产可能性和机会成本

1. *PPF* 上的产量组合点是______。
   a. 有效率但不能达到的
   b. 有效率又可以达到的
   c. 无效率且又不能达到的
   d. 无效率但可以达到的
2. 如果美国在没有减少其他产品生产的同时能够增加其汽车的生产，那么说明______。
   a. 美国的生产点处于其 *PPF* 之内
   b. 美国的生产点处于其 *PPF* 上
   c. 美国的生产点处于其 *PPF* 以外
   d. 上述说法都不正确　因为不可能做到在增加一种产品生产的同时，又不减少另一种产品的生产
3. 在图 2.5 中的 *a* 点处，增加一盒录像带生产的机会成本是______。
   a. 14 盒录音带
   b. 3 盒录音带
   c. 2 盒录音带
   d. 没有机会成本
4. 在图 2.5 中的 *b* 点处，增加一盒录像带生产的机会成本是______。
   a. 12 盒录音带
   b. 3 盒录音带
   c. 2 盒录音带
   d. 没有机会成本

图 2.5　单项选择题第 3、4 题

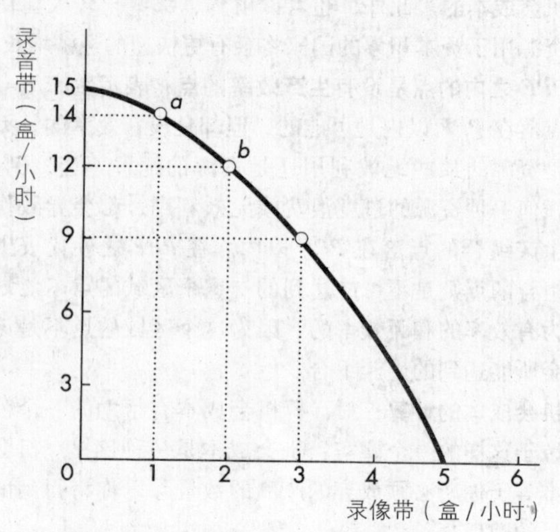

5. 生产效率意味着______。
   a. 稀缺性不再是一个问题
   b. 在增加一种产品生产的同时又不减少另一种产品的生产是不可能的
   c. 在生产中，尽可能少地使用资源
   d. 增加一个单位某产品的生产没有机会成本
6. 沿着 *PPF* 需要权衡，这意味着 *PPF*______。
   a. 向外凸出
   b. 是线性的
   c. 具有负的斜率
   d. 具有正的斜率
7. *PPF* 向外凸出的形状______。
   a. 源于资本积累
   b. 反映了生产中技术的不均衡应用
   c. 说明了增加横轴所表示的产品的生产不会产生机会成本，但增加纵轴所表示的产品的生产却会产生机会成本
   d. 源于递增机会成本的存在

一个国家只生产两种产品——牦牛奶制黄油和芜菁甘蓝。表 2.1 给出了该国 *PPF* 上 3 种可供选择的产量组合。根据这些资料回答下面 3 个问题。

表 2.1　生产可能性

可能性	牦牛奶油的数量（磅）	芜菁甘蓝的数量（单位）
a	600	0
b	400	100
c	0	200

8. 在产量组合点由 *a* 点移动到 *b* 点的情况下，增加芜菁甘蓝生产的机会成本是______。
   a. 每单位芜菁甘蓝 6 磅牦牛奶制黄油
   b. 每单位芜菁甘蓝 4 磅牦牛奶制黄油
   c. 每单位芜菁甘蓝 2 磅牦牛奶制黄油
   d. 每单位芜菁甘蓝 0 磅牦牛奶制黄油
9. 在产量组合由 *b* 点移动到 *a* 点的情况下，增加牦牛奶制黄油生产的机会成本是______。
   a. 每磅牦牛奶制黄油 0. 10 单位芜菁甘蓝
   b. 每磅牦牛奶制黄油 0. 50 单位芜菁甘蓝
   c. 每磅牦牛奶制黄油 1. 00 单位芜菁甘蓝
   d. 每磅牦牛奶制黄油 2. 00 单位芜菁甘蓝
10. 对该国而言，生产 400 磅牦牛奶制黄油和 50 单位的芜菁甘蓝______。
   a. 是不可能的
   b. 既是可能的，又是有生产效率的
   c. 是可能的，但却是没有生产效率的
   d. 是一种不相容的想法

有效地利用资源

11. 沿着表示牛奶与棉花生产的向外凸出的 *PPF* 进行移动，随着牛奶产量的增加，增加 1 加仑牛奶生产的边际成本______。
   a. 上升
   b. 不变
   c. 下降
   d. 可能会变化，但变化方向不确定
12. 任何一个人为多购买一只钱包所愿意支付的最高价格是 30 美元。目前一只钱包的价格是 40 美元，而多生产一只钱包的成本却是 50 美元。因此，一只钱包的边际利益是______。
   a. 50 美元
   b. 40 美元
   c. 30 美元
   d. 上述答案都不是
13. 如果增加一台电脑的边际利益大于其边际成本，那么，为了有效地利用资源______。
   a. 应该将更多资源用于电脑生产中
   b. 应该减少用于电脑生产的资源投入
   c. 在边际利益远大于边际成本的情况下，一定数量的有效资源就会用于电脑生产
   d. 因为边际利益、边际成本与有效地利用资源无关，所以，上述答案都不正确

经济增长

14. 经济增长______。
   a. 导致了失业
   b. 没有机会成本
   c. 导致 *PPF* 向外移动
   d. 加大了一个国家在其 PPF 上进行生产的难度
15. 如果______，那么，*PPF* 就会发生移动。
   a. 失业率下降
   b. 人们决定要增加一种产品的生产，同时减少另一种产品的生产
   c. 所生产的产品和服务的价格上升
   d. 该国可利用的资源数量发生变化
16. 一国资本存量的增加将会______。
   a. 引起 *PPF* 向外移动
   b. 导致生产组合点沿着 *PPF* 向左上方移动
   c. 导致生产组合点沿着 *PPF* 向右下方移动
   d. 导致该国的生产组合点由 *PPF* 之内移至更接近 PPF 之处
17. 经济增长的机会成本之一是______。
   a. 资本积累
   b. 技术变革
   c. 当前消费减少
   d. 未来所获得的消费
18. 一般而言，用于技术研究的资源越多______。
   a. 当前消费就越多
   b. 失业率就越高
   c. *PPF* 向外移动就越快
   d. *PPF* 向外凸出越明显

从贸易中获益

19. 为了实现交易利益最大化，人们应该根据______实行专业化。
   a. 产权
   b. *PPF*
   c. 绝对优势

d. 比较优势

布兰多一天可以耕田40英亩，或者播种20英亩。克里斯托弗一天可以耕田28英亩，或者播种7英亩。根据这些信息，回答下面4个问题。

20. 关于绝对优势的问题，下面陈述正确的是______。
   a. 布兰多在耕田和播种方面都具有绝对优势
   b. 布兰多只在耕田方面具有绝对优势
   c. 布兰多只在播种方面具有绝对优势
   d. 克里斯托弗在耕田和播种方面都具有绝对优势
21. 布兰多______。
   a. 在耕田和播种方面都具有比较优势
   b. 只在耕田方面具有比较优势
   c. 只在播种方面具有比较优势
   d. 在耕田和播种方面都不具有比较优势
22. 克里斯托弗______。
   a. 只在播种方面具有绝对优势
   b. 只在耕田方面具有绝对优势
   c. 只在播种方面具有比较优势
   d. 只在耕田方面具有比较优势
23. 布兰多和克里斯托弗______。
   a. 都可以从交易中获益，条件是布兰多只播种，而克里斯托弗只耕田
   b. 都可以从交易中获益，条件是布兰多只耕田，而克里斯托弗只播种
   c. 会进行交易，但只有布兰顿会从交易中获益
   d. 会进行交易，但只有克里斯托弗会从交易中获益
24. 一个国家______，能够在其 *PPF* 之外的点上进行生产。
   a. 在同其他国家进行贸易时
   b. 在尽可能有效地生产产品时
   c. 在没有失业时
   d. 没有任何时候
25. 一个国家______，能够在其 *PPF* 之外的点上进行消费。
   a. 在同其他国家进行贸易时
   b. 在尽可能有效地生产产品时
   c. 在没有失业时
   d. 没有任何时候

经济协调

26. ______对经济协调没有帮助。
   a. 企业
   b. 市场
   c. 生产可能性边界
   d. 以上各项都不正确，因为所有的选项都有助于组织交易
27. 在市场中，人们的决策通过______进行协调。
   a. 基于绝对优势的专业化
   b. 产权的变化
   c. 干中学
   d. 价格调节

■ 简答题

1. *PPF* 的斜率为负值意味着什么？它为什么向外凸出？
2. 指出图2.6中在哪些点的生产有效率，而哪些点的生产没有效率？还要说明在哪些点是可以达到的，而哪些点又是不能达到的？

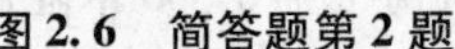

图2.6 简答题第2题

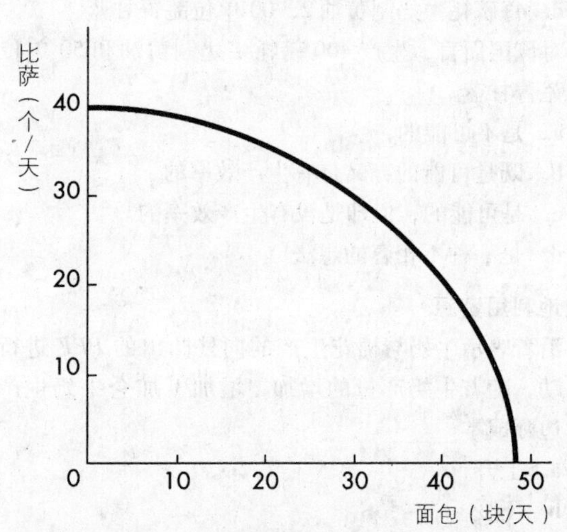

3. 西德娜被困于一座孤岛上。她既可以钓鱼，又可以采摘海枣。表2.2给出了6种生产可能性。
   a. 在图2.7中，找出这些生产可能性点的位置，画出各点并标示相应的字母，然后画出PPF。
   b. 如果西德娜由可能性点 c 移动到 d，每条鱼的机会成本是多少？
   c. 如果西德娜由可能性点 d 移动到 e，每条鱼的机会成本又是多少？

表 2.2　西德娜的生产可能性

生产可能性	摘枣量（个/天）	钓鱼量（条/天）
a	54	0
b	50	1
c	42	2
d	32	3
e	20	4
f	0	5

图 2.7　简答题第 3 题

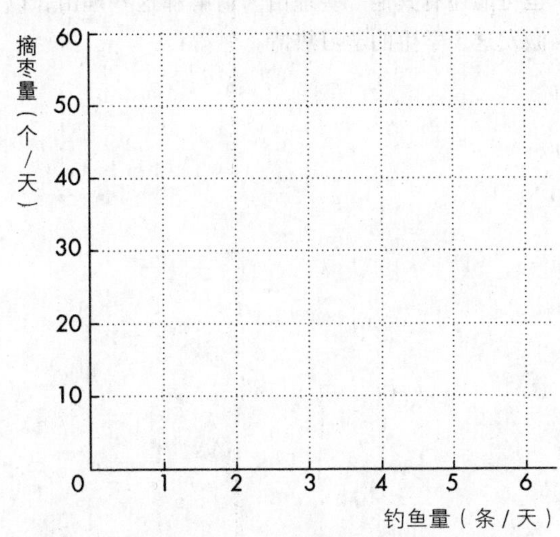

d. 一般而言，随着钓鱼量的增加，每条鱼的机会成本会如何变化？

e. 一般而言，随着采摘海枣量的增加，海枣的机会成本会如何变化？

f. 根据你所画出的 *PPF* 来回答：40 个海枣与 1 条鱼的组合可以达到吗？这个组合有效率吗？并加以解释。

4. 如果下列事件发生（每个事件彼此独立，并不与其他事件相伴而生），那么，第 3 题中的 *PPF* 会出现什么变化？

a. 西德娜发现了一个新鱼塘。

b. 海枣的采摘量增加。

c. 西德娜找到了一个梯子，因而她采集到的海枣稍多些。

d. 第二个人——与西德娜具有同样钓鱼和采摘技能的另一个人——也被困在了这个孤岛上。

5. 一个国家只生产比萨和墨西哥玉米面豆卷。表 2.3 列出了比萨的边际利益和边际成本。

a. 完成表 2.3。

b. 对第一个比萨而言，在扣除了其边际成本之后，边际利益还剩余多少（如果有的话）？

c. 对第二个比萨而言，在扣除了其边际成本之后，边际利益还剩余多少（如果有的话）？比较此答案与（b）中的答案为何不同？

d. 应该生产第一个比萨吗？还应该生产第二个比萨吗？请解释，特别是要解释有关第二个比萨。

e. 在同一幅图中画出边际利益曲线与边际成本曲线，并说明在有效利用资源的情况下比萨的生产数量。

表 2.3　比萨的边际利益和边际成本

比萨的数量	每块比萨的边际利益	每块比萨的边际成本	边际利益与边际成本的差额
1	6.0	1.5	___
2	5.0	2.0	___
3	4.0	2.5	___
4	3.0	3.0	___
5	2.0	3.5	___
6	1.0	4.0	___

6. 请记住资源是有限的这一观点。请解释，为什么对一个国家而言有效地利用资源是重要的。

7. 假设美国和法国都生产电脑和葡萄酒。表 2.4 给出了每个国家每小时所能生产的这两种产品的数量。

a. 在图纸上画出美国每小时的 *PPF*。

b. 在图纸上画出法国每小时的 *PPF*。

c. 完成表 2.5。

d. 美国在什么产品的生产上具有比较优势？法国呢？

e. 起初，美国将其一半的时间用于生产葡萄酒，而将另一半时间用于生产电脑。请问：美国每小时能生产多少瓶葡萄酒和多少台电脑？如果法国也将其时间平均分配于电脑和葡萄酒的生产，那么，它每小时又能生产多少台电脑和多少瓶葡萄酒？法国和美国每小时共能生产多少瓶葡萄酒和多少台电脑？

表 2.4　法国和美国的生产状况

	电脑的产量（台/小时）	葡萄酒的产量（瓶/小时）
美国	10 000	20 000
法国	12 000	8 000

表 2.5　简答题第 7（c）题

	每台电脑的机会成本	每瓶葡萄酒的机会成本
美国	___	___
法国	___	___

f. 假设美国专门生产葡萄酒，而法国专门生产电脑。那么，两国现在所能生产的葡萄酒的总量和电脑的总量各为多少？

g.（e）和（f）的答案说明了什么？

8. 产权如何对人们创作新音乐的激励产生影响？

■　分析题

1. “我认为，生产可能性边界的思想是愚蠢的。毕竟，谁也没有听说过只生产两种产品的国家。事实上，每一个国家都生产数百万种，甚至有可能是数十亿种的产品。为什么我却要不厌其烦地学习这种不切实际的生产可能性边界呢？”这个学生学习生产可能性边界的一个理由，就是它很有可能是考试的内容。但是，也可能还有其他一些理由。请解释这些理由，以帮助激发这个学生的学习热情。

习题答案

■ 判断并解释

生产可能性和机会成本

1. **错误**　在生产可能性边界上的任何一点都是可能达到的生产组合点，即使该点在*PPF*与坐标轴的相交之处也是如此。
2. **正确**　该机会成本等于所放弃的电脑的产量。在图中所示的情况下，电脑的产量由*b*点的30台下降到了*c*点的20台。
3. **错误**　生产可能性边界上的所有点都是具有生产效率的，所以，要增加一种产品的生产就必须减少另一种产品的生产。
4. **正确**　在*PPF*之内的点都是无效率的。这意味着，有可能重新安排生产并增加所有产品和服务的产量。这种情况可以用图2.8加以说明。*a*点为无效率点。在*a*点，完全有可能重新安排生产以将其移动到*b*点或*c*点。在*b*点或*c*点上，图书和杂志的产量都比*a*点的要多。

图2.8　判断并解释第4题

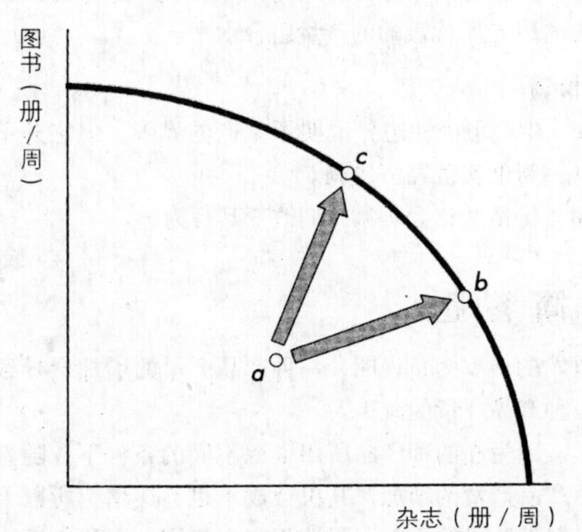

5. **正确**　生产效率意味着，只有减少一种产品的生产才可能增加另一种产品的生产，这种情况只有在*PPF*上才会出现。
6. **错误**　因为随着一种产品产量的增加，其每增加一个单位产品的机会成本就会增加。

有效地利用资源

7. **错误**　生产第20吨水泥的边际成本就是第20吨水泥的成本，而不是总共生产20吨水泥的成本。
8. **正确**　随着人们所拥有的一种产品数量的增加，他们为多获得一个单位该产品所愿意增加的支付量就会减少，这意味着该产品的边际利益是递减的。
9. **错误**　要实现资源的有效配置，必须保证最后增加生产的一个单位产品的边际利益等于其边际成本。

经济增长

10. **正确**　当一个国家的PPF向外移动时，该国就能够生产出更多的所有产品。
11. **正确**　这个机会成本就是所损失的当前消费。

从贸易中获益

12. **错误**　根据题中的信息，可以判断达芙妮具有绝对优势。但由于缺少更多信息，我们难以判断她是否具有比较优势。
13. **正确**　这里的关键点在于两个人都获益。
14. **错误**　比较优势要求比较美国与其他国家种植玉米的机会成本。
15. **正确**　干中学意味着，当一种产品的产量增加时，生产该产品的成本会随之降低，所以，一个国家（或个人）最终会获得生产这种产品的比较优势。

经济协调

16. **错误**　买卖双方要在市场上打交道，但在大多数市场上，他们并不是面对面地直接打交道。
17. **错误**　在所有市场上都可以通过价格调节来协调决策。

■ 单项选择题

生产可能性和机会成本

1. **b**　只有在生产可能性边界上的产量组合点才是既能达到、又有效率的点。
2. **a**　只有在生产可能性边界之内的产量组合点，才有可能出现增加一种产品生产的同时又没有减少另一种产品生产的情况。
3. **c**　因为增加一盒录像带的生产会引起录音带的产量减少2盒（从14盒减至12盒），所以，生产录像带的机会成本就是2盒录音带与1盒录像带的比率，也就是每盒录像带 2 盒录音带。

4. **b** 因为随着录像带产量的增加，每多生产一盒录像带的机会成本会增加。

5. **b** 此选项为生产效率的定义。

6. **c** 当生产组合点处于 *PPF* 上时，存在着这样的权衡：要增加一种产品的生产，就必须要放弃另一种产品的生产。这就意味着 *PPF* 具有负的斜率。

7. **d** 机会成本递增意味着，随着一种产品产量的增加，其机会成本也会增加。这就导致了 *PPF* 向外弯曲（或凸出）。

8. **c** 从 a 点移动到 b 点时，该国多获得了 100 个单位的芜菁甘蓝，但却失去了 200 磅牦牛奶制黄油，所以，机会成本为：200 磅牦牛奶制黄油/100 个单位的芜菁甘蓝，即每 1 个单位芜菁甘蓝 2 磅牦牛奶制黄油。

9. **b** 放弃了 100 个单位的芜菁甘蓝，所以，多生产一磅牛奶的机会成本为：100 个单位的芜菁甘蓝/200 磅牦牛奶制黄油，即每磅牦牛奶制黄油 0.50 个单位的芜菁甘蓝。请注意，生产 1 个单位的芜菁甘蓝的机会成本，就是生产 1 磅牦牛奶制黄油的机会成本的倒数。本题要求计算的机会成本，正好是上一题所计算出的答案的倒数。

10. **c** 当生产 400 磅牦牛奶制黄油时，可以生产的芜菁甘蓝的最大产量是 100 个单位；如果只生产了 50 个单位的芜菁甘蓝，那么说明该组合点是无效率的。

有效地利用资源

11. **a** 沿着向外凸出的 *PPF* 进行移动，随着某一产品产量的增加，其边际成本——增加一个单位该产品生产的机会成本——会增加。

12. **c** 一个人从一种产品中获得的边际利益是其为该产品所愿意支付的最大值。

13. **a** 因为电脑的边际利益超过了其边际成本，所以，配置更多资源在电脑生产上，社会将会获益。

经济增长

14. **c** 经济增长会导致以前不能达到的产量组合水平成为现实。

15. **d** 资源的增加会导致 *PPF* 向外移动，而资源的减少却会导致 *PPF* 向左移动。（一国失业率的降低会导致该国的生产由 *PPF* 之内的点移至更接近 *PPF* 的点。）

16. **a** 一国资源的增加会引起经济增长，并导致该国的 *PPF* 向外移动。

17. **c** 资本积累和技术进步是经济增长的主要源泉，如果一个国家将更多资源用于这两个方面，那么就会减少用于满足当前消费的产品生产的资源。

18. **c** 用于技术研究的资源越多，经济增长率就越高。

从贸易中获益

19. **d** 基于比较优势而实行专业化，能够降低生产产品和服务的机会成本。

20. **a** 布兰多耕田和播种的数量都超过了克里斯托弗，所以，他在这两方面都具有绝对优势。

21. **c** 布兰多播种 1 英亩土地的机会成本是耕田 2 英亩；而克里斯托弗播种 1 英亩土地的机会成本是耕田 4 英亩。

22. **d** 克里斯托弗耕田 1 英亩的机会成本是播种 1/4 英亩土地，而布兰多耕田 1 英亩的机会成本是播种 1/2 英亩土地。

23. **a** 基于比较优势进行专业化生产，这两个人都能在交易中获益。

24. **d** *PPF* 说明了所能够生产的最大的产品组合数量。

25. **a** 当一个国家基于其比较优势进行专业化生产，并与另一个专门从事其他产品生产的国家进行贸易时，这两个国家的消费水平都会超过其各自的 *PPF* 所代表的的产量组合水平。

经济协调

26. **c** 生产可能性边界说明了生产的界限，但它并不能帮助实现经济协调。

27. **d** 价格变化会刺激人们改变其行为。

■ 简答题

1. *PPF* 的斜率为负说明，一种产品产量的增加会导致另一种产品产量的减少。

   因为在两种产品所用资源不同的条件下，随着某一产品产量的增加，其机会成本也会递增，所以 *PPF* 是向外凸出的。由于资源不完全相同，有些资源更适合于生产某一种产品，而非另一种产品，所以，如果把适于生产某种产品的资源用于生产并不适于生产的其他产品，那么增加其不适于生产的产品产量的机会成本就会递增。

2. 图 2.9 说明了有效率的与无效率的产量组合点，以及可以达到的与不可能达到的产量组合点。可以达到、但又无效率的产量组合点处于 *PPF* 之内；可以达到、同时又有效率的产量组合点位于 *PPF* 上；不可能达到的产量组合点则处于 *PPF* 之外。

图 2.9 简答题第 2 题

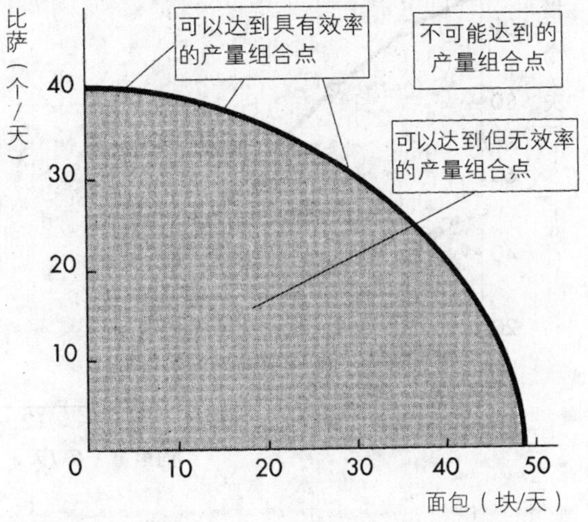

3. a. 图 2.10 给出了 *PPF*。

图 2.10 简答题第 4 题

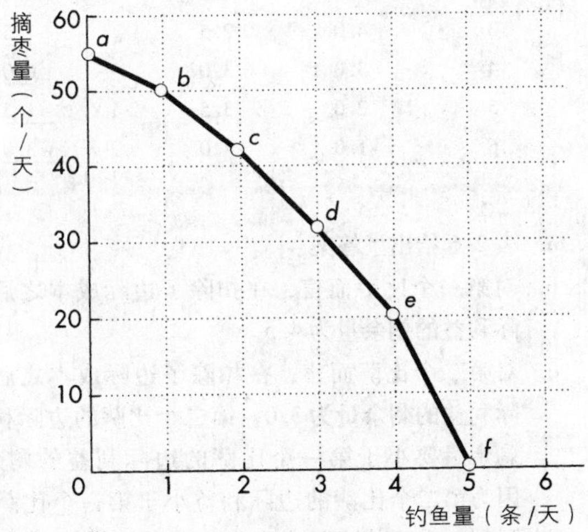

b. 从 c 点移动到 d 点，钓鱼数量增加了 1 条，而所采摘的海枣数量从 42 个下降到了 32 个。由此可见，钓 1 条鱼的成本是 10 个海枣，所以，鱼的机会成本是 10 个海枣。运用公式进行计算，这条鱼的机会成本是：

$$\frac{42\text{ 个海枣}-32\text{ 个海枣}}{3\text{ 条鱼}-2\text{ 条鱼}}=\text{每条鱼 }10\text{ 个海枣}$$

c. 从 d 点移动到 e 点，说明鱼的机会成本是 12 个海枣：在所采摘的海枣数量从 32 个下降到 20 个的同时，所钓到的鱼的数量增加了 1 条。

d. 当所钓到的鱼的数量增加时，增加一条鱼的机会成本也会随之增加。在这里，第 1 条鱼的机会成本仅为 4 个海枣，而第 2 条鱼的机会成本已上升为 8 个海枣，第 3 条鱼的机会成本又上升为 10 个海枣，第 4 条鱼和第 5 条鱼的机会成本分别上升为 12 个海枣和 20 个海枣。

e. 当所采摘的海枣数量增加时，海枣的机会成本也会随着增加。从 f 点移动到 e 点，可以看出：最初 20 个海枣的机会成本仅为 1 条鱼，所以，1 个海枣的机会成本是 1/20 条鱼。然而，继续从 e 移动到 d，1 个海枣的机会成本变成了 1/12 条鱼。按照这种方式继续计算下去，将会发现，随着所采摘的海枣数量的增加，海枣的机会成本也会增加。最后，从 b 点移动到 a 点时，海枣的机会成本达到了最大，为 1/4 条鱼。

正如（d）和（e）所说明的那样，沿着 *PPF* 移动，存在着递增的机会成本。也就是说：随着钓鱼数量的增加，用所放弃的海枣数量表示的鱼的机会成本是递增的；随着所采摘的海枣数量的增加，用所放弃的鱼的数量表示的海枣的机会成本也是递增的。正是这些递增的机会成本，说明了 *PPF* 是向外凸出的。

f. 这个组合点在 *PPF* 之内，是可以达到的产量组合点。因为西德娜还可以生产更多的一种或两种产品，所以，该组合是无效率的。因此，西德娜并不是在有效率地组织自己的生产活动。

4. a. 一个新鱼塘的发现可以增加西德娜钓鱼的数量，但并不能影响她所采摘海枣的最大数量。其 *PPF* 的移动如图 2.11 所示。

b. 增加海枣的采摘量并不会影响 *PPF*。西德娜既可以通过让 *PPF* 曲线以内的点移动到 *PPF* 上（或者更接近于 *PPF* 之处），也可以通过让 *PPF* 上的点沿着 *PPF* 移动来增加海枣的采摘量。但是，这两种方式都不会导致 *PPF* 移动。

图 2.11　简答题第 4（a）题

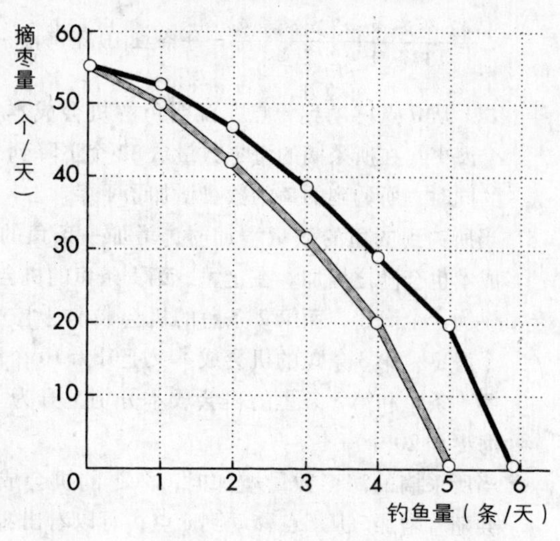

图 2.12　简答题第 4（c）题

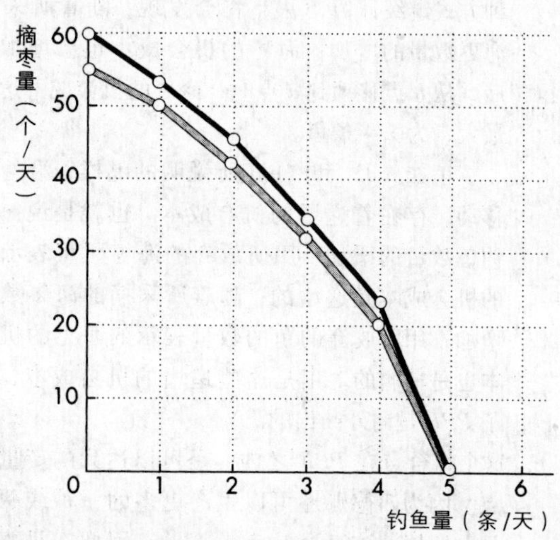

c. 梯子可以增加西德娜所能采摘的海枣数量，但却不会影响她所能钓到的鱼的数量。所以，海枣的最大数量会增加，而鱼的最大数量却不会发生变化 。*PPF* 一般会以图 2.12 所示的方式移动。

d. 当岛上出现了第二个人时，能够采摘的海枣数量和能够钓到的鱼的数量都会增加。如果第二个人具有和西德娜一样的一套技能，那么，*PPF* 就会发生如图 2.13 所示的“平行”移动。请注意，图 2.13 中横纵轴的刻度是不同于图 2.10、图 2.11 和图 2.12 中的。

图 2.13　简答题第 4（d）题

摘枣量（个/天）
120
100
80
60
40
20
0
2
4
6
8
10
12
钓鱼量（条/天）

表 2.6　比萨的边际利益和边际成本

比萨的数量	每块比萨的边际利益	每块比萨的边际成本	边际利益与边际成本的差额
1	6.0	1.5	4.5
2	5.0	2.0	3.0
3	4.0	2.5	1.5
4	3.0	3.0	0.0
5	2.0	3.5	−1.5
6	1.0	4.0	−3.0

5. a. 表 2.6 给出了答案。

b. 对第一个比萨而言，在扣除了边际成本之后，边际利益的剩余量为 4.5。

c. 对第二个比萨而言，在扣除了边际成本之后，边际利益的剩余量为 3.0。第二个比萨的边际利益的剩余量要小于第一个比萨的边际利益的剩余量，因为第二个比萨的边际利益小于第一个比萨的边际利益，而其边际成本却大于第一个比萨的边际成本。

d. 应该生产第一个比萨，因为从第一个比萨中获得的边际利益大于其边际成本。同样，也应该生产第二个比萨。只要生产一个比萨的边际利益大于其边际成本，社会就能从生产这个比萨中获益。虽然从第一个比萨中获得的“净利益”大于从第二个比萨中获得的，但只要净利益大于零，社会就可以获益。

e. 图 2.14 中给出了边际成本曲线和边际利益曲线。由于第四个比萨的边际利益和边际成本相等，所以，实现资源有效配置的比萨数量是 4 个。当比萨的产量高于 4 个时，每一个比萨的边际利益都会小于边际成本，所以，生产这些比萨都会导致社会遭受净损失。

图 2.14　简答题第 5（e）题

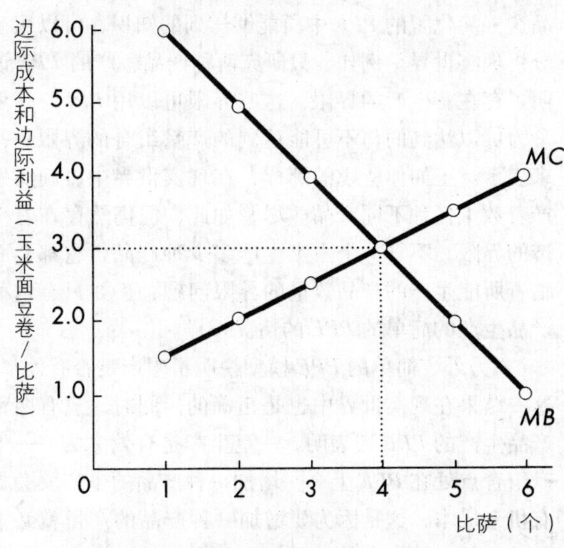

6. 因为一个国家的资源是有限的，所以，每个国家都应该有效地利用它们。如果资源的利用是无效率的，那么就存在着资源的浪费，该国欲望得到满足的人数就少。通过有效地利用资源，从而在配置效率的点上进行生产，社会就能够保证许多最重要的欲望——以满足这些欲望的产品中获得的边际利益来衡量——得到满足。

7. a. 图 2.15 给出了美国的 *PPF*。美国所能生产的葡萄酒的最大产量为 20 000 瓶，所能生产的电脑的最大产量为 10 000 台。

   b. 图 2.16 给出了法国的 *PPF*。

图 2.15　简答题第 7（a）题

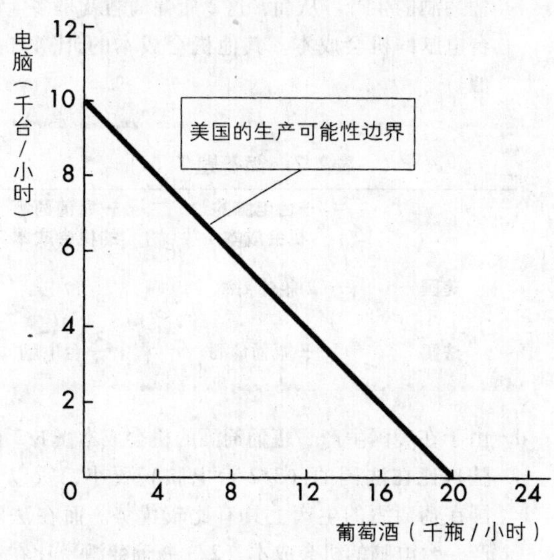

图 2.16　简答题第 7（b）题

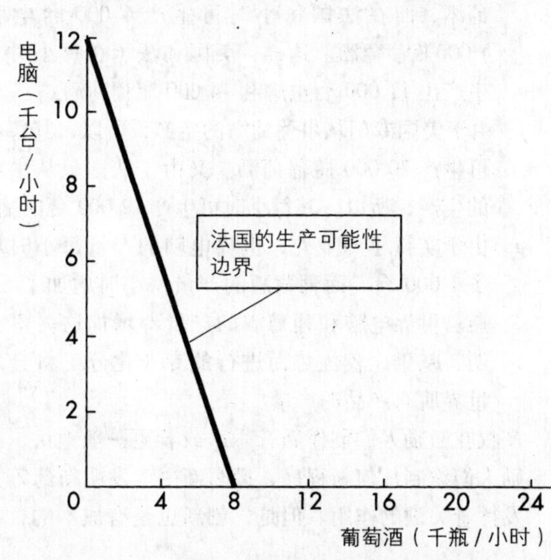

   c. 表 2.7 给出了每种产品的机会成本。为了说明如何得到此表，我们以在美国生产一台电脑的机会成本为例。在美国生产一台电脑所需要的资源是 1/10 000 小时。这样，增加一台电脑的生产，必须将 1/10 000 小时从葡萄酒业中转移出来。而这 1/10 000 小时如果不从葡萄酒业中转移出来，可以生产出：1/10 000×20 000 瓶葡萄酒，即 2 瓶葡萄酒。因此，在美国多生产一台电脑，就要放弃 2 瓶葡萄酒的生产。从而，这 2 瓶葡萄酒就是多生产这台电脑的机会成本。其他机会成本的计算与此类似。

表 2.7 简答题 7（c）

	一台电脑的机会成本	一瓶葡萄酒的机会成本
美国	2 瓶葡萄酒	$\frac{1}{2}$台电脑
法国	$\frac{2}{3}$瓶葡萄酒	$\frac{3}{2}$台电脑

d. 由于在美国生产一瓶葡萄酒的机会成本（1/2 台电脑）比在法国的（3/2 台电脑）要小，所以，美国在葡萄酒的生产上具有比较优势。而在法国生产一台电脑的机会成本（2/3 瓶葡萄酒）比在美国的（2 瓶葡萄酒）要小，所以，法国在电脑的生产上具有比较优势。

e. 在美国，每小时可生产 5 000 台电脑和 10 000 瓶葡萄酒，而在法国每小时可生产 6 000 台电脑和 4 000瓶葡萄酒。这样，美国和法国在每小时就会生产出 11 000 台电脑和 14 000 瓶葡萄酒。

f. 由于美国专门从事葡萄酒的生产，所以，其每小时可生产 20 000 瓶葡萄酒。又由于法国只从事电脑的生产，所以，其每小时可生产 12 000 台电脑。

g. 由于实行了专业化，世界电脑的产量每小时增加了 1 000 台，而葡萄酒的产量每小时增加了 6 000 瓶。世界电脑和葡萄酒的产量都增加这一事实说明，基于比较优势而进行的专业化分工将会增加世界所有产品的产量。

8. 产权在激励人们创作新音乐，或者更一般地讲，在激励人们编制任何新程序、撰写新书、发明新药等方面发挥着关键的作用。但是，创新也是有成本的，在创新过程中必须投入资源、时间和努力等。通过保护新音乐的产权，音乐家可望从耗费的资源中获得丰厚的利益。但是，如果音乐家不能得到产权，那么，任何人就都可以剽窃新音乐。在这种情况下，当许多人能够剽窃新音乐，甚至有一些人还可能得到回报时，音乐家就会一无所获。与缺乏产权的状况相比，由于产权对音乐家本人从所付出的努力中获得利益的承诺，产权会促进大量新音乐的出现。

■ 分析题

1. “所有的经济模型都极大地简化了复杂的现实世界。但是，我们并不能因此而丢弃它们。从只生产两种产品这一简化了的 *PPF* 中所能够学到的知识，可以用于分析现实世界。例如，只研究两种产品生产的 *PPF* 说明了存在着生产的界限。这些界限可以用 *PPF*——划分为可以达到的与不可能达到的产量组合的界限——来表示。正如你所说的那样，在现实世界中，确实生产着数十亿种不同产品。尽管如此，但仍然存在着生产的界限。不管一个国家生产多少种产品，它都会面临着所能生产的产品数量的界限问题，正如只有两种产品生产的简单的 *PPF* 的情况一样。

“另外，简单的 *PPF* 模型说明了生产是否有效率。这一结果在现实世界中也是正确的。同时，只有两种产品生产的 *PPF* 还表明，一旦生产是有效率的——生产组合点处在 *PPF* 上——增加一种产品的生产就会具有机会成本，这是因为要增加一种产品的产量就必须要减少另一种产品的产量。这在我们的现实世界中也同样正确。一旦我们国家的生产处于有效率的状态，那么，如果我们要增加一种产品的生产，就不得不放弃其他一些产品的生产。所以，以只生产两种产品的假设为基础，*PPF* 告诉我们，可以在任何地方对其加以应用，而不是仅仅在以后的考试中才用到它。”

小 测 验

1. 假定有一条斜率不变的 *PPF*，其在纵轴上的截距为 80 门大炮，在横轴上的截距为 120 吨黄油。黄油产量由 30 吨增至 31 吨的机会成本是______。
   a. 1/2 门大炮
   b. 2/3 门大炮
   c. 1 门大炮
   d. 3/2 门大炮
2. 一个国家______可以在其 *PPF* 之外的某一点处进行生产。
   a. 在同其他国家进行贸易时
   b. 在无效率地进行生产时
   c. 在有效率地进行生产时
   d. 永远不
3. 下列陈述正确的是______。
   a. 所有资源都是人们生产的
   b. 人力资源也被称为劳动
   c. 资本仅仅是由劳动所创造的
   d. 人力资本是一个自相矛盾的术语
4. 在 *PPF* 图形中，一些资源无效率使用的状况由______表示。
   a. 纵轴或横轴上的任何一点
   b. *PPF* 的中点
   c. *PPF* 之外的点
   d. *PPF* 以内的点
5. 罗伯特已经决定，要写一篇约定好的有关经济学课程的文章，而不去看电影。罗伯特将错过的这场电影就是他写这篇文章的______。
   a. 机会成本
   b. 显性成本
   c. 隐性成本
   d. 可控制成本
6. 课本的费用______上大学的机会成本，由于上大学而放弃的收入______上大学的机会成本。
   a. 是；是
   b. 是；不是
   c. 不是；是
   d. 不是；不是
7. 为了一种选择行为而放弃的最好的选择被称为这种行为的______。
   a. “损失”
   b. “货币成本”
   c. “直接成本”
   d. “机会成本”
8. 一种产品的边际利益是______。
   a. 指某一个非买者从该产品中所得到的利益
   b. 某人为一个单位该产品所愿意支付的最大值
   c. 指超过该产品边际成本以上的那部分利益
   d. 该产品的利益除以所购买的该产品数量
9. 边际利益曲线具有______的斜率；边际成本曲线具有______的斜率。
   a. 正；正
   b. 正；负
   c. 负；正
   d. 负；负
10. ______将会导致生产可能性边界向内（即向左）移动。
   a. 消费品产量的增加
   b. 研发费用的增加
   c. 人口的增加
   d. 该国一部分资本存量的损毁

本小测验的答案请参见第 224 页

第一编中期测验 导论

■ 第 1 章

1. 威利是一名木工，每小时挣 25 美元。他必须花费 2 小时的工作时间（该时间没有工资）去拔牙。牙医收取 60 美元的治疗费。以美元为单位进行计算，威利拔牙的机会成本是______。
   a. 25 美元
   b. 50 美元
   c. 60 美元
   d. 110 美元
2. 一家公司生产 100 个单位某种产品的成本是 400 美元，而生产 101 个单位该产品的成本是 415 美元，这 15 美元的差额是______。
   a. 生产 101 个单位产品的边际收益
   b. 生产第 101 个单位产品的边际成本
   c. 生产第一个单位产品的边际成本
   d. 低于平均成本的
3. 实证陈述是关于______的陈述。
   a. 价格
   b. 数量
   c. 是什么
   d. 应该是什么
4. 研究经济中单个市场的经济学分支被称为______。
   a. 宏观经济学
   b. 微观经济学
   c. 个体经济学
   d. 市场经济

■ 第 2 章

5. 超出生产可能曲线边界的产量组合______。
   a. 会导致更快速的经济增长
   b. 伴随着未利用的资源
   c. 只有所有资源都得到充分利用时才能达到
   d. 是不能够达到的
6. 由于______，PPF 就会向内移动。

a. 消费品的产量减少
b. 研发费用增加
c. 人口增加
d. 一部分资本存量的损毁

7. 如果一个人在任何时候生产的所有产品都比别人少，那么，这个人______。
a. 在任何产品的生产中都不应参与专业分工
b. 在某些产品的生产上仍然具有比较优势
c. 应该是自给自足的
d. 在任何产品的生产上都没有比较优势

8. 为了从比较优势中获得所有的利益，个人或国家不仅仅要进行贸易，而且还必须______。
a. 实行专业化
b. 储蓄
c. 投资
d. 从事研究与开发

答 案

■ 中期测验答案

1. d 2. b 3. c 4. b 5. d 6. d 7. b 8. a

第 3 章　需求与供给

关键概念

■ 市场与价格

竞争性市场（competitive market）是指有许多买方和卖方，并且没有一个买方或卖方能够影响价格的市场。一种产品的货币价格与另一种产品的货币价格的比率被称为“**相对价格**”（relative price）。一种产品的相对价格就是这种产品的机会成本。一种产品的需求与供给部分地取决于其相对价格。

■ 需　求

一种产品的**需求量**（quantity demanded）是指消费者在一定时期内，在某种价格水平下计划购买的数量。**需求定律**（law of demand）可表述为：“在其他条件不变的情况下，一种产品的价格越高，需求量就越少。”价格上升引起需求量减少，有两个原因：

- *替代效应*——某一产品相对价格的上升提高了购买该产品的机会成本，因此，人们减少了对该种产品的购买量。
- *收入效应*——某一产品相对价格的上升减少了人们能够购买的该产品的数量。一般情况下，这个效应减少了人们对价格上升产品的购买量。

需求（demand）是指一种产品的需求量与价格之间的整体关系。**需求曲线**（demand curve）表示当其他条件不变时，一种产品的需求量与其价格之间的反向变动关系。需求曲线表示在各种需求量水平下，消费者为获得一个单位的产品所愿意支付的最高价格。这个最高价格是消费者从一个单位的该产品中所获得的*边际利益*。

- 需求曲线的斜率为负，如图 3.1 所示。

图 3.1　需求曲线

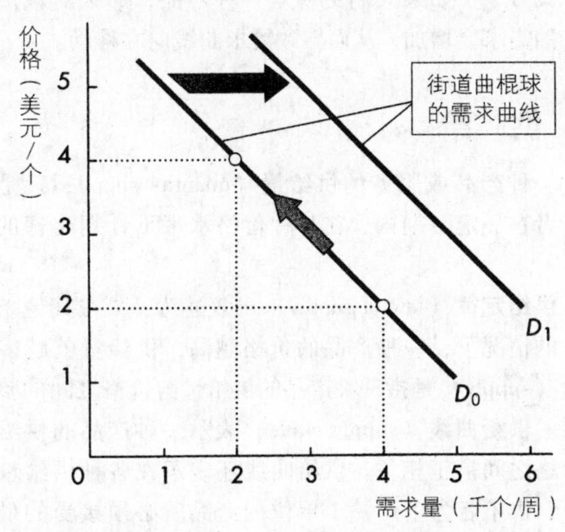

- 产品或服务价格的变化导致**需求量的变动**（change in the quantity demanded），并且是*沿着需求曲线的变动*。产品或服务的价格越高，其需求量就越少。这种关系可用图 3.1 来表示。当街道曲棍球的价格由 2 美元上升至 4 美元时，每周街道曲棍球的需求量沿着曲线 D_0 从 4 000 个减少到 2 000 个。

当价格以外其他影响购买计划的因素变化时，就会出现**需求的变动**（change in demand）与*需求曲线的移动*。需求增加意味着需求曲线向右移动，如图 3.1 中所示由曲线 D_0 移动至曲线 D_1；需求减少意味着需求曲线向左移动。影响需求曲线移动的因素如下：

- *相关产品的价格*——一种产品的**替代品**（substitute）的价格上升引起该产品需求增加，从而导致需求曲线向右移动；一种产品的**互补品**（complement）的价格上升引起该产品需求减少，从而导致需求曲线向左移动。

- 预期的未来价格——如果预期一种产品的价格在未来会上升，那么，该产品的当前需求就会增加，从而导致需求曲线向右移动。
- 收入——对于**正常品**（normal good）而言，收入的增加会引起需求增加，从而导致需求曲线向右移动；对于**低档品**（inferior good）而言，收入的增加会引起需求减少，从而导致需求曲线向左移动。
- 预期的未来收入——当预期的未来收入增加时，当前需求将会增加。
- 人口——人口数量的增加会引起需求增加，从而导致需求曲线向右移动。
- 偏好——如果人们更喜欢一种产品，那么对该产品的需求会增加，从而导致需求曲线向右移动。

图 3.2　供给曲线

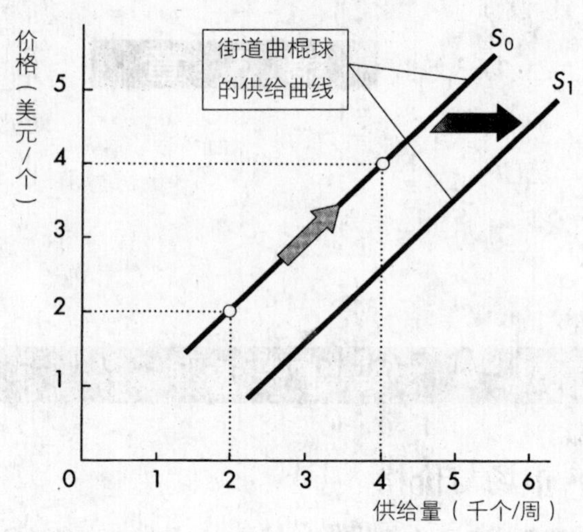

■ 供　给

一种产品或服务的**供给量**（quantity supplied）是指生产者在一定时期内，在某种价格水平下计划出售的数量。

供给定律（law of supply）可表述为："在其他条件不变的情况下，一种产品的价格越高，供给量就越多。"**供给**（supply）是指一种产品的供给量与价格之间的整体关系。**供给曲线**（supply curve）表示一种产品的供给量与价格之间呈正相关。供给曲线还表示在各种供给量水平下，供给者为生产一个单位的产品所必须接受的最低价格。

- 供给曲线的斜率为正，如图 3.2 所示。
- 产品价格的变化导致**供给量的变动**（change in the quantity supplied），并且是沿着供给曲线的变动。在图 3.2 中，当街道曲棍球的价格由 2 美元上升至 4 美元时，每周街道曲棍球的供给量沿着曲线 S_0 从 2 000 个增加到 4 000 个。

当价格以外其他影响销售计划的因素变化时，就会出现**供给的变动**（change in supply），可以用供给曲线的移动来说明。供给增加引起供给曲线向右移动，如图 3.2 中所示由曲线 S_0 移动至曲线 S_1；供给减少引起供给曲线向左移动。引起供给变动与供给曲线移动的因素如下：

- 用于生产产品的生产资源的价格——一种投入品价格的上升会引起该产品供给减少，从而导致供给曲线向左移动。
- 生产的相关产品的价格——一种生产的替代品价格的上升会引起该产品供给减少，从而导致供给曲线向左移动。一种生产的互补品价格的上升会引起该产品供给增加，从而导致供给曲线向右移动。
- 预期的未来价格——如果预期一种产品的价格在未来会上升，那么，该产品的当前供给就会减少，从而导致供给曲线向左移动。
- 供给者的数量——供给者数量的增加会引起供给增加，从而导致供给曲线向右移动。
- 技术——技术进步会引起供给增加，从而导致供给曲线向右移动。

■ 市场均衡

均衡价格（equilibrium price）是需求量等于供给量时的价格。它是由需求曲线与供给曲线的交点决定的。**均衡数量**（equilibrium quantity）是在均衡价格时交易的数量。图 3.3 给出了街道曲棍球的均衡价格与均衡数量，分别为 3 美元/个和 3 000 个/周。当价格低于均衡价格时，存在着短缺，并且价格将会上升。当价格高于均衡价格时，存在着剩余，并且价格将会下降。只有当价格等于均衡价格时，价格才不会发生变化。

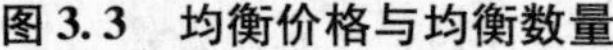

图 3.3　均衡价格与均衡数量

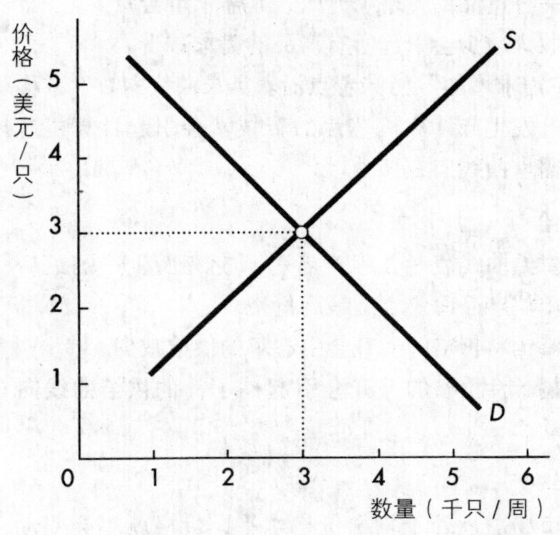

■　预测价格和数量的变动

当需求或供给变动，从而引起需求曲线或供给曲线中的一条曲线移动时，我们可以确定其对均衡价格（P）和均衡数量（Q）的影响：

- 需求增加（需求曲线向右移动）会引起 P 上升，Q 增加。
- 需求减少（需求曲线向左移动）会引起 P 下降，Q 减少。
- 供给增加（供给曲线向右移动）会引起 P 下降，Q 增加。
- 供给减少（供给曲线向左移动）会引起 P 上升，Q 减少。

当需求和供给同时变动，从而引起需求曲线和供给曲线都移动时，我们可以确定其对均衡价格或者均衡数量的影响，但是，如果没有有关移动距离相对大小方面的信息，那么，我们就不能确定其对另一个变量的影响。

- 如果需求和供给都增加（两条曲线都向右移动），那么均衡数量会增加，但均衡价格有可能上升，也有可能下降，还有可能不变。
- 如果需求减少（需求曲线向左移动），供给增加（供给曲线向右移动），那么均衡价格会下降，但均衡数量有可能增加，也有可能减少，还有可能不变。

帮助提示

1. **培养有关需求的直观感受：**当你初次学习有关需求与供给的知识时，可以通过一些具体例子来思考。可以运用一些你喜欢的例子。例如，当你听到“互补品”（一起使用的产品）时，你可想到热狗和热狗面包，因为几乎没有人在吃热狗时不吃热狗面包的。当听到“替代品”（可以相互代替的产品）时，你可想到热狗和汉堡包，因为这两种产品很显然是可以相互替代的。
2. **培养有关供给的直观感受：**识别供给者的一个简单而又实用的方法是联想到“利润”：任何增加生产一种产品利润的因素（产品的价格除外），都会增加供给，并且引起供给曲线向右移动；相反，任何减少生产一种产品利润的因素（产品的价格除外），都会减少供给，并且引起供给曲线向左移动。
3. **曲线的移动与沿着曲线的变动：**不能正确区分曲线的移动与沿着曲线的变动会导致失误，并在考试中丢分。这个区别同样适用于需求曲线和供给曲线。

   请记住这样的一个要点：*一种产品价格的变化不会引起需求曲线的移动*；它只能导致沿着需求曲线的变动。如果其他某种因素引起需求变动，需求曲线才会移动。

   同样，*当产品价格以外*的某些相关因素影响供给时，供给曲线会移动。产品价格的变化会导致沿着供给曲线的变动。
4. **运用供给/需求曲线图的规则：**解决任何需求和供给问题最稳妥的方法，就是画出曲线图。一些机械的规则能够帮助我们较容易地运用需求和供给曲线。首先，当你画曲线图形时，一定要标出两个坐标轴所表示的变量。伴随着课程的进展，你会遇到许多不同变量的曲线图形。如果你不养成标出坐标轴所表示的变量这一习惯，那么你就会把不同图形中坐标轴所表示的变量搞混。其次，要把需求曲线和供给曲线画成直线。最后，一定要指出并标明起初的均衡价格和均衡数量。

   现在，让我们看一下你必须练习的两个更难的部分。假设你正在考虑一个影响因素发生变化的情况。首先，你要确定，这个影响因素是引起需求曲线移动，还是供给曲线移动。除了预期的未来价格这一因素外，大多数因素通常只能引起一条曲线移动，你必须确定是哪一条曲线发生移动。其次，确定受影响的这条曲线是向右移动（增加），还是向左移动（减少）。此后，一切就变得十分简单了。你可以使用你所画出的曲线，正确地移动曲线并且得出正确的答案。

5. **需求的变动不会导致供给的变动；供给的变动也不会导致需求的变动**：不要犯普遍存在的错误：认为需求增加，或需求曲线向右移动会导致供给增加，或供给曲线向右移动。我们以电视机市场为例，用图3.4来加以说明。需求增加引起需求曲线向右移动，如图所示。需求曲线的移动导致电视机的均衡价格上升（从每台300美元上升到400美元），均衡数量增加（从每天3 000台增加至4 000台）。但是，需求曲线的移动不会导致供给曲线的移动。相反，存在着沿着没有移动的供给曲线的变动。

图3.4　需求增加的影响

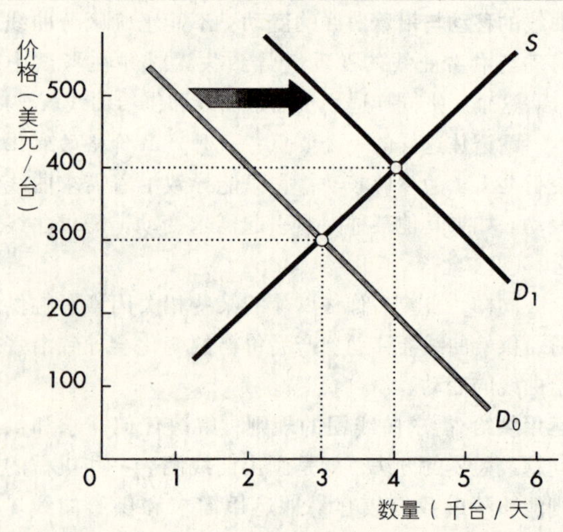

习　题

■　判断并解释

市场与价格

1. 一个具有较高相对价格的产品一定具有较低的机会成本。
2. 即使一种产品的货币价格上升，其相对价格也可能会下降。

需　求

3. 需求定律可表述为：在其他条件不变的情况下，当一种产品的价格上升时，其需求量会减少。
4. 收入减少会引起所有产品的需求减少。
5. “需求增加”意味着点沿着需求曲线向右下方移动。
6. 开发生产计算机芯片的新技术会引起计算机芯片的需求曲线向右移动。

供　给

7. 供给曲线表示，生产者为了拥有所生产的最后一个单位产品而要求的最高价格。
8. 鸡饲料价格的上升会引起鸡的供给减少。
9. 橘子汁价格的上升会引起橘子汁的供给曲线向右移动。

市场均衡

10. 市场一旦处于均衡价格水平，价格就不会变动，除非其他一些因素发生变化。
11. 如果一种产品存在着过剩，那么其价格就会下降。

预测价格和数量的变动

12. 如果一种产品预期的未来价格上升，那么其当前价格也会上升。
13. 一种产品的价格上升会引起其需求量减少，所以，不会出现产品的均衡价格上升与均衡数量增加并存的情况。
14. 如果需求曲线和供给曲线都向右移动，那么均衡数量一定会增加。
15. 如果需求曲线和供给曲线都向右移动，那么均衡价格一定会上升。

■　单项选择题

市场与价格

1. 一种产品的机会成本等于它的______。
   a. 货币价格
   b. 相对价格
   c. 价格指数
   d. 以上选项均不正确
2. 比萨的货币价格是每个12美元，墨西哥玉米面豆卷的货币价格是每个2美元。一个比萨的相对价格是______。
   a. 每个比萨12美元
   b. 每个比萨24美元；
   c. 每个比萨6个墨西哥玉米面豆卷

d. 1/6 个比萨

需　求

3. 根据需求定律可以得出这样的结论：高尔夫球价格的上升会引起高尔夫球的需求量______，并且导致______。
   a. 增加；高尔夫球的需求曲线向右移动
   b. 减少；高尔夫球的需求曲线向左移动
   c. 减少；沿着高尔夫球的需求曲线向上变动
   d. 增加；沿着高尔夫球的需求曲线向下变动
4. 如果汽油价格的上涨会减少人们对大汽车的需求，那么______。
   a. 汽油与大汽车是消费上的替代品
   b. 汽油与大汽车是消费上的互补品
   c. 汽油是低档品
   d. 大汽车是低档品
5. 正常品是______。
   a. 具有向下倾斜的需求曲线的产品
   b. 当替代品的价格上升时，其需求会增加的产品
   c. 当收入增加时，其需求会增加的产品
   d. 以上选项均不正确
6. 一些销售经理正在谈论销售工作。涉及沿着需求曲线变动问题的谈话内容是：______
   a. “由于我们的竞争对手提高了他们的价格，所以，我们的销售量翻了一番。”
   b. “冬季已经变得异常暖和，所以，去年以来，我们的羊毛丝巾的销售量一直在下降。”
   c. “由于我们做出了降低价格的决定，所以，我们的销售量有了显著增加。”
   d. 以上选项均不正确
7. 导致图 3.5 所示的需求曲线移动的因素是______。
   a. 需求量的增加
   b. 替代品价格的上升
   c. 互补品价格的上升
   d. 产品价格的下降

供　给

8. 一种产品价格的下降会导致生产者减少该产品的供给量。这一陈述反映了______。
   a. 供给定律
   b. 需求定律
   c. 供给的变动
   d. 低档品的特征

图 3.5　单项选择题第 7 题

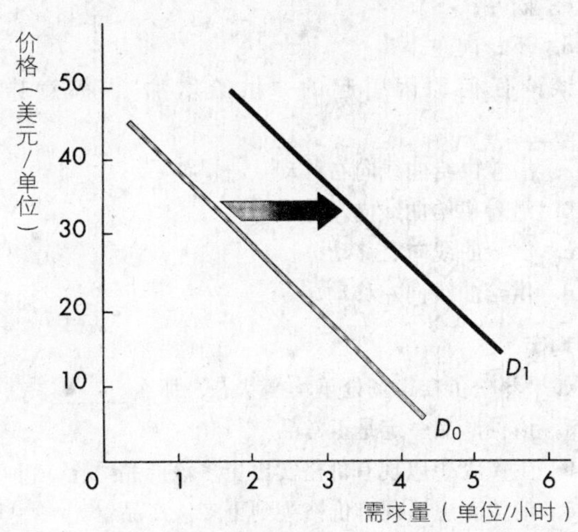

9. 不会引起供给曲线移动的因素是______。
   a. 工人工资的增加
   b. 新技术的开发
   c. 人们决定购买更多产品
   d. 供给者数量的减少
10. 飞机用喷气式发动机燃料价格的上涨，会导致______。
   a. 乘飞机旅游需求的增加
   b. 乘飞机旅游需求的减少
   c. 乘飞机旅游供给的增加
   d. 乘飞机旅游供给的减少
11. 供给曲线除了表示不同价格水平下所提供的产品数量外，还可以被认为是______。
   a. 支付愿意及能力曲线
   b. 边际利益曲线
   c. 最低供给价格曲线
   d. 最高供给价格曲线
12. 麦片粥生产者数量的增加会导致麦片粥的供给______，并导致麦片粥的供给曲线______移动。
   a. 增加；向右
   b. 增加；向左
   c. 减少；向右
   d. 减少；向左
13. 用于生产比萨的奶酪价格的上升会引起比萨的供给曲线______移动，同时引起比萨的需求曲线______移动。

a. 向右；向左
b. 向左；向左
c. 向左；不
d. 不；向左

14. 谈论任何原因引起的“供给增加”，都意味着______。
a. 沿着供给曲线向右移动
b. 沿着供给曲线向左移动
c. 供给曲线向右移动
d. 供给曲线向左移动

市场均衡

15. 如果蒸松蛋糕市场处于均衡状态，那么______。
a. 该种产品一定是正常品
b. 生产者想以现有价格卖出更多该产品
c. 消费者想以现有价格买到更多该产品
d. 这种产品的供给量等于需求量

16. 如果一种产品存在着短缺，那么，其需求量______供给量，其价格将会______。
a. 小于；上升
b. 小于；下降
c. 大于；上升
d. 大于；下降

17. 在图 3.6 中，当价格为 8 美元时，存在着______。
a. 短缺，价格将会上升
b. 短缺，价格将会下降
c. 过剩，价格将会上升
d. 过剩，价格将会下降

图 3.6　单项选择题第 17 题

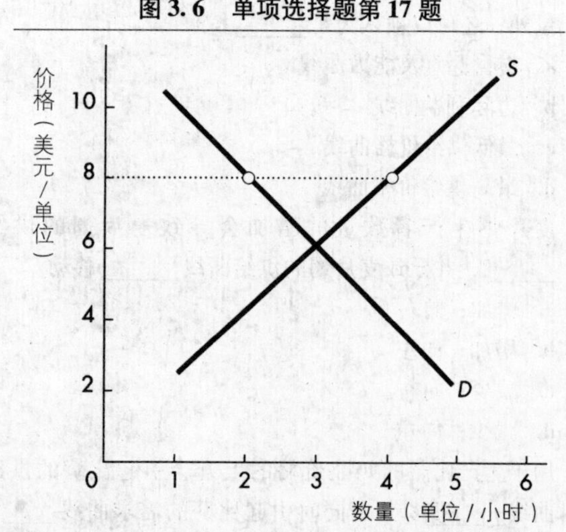

18. 在一个市场中，当价格处于均衡价格水平时，______。
a. 买卖双方都不可能在更合适的价格进行交易
b. 买方愿意支付更高的价格，但卖方却不要求更高的价格
c. 买方正在支付他们为任何数量的产品所愿意支付的最低价格，而卖方却正在索要他们为任何数量的产品所愿意接受的最高价格
d. 以上选项均不正确

预测价格和数量的变动

19. 对消费者而言，比萨和汉堡包互为替代品。比萨价格的上升会引起汉堡包的价格______，汉堡包的数量______。
a. 上升；增加
b. 上升；减少
c. 下降；增加
d. 下降；减少

20. 异常寒冷的冬季对防冻液均衡价格和均衡数量的影响是______。
a. 它会引起防冻液的均衡价格上升，均衡数量增加
b. 它会引起防冻液的均衡价格上升，均衡数量减少
c. 它会引起防冻液的均衡价格下降，均衡数量增加
d. 它会引起防冻液的均衡价格下降，均衡数量减少

21. 你注意到小麦的价格在上升，并且小麦的数量也在增加。这组观察可能是______的结果。
a. 小麦的需求曲线向右移动
b. 小麦的需求曲线向左移动
c. 小麦的供给曲线向右移动
d. 小麦的供给曲线向左移动

22. 一项技术的改进降低了生产咖啡的成本。因此，1 磅咖啡的价格会______，咖啡的数量会______。
a. 上升；增加
b. 上升；减少
c. 下降；增加
d. 下降；减少

23. 生产计算机存储芯片的厂商数量减少了。因而，存储芯片的价格会______，存储芯片的数量会______。
a. 上升；增加
b. 上升；减少
c. 下降；增加
d. 下降；减少

假设用于制作图书的纸张价格上涨，同时（且独立地）有更多人决定想要读书。请回答下面的 5 个问题。

24. 纸张价格的上涨会引起图书的______。
  a. 需求曲线向右移动
  b. 需求曲线向左移动
  c. 供给曲线向右移动
  d. 供给曲线向左移动
25. 更多人想要读书这一事实会引起图书的______。
  a. 需求曲线向右移动
  b. 需求曲线向左移动
  c. 供给曲线向右移动
  d. 供给曲线向左移动
26. 图书的均衡数量______。
  a. 一定会增加
  b. 一定不会变化
  c. 一定会减少
  d. 可能增加，也可能不变，还可能减少
27. 每册书的均衡价格______。
  a. 一定会上升
  b. 一定不会变化
  c. 一定会下降
  d. 可能上升，也可能不变，还可能下降
28. 假设人们决定要读更多图书的影响大于纸张价格上涨的影响。在这种情况下，图书的均衡数量______。
  a. 一定会增加
  b. 一定不会变化
  c. 一定会减少
  d. 可能增加，也可能不变，还可能减少
29. ______一定会导致产品均衡价格上升。
  a. 需求和供给都增加
  b. 需求和供给都减少
  c. 需求增加，同时供给减少
  d. 需求减少，同时供给增加
30. 有可能出现一种产品的价格不变，同时数量增加的情况吗？
  a. 有可能，条件是这种产品的需求和供给都以同样的数量增加
  b. 有可能，条件是这种产品的需求增加数量与供给减少数量相同
  c. 有可能，条件是这种产品的供给增加，而需求不变
  d. 不可能

■ 简答题

1. a. 今年，一个汉堡包的价格是 2 美元，一张 CD 的价格是 12 美元。以汉堡包为参照，CD 的相对价格是多少？购买一张 CD 的机会成本又是多少？这两个答案之间有何联系？
  b. 如果在明年，CD 的货币价格翻番到 24 美元，而汉堡包的货币价格仍然为 2 美元，那么，CD 的相对价格是多少？
  c. 如果后年 CD 的价格仍然是 24 美元，而汉堡包的货币价格翻番到 4 美元，那么，CD 的相对价格是多少？
  d. 如果再过一年，CD 的货币价格翻番到 48 美元，汉堡包的货币价格上涨 2 倍至 12 美元，那么，CD 的相对价格是多少？
  e. 即使一种产品的货币价格上升，其相对价格也会下降吗？为什么？
2. a. 在画出一条需求曲线时，假定哪 6 个因素不变？
  b. 如果其中任何一个因素发生变化，那么需求曲线会如何变动？
  c. 在画出一条供给曲线时，假定哪 5 个因素不变？
  d. 如果其中任何一个因素发生变化，那么供给曲线会如何变动？
3. a. 表 3.1 是连环漫画书的供给与需求表。请在图 3.7 中画出连环漫画书的需求曲线与供给曲线。该书的均衡价格是多少？均衡数量又是多少？
  b. 读者阅读第 12 000 000 册连环漫画书时，所得到的边际利益是多少？生产者为生产第 12 000 000 册连环漫画书所愿意接受的最低价格是多少？

表 3.1　需求与供给表

价格（美元/本）	需求量（本/月）	供给量（本/月）
2.50	14 000 000	8 000 000
3.00	13 000 000	10 000 000
3.50	12 000 000	12 000 000
4.00	11 000 000	13 000 000
4.50	10 000 000	14 000 000

图 3.7　简答题第 3 题

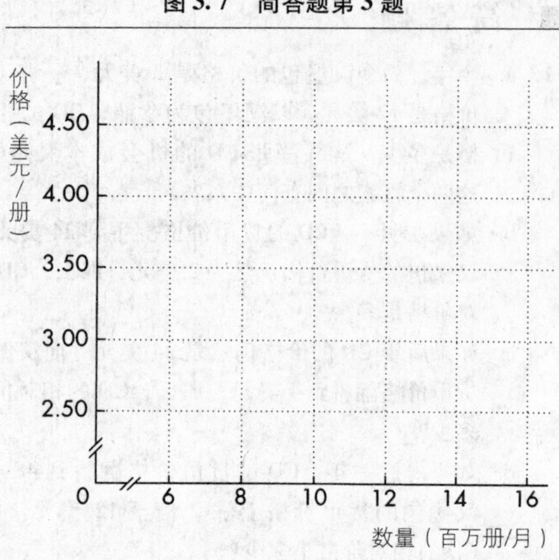

c. 假设连环漫画书的替代品——电影的价格上升，结果，读者在每一个价格水平下都比以前要多购买 2 000 000 册书。这样，在价格为 2. 50 美元时，读者将购买 16 000 000 册连环漫画书；在价格为 3. 00 美元时，读者将购买 15 000 000 册连环漫画书；以此类推。请在图 3.7 中画出新的需求曲线。新的均衡价格是多少？新的均衡数量又是多少？

4. 新车是一种正常品。假设经济进入了一个强劲的扩张时期，因此，人们的收入大幅增加。运用需求曲线和供给曲线来确定，新车的均衡价格和均衡数量会如何变化？

5. DVD 和录像带互为替代品。运用供给曲线和需求曲线来确定，当 DVD 的供给增加引起 DVD 的价格下跌时，录像带的均衡价格与均衡数量会如何变化？

6. 假设我们观察到，在花生酱价格上涨的同时，其消费量却增加了。那么，在花生酱的市场上一定发生了什么？花生酱价格上升时其消费量增加，这一观察结果是否符合需求定律？为什么？

7. 假设石油工人的工资下降。请运用供给曲线和需求曲线来分析，工资下降对汽油的均衡价格和均衡数量的影响。

8. 化学公司发现了一项生产苯的更有效率的新技术。运用供给和需求模型来分析，这种新技术方法对苯的均衡价格和均衡数量的影响。

9. 在需求增加的同时，个人电脑的价格却在持续下降。请解释。

10. a. 肉鸡市场起初处于均衡状态。假设吃牛翅（与这个名字不同的是，它是用鸡翅制作而成的）变得非常时尚，其结果是，人们一日三餐都要食用它。运用供给曲线与需求曲线来确定，肉鸡的均衡价格和均衡数量会如何变化。

b. 再回到起初的市场均衡（即吃牛翅变得时尚之前的市场均衡）。现在假设一场热浪来临，并且导致数以万计的鸡死亡或自杀。并且切记，死鸡是不能够在市场上销售的。请运用供给曲线与需求曲线来确定，肉鸡的均衡价格和均衡数量会如何变化。

c. 假设热浪和时尚同时出现。运用需求曲线和供给曲线来确定，肉鸡的均衡价格和均衡数量会如何变化。（提示：你能够确定均衡价格和均衡数量如何变化吗？）

■ 分析题

1. 当你和一位朋友正在研究第 3 章的内容时，朋友对你说："我实在弄不明白'曲线的移动'和'沿着曲线的变动'这二者的区别。你能帮助我吗？弄清楚这个区别可能很重要。这个区别到底是什么？"请向你的朋友解释这一区别。

2. "需求与供给模型简直就是在胡说。它说明如果一些产品的需求减少，那么其价格就会下降。但是，请你注意——除了计算机以外，你实际上有多少次看到产品价格在下降呢？价格一直都在上升。所以，请不要试图告诉我价格在下降。"供给和需求模型是正确的，而该陈述中却认为它是在胡说。请指出该陈述者分析中的错误。

习题答案

■ 判断并解释

市场与价格

1. **错误** 产品的相对价格就是其机会成本。
2. **正确** 如果一种产品的货币价格上升幅度小于其他产品，那么，这种产品的相对价格就会下降。

需 求

3. **正确** 需求定律指出了产品的需求量与其价格之间的负相关。
4. **错误** 正常品的需求会减少，而低档品的需求却会增加。
5. **错误** “需求增加”意味着需求曲线向右移动。
6. **错误** 技术变化不是引起需求曲线移动的一个因素。（技术变化会引起供给曲线的移动。）

供 给

7. **错误** 供给曲线表示供给者为了生产最后提供的一个单位产品所必须接受的最低价格。
8. **正确** 鸡饲料是用于养鸡的资源，所以，其价格的上升会引起鸡的供给曲线向左移动。
9. **错误** 橘子汁价格的上升，会导致其供给曲线上的点沿着该曲线向供给量增加的方向移动（也就是向右上方移动），但不会导致供给曲线的移动。

市场均衡

10. **正确** 一旦处于均衡价格水平，供给和需求这两种对立的力量就会处于平衡状态，这种情况会一直持续下去，直到某些条件发生变化为止。
11. **正确** 产品过剩会导致其价格下降，直至达到均衡价格水平。

预测价格和数量的变动

12. **正确** 未来价格的上升会引起需求曲线向右移动，以及供给曲线向左移动，毫无疑问当前价格会上升。
13. **错误** 沿着一条固定的需求曲线，价格与需求量之间保持着反向关系。但是，如果需求曲线向右移动，那么均衡价格就会上升，均衡数量就会增加。
14. **正确** 当需求和供给都增加时，均衡数量一定会增加。
15. **错误** 如果需求曲线的移动幅度大于供给曲线的移动幅度，那么价格就会上升。但是，如果二者的移动幅度相同，那么价格就不会发生变化。当供给曲线的移动幅度较大时，价格反而会下降。

■ 单项选择题

市场与价格

1. **b** 一种产品的相对价格表明，要增加一个单位的该产品所必须放弃的其他产品的数量。它就是这个产品的机会成本。
2. **c** 比萨的相对价格，是它的货币价格与墨西哥玉米面豆卷的货币价格之比。它等于：每个比萨 12 美元/每个墨西哥玉米面豆卷 2 美元，即每个比萨 6 个墨西哥玉米面豆卷。

需 求

3. **c** 需求定律表明，较高的价格导致需求量减少，并且引起高尔夫球的需求量沿着需求曲线变动。
4. **b** 互补品的定义是指，一种产品价格的上升会引起另一种产品需求量的减少。
5. **c** 这是“正常品”的定义。
6. **c** 产品价格的降低会导致需求量沿着需求曲线的变动。
7. **b** 一种产品的替代品价格上升，会引起这种产品的需求曲线向右移动。

供 给

8. **a** 供给定律表明，产品价格与其供给量之间呈正相关。
9. **c** 偏好的变化会引起需求曲线移动，而不会引起供给曲线移动。
10. **d** 燃料是一种提供乘坐飞机旅游的资源，所以，其价格（成本）的上涨会减少对乘坐飞机旅游的供给。
11. **c** 对任何单位产品而言，供给曲线表明，生产者愿意生产并出售这一单位产品的最低价格。
12. **a** 供给增加表现为供给曲线的向右移动。
13. **c** 一种生产产品的资源价格变化会引起供给曲线移动，但却不会引起需求曲线移动。
14. **c** “供给增加”意味着供给曲线向右移动；“供给减少”意味着供给曲线向左移动。

市场均衡

15. **d**　在均衡点上，消费者愿意购买的产品数量正好是供给者愿意出售的产品数量，双方都对这一数量感到满意。

16. **c**　当价格低于均衡价格时，就会出现短缺。此时，产品的需求量超过了供给量。短缺会导致价格上升，直至达到均衡价格水平。

17. **d**　如图3.8所示，因为在价格为8美元时，供给量为4个单位，超过需求量2个单位。

图 3.8　单项选择题第 17 题

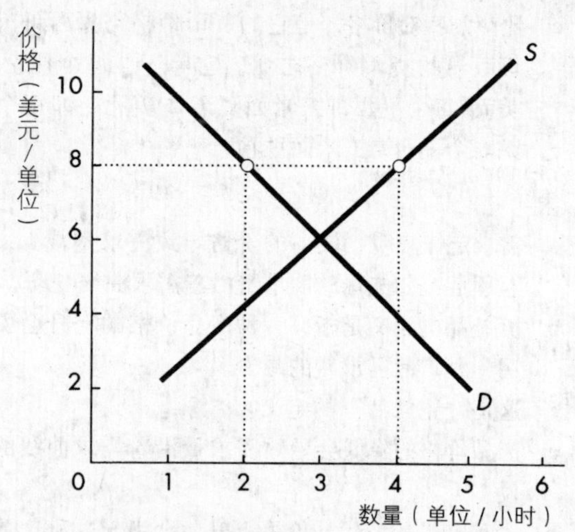

18. **a**　买者不能找到任何愿意以更低价格出售产品的卖者，并且卖者也不能找到任何愿意以更高价格购买产品的买者。

预测价格和数量的变动

19. **a**　比萨价格的上涨会引起汉堡包需求的增加，这会导致汉堡包价格的上涨和其数量的增加。

20. **a**　寒冷的冬季会引起防冻液的需求曲线向右移动，这是因为消费者会增加对防冻液的需求；防冻液的供给曲线不会移动。其结果是，防冻液的均衡价格会上升，其均衡数量会增加。

21. **a**　图3.9说明，当小麦需求增加时，小麦的需求曲线由D_0移动至D_1，从而小麦的价格由3美元/蒲式耳上升为4美元/蒲式耳，小麦的数量也由每年的300亿蒲式耳增加到400亿蒲式耳。

图 3.9　单项选择题第 21 题

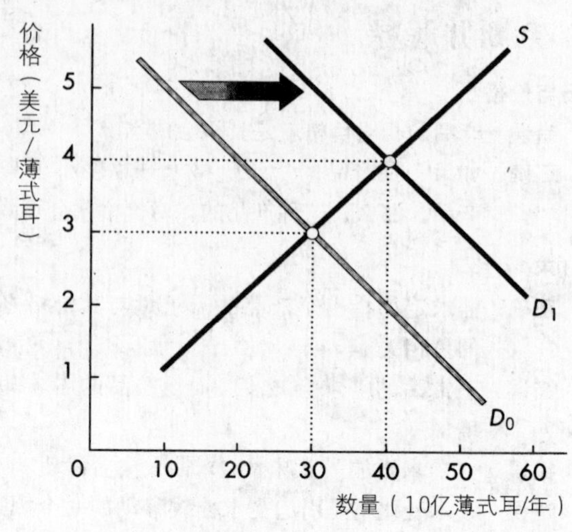

22. **c**　技术的进步会引起咖啡供给的增加，即引起咖啡的供给曲线向右移动。所以，咖啡的数量增加，价格下降。

23. **b**　生产计算机存储芯片的厂商数量的减少会引起存储芯片供给的减少，从而导致存储芯片的价格上升，数量减少。

24. **d**　纸张是制作图书的资源。所以，其价格的上升会引起图书的供给曲线向左移动。

25. **a**　当人们的偏好发生变化，从而想读更多的书时，图书的需求曲线就会向右移动。

26. **d**　如果需求的增加幅度大于供给的减少幅度，那么均衡数量就会增加；如果供给的幅度大于需求的幅度，那么均衡数量就会减少；如果供给的幅度与需求的幅度相同，那么均衡数量就会保持不变。

27. **a**　需求增加和供给减少会导致价格上升，所以，均衡价格一定会上升。

28. **a**　如果需求曲线的移动幅度大于供给曲线的移动幅度，那么均衡数量就会增加。这一结果可以用图3.10来说明，均衡数量由每月400万册增加到了500万册。

29. **c**　需求增加或供给减少都会引起价格的上升。所以，当这两种情况同时发生时，价格一定会上升。

30. **a**　如果需求和供给的增加幅度相同，那么，价格不会变动，而数量则会增加。

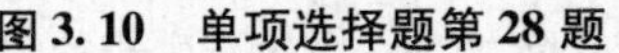

图 3.10　单项选择题第 28 题

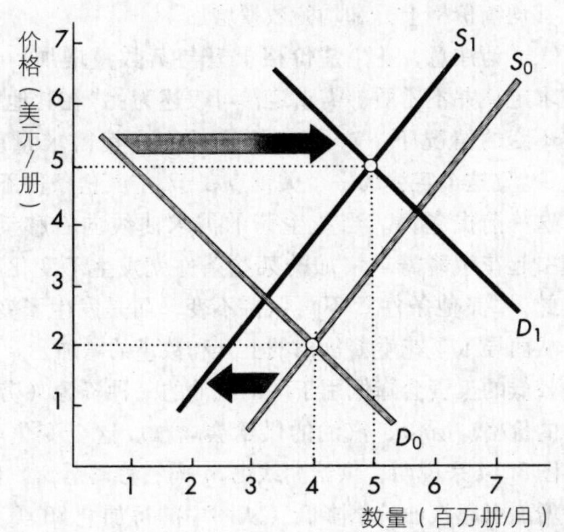

■ 简答题

1. a. 每张 CD 的货币价格是 12 美元，每个汉堡包的货币价格是 2 美元。CD 的相对价格就是这两个货币价格的比率，即每张 CD12 美元/每个汉堡 2 美元，也就是每张 CD 6 个汉堡包。至于机会成本，购买一张 CD 意味着，用于购买该 CD 的钱就不能再用于购买 6 个汉堡包了。因此，购买一张 CD 的机会成本就是 6 个汉堡包。相对价格和机会成本是相等的。

   b. 一张 CD 的相对价格是，每张 CD24 美元/每个汉堡包 2 美元，或者每张 CD12 个汉堡包。

   c. 一张 CD 的相对价格是，每张 CD24 美元/每个汉堡包 4 美元，或者每张 CD6 个汉堡包。

   d. 一张 CD 的相对价格是，每张 CD48 美元/每个汉堡包 12 美元，或者每张 CD4 个汉堡包。

   e. 会下降，即使在其货币价格上升的情况下，一种产品的相对价格也可能下降。（d）部分就是一个很好的例证。如果一种产品货币价格上升的百分比比另一种产品小，那么，这种产品的相对价格就会下降。请你在运用需求和供给模型时记住这一点，因为当这一模型预测均衡价格将下降时，这意味着下降的是相对价格而不一定是货币价格。

2. a. 不会引起需求量沿着需求曲线变动的 6 个影响因素是：相关产品的价格、预期的未来价格、收入、预期的未来收入、人口和偏好。

   b. 如果这些因素中的任何一个因素发生变化，那么需求曲线就会移动。

   c. 当我们画出一条供给曲线时，假定不变的 5 个因素是：用于生产产品的生产要素的价格、所生产的相关产品的价格、预期的未来价格、供给者的数量和技术。

   d. 如果上述因素中的任何一个因素发生变化，那么供给曲线就会移动。记住这些导致供给曲线和需求曲线移动的因素是非常重要的。

3. a. 在图 3.11 中，S 和 D_0 分别表示供给曲线和需求曲线。连环漫画书的均衡价格为每册 3.50 美元，均衡数量为 12 000 000 册。

   b. 购买第 12 000 000 册连环漫画书的人为这册书支付了 3.50 美元，所以，这个人从这册连环漫画书中获得的利益就是 3.50 美元。生产第 12 000 000 册连环漫画书的厂商从这册书中得到了 3.50 美元，供给曲线表明，3.50 美元是该厂商为生产和出售这册连环漫画书所愿意接受的最低价格。

   c. 在图 3.11 中，D_1 是所画出的新需求曲线。新的均衡价格为 4 美元，新的均衡数量为 1 300 万册。

图 3.11　简答题第 3 题

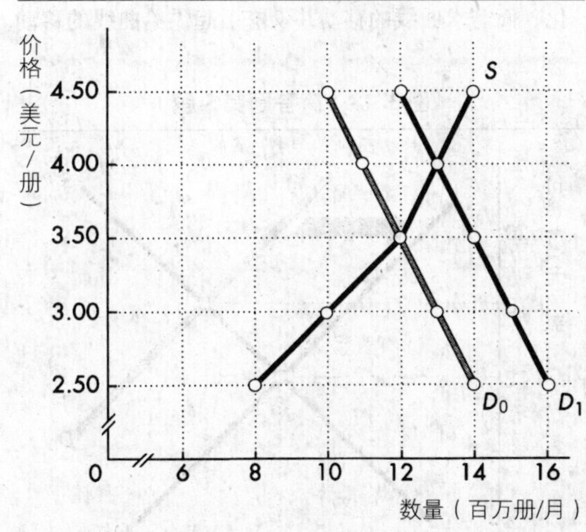

4. 因为新车是一种正常品，所以，收入的增加会引起对其需求的增加。因此，需求曲线会向右移动，如图 3.12 所示。这样，均衡价格上升（从图中的

19 000美元上升至20 000 美元），均衡数量增加（从图中的每年 1 000 万辆增加至每年 1 100 万辆）。

图 3.12 简答题第 4 题

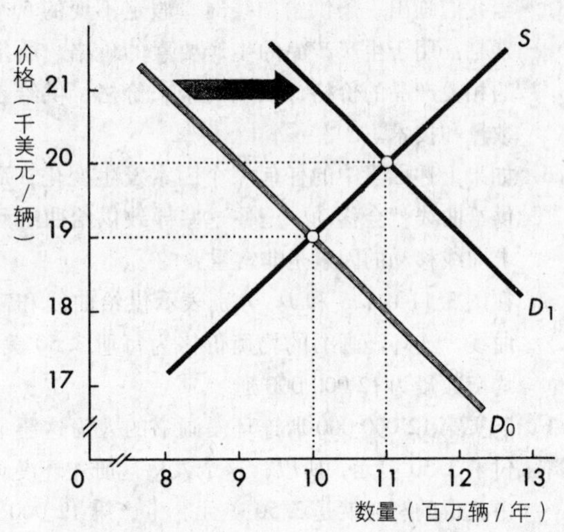

5. DVD 是录像带的替代品，DVD 价格的下降会引起对录像带需求的减少。这个变化意味着，录像带的需求曲线向左移动，如图 3.13 所示。这样，录像带的价格下降（从图中的每盒 16 美元下降至每盒 12 美元），其数量减少（从图中的每月 40 000 盒减少至每月 30 000盒）。请注意，需求曲线的移动引起了价格的变化，而需求曲线的移动并没有引起供给曲线的移动。

图 3.13 简答题第 5 题

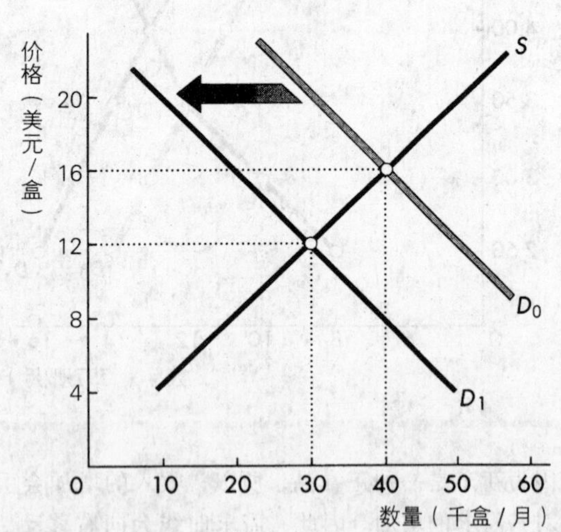

6. 要想花生酱的均衡价格上升，均衡数量增加，花生酱的需求必定增加。因为花生酱的需求增加会导致其均衡价格上升和均衡数量增加。

请注意，花生酱价格上升与其数量增加，与需求定律并不矛盾。需求定律可表述为："在其他条件不变的情况下，产品的价格越高，其需求量就越少。"这个定律的一个关键点在于，"其他条件不变"这一前提条件。当花生酱的需求曲线向右移动时，引起花生酱需求增加的某些条件就发生了变化。因此，"其他条件"不再保持不变，而是发生了变化；从而导致了花生酱价格的上升和数量的增加。

7. 较低的工资会降低用于生产汽油的一种资源（劳动）的价格。所以，汽油的供给会增加。这个变化可用图 3.14 来说明，供给曲线由 S_0 向右移动至 S_1。供给增加引起汽油价格降低（从图中的每加仑 80 美分降至每加仑 70 美分），汽油数量增加（从图中的每月 1 000 万加仑增加至 1 100 万加仑）。

图 3.14 简答题第 7 题

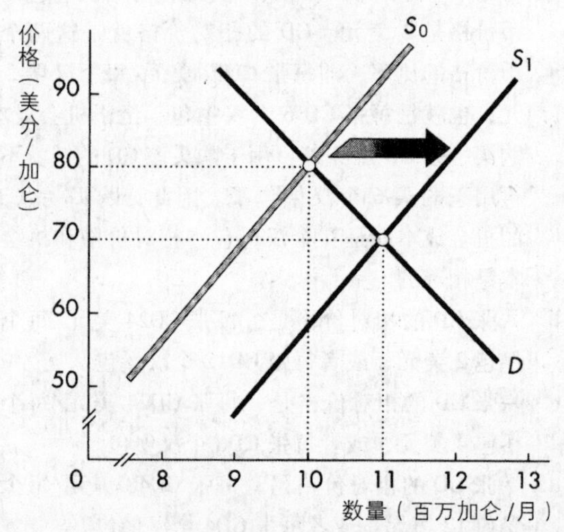

8. 新技术会引起供给增加，所以供给曲线会向右移动。如图 3.15 所示，苯的均衡价格降低（从图中的每升 80 美分下降至每升 70 美分），苯的均衡数量增加（从图中的每月 1 000 万升增加至 1 100 万升）。

上述答案及其图形，实际上与简答题第 7 题的答案及其图形相同。尽管工资的下降与新技术的发展似乎并不相同，但是需求和供给模型表明，这二者对产品价格和数量的影响却是相同的。这个模型能够很容易地解释这些差别很大的因素变动所产生的影响。正因为如此，供给和需求模型是非常重要的经济分析工具。

图 3.15　简答题第 8 题

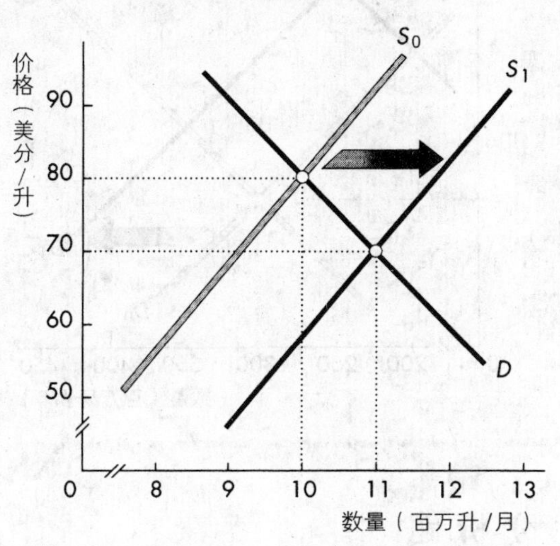

图 3.16　简答题第 9 题

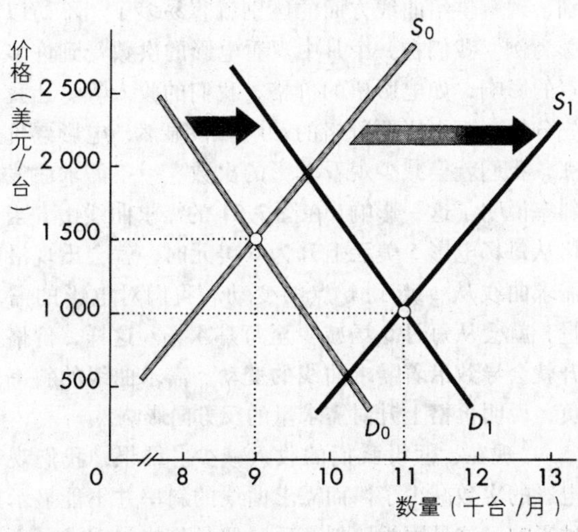

9. 尽管个人电脑的需求在增加，但由于其供给的增加更快，所以，其价格一直都在下降。图 3.16 说明了这种情况。从第一年到第二年，需求曲线从 D_0 移动至 D_1，但供给曲线也从 S_0 移动到 S_1。由于供给的增加幅度大于需求的增加幅度，所以，个人电脑的价格出现了下降（从图中的每台电脑 1 500 美元下降至 1 000 美元），但电脑的数量却在增加（从图中的每月 9 000 台增加至 11 000 台）。

10. a. 随着人们偏好的变化——人们想要更多的鸡翅，因此想要更多的肉鸡——对肉鸡的需求会增加。对肉鸡的需求增加，意味着肉鸡的需求曲线向右移动。图 3.17 说明了这种变化。如图所示，肉鸡的均衡价格上升（从每只肉鸡 2 美元上升至 4 美元），肉鸡的均衡数量增加（从 3 亿只增加至 4 亿只）。请注意，人们偏好的变化并不会影响肉鸡的供给，因此供给曲线不会移动。

图 3.17　简答题第 10（a）题

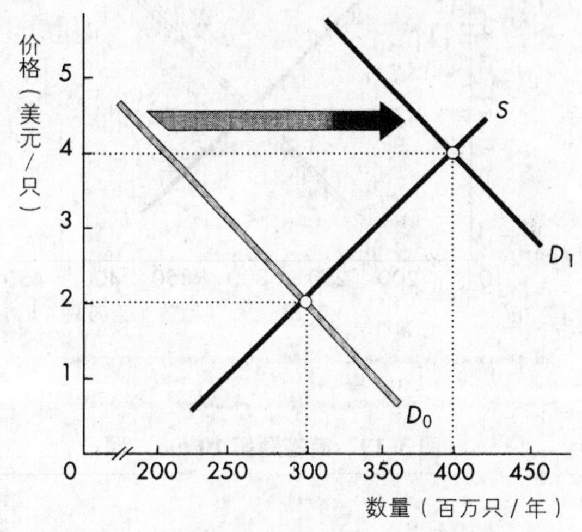

b. 热浪引起肉鸡供给的减少，从而引起肉鸡的供给曲线向左移动，如图 3.18 所示。因此，热浪引起肉鸡价格上升（从 2 美元上升至 4 美元），肉鸡数量减少（从 3 亿只减少至 2 亿只）。

c. 如果肉鸡的需求增加并且供给减少，那么肉鸡的均衡价格就会上升。但是，对肉鸡数量的影响结果难以判断。图 3.19 和图 3.20 对此进行了说明。在图 3.19 中，需求曲线的移动幅度大于供给曲线的移动幅度，肉鸡的均衡数量增加至 3．5 亿只。但在图 3．20 中，情况正好相反，供给曲线的移动幅度大于需求曲线的移动幅度。由于供给曲线移动幅度更大，肉鸡的均衡数量减少至 2．5 亿只。因此，如果你不知道哪一条曲线移动幅度更大，那么，你就不能确定肉鸡的均衡数量是增加

（当需求曲线的移动幅度更大时），还是减少（当供给曲线的移动幅度更大时），或是不变（当供给曲线和需求曲线的移动幅度相同时）。然而，图3.19和图3.20也说明，无论两条曲线的相对移动幅度如何，肉鸡的价格一定会上升。在这两幅图中，价格都上升至5美元。

图3.18　简答题第10（b）题

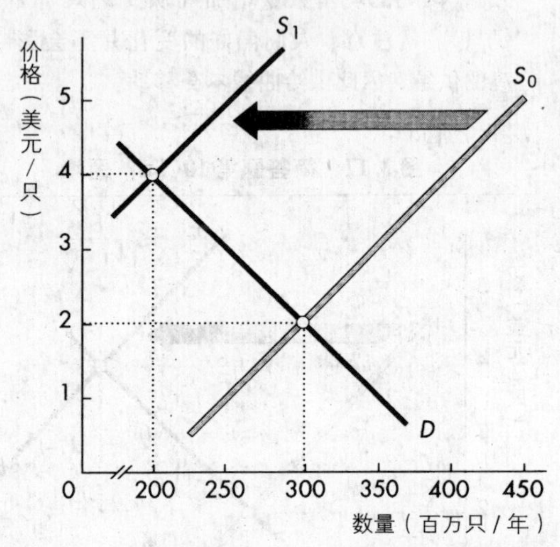

图3.19　简答题第10（c）题

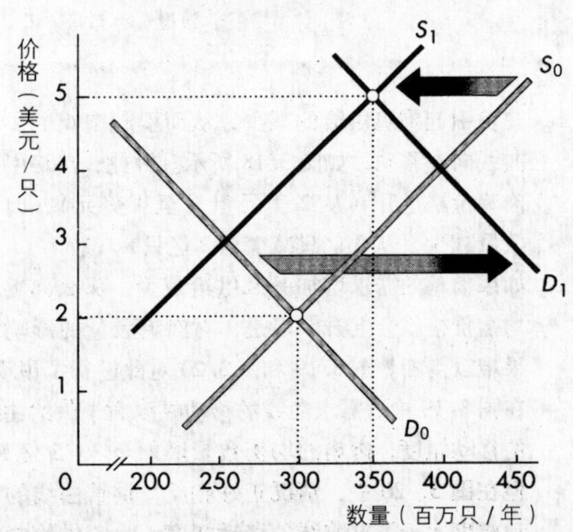

图3.20　简答题第10（c）题

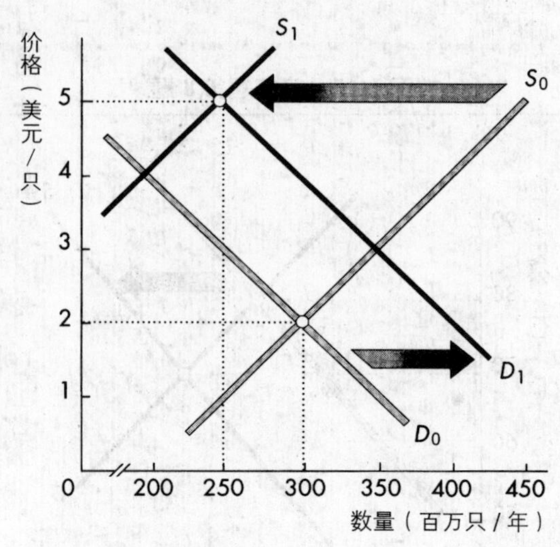

■ 分析题

1. “‘曲线的移动’与‘沿着曲线的变动’这二者的区别确实是很重要的。让我们以需求曲线为例来比较一下二者的区别；一旦你明白了有关需求曲线方面的区别，理解供给曲线方面的区别就容易多了。不妨以电影为例。我们在一个月中观看电影的次数受到许多因素的影响，如电影票的价格、我们的收入等。让我们先分析一下电影票价格的影响。很显然，电影票价上涨，我们就会减少观看电影的次数。一条需求曲线的斜率说明了这一影响。在图3.21的需求曲线中，当价格从每场电影5美元上升为6美元时，就会出现沿着需求曲线从a点到b点的变动。我们对电影的需求量，就会从每月5场减少至每月4场。这样，价格上升就会导致沿着需求曲线的变动。需求曲线的斜率为负，说明价格上升对需求量的反方向影响。

“现在，假设我们的收入减少。结果，我们观看电影的次数减少了。而需求曲线的斜率并不能显示这种影响。这是因为该斜率反映的是价格与需求量之间的关系。相反，整个需求曲线就会向左移动。这样，在任何价格水平下，我们所购买的电影票的数量都会减少。以图3.22为例来说明，如果一场电影的价格保持在6美元不变，那么，我们对电影的需求量就会从每月4场减少至每月2场。

图 3.21　分析题第 1 题

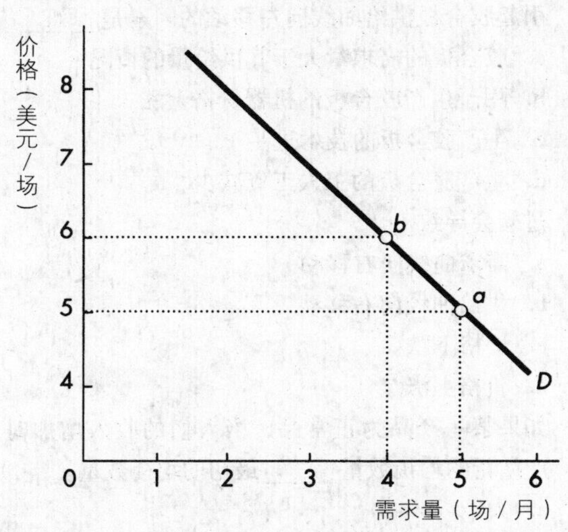

图 3.22　分析题第 1 题

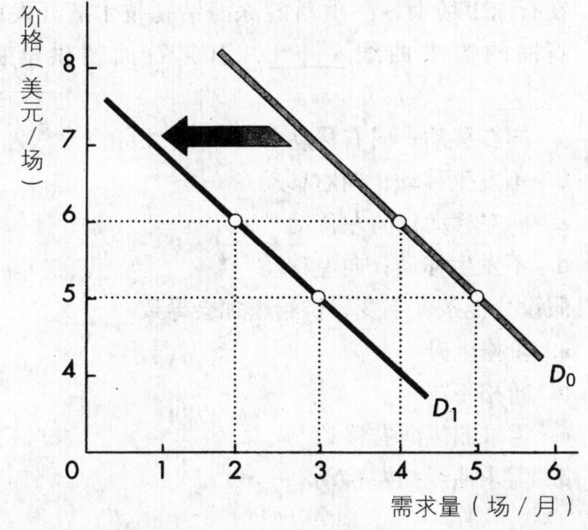

"在每场电影票价为 5 美元时，同样的情况也会出现。如果一场电影票价保持在 5 美元不变，那么，我们对电影的需求量就从每月 5 场减少至每月 3 场。在这里，我并不是非让票价保持在 6 美元或 5 美元不可。我想说的是，在任何可能的票价水平下，我们所看电影的次数都会减少，而我只是以每场电影 6 美元和 5 美元的票价为例来说明问题。这样，我们不仅在 6 美元和 5 美元时会减少对电影的需求量，而且在每一个其他可能的票价水平下都会如此。这就意味着，当我们的收入减少之后，我们可以画出一条新的需求曲线（D_1）来说明在每一个票价水平下的需求量。所以，收入的减少引起需求曲线由 D_0 移动到了 D_1。以上所述便是'沿着需求曲线的变动'与'需求曲线的移动'之间的区别。"

2. "你忽略了需求和供给模型中的一个关键点。这个模型是在预测相对价格如何变化，而非货币价格如何变化。如果你所说的是我们不经常看到的货币价格的下跌，那么，你一定是对的。我们生活在有通货膨胀的时代，大多数产品和服务的货币价格通常都会上升。但需求和供给模型中的价格下降，指的是相对价格的下降。即使一种产品的货币价格上升，其相对价格也有可能下跌。例如，如果某种产品的货币价格上涨 2%，但当所有其他产品的货币价格都上涨 4% 时，那么该产品的相对价格就会下降。这就是说，它的货币价格相对于其他每种产品的货币价格而言是下降的。如果你明白了这一点，那么，你就会发现相对价格总是在变化，至少有一半的时间是在下跌。相对价格的下跌并非罕见，而是经常出现的。所以，不要太草率以至于丢掉需求与供给模型。我们不仅要在经济学的考试中弄懂这个模型，而且还要充分利用这一模型来帮助我们理解在相关因素变化时产品的（相对）价格与数量的变化情况。"

小测验

1. 当需求增加时，______。
   a. 价格下降同时数量减少
   b. 价格下降同时数量增加
   c. 价格上升同时数量减少
   d. 价格上升同时数量增加
2. 欲望与需求的区别在于，______。
   a. 欲望受到收入限制，而需求则不受收入限制
   b. 欲望需要一个获得产品的计划，而需求则不需要这样的计划
   c. 欲望意指满足需求的决策，而需求则不需要这样具体的计划
   d. 欲望是无限的而且并不涉及获得产品的具体计划，而需求则反映了有关欲望得到满足的决策以及购买所需产品的计划
3. 互补品是指______。
   a. 可以用来替代另一种产品的产品
   b. 与另一种产品同时使用的产品
   c. 比另一种产品质量差些的产品
   d. 比另一种产品质量好些的产品
4. 假设当产品 2 的价格下降时，人们会减少对产品 1 的购买。则产品 1 和产品 2 是______。
   a. 互补品
   b. 替代品
   c. 正常品
   d. 低档品
5. 一种产品价格的变化______供给曲线的移动，______沿着供给曲线的移动。
   a. 会引起；并会导致
   b. 会引起；但不会导致
   c. 不会引起；但会导致
   d. 不会引起；也不会导致
6. 引起胶合板供给曲线向左移动的因素是______。
   a. 胶合板的需求量大于其供给量的情况
   b. 用于生产胶合板的机器价格上涨
   c. 生产胶合板的技术进步
   d. 生产胶合板的工人工资减少
7. 过剩会导致______。
   a. 需求曲线向右移动
   b. 供给曲线向右移动
   c. 价格下跌
   d. 价格上涨
8. 如果某一产品为正常品，当人们的收入增加时，该产品新的均衡数量______最初的均衡数量。
   a. 大于
   b. 等于
   c. 小于
   d. 可能大于，也可能小于，还有可能等于，这取决于供给者对需求变化所做出的反应
9. 在石油市场上，一项新的深海钻孔技术的开发引起石油的需求曲线______，引起石油的供给曲线______。
   a. 向右移动；向右移动
   b. 不发生移动；向右移动
   c. 向左移动；向左移动
   d. 不发生移动；向左移动
10. 假设其他条件不变，供给增加会导致______。
   a. 价格上升
   b. 价格下降
   c. 需求曲线向右移动
   d. 需求曲线向左移动

本小测验的答案请参见第 224 页

第二编中期测验 市场如何运行

■ 第3章

1. 需求定律可表述为：在其他条件保持不变的情况下，一种产品的价格越高，则______。
   a. 这种产品的需求就越小
   b. 这种产品的需求就越大
   c. 这种产品的需求量就越小
   d. 这种产品的需求量就越大
2. 引起供给曲线移动的因素是______。
   a. 收入增加，但条件是产品为正常品
   b. 收入增加，不管该产品是正常品，还是低档品
   c. 产品价格上升
   d. 生产产品的成本增加
3. 小麦的短缺会导致______。
   a. 小麦的需求曲线向左移动
   b. 小麦的供给曲线向右移动
   c. 小麦的价格下跌
   d. 小麦的价格上涨
4. 当女衬衫的供给增加时，女衬衫的均衡数量会______，女衬衫的均衡价格会______。
   a. 增加；上升
   b. 减少；下降
   c. 增加；下降
   d. 减少；上升

答　案

■　中期测验答案

1. c　2. d　3. d　4. c

第 4 章　宏观经济学概览

关键概念

■ 宏观经济学的起源与论题

现代宏观经济学产生于 1929 ~ 1939 年的**大萧条**(Great Depression)时期。大萧条是世界范围内高失业率与生产停滞并存的 10 年。宏观经济学最初致力于研究诸如高失业率之类的短期问题。近来，诸如经济增长之类的长期问题成为宏观经济学极其重要的内容。

■ 经济增长和经济波动

经济增长(economic growth)是经济的生产可能性的扩张。它可以用实际国内生产总值的增加来测量。**实际国内生产总值**(real gross domestic product)，又称为**实际 GDP**(real GDP)，是指一个国家所有的农场、工厂、商店和服务部门所生产的全部产品和服务按某一年的价格所计算出的价值。

潜在 GDP(potential GDP)是指当整个经济的劳动、资本、土地和企业家才能得到充分利用时，所生产的实际 GDP 的数量。

- **生产率增长减缓**(productivity growth slowdown)是指 20 世纪 70 年代出现的人均产出增长率的减缓。生产呈周期性的不规则的上下波动引起了**经济周期**(business cycle)。经济周期是指实际 GDP 围绕潜在 GDP 的无规则波动。一个经济周期分为四个阶段：
- 波谷——当衰退结束而扩张开始时处于低处的转折点。
- **扩张**(expansion)——实际 GDP 增长的时期。
- 波峰——当扩张结束而衰退开始时处于高处的转折点。
- **衰退**(recession)——实际 GDP 在至少连续两个季度都减少的时期。

美国最近的一次衰退开始于 2001 年的第一季度，结束于 2001 年的第四季度。与前几次的衰退相比，这次衰退没有那么严重。萧条是严重的衰退。

- 1976 ~ 2006 年，美国实际 GDP 的增长率与世界其他地区实际 GDP 的增长率大约相等，但是，美国实际 GDP 的增长率波动幅度要大一些。
- 1996 ~ 2006 年，发达国家中日本的增长率最低，而亚洲新型工业国的增长率却是最高的。

卢卡斯楔形(Lucas wedge)是指由于人均实际 GDP 增长率的减缓所造成的累计产出损失。20 世纪 70 年代，美国生产率增长减缓时的卢卡斯楔形高达 72 万亿美元。**奥肯缺口**(Okun gap，即*产出缺口*)是指实际 GDP 与潜在 GDP 之间的差额。始于 1973 年的衰退形成的累计奥肯缺口高达 3.3 万亿美元。经济增长扩大了未来的消费可能性。然而，由于经济增长要求把资源用于资本积累，所以，就减少了现期的消费，并且可能导致资源的迅速枯竭和污染的增加。

■ 就业和失业

在 2006 年的美国，1. 43 亿人有工作。在扩张时期，较多新的工作岗位被创造出来；但在衰退时期，较多的工作岗位却消失了。

如果一个人没有工作而又正在寻找工作，那么，他或她就是失业者。**失业率**(unemployment rate)是失业人口数占全体就业和正在寻找工作的人口数的百分比。

- 在衰退时期，失业增加，而在扩张时期，失业减少。
- 美国的平均失业率高于日本，但却低于加拿大和西欧。

由于失业者失去了收入，并且以后找到工作的前景渺茫，所以，失业是一个严重的问题。

■ 通货膨胀和货币

价格水平（price level）是人们对购买的所有产品和服务所支付的平均价格。当价格水平上升时，就会出现**通货膨胀**（inflation）。**通货膨胀率**（inflation rate）是价格水平每年变动的百分比。当通货膨胀率为负值，从而价格水平下降时，就出现了**通货紧缩**（deflation）。近年来，美国发生通货紧缩的情况比较罕见。

在20世纪70年代和80年代初期，美国的通货膨胀率较高，但此后下降了，2002年以后又有所上升。美国通货膨胀率的变化情况与其他工业化国家相似。发展中国家的通货膨胀率通常要高于发达国家。

通货膨胀引起货币贬值，这样，不可预期的通货膨胀增加了进行交易的难度。在高通货膨胀率时期，人们用资源来预测通货膨胀率，而不是用于生产产品和服务。**恶性通货膨胀**（hyperinflation）是指每月的通货膨胀率高达50%。在如此高的通货膨胀率下，通货膨胀会导致经济混乱。

美元汇率（exchange rate）是用其他货币表示的美元价值。美元汇率会波动，有时会上升——美元升值；有时会下降——美元贬值。

■ 盈余、赤字和债务

当政府征收的税收大于其支出时，就会出现**政府预算盈余**（government budget surplus）；当政府的支出大于其所征收的税收时，就会出现**政府预算赤字**（government budget deficit）。1998～2000年，美国联邦政府出现预算盈余；但在2001年以后，美国联邦政府出现预算赤字。

经常账户（current account）余额等于出口减去进口，加上从其他国家得到的利息减去向其他国家支付的利息。当支付（如进口）大于收入（如出口）时，就会出现经常账户赤字。自从1980年以来，美国就一直保持着经常账户赤字。

政府的债务称为**国债**（national debt）。国债是政府的总负债。政府预算赤字会引起国债的增加。美国的国际债务是美国居民对外国人的负债额。经常账户赤字会引起美国的国际债务增加。

■ 宏观经济政策挑战与工具

目前，得到广泛共识的针对宏观经济政策的5个挑战是：

- 促进经济增长
- 保持低通货膨胀率
- 稳定经济周期
- 减少失业
- 减少政府和国际收支赤字

实现了上述目标，会有助于一个国家的经济。政府用于实现这些政策目标的宏观经济政策工具一般分为两类：

- **财政政策**（fiscal policy）——改变税收与政府支出计划。联邦政府能够运用财政政策来努力应对一些政策挑战。
- **货币政策**（monetary policy）——改变经济中的利率和货币量。货币政策是由美联储控制的。美联储可以运用货币政策来应对一些政策挑战。

帮助提示

1. **宏观经济学的挑战**：本章探讨了得到广泛共识的5个宏观经济政策挑战。当你学习以后各章内容时，要记住这些挑战，最后我们会回过头来看，政府采取什么政策（如果有的话）来应对这些挑战。尽管这些挑战得到了经济学家的广泛共识，但是，在对这些挑战的重要性进行排序，以及应对这些挑战必须采取什么政策等方面，在经济学家中仍然存在着争论。因为有时政策目标之间会发生冲突，以至于一个目标的实现会妨碍其他目标的实现，所以，第一个争论是十分重要的。即使在政策目标的重要性排序方面达成了一致，也会出现第二个争论问题。因为宏观经济学家在有关如何应对宏观经济挑战方面也存在着争论，并且也会导致不同的政策主张。

习　题

■ 判断并解释

宏观经济学的起源与论题

1. 现代宏观经济学是在大萧条的10年间逐渐发展起来的。
2. 所有的宏观经济目标都是长期目标。

经济增长和经济波动

3. 实际 GDP 是在资源得到充分利用时，在一年内所生产的产品和服务的数量。
4. 人均实际 GDP 在 20 世纪 60 年代增长缓慢，但在 70 年代却增长十分迅速。
5. 波谷是经济周期处于低处的转折点。
6. 自从 1996 年以来，日本的实际 GDP 增长率低于美国。

就业和失业

7. 近年来的失业率要低于大萧条时期的失业率。
8. 在经济周期的衰退阶段，失业率会上升。

通货膨胀和货币

9. 通货膨胀率永远不可能为负值。
10. 美国的通货膨胀一直与其他工业化国家相类似。

盈余、赤字和债务

11. 不考虑利息收入与支出，如果美国的出口大于其进口，那么它就出现了经常账户赤字。
12. 经常账户赤字一定对国家有害。

宏观经济政策挑战与工具

13. 政府可以采用财政政策和货币政策来实现其宏观经济目标。
14. 财政政策包括政府对利率水平的调整。

■ 单项选择题

宏观经济学的起源与论题

1. 在大萧条时期，______。
   a. 宏观经济学的研究焦点转向了抑制通货膨胀
   b. 生产率增长速度放慢了
   c. 经济学家转移了其关注焦点，导致宏观经济学开始强调经济周期
   d. 长期经济增长成为资本主义国家面临的主要问题

经济增长和经济波动

2. 实际 GDP ______。
   a. 只衡量了诸如机器、食物这样的有形产品，而没有衡量服务这样的“无形”产品
   b. 包括一国经济所生产的全部产品和服务，其中包括了家庭所生产的产品和服务
   c. 通过用某一年份的相关价格来衡量，以便消除通货膨胀的影响
   d. 是当一国的资源得到充分利用时，所能够生产的产品和服务的数量
3. 经济周期的正确顺序是______。
   a. 波峰，衰退，波谷，扩张
   b. 波峰，波谷，扩张，衰退
   c. 波峰，扩张，波谷，衰退
   d. 波峰，衰退，扩张，波谷
4. 2003 年四个季度的实际 GDP 都在增长，因此，2003 年一定是______。
   a. 扩张之年
   b. 处于经济周期波峰的年份
   c. 衰退之年
   d. 处于经济周期波谷的年份
5. 关于生产率增长减缓，正确的陈述是______。
   a. 生产率增长减缓仅仅出现在美国
   b. 生产率增长减缓出现于 20 世纪 60 年代
   c. 在生产率增长减缓时潜在 GDP 的增长也会减缓
   d. 过低的石油价格是导致生产率增长减缓的一个主要原因
6. 自从 1976 年以来，与世界上其他国家相比，美国的实际 GDP 增长率波动______，并且______世界经济增长率。
   a. 较大；高于
   b. 较小；等于
   c. 较大；略低于
   d. 较小；等于
7. 由于人均实际 GDP 增长率的减缓所造成的累计产出损失被称为______。
   a. 卢卡斯楔形
   b. 奥肯缺口
   c. 产出缺口
   d. 增长缺口
8. 不是经济增长过快成本的选项是______。
   a. 为了开发新技术或新资本所必须放弃的当前消费
   b. 由于经济增长，环境破坏会加剧
   c. 由于经济增长，消费可能性在未来会增大
   d. 卢卡斯楔形的规模会扩大

就业和失业

9. 在 2006 年，美国的就业人数是______。
   a. 1 000 000 人
   b. 143 000 000 人
   c. 85 000 000 人
   d. 180 000 000 人

10. 在经济周期的______阶段，失业率通常会上升。
    a. 波峰
    b. 衰退
    c. 波谷
    d. 扩张
11. 比较美国、西欧及日本的的情况可知，近年来______的失业率最高。
    a. 美国
    b. 西欧
    c. 日本
    d. 美国与日本

通货膨胀和货币

12. 美国在______的平均通货膨胀率最高。
    a. 20 世纪 60 年代
    b. 20 世纪 70 年代
    c. 20 世纪 90 年代
    d. 21 世纪初期
13. ______是不可预测的通货膨胀的成本。
    a. 人们会耗费资源来预测通货膨胀而不是生产产品
    b. 获得贷款变得非常容易
    c. 通货紧缩成为一个日趋突出的问题
    d. 上述选项都是

盈余、赤字和债务

14. 关于政府预算，陈述正确的是______。
    a. 只要税收大于政府支出，政府就有了预算赤字
    b. 预算赤字占 GDP 的比例，自 1980 年以来在稳步增加
    c. 自 1970 年以来，政府每年都有预算赤字
    d. 上述选项都不正确
15. 自 1980 年以来，美国的经常账户______。
    a. 都有赤字，但赤字时大时小
    b. 一直都有较大的盈余
    c. 一直都有较大的赤字
    d. 交替出现小额的盈余和赤字

宏观经济政策挑战与工具

16. ______不是政策挑战。
    a. 促进长期增长
    b. 保持低通货膨胀
    c. 稳定经济周期
    d. 增加政府预算赤字
17. ______是货币政策的做法。
    a. 调整利率
    b. 调整政府支出
    c. 调整税率
    d. 调整政府赤字

■ 简答题

1. 什么是生产率增长减缓？它为什么重要？
2. 假定 2007 年美国的人均实际 GDP 为 30 000 美元。
    a. 如果美国人均实际 GDP 的年增长率为 2%，那么，2008 年美国人均实际 GDP 是多少？2009 年、2012 年和 2017 年美国人均实际 GDP 又分别是多少？
    b. 如果美国人均实际 GDP 的年增长率为 3%，那么，2008 年美国人均实际 GDP 是多少？2009 年、2012 年和 2017 年美国人均实际 GDP 又分别是多少？
    c. 如果年增长率分别为 3% 和 2%，那么，到 2017 年美国人均实际 GDP 的差额是多少？该结果说明了什么？
3. 1996～2006 年，美国的人均实际 GDP 增长率与日本相比如何？与欧盟比较如何？与亚洲新型工业化国家比较又如何？
4. 在经济周期的四个阶段，实际 GDP 和失业率会如何变化？
5. 失业的成本是什么？
6. 美国的通货膨胀与其他国家相比如何？

■ 分析题

1. 课后，你的朋友向你提出了这样的问题：“我想知道，稳定经济周期和促进长期经济增长究竟哪个更重要。二者似乎都十分重要，如果我们能够同时实现这两个目标，那当然是再好不过了。但你是否认为其中一个比另外一个更加重要？我的意思是，如果实际上我们只能实现其中的一个目标，你认为我们首先应该实现哪个目标？”你的朋友提出了一个值得深思的问题，请你给出有同样深度思考的答案。

习题答案

■ 判断并解释

宏观经济学的起源与论题

1. **正确** 现代宏观经济学最初关注的焦点是如何解决大萧条时期过高的失业问题。
2. **错误** 避免经济进入衰退等短期目标与经济增长率等长期目标，都是宏观经济学的重要组成部分。

经济增长和经济波动

3. **错误** 潜在的实际 GDP 才是所有资源都得到充分利用时所生产的产品和服务的总量。
4. **错误** 20 世纪 70 年代人均实际 GDP 增长开始减缓。事实上，这是“生产率增长减缓”。
5. **正确** 在波谷之后，经济就进入经济周期的扩张阶段。
6. **正确** 1996 ~ 2006 年，美国的经济增长率高于日本。

就业和失业

7. **正确** 大萧条时期的失业率大约为 25%，过去 50 年中，月最高失业率约为 12%。
8. **正确** 在经济衰退阶段，随着实际 GDP 的下降，失业率就会上升。

通货膨胀和货币

9. **错误** 通货膨胀也可能为负值（称为通货紧缩），尽管近年来通货膨胀率很少为负。
10. **正确** 在世界上所有工业化国家，20 世纪 70 年代的通货膨胀率都是比较高的，但近些年来，通货膨胀率则比较低。

盈余、赤字和债务

11. **错误** 如果出口大于进口，那么美国就会出现经常账户盈余。
12. **错误** 如果经常账户赤字是由于国家从国外购买固定设备和其他投资品所造成的，那么，这种赤字可能会有利于国家的发展；如果经常账户赤字是从国外购买消费品和服务所引起的，那么，这种赤字就可能不利于国家的发展。

宏观经济政策挑战与工具

13. **正确** 在后面的几章中，我们将详细探讨财政政策和货币政策。
14. **错误** 调整利率是货币政策的组成部分之一。

■ 单项选择题

宏观经济学的起源与论题

1. **c** 在大萧条时期，过高的失业率促使经济学家们开始重视短期目标，如减轻经济衰退或经济萧条的严重程度等。

经济增长和经济波动

2. **c** 通过利用某一年的价格来计算，实际 GDP 消除了通货膨胀的影响。
3. **a** 请记住，经济周期不是“均匀”的。有些扩张阶段持续时间更长；有些波谷则会更低，等等。
4. **a** 从定义来看，扩张阶段是指实际 GDP 持续增长的时期。
5. **c** 生产率增长减缓会通过潜在 GDP 增长率的降低反映出来。
6. **c** 平均起来，美国的增长率略低于世界上其他国家，因此，美国 GDP 占世界 GDP 的份额仅仅从 21% 降低到了 20%。
7. **a** 该选项给出了卢卡斯楔形的定义。
8. **c** 未来消费可能性的扩张是经济增长带来的一种利益。

就业和失业

9. **b** 在衰退阶段，减少了一些工作岗位，而在扩张阶段，则会创造出更多的工作岗位。
10. **b** 在衰退阶段，失业率会随着实际 GDP 的下降而上升。
11. **b** 相对较高的失业率已成为西欧国家所面临的一个主要经济问题。

通货膨胀和货币

12. **b** 在 20 世纪 70 年代，通货膨胀率达到了令人注目的最高水平。
13. **a** 人们把时间和精力从其本职工作转向用于使其成为“业余的通货膨胀预测者”上，因此，国家生产的产品和服务的数量将会减少。

盈余、赤字和债务

14. **d** 自 1970 年以来，美国政府每年都是预算赤字，直到 1998 ~ 2000 年才开始出现了预算盈余。
15. **a** 美国最初的赤字数额巨大，随后有所减少，但近年来又开始扩大。

宏观经济政策挑战与工具

16. **d** 降低任何政府预算赤字都是宏观经济政策挑战。

17. **a**　货币政策包括调整利率和（或）调整国家的货币供给，其他选项都是财政政策的做法。

■ 简 答 题

1. 生产率增长减缓是指始于20世纪70年代的这一时期，其间实际GDP出现了下降。在20世纪70年代，实际GDP的增长减缓，并且在此后一直维持在较低水平。实际GDP的增长十分重要，这是因为经济增长能够扩大人们的消费可能性；实际GDP越大，人们消费的产品和服务就越多。从根本上说，正是因为生产率增长减缓，所以，我们现在的收入才会少于没有生产率增长减缓的收入。
2. a. 在2008年，人均实际GDP为30 600美元；在2009年，人均实际GDP为31 212美元；在2012年和2017年，这一数据分别为33 122．42美元和36 569．83美元。

   b. 在2008年，人均实际GDP为30 900美元；在2009年，人均实际GDP为31 827美元；在2012年和2017年，这一数据分别为34 778．22美元和40 317．49美元。

   c. 人均实际GDP的差额为3 747．66美元，即将近4 000美元。这一结果说明了卢卡斯楔形的要点：人均实际GDP增长速度的微小差异，最终会导致人均实际GDP绝对量的较大差额。
3. 1996~2006年，亚洲新兴工业化国家的实际GDP增长最快，而日本的实际GDP增长最慢。欧盟的实际GDP增长率高于日本，但美国的实际GDP增长率又高于欧盟。
4. 在经济周期的衰退阶段，实际GDP会下降。在此阶段，尽管失业开始增加的时间略晚于实际GDP开始下降的时间，但是，失业率仍然会上升。在波谷，实际GDP达到了低于潜在GDP之下的最低点，此后不久，失业率就达到了整个经济周期的最高点。波谷是衰退阶段与扩张阶段的转折点。在扩张阶段，实际GDP增加，失业率通常会下降。在扩张结束时，经济会达到经济周期的波峰。波峰的标志是，实际GDP达到高于潜在GDP水平的最高点，在此时或稍后，失业率会很快下降至整个经济周期的最低点。
5. 失业有两个重要成本：其中一个是立刻“付出”的，而另一个则是在较长的时间内才表现出来的。首先并且是立刻付出的成本是失业工人蒙受的收入损失，国家损失的一部分产量。其次需要付出并且也许同样重要的成本是，当工人失业时间较长时，他们的技能和能力就会退化，这会影响到他们未来的工作前途。
6. 美国的通货膨胀一直与其他工业化国家类似。具体来说，在20世纪70年代和80年代初期，通货膨胀率上升，在此之后通货膨胀率大幅度下降。

■ 分 析 题

1. “你谈到了卢卡斯楔形和奥肯缺口，这确实是一个非常好的问题。我曾就此请教过我的老师。老师说，就这些宏观经济挑战中究竟哪一个更为重要的问题，在经济学家中也存在着分歧。

   “一些经济学家认为，促进长期增长是最重要的。他们指出，卢卡斯楔形高达72万亿美元，这一个多么巨大的数额!! 他们也指出，如果我们能够将潜在的实际GDP增长速度提高1%，那么一代人或者20年之后，人均实际GDP的增长率将会超过22%，这就意味着我们的消费可能性将扩张22%，这样，平均而言，我们就能够比现在多购买22%的产品和服务。同时，这些经济学家还指出，消费可能性扩张22%能够减轻经济衰退阶段人均实际GDP下降的程度。因此，他们主张，提高潜在GDP的增长速度比消除经济周期更加重要。

   “但也有一些经济学家对此存有异议。尽管他们也认为提高潜在的实际GDP的增长速度十分重要，但是他们指出，在20年中，持续保持实际GDP提高1%的增长速度是极其困难的。并且他们认为，要消除卢卡斯楔形几乎是不可能的。相反，他们认为，稳定经济周期才应该作为主要的宏观经济政策目标。他们认为，稳定经济周期比提高潜在的实际GDP的增长速度更容易实现。其中有些经济学家指出，人们的确已经在一定程度上驾驭了经济周期，这是因为自1940年以来，再也没有出现过像大萧条那样严重的衰退。

   “但是，我的老师说，这两个目标都不容易实现。这是因为，如果容易的话，我们肯定早就实现了。但是，二者确实都非常重要。你要知道，我曾经听说过，我的老师之所以成为经济学家，就是因为他认为这两个挑战都是非常重要的，并且他希望通过成为职业经济学家来帮助解决这些问题。”

小 测 验

1. ______，失业率大约为 25%。
 a. 在大萧条时期
 b. 在最近的经济衰退时期
 c. 在 1974 ~ 1975 年的经济衰退时期
 d. 在 20 世纪 90 年代的大多数年份
2. 如果价格水平上升，那么通货膨胀率______。
 a. 为正值
 b. 为零
 c. 为负值
 d. 可能为正值，也有可能为负值，还有可能为零，这取决于价格上升的速度
3. 经济增长可以被看作是一个国家 PPF 的向外移动。经济增长是一个国家实际 GDP 的扩张。那么______。
 a. 这两个陈述都是正确的
 b. 前一个陈述是正确的；但后一个陈述是错误的
 c. 前一个陈述是错误的；而后一个陈述是正确的
 d. 这两个陈述都是错误的
4. 以下选项正确的是______。
 a. 实际 GDP 与潜在 GDP 相同
 b. 实际 GDP 可能大于也可能小于潜在 GDP
 c. 美国的实际 GDP 通常以每年 10% 的速度增长
 d. 自从 1960 年以来，实际 GDP 减少的年数与增加的年数相同
5. 生产率增长减缓是指______。
 a. 20 世纪 70 年代产出增长的提高
 b. 20 世纪 70 年代人均产出增长的下降
 c. 20 世纪 90 年代就业增长的提高
 d. 2001 年发生的衰退
6. 你注意到，去年失业率从 7．2% 下降到了 5．8%，同时，实际 GDP 的增长率提高了。因此，今年的经济可能会______。
 a. 进入衰退阶段
 b. 处于经济周期的波谷
 c. 进入扩张阶段
 d. 处于经济周期的波峰
7. 失业是一个问题，因为______。
 a. 它会导致较高的通货膨胀率
 b. 它会导致通货紧缩
 c. 它会导致收入损失与产量减少
 d. 实际 GDP 不能度量失业率
8. GDP 增长速度提高的成本之一是______。
 a. 并未增加所有人可能得到的财富
 b. 将在未来生产出过多的消费品
 c. 人们必须放弃一些当前消费
 d. 通货膨胀率一定会上升
9. 近几十年来，美国的失业率一直______。
 a. 高于西欧
 b. 低于日本
 c. 低于加拿大
 d. 以上选项均不正确
10. 政府的税收为 25 000 亿美元，其支出为 25 500 亿美元。那么，政府出现了______。
 a. 25 000 亿美元的预算盈余
 b. 500 亿美元的预算盈余
 c. 25 500 亿美元的预算赤字
 d. 500 亿美元的预算赤字

本小测验的答案请参见第 224 页

第 5 章　GDP 和经济增长的测量

关键概念

■ 国内生产总值

国内生产总值（gross domestic product，GDP）是指一定时期内一国境内生产的所有最终产品和服务的市场价值。

- **最终产品**（final good or service）是特定时期内最终使用者所购买的产品（或服务）。相反，**中间产品**（intermediate good）是由一家企业生产，被另一家企业购买，并且被用于最终产品或服务组成部分的产品（或服务）。中间产品不直接计入实际 GDP 中。

收入和支出的循环流表明了经济中的实物流和货币流。这个循环流包括：

- 四个经济部门——家庭、企业、政府和世界其他国家
- 三个主要市场——要素市场、产品市场和金融市场

在这些市场中，人们通过选择以下关键经济变量的数量来做出自己的经济决策。

- **消费支出**（consumption expenditure，C）——家庭用于购买消费品和服务的总支出。
- **投资**（investment，I）——企业用于购买新厂房、设备、建筑物及增加存货的支出。
- **政府支出**（government expenditure，G）——政府用于购买产品和服务的支出。**净税收**（net taxes，T）等于政府税收减去政府的转移支付，再减去政府的债务利息。
- **净出口**（net exports，NX）——**出口**（exports，X，一国对国外的产品和服务销售额）减去**进口**（imports，M，一国从国外购买的产品和服务额）。

总支出—— $C+I+G+NX$ ——等于总产出（GDP），也等于总收入（Y）。这个恒等式是核算 GDP 的基础。

- **国民储蓄**（national saving）等于家庭与企业的储蓄加上政府储蓄，即 $S+(T-G)$。
- 从世界其他国家的借款等于 $M-X$。

投资来源于国民储蓄加上从世界其他国家的借款，即 $I=S+(T-G)+M-X$。

流量是指单位时间内的数量。存量是指某一时刻存在的数量。财富和资本是存量；储蓄和投资是流量。

- **财富**（wealth）是人们所拥有的全部财产的价值，是一种存量。收入是人们所挣得的，是一种流量。
- **储蓄**（saving）是用于消费支出后剩余的收入。储蓄是增加财富的流量。
- 资本是指工厂、设备以及用于生产其他产品的存货，是一种存量。
- **折旧**（depreciation，也称为资本消耗）是由于磨损和废弃而造成的资本存量的减少。**总投资**（gross investment）是投资的总额。**净投资**（net investment）是资本存量的变动量。净投资等于总投资减去折旧。

国内生产总值包含了折旧，因此，在收入一方中包含了企业的毛利润（扣除折旧之前的利润），在支出一方包含了总投资。国内生产净值不包含（扣除了）折旧，因此，其中包含企业的净利润和净投资。

■ 美国 GDP 的测量

在 2006 年，美国的 GDP 等于 130 080 亿美元。

- 用支出法测量 GDP 是将各项最终支出加总，即 $C+I+G+NX$。在这些支出中，个人消费支出是最大的，约占总支出的 70%。私人总投资大约占总支出的 17%，政府在产品和服务上的支出约占总支出的

19%，净出口约占总支出的 6%。

- 用收入法测量 GDP，首先将雇员报酬、净利息、租金收入、企业利润和所有者收入相加，得到以要素成本衡量的国内净收入。再加上间接税和折旧，并减去补贴，便得到了 GDP。

■ 实际 GDP 与价格水平

实际国内生产总值（实际 GDP）（real GDP）是特定时期内生产的以不变价格衡量的最终产品和服务的价值。**名义 GDP**（nominal GDP）是特定时期内生产的以当期价格衡量的最终产品和服务的价值。

基年价格法是计算实际 GDP 的传统方法，是以基年价格测量某年的产值。**环比加权产出指数**（chain-weighted output index）法是计算实际 GDP 的一种新方法，这种方法使用相邻两年价格计算实际 GDP 的增长率。利用这种方法计算实际 GDP 的过程如下：

- 首先，利用去年的价格来计算今年和去年的 GDP，接下来计算两年间 GDP 的增长率。
- 其次，利用今年的价格来计算今年和去年的 GDP，接下来计算两年间 GDP 的增长率。
- 最后，计算上述两种增长率的平均值。这一平均增长率表示今年实际 GDP 与去年实际 GDP 相比增加的比例，用它乘以去年的实际 GDP 再加上去年的实际 GDP，便得到今年的实际 GDP。

价格水平（price level）是指价格的平均水平。衡量价格水平的方法之一是 **GDP 平减指数**（GDP deflator），它是将期年价格表示成基年价格的比率。GDP 平减指数的计算公式为：

GDP 平减指数 =（名义 GDP ÷ 实际 GDP）×100。

■ 实际 GDP 的作用和局限性

实际 GDP 可用于经济福利的比较、国际产出的比较以及经济周期的预测。

经济福利（economic welfare）是对一般经济健康状况的一种全面衡量。实际 GDP 不能完全衡量经济福利，因为有些影响福利的因素不能被实际 GDP 全面衡量，有些因素在实际 GDP 中没有得到反映。这些因素有：

- 对通货膨胀的过度调整——许多产品质量的提高导致了产品价格的上升，而这仅仅只是被认为是价格的上升。
- 忽略了家庭生产——所有的家庭生产都被忽略了，在实际 GDP 中没有得到反映。
- 忽略了地下经济——地下经济（瞒着政府进行的交易）并没有包含在实际 GDP 中。
- 忽略了健康状况和预期寿命——人的健康和预期寿命都没有在实际 GDP 中反映出来。
- 忽略了闲暇——闲暇的价值并没有包含在实际 GDP 中。
- 忽略了环境质量——环境质量的恶化与改善被忽略了。
- 没有考虑政治自由和社会公正——一个国家政治自由或社会公正的程度没有在实际 GDP 中得到反映。

进行实际 GDP 的国际比较可能是一个棘手的问题，因为一国的实际 GDP 需要用另一国的货币来衡量。通过汇率来换算，可能会低估欠发达国家的实际 GDP。然而，利用购买力平价可能进行准确的比较。利用购买力平价计算，美国的 GDP 是中国 GDP 的 5 倍，而利用市场汇率来计算，美国的 GDP 却是中国 GDP 的 28 倍。

尽管实际 GDP 可能会高估整个生产的波动幅度和经济福利，但却是诸如扩张、波峰等经济周期阶段的较好指示器。

帮助提示

1. **GDP、总支出和总收入**：在本章中，一些最重要的结论是 GDP、总支出和总收入之间的恒等式。这些恒等式的一个关键点在于，GDP、总支出和总收入是相互关联的。例如，总产量（GDP）形成了由企业付给雇员的收入（总收入），也带来了家庭用其收入购买产品和服务的支出（总支出）。
2. **区分政府支出与政府转移支付**：在产品和服务上的政府支出与政府转移支付有着根本的区别。两者都是政府的支出，但是，转移支付不是对产品和服务的支出。相反，转移支付仅仅是现金流。转移支付就像礼物；不是政府通过交换购买产品和服务。因为转移支付不是对产品或服务的支付，所以，转移支付不是总支出（$C+I+G+NX$）中 G 的组成部分，因为总支出衡量的是对产品和服务的购买。

习 题

■ 判断并解释

国内生产总值

1. 一定时期内一国境内生产的所有产品和服务的市场价值包含在 GDP 之中。
2. 对向家庭部门提供的劳动服务所支付的工资属于总收入的一部分。
3. 转移支付是总支出中政府支出的组成部分之一。
4. 总收入等于总支出。
5. 资本是一种存量；投资是一种流量。
6. 国内生产总值大于国内生产净值。

美国 GDP 的测量

7. 衡量 GDP 的方法只有一种。
8. 用支出法衡量 GDP，就是把企业支付的工资、租金、利息和企业利润相加。

实际 GDP 与价格水平

9. 环比加权产出指数法是计算实际 GDP 的方法。
10. 计算 GDP 平减指数，就是用实际 GDP 除以名义 GDP，再乘以 100。
11. 如果价格上升，那么名义 GDP 就会小于实际 GDP。

实际 GDP 的作用和局限性

12. 如果两个国家具有相同的 GDP，那么它们一定具有相同的经济福利水平。
13. 实际 GDP 可以很好地衡量欠发达国家的经济福利，但却不适用于衡量发达国家的经济福利。
14. 实际 GDP 可以较好地衡量经济周期的具体阶段。

■ 单项选择题

国内生产总值

1. 下列不属于最终产品的选项是______。
   a. 卖给一位纽约大学学生的一台新电脑
   b. 出售给阿维斯用于所在出租车车队使用的一辆新车
   c. 出售给一名外国游客的一个小钱包
   d. 出售给芝加哥熊星足球赛一位观众的一个热狗
2. GDP 等于______。
   a. 总支出
   b. 总收入
   c. 一国在某一给定时期内的总产出的价值
   d. 以上选项都正确
3. 一国的投资______。
   a. 仅仅来源于国民储蓄
   b. 来源于政府的预算赤字
   c. 仅仅来源于向世界其他国家借款
   d. 来源于国民储蓄和向世界其他国家借款两部分
4. ______是流量。
   a. GDP
   b. 财产
   c. 储蓄账户中的余额
   d. 资本
5. ______是存量。
   a. 收入
   b. 折旧
   c. 投资
   d. 资本

美国 GDP 的测量

6. 私人总投资是______衡量 GDP 时的组成部分。
   a. 收入法
   b. 支出法
   c. 联系法
   d. 产出法
7. ______不是收入法衡量 GDP 时所包含的项目。
   a. 净出口
   b. 工资和薪水
   c. 企业利润
   d. 所有者收入

根据表 5.1 中的有关数据，回答下列 8 个问题（假设不存在间接税、补贴和折旧）。

表 5.1 单项选择题第 8～15 题

消费支出	2 000 亿美元
政府支出	600 亿美元
净税收	500 亿美元
投 资	500 亿美元
企业利润	300 亿美元
进 口	200 亿美元
出 口	100 亿美元

8. 总支出是______。
   a. 4 400 亿美元

b. 3 300 亿美元

c. 3 000 亿美元

d. 2 700 亿美元

9. GDP 是______。

a. 4 400 亿美元

b. 3 300 亿美元

c. 3 000 亿美元

d. 2 700 亿美元

10. 总收入是______。

a. 4 400 亿美元

b. 3 300 亿美元

c. 3 000 亿美元

d. 2 700 亿美元

11. 净出口是______。

a. 200 亿美元

b. 100 亿美元

c. 0 美元

d. −100 亿美元

12. 家庭储蓄是______。

a. 3 000 亿美元

b. 2 000 亿美元

c. 1 000 亿美元

d. 500 亿美元

13. 政府储蓄是______。

a. 600 亿美元

b. 500 亿美元

c. 0 美元

d. −100 亿美元

14. 国民储蓄是______。

a. 2 000 亿美元

b. 500 亿美元

c. 400 亿美元

d. −100 亿美元

15. 从世界其他国家借款是______。

a. 200 亿美元

b. 100 亿美元

c. 0 美元

d. −100 亿美元

实际 GDP 与价格水平

16. 目前，实际 GDP 是采用______来计算的。

a. 数量法

b. 基年价格法

c. 期年价格法

d. 环比加权产量指数法

17. 2006 年的实际 GDP 是 100 美元。从 2006 年到 2007 年，利用 2006 年的价格计算出 GDP 增长 8%，利用 2007 年的价格计算 GDP 的增长率为 4%。那么，2007 年的实际 GDP 等于______。

a. 104 美元

b. 106 美元

c. 108 美元

d. 以上答案都不正确

利用表 5.2 中的数据来回答下面 2 个问题。

表 5.2　单项选择题第 18 ~ 19 题

年　份	名义 GDP（10 亿美元）	实际 GDP（2000 年 10 亿美元）	GDP 平减指数
2006	4 500	____	150
2007	____	3 100	156

18. 2006 年的实际 GDP 是______。

a. 6 750 000 亿美元

b. 45 000 亿美元

c. 31 000 亿美元

d. 30 000 亿美元

19. 2007 年的名义 GDP 是______。

a. 48 360 亿美元

b. 31 000 亿美元

c. 30 000 亿美元

d. 19 870 亿美元

实际 GDP 的作用和局限性

20. 污染是一些生产过程的副产品，因此，所衡量的实际 GDP ______。

a. 为考虑污染而下调

b. 为考虑将来治理污染的支出而上调

c. 有夸大经济福利的倾向

d. 有低估经济福利的倾向

21. ______不是实际 GDP 不适宜用来衡量一国经济福利水平的理由。

a. 实际 GDP 忽略了对政治自由程度的衡量

b. 实际 GDP 没有考虑人们闲暇的价值

c. 实际 GDP 没有包括地下经济

d. 实际 GDP 高估了家庭生产的价值

22. 下列关于中美 GDP 比较的说法中，正确的是______。
    a. 利用汇率把中国的 GDP 换算成用美元表示之后，中国的人均 GDP 高于美国的人均 GDP
    b. 利用购买力平价把中国的 GDP 换算成用美元表示之后，中国的人均 GDP 高于美国的人均 GDP
    c. 当把中国的 GDP 换算成美元表示时，根据购买力平价换算得到的人均 GDP 高于根据汇率换算得来的人均 GDP
    d. 以上选项都是错误的表述，所以，它们都不正确

简答题

1. 罗伯特购买了 100 股微软的股票，共花了 10 000 美元。请问：他这 10 000 美元支出是不是 GDP 中投资的组成部分？请说明理由。
2. 在支出法和收入法实际上都没有衡量总产量的情况下，我们如何能够用支出法或收入法来衡量国内生产总值（GDP）？
3. 贝蒂获得了政府授予的一张价值 1 500 美元的社会保障金支票。请问：她的这张支票是 GDP 中政府购买的组成部分吗？请说明理由。
4. 一国如何为投资而筹资？请在答案中分别解释国民储蓄和向世界其他国家借款。
5. 表 5. 3 给出了马利维勒国的有关数据。该国的折旧为零。利用这些数据，分别计算下列经济变量。
    a. 国内生产总值
    b. 总支出
    c. 净出口
    d. 总收入
    e. 家庭储蓄
    f. 政府储蓄
    g. 国民储蓄
    h. 从世界其他国家的借款

表 5. 3　马利维勒的数据

消费支出	4 000 亿美元
政府支出	1 200 亿美元
净税收	1 000 亿美元
投　资	800 亿美元
企业利润	500 亿美元
进　口	500 亿美元
出　口	600 亿美元

6. 利用表 5. 3 中的数据和第 5 题的答案来说明，马利维勒国的 800 亿美元投资是如何筹集的？
7. 艾格尔受雇利用环比加权产出指数法来计算 Transylvania 2007 年的实际 GDP。艾格尔平时很喜欢环比计算，所以，他认为自己能够胜任这份新工作。但是，现在他却需要帮助。2006 年的实际 GDP 为 500 美元。艾格尔用 2006 年的价格计算出 2006 年和 2007 年的价格分别为 1 000 美元和 1 100 美元。艾格尔还用 2007 年的价格计算出 2006 年和 2007 年的价格分别为 1 200 美元和 1 440 美元。请你不用环比知识，帮助艾格尔计算出 2007 年的实际 GDP。

分析题

1. “按照老师的要求，我下功夫学习了本章的内容。尽管如此，但我还是不明白，为什么要在这一章花费这么多的时间和精力。这一章有什么重要内容吗？你知道，它们为什么那么重要吗？”你的朋友可能并没有在本章的学习上下较大功夫。因为你掌握了本章的内容，所以，请你向你的朋友解释，为什么本章内容值得学习。

习题答案

■ 判断并解释

国内生产总值

1. **错误** GDP 中仅包含最终产品和服务的市场价值；而不包含中间产品的市场价值。
2. **正确** 雇员报酬（工资）是总收入中所占比例最大的一个组成部分。
3. **错误** 总支出中的政府支出部分是政府对产品和服务的购买支出。转移支付不是用来购买产品或服务的，因此，转移支付不是总支出中政府支出的组成部分。
4. **正确** 总收入等于总支出，这二者都等于国内生产总值。
5. **正确** 投资是能够增加资本存量的流量。
6. **正确** 国内生产总值中包含了折旧。

美国 GDP 的测量

7. **错误** 因为总支出、总收入和国内生产总值之间存在着恒等关系，所以，可以用支出法或收入法来核算国内生产总值。
8. **错误** 支出法核算国内生产总值就是将消费支出、投资、政府支出和净出口相加。

实际 GDP 与价格水平

9. **正确** 环比加权产出指数法是用来计算实际 GDP 的新方法。基年价格法是不再采用的传统方法。
10. **错误** 计算 GDP 平减指数的公式：GDP 平减指数 =（名义 GDP ÷ 实际 GDP）×100。
11. **错误** 当价格上升时，名义 GDP 大于实际 GDP，必须通过折算才能得到实际 GDP。

实际 GDP 的作用和局限性

12. **错误** 经济福利不是仅仅由实际 GDP 所决定的，因此，即使两国的实际 GDP 相等，两国的经济福利水平也可能不同。
13. **错误** 在发达国家，实际 GDP 确实不是衡量经济福利水平的一个完美指标，但在发展中国家就更不适用了。
14. **正确** 实际 GDP 通常是确定经济周期阶段的比较可信的指标。

■ 单项选择题

国内生产总值

1. **b** 出售给阿维斯的新车是一种中间产品。
2. **d** 三个衡量 GDP 指标的恒等式是本章的一个关键结论。
3. **d** 一国的投资可通过向外国人借款和（或）国内居民的储蓄而进行筹资。
4. **a** GDP 是一年内的产出，是一种流量。
5. **d** 资本是某一时刻工厂、设备和存货的总量。

美国 GDP 的测量

6. **b** 总支出法是把所有最终产品和服务的支出加总。
7. **a** 净出口是支出法衡量 GDP 的一个组成部分。
8. **c** 总支出等于消费支出（2 000 亿美元）加上总投资（500 亿美元），加上政府支出（600 亿美元），再加上净出口（-100 亿美元，出口减去进口）。
9. **c** GDP 等于总支出。
10. **c** 总收入等于 GDP。
11. **d** 净出口等于出口（100 亿美元）减去进口（200 亿美元）。
12. **d** 家庭储蓄等于总收入（3 000 亿美元）减去消费支出（2 000 亿美元），再减去净税收（500 亿美元），所以，家庭储蓄等于 500 亿美元。
13. **d** 政府储蓄等于净税收（500 亿美元）减去政府支出（600 亿美元），所以，政府储蓄等于 -100 亿美元。
14. **c** 国民储蓄等于家庭储蓄与政府储蓄之和。从第 12 题可知，家庭储蓄为 500 亿美元。从第 13 题可知，政府储蓄等于 -100 亿美元。所以，国民储蓄等于 400 亿美元。
15. **b** 从世界其他国家的借款等于净出口的相反数。

实际 GDP 与价格水平

16. **d** 基年价格方法是计算实际 GDP 的传统方法；环比加权产出指数法是目前用于计算实际 GDP 的方法。
17. **b** 平均增长率是 6%，所以，实际 GDP 增长 6% 至 106 美元。
18. **d** 实际 GDP 等于名义 GDP 除以 GDP 平减指数，再乘以 100。
19. **a** 名义 GDP 等于实际 GDP 乘以 GDP 平减指数，再除以 100。

实际 GDP 的作用和局限性

20. **c**　因为污染没有从实际 GDP 中扣除，所以，实际 GDP 夸大了经济福利。
21. **d**　实际 GDP 没有考虑家庭生产。
22. **c**　当用汇率换算中国的 GDP 时，美国的人均 GDP 是中国人均 GDP 的 34 倍。如果用购买力平价换算，美国的人均 GDP 是中国人均 GDP 的 6 倍。

■ 简答题

1. 不是。罗伯特购买微软股票的支出不是 GDP 的组成部分。GDP 包括了对最终产品和服务的购买。譬如，微软公司购买了一套新的电话系统，因为这是购买了一件资本品，所以要计入 GDP 中。当罗伯特购买微软股票时，并没有发生产品或服务的转手。所以，罗伯特购买股票的支出不能计入 GDP 中的支出，因为 GDP 中的支出表示对产品和服务的购买。
2. 循环流分析表明：首先，企业生产产品和服务（这是我们想要衡量的 GDP）；接着出售产品和服务（这是支出法所衡量的 GDP）；然后用出售产品和服务的收入来支付各种收入，如租金、利润等（这是收入法所衡量的 GDP）。因此，总支出 = 总收入 = 总产出 = 国内生产总值。
3. 不是。贝蒂的这张价值 1 500 美元的社会保障金支票，不是 GDP 中政府支出（G）的一部分。政府支出是指政府用于购买产品和服务的支出。当政府给贝蒂这张社会保障金支票时，政府并没有购买任何一种产品或服务。相反，这张支票是一种转移支付，是缴纳社会保障税的人们的收入转移给了贝蒂。转移支付不是 GDP 中政府支出的组成部分。
4. 投资来源于国民储蓄和（或）向世界其他国家借款。国民储蓄等于家庭储蓄（S）与政府储蓄（$T-G$）之和。因此，国民储蓄等于 $S+(T-G)$。向世界其他国家借款等于 $M-X$。因此，投资就一定等于国民储蓄加上从世界其他国家的借款，其计算公式便是：$S+(T-G)+M-X$。
5. a. 马利维勒的 GDP 等于消费支出（C，4 000 亿美元）加上投资（I，800 亿美元），加上政府支出（G，1 200 亿美元），再加上净出口（NX），其中，净出口等于出口（X，600 亿美元）减去进口（M，500 亿美元）。经计算可得，马利维勒的 GDP 等于 6 100 亿美元。

   b. 由于总支出等于 GDP，所以，总支出等于 6 100 亿美元。

   c. 净出口（NX）等于出口（600 亿美元）减去进口（500 亿美元），即 100 亿美元。

   d. 总收入（Y）等于 GDP，即 6 100 亿美元。

   e. 家庭储蓄等于总收入（6 100 亿美元）减去净税收（1 000 亿美元），再减去消费支出（4 000 亿美元），等于 1 100 亿美元。

   f. 政府储蓄等于净税收减去政府支出，即 $T-G$。因此，政府储蓄就等于 1 000 亿美元减去 1 200 亿美元，即 -200 亿美元。

   g. 国民储蓄等于家庭储蓄与政府储蓄之和。由（e）和（f）可得，马利维勒的国民储蓄等于 900 亿美元。

   h. 从世界其他国家的借款等于进口减去出口，即 $M-X$。因此，马利维勒从世界其他国家的借款等于：500 亿美元 - 600 亿美元，即 - 100 亿美元。也就是说，马利维勒的居民将 100 亿美元借给了其他国家使用。
6. 投资来源于国民储蓄和向世界其他国家借款。以马利维勒为例，总投资为 800 亿美元，它等于国民储蓄 900 亿美元加上向世界其他国家借款 - 100 亿美元。从根本上讲，马利维勒有 900 亿美元的国民储蓄，却仅有 800 亿美元的投资。储蓄和投资之间的差额为 100 亿美元，贷给了其他国家使用。
7. 利用 2006 年的价格进行计算，Transylvania 的 GDP 由 2006 年的 1 000 美元增加到了 2007 年的 1 100 美元，因此，增长的百分比是（1 100 - 1 000）/1 000 × 100%，即 10%。利用 2007 年的价格进行计算，Transylvania 的 GDP 由 2006 年的 1 200 美元增加到了 2007 年的 1 440 美元，其增长的百分比是 20%。平均增长的百分比是 15%。因此，从 2006 年到 2007 年，实际 GDP 增长了 15%。所以，2007 年的实际 GDP 为：（1 + 15%）×500 美元，即 575 美元。

■ 分析题

1. “我现在确实有了这一章为什么如此重要的看法。从根本上讲，它是后面 10 章内容的基础。

   “你务必注意上面这句话！下面是我的具体分析。在这一章中，为了弄清影响经济增长快慢的因素、形成经济周期的原因以及其他一些问题，我们努力学习了影响总体经济的因素。这些都是重要的问题！虽然我不知道你是怎么想的，但我真的不希望到了我们毕业并且该去寻找工作的时候，经济却陷入到衰退之中。一旦我们找到了工作，我还希望，经济能够快速增长，从而我们的收入也会随之迅速增长。

“无论如何，为了了解经济增长和经济周期，我们都必须知道 GDP 是什么。如果我们连 GDP 是什么都不知道，那么，我们将如何衡量经济增长和经济周期呢？在本书后面的章节中，我们将要学习，哪些因素能够促进 GDP 的增长，哪些因素又会导致 GDP 的波动。当我们考虑这些问题时，我们在本章中所学习的许多内容，例如像总支出等于总收入，并且它们都等于 GDP 等内容，都是重要的。所以，我很高兴你学了这一章的内容，并希望我们能一起学完这本教材。如果你现在就放弃了，那么，在本教材后一部分内容的学习过程中，我会因没有朋友而感到孤独的。”

小测验

1. 下列选项为流量的是______。
   a. 资本
   b. 国内生产总值
   c. 存货
   d. 钱包里的现金
2. 直接改变资本量的两个因素是______。
   a. 消费支出和政府支出
   b. 出口和净出口
   c. 折旧和投资
   d. 投资和政府支出
3. 在国民收入账户里，政府对产品和服务的支出不包括______。
   a. 转移支付
   b. 州和地方政府的支出
   c. 国防支出
   d. 地方政府支出，尽管它包括了州政府的支出
4. 政府预算盈余等于______。
   a. 净税收减去政府在产品和服务上的支出
   b. 政府对产品和服务的支出减去投资
   c. 消费支出减去净税收
   d. 以上选项都不正确
5. 实际 GDP ______。
   a. 仅仅衡量了像产品这样的实物，而没有包括服务
   b. 是利用当前价格衡量的最终产品和服务的价值
   c. 衡量产量的变动
   d. 总是大于名义 GDP
6. 在最近几年中，GDP 组成部分中的______一直都是负值。
   a. 消费支出
   b. 投资
   c. 政府对产品和服务的支出
   d. 净出口
7. 总投资等于______。
   a. 折旧减去净投资
   b. 净投资加上折旧
   c. 净投资减去折旧
   d. 储蓄
8. 作为度量经济福利的一个指标，实际 GDP 考虑了______。
   a. 家庭生产
   b. 闲暇的价值
   c. 地下经济
   d. 上述答案都不正确，因为实际 GDP 没有考虑其中的任何一个因素
9. 正确的选项是______。
   a. 总产出、GDP 等于总支出
   b. 总产出、GDP 等于总收入
   c. 投资来源于国民储蓄或从世界其他国家的借款
   d. 以上选项都正确
10. GDP 等于______。
   a. $C+I-S-T$
   b. $C+S-NX$
   c. $C+I+G+NX$
   d. $C+S+G$

本小测验的答案请参见第 224 页

第 6 章 就业与价格水平的监控

关键概念

■ 工作岗位与工资

美国人口普查局将**工作年龄人口**（working-age population）——年满16岁（包括16岁）且没有服刑、住院或被收容照顾的人口——划分为三种类别：

- 就业者——具有全日制工作或非全日制工作的人。
- 失业者——包括以下几类人：(1)没有工作，但在过去四周内努力寻找工作的人；(2)被临时解雇并等待重返工作岗位的人；(3)期待在30天内找到一份新工作的人。
- 非劳动力——没有就业且没有寻找工作的人，这类人不属于失业者。

劳动力（labor force）就是就业人口与失业人口之和。**丧失信心的工人**（discouraged worker）是指那些有工作能力也愿意工作，但在过去四周内没有努力寻找过工作的人。丧失信心的工人不属于劳动力。

- **失业率**（unemployment rate）——劳动力中失业人口的百分比。其计算公式为：

$$失业率=\frac{失业人数}{劳动力}\times 100\%$$

在2006年，失业率是4.8%。1960～2006年，平均失业率大约是5.9%。失业率在衰退时期会上升。

- **劳动参与率**（labor force participation rate）——劳动力人数占工作年龄人口的百分比。其计算公式为：

$$劳动参与率=\frac{劳动力}{工作年龄人口}\times 100\%$$

自从1960年以来，劳动参与率总体来看增加了，在2006年达到了66.7%。在衰退阶段，由于丧失信心的工人暂时离开劳动力群体，因此，劳动参与率会降低；而在扩张阶段，由于丧失信心的工人重返劳动力群体，因此，劳动参与率会上升。

- **就业—人口比率**（employment-to-population ratio）——就业人数占工作年龄人口的百分比。自从1960年以来，这一比率总体上看增加了，在2006年这一比率达到了63.5%。在衰退阶段，就业—人口比率会降低。

劳动参与率和就业-人口比率这两个指标都上升了，原因在于越来越多的妇女开始工作。

度量劳动投入的指标是**总劳动时数**（aggregate hours），它是指一年中所有就业人员（包括全日制工作的人员和非全日制工作的人员）工作的总小时数。总劳动时数保持着一个上升的趋势，但其增加速度却低于就业人数的增加速度，原因在于每个雇员的平均劳动小时数减少了。在衰退阶段，总劳动时数会降低。

实际工资率（real wage rate）是指一个小时的工作所能购买的产品和服务的数量。它等于货币工资率除以价格水平。在20世纪90年代，实际工资率增长较快，在2001年的衰退时期增长减缓，但此后又开始快速增长。

■ 失业与充分就业

失业者包括以下三类：

- **失去工作者**（job losers）——被暂时停职或被解雇的人；
- **离职者**（job leavers）——自愿辞职的人；
- **进入者**（entrants）和**重新进入者**（reentrants）——第一次进入或离开后又重返劳动力群体中的人。

失去工作者是失业的最大来源；离职者是失业中人

数最少的。失业者一旦被雇用，被召回原来的工作单位，或者退出了劳动力群体，那么就结束了失业。在衰退阶段，失业持续的时间往往会较长。

青少年和黑人的失业率是最高的。

失业可以分成以下三种类型：

- **摩擦性失业**（frictional unemployment）——由于正常的劳动力市场变动，如人们进入和退出劳动力市场，以及经济的扩张或收缩等而产生的失业。摩擦性失业者正在寻找着理想的工作。他们寻找工作时间的长短会受到失业救济金多少的影响。
- **结构性失业**（structural unemployment）——由于技术变革或国际竞争引起工作技能变化或工作地点变动，从而产生的失业。
- **周期性失业**（cyclical unemployment）——伴随着经济周期而波动的失业。经济衰退时，周期性失业会增加；经济扩张时，周期性失业会减少。

在没有周期性失业时，就实现了**充分就业**（full employment）。**自然失业率**（natural unemployment rate）是达到充分就业时的失业率。它等于摩擦性失业率与结构性失业率之和。充分就业时的 GDP 被称为**潜在 GDP**（potential GDP）。

- 在整个经济周期中，失业率围绕着自然失业率波动；实际 GDP 围绕着潜在 GDP 波动。当失业率高于自然失业率时，实际 GDP 小于潜在 GDP；当失业率低于自然失业率时，实际 GDP 大于潜在 GDP。

■ 消费者价格指数

消费者价格指数（consumer price index）衡量城镇消费者为消费固定“一篮子”产品和服务而支付的平均价格。**基期**（reference base period）的 CPI 被规定为 100。

- CPI 篮子包括城市居民购买的产品和服务。每月 CPI 篮子的成本通过月度价格调查来确定。

CPI 等于篮子的现期成本除以其基期成本，再乘以 100。**通货膨胀率**（inflation rate）是指从一个年度到下一个年度价格水平变动的百分比。它的计算公式为：

$$\frac{\text{今年的 CPI} - \text{去年的 CPI}}{\text{去年的 CPI}} \times 100\%$$

CPI 夸大了实际的通货膨胀率，有以下四方面的原因：

- 新产品的出现导致的偏差——发生于高价格的新产品替代旧产品时。
- 产品质量变化导致的偏差——未考虑质量提高所引起的价格上升。
- 产品替代导致的偏差——当有些商品价格上升时，消费者转而购买价格较低的商品。
- 折扣店替代导致的偏差——面对较高的商品价格，消费者会转移到低成本的折扣店购物。

据估计，CPI 每年高估通货膨胀率 1．1%。

帮助提示

1. 充分就业：请记住，充分就业并不意味着人人都有工作。相反，充分就业是指不存在周期性失业，而是只有摩擦性失业和结构性失业的情况。在没有周期性失业时，失业率等于自然失业率。

   实际失业率可能低于自然失业率，因而就业会高于充分就业时的水平。在这种情况下，人们花很少时间就能找到工作，因此，工作的竞争程度会降低。相反，实际失业率可能高于自然失业率，因而就业会低于充分就业时的水平。在这种情况下，会有许多人寻找工作，因而生产出的产品和服务会减少。

习 题

■ 判断并解释

工作岗位与工资

1. 没有寻找工作的全日制学生属于失业者。
2. 失业率等于失业总人数除以工作年龄人口总数。
3. 莱斯琳失去了原来的工作，并为寻找新工作已经有 8 个月了。由于她认为自己无法找到工作，所以，她停止了找工作。这样，我们可以认为她是失业者。
4. 在过去几十年中，由于越来越多的妇女参加了工作，所以，劳动参与率总体上上升了。
5. 在美国，总劳动时数的增加速度小于就业人数的增加速度。
6. 实际工资率是指包括了所有额外福利的工资率，也就是说，是工人“实际”得到的工资率。
7. 在 20 世纪 70 年代和 80 年代，实际工资的增长速度不断加快。

失业与充分就业

8. 在失业者中，离职者多于失去工作者。
9. 在经济衰退时，失业持续的时间通常会增加。
10. 比尔刚刚中学毕业，正在寻找他的第一份工作。他属于摩擦性失业者。
11. 自然失业率等于摩擦性失业率与结构性失业率之和。
12. 在充分就业时，失业就不存在了。
13. 实际 GDP 永远都不会大于潜在 GDP。

消费者价格指数

14. CPI 篮子用于计算每年 CPI 的变动情况。
15. 消费者的购买对象从相对价格上升的产品转向相对价格下降的产品，从而，导致 CPI 夸大了实际通货膨胀率。

■ 单项选择题

工作岗位与工资

1. 在一个拥有2亿工作年龄人口的国家中，1.3亿人有工作，0.1亿人为失业者，那么，该国的劳动力总量为______。
   a. 2亿人
   b. 1.4亿人
   c. 1.3亿人
   d. 0.1亿人
2. 在一个拥有2亿工作年龄人口的国家中，1.3亿人有工作，0.1亿人为失业者，那么，该国的失业率为______。
   a. 5%
   b. 7.1%
   c. 7.7%
   d. 65%
3. 在一个拥有2亿工作年龄人口的国家中，1.3亿人有工作，0.1亿人为失业者，那么，该国的劳动参与率为______。
   a. 100%
   b. 70%
   c. 65%
   d. 5%
4. 在过去30年中，男性的劳动参与率______，女性的劳动参与率______。
   a. 增加了；增加了
   b. 增加了；减少了
   c. 减少了；增加了
   d. 减少了；减少了
5. 假设货币工资率为5美元/小时，价格水平为100。如果货币工资率上升到10美元/小时，且价格水平不变，那么，______。
   a. 实际工资率上升为原来的两倍
   b. 实际工资率上升，但不是原来的两倍
   c. 实际工资率不变
   d. 实际工资率下降
6. 假设货币工资率为5美元/小时，价格水平为100。如果货币工资率上升到10美元/小时，同时价格水平上升为200，那么，______。
   a. 实际工资率上升为原来的两倍
   b. 实际工资率上升，但不是原来的两倍
   c. 实际工资率不变
   d. 实际工资率下降
7. 在过去的40年中，______。
   a. 平均每周工作的小时数减少了
   b. 失业率总体上上升了
   c. 总劳动时数减少了
   d. 在20世纪70年代和80年代早期，实际工资率增长最快

失业与充分就业

8. 失业人口中所占比例最大的是______。
   a. 离职者
   b. 失去工作者
   c. 新进入者
   d. 再进入者
9. 失业率最低的群体是______。
   a. 黑人中的青少年
   b. 白人中的青少年
   c. 20岁以上（包括20岁）的黑人
   d. 20岁以上（包括20岁）的白人
10. 由于经济衰退造成的失业被称为______。
   a. 周期性失业
   b. 摩擦性失业
   c. 结构性失业
   d. 循环失业
11. 下列属于丧失信心的工人的是______。
   a. 卡拉，她因为国际竞争而失去了工作，后来通过参加再就业培训又找到了工作
   b. 奥马尔，一名渔业工人，正在寻找一份离家较近

的工作

c. 尤金，原为钢铁厂的工人，被辞退后正逢经济衰退，他觉得自己找不到工作了，所以停止了寻找新工作

d. 阿曼达，原为办公室工作人员，因为经济不景气而失去了工作

12. 下列属于摩擦性失业的是______。

a. 卡拉，她因为国际竞争而失去了工作，后来通过参加再就业培训又找到了工作

b. 奥马尔，一名渔业工人，正在寻找一份离家较近的工作

c. 尤金，原为钢铁厂的工人，被辞退后正逢经济衰退，他觉得自己找不到工作了，所以停止了寻找新工作

d. 阿曼达，原为办公室工作人员，因为经济不景气而失去了工作

13. 下列属于结构性失业的是______。

a. 卡拉，她因为国际竞争而失去了工作，后来通过参加再就业培训又找到了工作

b. 奥马尔，一名渔业工人，正在寻找一份离家较近的工作

c. 尤金，原为钢铁厂的工人，被辞退后正逢经济衰退，他觉得自己找不到工作了，所以停止了寻找新工作

d. 阿曼达，原为办公室工作人员，因为经济不景气而失去了工作

14. 下列属于周期性失业的是______。

a. 卡拉，她因为国际竞争而失去了工作，后来通过参加再就业培训又找到了工作

b. 奥马尔，一名渔业工人，正在寻找一份离家较近的工作

c. 尤金，原为钢铁厂的工人，被辞退后正逢经济衰退，他觉得自己找不到工作了，所以停止了寻找新工作

d. 阿曼达，原为办公室工作人员，因为经济不景气而失去了工作

15. 当失业率等于自然失业率时，不存在______。

a. 摩擦性失业

b. 结构性失业

c. 周期性失业

d. 失业

16. 当经济处于充分就业状态时，______。

a. 所有人都有工作

b. 所有劳动力都有工作

c. 只存在摩擦性失业和丧失信心的工人

d. 实际 GDP 等于潜在 GDP

消费者价格指数

17. 在去年底，CPI 等于 120。今年底，CPI 等于 132。那么，今年的通货膨胀率是______。

a. 6%

b. 10%

c. 12%

d. 上述答案都不正确，因为计算通货膨胀率还需要更多的信息

18. 产品替代导致的偏差是指______。

a. 消费者用质量较差的产品替代质量较高的产品

b. 政府支出是投资支出的较好替代品

c. 国民储蓄与向其他国家借款是可以相互替代的

d. 消费者会少购买其相对价格上升的产品，而会多购买其相对价格降低的产品

■ 简答题

1. 完成表 6.1。

表 6.1　简答题第 1 题

就业人数	失业人数	劳动力人数	失业率
100	10	____	____
80	____	100	____
____	____	200	5.0%
130	8	____	____

2. 当就业总人数增加时，失业率会上升吗？请回答并解释，请务必考虑丧失信心的工人的情况。

3. 请描述自 1960 年以来，劳动参与率和就业—人口比率的变化趋势。并请回答男性和女性的这两个指标有何区别。

4. 请描述自 1960 年以来，总劳动时数和总就业量的变化趋势。在经济衰退时，它们会如何变化？

5. 请描述在下面各个时间段里，艾格尔在劳动力市场中的身份。当艾格尔处于失业状态时，请说明这种失业是属于摩擦性失业、结构性失业，还是周期性失业。

a. 2007 年 1 月 1 日 ~6 月 30 日，艾格尔是一名攻读学士学位的全日制大学生。

b. 2007 年 7 月 1 日，艾格尔毕业，并获得了运动健身专业的学士学位。艾格尔花了 3 个月的时间找工作，10 月 1 日，弗兰肯斯坦博士聘用了他。
c. 2007 年 10 月 1 日 ~ 2008 年 1 月 1 日，艾格尔的工作是全日制的，并值夜班。
d. 由于经济形势每况愈下，2008 年 1 月 1 日，艾格尔被调换成了非全日制员工，仍然值夜班，尽管他自己并不是很愿意。
e. 由于经济状况恶化，2008 年 2 月 28 日，弗兰肯斯坦博士辞退了艾格尔。此后一直到 5 月 1 日，艾格尔都在寻找新的工作。
f. 5 月 1 日，他认为自己找不到工作了，便停止了一切求职活动，回家做家务并在自家的花园里忙碌，这种状态一直持续到了 10 月 31 日。
g. 10 月 31 日，康特 · 德拉卡拉顺道路过艾格尔家，小坐了一会儿，并给他提供了一份工作，艾格尔欣然接受了。

6. 在 2007 年，雪维莉的消费者只消费芜青甘蓝、风雪衣和图书。表 6.2 中给出了 2007 年和 2008 年这三种商品的消费数量与价格。以 2007 年作为计算雪维莉 CPI 的基期。请计算并回答：
a. 2007 年雪维莉的消费者价格指数是多少？
b. 2008 年雪维莉的消费者价格指数是多少？
c. 2007 年到 2008 年间的通货膨胀率是多少？

表 6.2　雪维莉的消费情况

	2007 年		2008 年	
	价 格	数 量	价 格	数 量
芜青甘蓝	0.50 美元	200	0.70 美元	110
风雪衣	50.00 美元	2	75.00 美元	1
图　书	40.00 美元	5	30.00 美元	10

■ 分析题

1. “我确实不明白，为什么我们要用‘摩擦性失业’、‘结构性失业’和‘周期性失业’这样的概念来自寻烦恼。我的意思是：失业就是失业，因此，谁会真正关心这些类型呢？”你的朋友正处于不必要的消极状态。请你向他解释，为什么理解这三种失业类型是很有用的。
2. “现在，我明白了教材里讲的是正确的——我们应该把失业分为摩擦性失业、结构性失业和周期性失业。但我所不能理解的是，为什么我们的社会始终都存在失业。我认为，政府应该将失业率降为零。因为这样对国家最有利！”你的朋友对教材有了一定程度的理解，但是，他的观点仍有失偏颇。请你向他解释，零失业率的目标既不现实、又不明智的原因。

习题答案

■ 判断并解释

工作岗位与工资

1. **错误**　没有找工作的全日制学生不是劳动力。
2. **错误**　失业率等于失业总人数除以劳动力人数，而不是除以工作年龄人口的总数。
3. **错误**　因为莱斯琳已经停止了寻找工作，所以，她是一名丧失信心的工人，而丧失信心的工人不属于失业者。
4. **正确**　男性的劳动参与率一直都在下降，但妇女的劳动参与率却在不断上升。并且，妇女的劳动参与率上升足够多，从而引起总的劳动参与率上升了。
5. **正确**　因为每个工人的平均工作时间缩短了，所以，总就业量的增加幅度大于总劳动时数的增加幅度。
6. **错误**　实际工资是指工资的购买力，所以，实际工资率表明每小时的劳动所能购买的产品和服务的数量。
7. **错误**　在20世纪70年代和80年代，实际工资的增长率下降了。

失业与充分就业

8. **错误**　在失业者中，失去工作者的数量是最多的。
9. **正确**　失业持续时间是指失业者没有工作的时间。经济衰退时，失业持续的时间会增加。
10. **正确**　比尔参与了劳动市场中正常的人员流动，他是摩擦性失业者。
11. **正确**　自然失业率等于摩擦性失业率与结构性失业率之和。
12. **错误**　在充分就业状态下，失业率等于自然失业率，这时的失业包括摩擦性失业和结构性失业。
13. **错误**　当失业率小于自然失业率时，实际GDP大于潜在GDP。

消费者价格指数

14. **错误**　CPI篮子保持不变，即篮子中的数量保持不变。但用于计算的价格却是变化的。
15. **正确**　CPI是基于固定的市场篮子计算出来的，即假定人们对其相对价格上升的产品和服务的购买数量不变。

■ 单项选择题

工作岗位与工资

1. **b**　劳动力等于就业人数（1.3亿）与失业人数（0.1亿）之和，即1.4亿人。
2. **b**　失业率等于失业人数除以劳动力，再乘以100%。
3. **b**　劳动参与率是指劳动力占工作年龄人口的百分比，即用总劳动力（1.4亿）除以工作年龄人口总数（2亿），再乘以100%。
4. **c**　因为妇女的劳动参与率的增加量大于男性的劳动参与率的减少量，所以，总体而言，劳动参与率增加了。
5. **a**　实际工资率等于货币工资率除以价格水平。因此，当货币工资率增加1倍而价格水平不变时，实际工资率也会增加1倍。
6. **c**　实际工资率等于货币工资率除以价格水平。因此，当货币工资率增加1倍并且价格水平上升1倍时，实际工资率不会发生变化。
7. **a**　平均每周的工作时间减少了，其主要原因是因为非全日制工作的数量增加了。

失业与充分就业

8. **b**　失去工作者包括暂时停职或被解雇的人，他们占失业人口的绝大多数。
9. **d**　20岁以上（含20岁）白人的失业率是最低的，黑人中青少年失业率是最高的。
10. **a**　周期性失业在经济衰退时为正值，而在经济扩张时为负值。
11. **c**　尤金停止了找工作，因而他不再是失业者。
12. **b**　奥马尔参与了劳动力市场中的正常流动，因而他是摩擦性失业者。
13. **a**　卡拉因为经济的结构性调整（国际竞争更加激烈）而失去了工作，因而她是结构性失业者。
14. **d**　阿曼达因为经济衰退失去了工作，因而是周期性失业者。
15. **c**　自然失业率中仅仅包括摩擦性失业和结构性失业。
16. **d**　在充分就业状态下，所生产的实际GDP就是潜在GDP。

消费者价格指数

17. **b**　通货膨胀率是价格指数变动的百分比，即$\frac{132-120}{120}\times 100\%$，或者等于10%。

18. **d**　在某种程度上由于商品替代导致的偏差，CPI 夸大了生活费用的实际增加额。

■ 简答题

1. 答案请见表 6.3。为了计算表 6.3 中所要完成的各项内容，请回忆劳动力的计算公式：劳动力人数 = 就业人数 + 失业人数。因此，在第一行中，劳动力人数就等于 100 + 10，即 110。在第二行中，失业人数等于劳动力人数 100 减去就业人数 80。这样，失业人数就为 20。我们知道，失业率等于失业人数除以劳动力，再乘以 100%。因此，第一行中的失业率为：$\frac{10}{110}\times 10\% = 9.1\%$。第二行中的失业率为：$\frac{20}{100}\times 10\% = 20\%$。在第三行中，变换失业率的计算公式可得：失业人数等于失业率乘以劳动力人数。因此，第三行中的失业者人数应为：5.0% ×200，这样，失业人数就为 10。所以，这一行中的就业人数等于 190。第四行的计算过程与第一行类似。

表 6.3　简答题第 1 题

就业人数	失业人数	劳动力人数	失业率
100	10	110	9.1%
80	20	100	20.0%
190	10	200	5.0%
130	8	138	5.8%

2. 尽管并不普遍，但是，就业人数增加与失业率上升并存的情况仍然是存在的。从经济周期的角度进行分析，这种情况大多发生在经济从波谷开始回升，也就是扩张阶段。在这些月份里，经济处于增长时期，实际 GDP 增加，因而就业总人数也会增加。另外，在这个时期，以前丧失信心的工人认为自己或许能够找到工作。在他们当中，有相当一部分人会重新加入到劳动力群体中，开始寻找工作，由此又造成了失业人口的显著增加。（请回忆一下：丧失信心的工人不属于失业者，也不包括在劳动力中。）因此，我们可以得出结论：尽管就业总人数增加了，但是，失业率也有可能同时上升。

3. 自 1960 年以来，劳动参与率和就业—人口比率都上升了。这主要是因为劳动力中的妇女人数增加了。自 1960 年以来，妇女的劳动参与率和就业—人口比率都显著地上升了。相比之下，男性的劳动参与率和就业—人口比率却略有下降。

4. 自 1960 年以来，总劳动时数和就业者总数都有所增加，但它们的变化并不是很稳定；在经济衰退时期，其增加的幅度很小甚至有时会下降。但是，从过去 30 年总体看，这两个指标确实都有明显增加。由于平均每周的劳动时间缩短了，就业量的增加速度已经超过了总劳动时数的增加速度。

5. a. 作为一名全日制的大学本科生，艾格尔不是劳动力。
   b. 在艾格尔寻找他的第一份工作时，他属于摩擦性失业者。
   c. 当艾格尔为弗兰肯斯坦博士从事全日制工作时，他成了一名就业者。
   d. 尽管艾格尔仍然想做全日制工作，但当他被调换成了值夜班的非全日制员工时，他仍然属于就业者。
   e. 从 2 月 28 日到 5 月 1 日，艾格尔成为周期性失业者。这是因为，他的失业是由经济衰退造成的。
   f. 从 5 月 1 日至 10 月 31 日，艾格尔不在劳动力群体中。因为他停止了找工作，所以，他成了一名丧失信心的工人。
   g. 10 月 31 日后，艾格尔重新成为了一名就业者。

表 6.4　Snowville 的消费情况

	2007 年		2008 年	
	价　格	数　量	价　格	数　量
芜青甘蓝	0.50 美元	200	0.70 美元	110
皮外套	50.00 美元	2	75.00 美元	1
书　籍	40.00 美元	5	30.00 美元	10

6. a. 2007 年的消费者价格指数为 100。有两种计算方法。第一种方法：任何一个基期的消费者价格指数都等于 100。另一种方法就是通过计算直接得出。由表 6.4 可得，2007 年 CPI 篮子的成本为：0.50 美元/单位 ×200 单位芜青甘蓝 + 50.00 美元/件 ×2 件风雪衣 + 40 美元/册 ×5 册书，总计 400 美元。然后，用 CPI 篮子的本期成本除以基期成本再乘以 100，便得到了消费者价格指数。即：

$$\frac{400}{400}\times 100 = 100。$$

b. 要计算2008年的消费者价格指数，首先用2008年的价格计算出2007年的市场篮子为：0.70美元/单位×200单位芜青甘蓝+75.00美元/件×2件风雪衣+30美元/册×5册书，总计440美元。接着，用市场篮子的本期支出除以基期支出再乘以100，便得到了消费者价格指数。即：

$$\frac{440}{400}\times 100 = 110。$$

c. 2007~2008年间的通货膨胀率为：（110－100）/100×100%，即10%。

■ 分析题

1. “你是对的，对于失业者而言，区分他们的失业究竟属于摩擦性失业、结构性失业，还是周期性失业是无关紧要的。并且，若要将每一个失业者都准确归类是困难的——也许是不可能的。然而，这种分类对于我们学生却是非常有用的。因为这种分类让我们明白失业产生的原因。一旦我们知道了原因，我们就可能得到对症下药的解决思路。

   “以结构性失业为例来说明。就结构性失业者而言，对其进行帮助所必须采取的措施显然不同于周期性失业者。对于一名周期性失业者来说，再培训也许毫无必要，但对结构性失业者则是不可缺少的。因此，当我们认识到是结构性原因导致了失业时，如果我们要降低失业率，那么，我们就能明白提供再培训可能是一种非常有效的方法。

   “如果对失业不加区分，那么，我们就很可能在实际上把所有失业都看成周期性失业。这样，我们就完全有可能忽视再培训这一降低失业率的有效方法。因此，将失业划分为三种类型是有用的，因为它将有助于我们深入思考失业问题。”

2. “下面这个例子也同样说明，将失业划分为摩擦性失业、结构性失业和周期性失业能够有助于我们避免某些荒诞的陈述。首先来看摩擦性失业，我们采取何种措施可以让这种失业率降低至零呢？我的意思是，制定法律法规显然是不可取的！例如，你可能需要这样一部法律，它规定你只有找到了工作，才能从学校毕业；因为如果你在大学毕业后不得不寻找工作，那么，你就有可能成为摩擦性失业者。同样，你一旦有了工作，你也必须在找到新工作后才能辞职。我不清楚你的情况，即使我很留恋大学，我也不想以学生的身份在大学里度过一生。如果我干着一种不喜欢的工作，那么，我希望能够辞职并去寻找一份更好的工作。

   “通过上面的分析，你可能明白了，要想把摩擦性失业率降低为零的代价实在是太大了。那样制定的法律条文不仅内容苛刻，并且确实会损害我们的经济！将结构性失业减少到零，同样也是不可能的。然而，周期性失业却与它们有所不同。我们驾驭经济周期的能力越强，减少的周期性失业人数就会越多。换句话说，我们应该把目标确定为将周期性失业率降低为零。换句话说，就是要放弃试图消除所有失业现象的念头；让我们集中精力来减少周期性失业人数。”

小测验

1. 失业率______。
   a. 在扩张时期会上升，而在衰退时期则会下降
   b. 等于工作年龄人口中找不到工作的人所占的百分比
   c. 包括了那些因认为自己找不到工作而放弃了寻找工作的人，也就是说在计算失业率时，应将丧失信心的工人包含在失业人数内
   d. 等于劳动力中没有工作的人所占的百分比
2. 在过去 40 年中，劳动参与率______，就业－人口比率______。
   a. 增加了；增加了
   b. 增加了；减少了
   c. 减少了；增加了
   d. 减少了；减少了
3. 在一个有 2 亿工作年龄人口的国家，有 0.9 亿人有工作，另有 0.1 亿人为失业者。那么，失业率是______。
   a. 45．0%
   b. 11．1%
   c. 10．0%
   d. 5．0%
4. 如果货币工资率增加的百分比大于价格水平上升的百分比，那么实际工资率______。
   a. 增加
   b. 不变
   c. 减少
   d. 可能会变化，但如果不知道劳动需求和劳动供给的情况，那么就无法判断变化方向
5. 大部分失业者都是______。
   a. 离职者
   b. 失去工作者
   c. 丧失信心的工人
   d. 劳动力中的新进入者
6. 在一个正常运转的经济中，因变换工作而造成的失业属于______。
   a. 周期性失业
   b. 结构性失业
   c. 摩擦性失业
   d. 长期失业
7. 当 30 名工人由于经济衰退被工厂解雇时，______就增加了。
   a. 周期性失业
   b. 结构性失业
   c. 摩擦性失业
   d. 丧失信心的工人
8. 当 30 名刚从学校毕业的学生进入劳动力群体中时，______就增加了。
   a. 周期性失业
   b. 结构性失业
   c. 摩擦性失业
   d. 丧失信心的工人
9. 若有 30 名工人被工厂解雇，因为他们缺乏必要的技能，所以他们找不到新工作，这样，______就增加了。
   a. 周期性失业
   b. 结构性失业
   c. 摩擦性失业
   d. 丧失信心的工人
10. 下列正确的选项是______。
    a. 如果总劳动时数比就业量增加得更快，那么平均每周的劳动时间就增加了
    b. 如果总劳动时数比就业量增加得更快，那么平均每周的劳动时间就减少了
    c. 如果总劳动时数比就业量增加得慢，那么平均每周的劳动时间就增加了
    d. 如果总劳动时数比就业量增加得慢，那么平均每周的劳动时间就减少了

本小测验的答案请参见第 224 页

第三编中期测验 宏观经济学总览

■ 第 4 章

1. 潜在 GDP 是______。
   a. 充分就业时的资源所能生产的产品和服务的价值
   b. 一个经济所能生产的产品和服务的现期价值
   c. 当经济处于衰退阶段时，所能生产的产品和服务的价值
   d. 当经济处于波峰时，所能生产的产品和服务的价值
2. 在经济衰退时，失业率通常会______；而在经济扩张时，失业率通常会______。
   a. 上升；下降
   b. 上升；上升
   c. 下降；上升
   d. 下降；下降
3. 通货膨胀对经济造成的成本是指______。
   a. 可预测的通货膨胀很难避免
   b. 通货膨胀要求放弃消费
   c. 通货膨胀会导致失去信心的工人和失业都增加
   d. 不可预测的通货膨胀会导致不确定性
4. 导致______变动的政策是货币政策的一个实例。
   a. 税收
   b. 联邦政府支出
   c. 利率
   d. 政府预算赤字

■ 第 5 章

5. 下列选项中，除了______外，都包括在 GDP 中。
   a. 购买律师服务
   b. 购买像棉花糖这样即刻消费的产品
   c. 钢铁产品
   d. 地下经济活动的产品
6. 总投资______。
   a. 是购买新资本
   b. 仅仅包括重置投资
   c. 不包括存货增加

d. 选项 a 和 b

7. 用 C 代表消费支出，S 代表储蓄，I 代表投资，G 代表政府支出，NX 代表净出口。那么，GDP 等于______。
   a. $C+S+G+NX$
   b. $C+S+G-NX$
   c. $C+I+G+NX$
   d. $C+I+G-NX$
8. ______是用收入法计算 GDP 的组成部分。
   a. 消费支出
   b. 工资与薪水
   c. 投资
   d. 在产品和服务上的政府支出

■ 第 6 章

9. 经济周期的正确顺序是______。
   a. 衰退，波峰，扩张，波谷
   b. 衰退，扩张，波峰，波谷
   c. 衰退，扩张，波谷，波峰
   d. 衰退，波谷，扩张，波峰
10. 工作年龄人口为 1.5 亿，有 1.2 亿人就业，有 0.1 亿人失业。那么，失业率等于______。
   a. 80.0%
   b. 25.0%
   c. 8.3%
   d. 7.7%
11. 自然失业率______。
   a. 仅仅包括摩擦性失业
   b. 仅仅包括结构性失业
   c. 仅仅包括摩擦性失业和结构性失业
   d. 包括摩擦性失业、结构性失业和周期性失业
12. 如果 2006 年的 CPI 为 100，2007 年的 CPI 为 105，那么，通货膨胀率是______。
   a. 1.5%
   b. 5%
   c. 100%
   d. 105%

答　案

■ 中期测验答案

1. a 2. a 3. d 4. c 5. d 6. d 7. c 8. b 9. d 10. d 11. c 12. b

第 7 章　充分就业：古典模型

关键概念

■ 古典模型预览

实际变量包括实际 GDP、就业量、失业量、实际工资率、储蓄、投资和消费，它们告诉我们经济状况究竟是如何变化的。名义变量包括价格水平、通货膨胀率、名义 GDP 等，它们告诉我们美元价值和生活成本是如何变化的。

古典二分法（classical dichotomy）是指这样一种发现：在充分就业时，所有影响实际变量的因素与所有影响名义变量的因素没有关系。

古典模型（classical model）是一个经济系统在充分就业时确定其实际变量的一种模型。大多数经济学家认为，经济是围绕着充分就业波动的，但古典经济学家却认为，经济系统总是处于充分就业状态。

■ 实际 GDP 与就业

反映实际 GDP 与闲暇的生产可能性边界表明，如果花在闲暇上的时间减少，即就业量增加，那么 GDP 就会增加。

生产函数（production function）是指在所有其他影响生产的因素保持不变的情况下，实际 GDP 与劳动雇用量之间的关系。生产函数可以用图 7.1 来说明。

- 当所雇用的劳动量增加时，存在着沿着生产函数的变动，如图中所示沿着 *PF* 从点 *a* 移动到点 *b*。

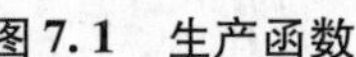
图 7.1　生产函数

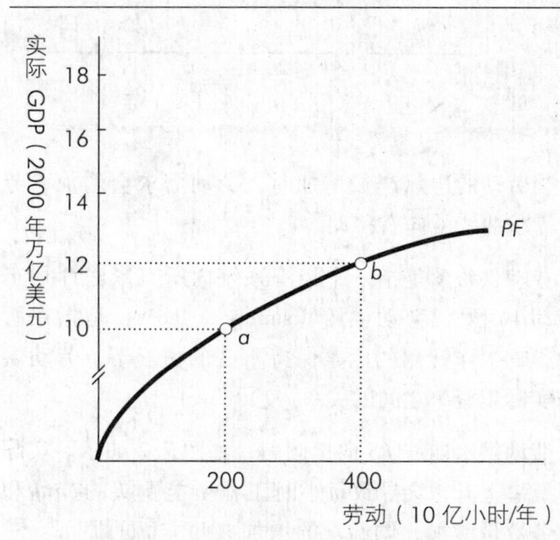

■ 劳动市场与潜在 GDP

劳动需求和劳动供给取决于**实际工资率**（real wage rate），即每小时劳动所挣得的产品和服务数量。**货币工资率**（money wage rate）是每小时劳动所挣得的美元的数量。

- 实际工资率等于货币工资率除以价格水平，再乘以 100。

劳动需求（demand for labor）是指实际工资率与企业的劳动需求量之间的关系，这里的*劳动需求量*是指在一个经济中所有企业所雇用的劳动小时数。随着实际工资率的增加，劳动需求量会减少。

- **劳动的边际产量**（marginal product of labor）是指多雇用 1 小时的劳动所导致的实际 GDP 的增加量。**边际报酬递减规律**（law of diminishing returns）是指，在其他因素不变的情况下，劳动的边际产量随着劳动雇用量的增加而递减。
- 因为随着劳动雇用量的增加，劳动的边际产量会递减，所以，只有当实际工资率下降时，企业才会增加劳动的雇用量。因此，劳动的需求曲线向下方倾斜，如图 7.2 中 *LD* 所示。

图 7.2　劳动市场

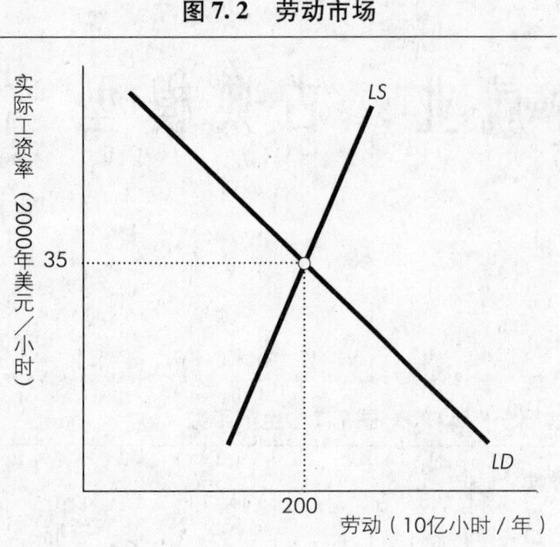

◆ 当劳动的边际产量增加时，劳动需求会增加，劳动需求曲线就向右移动。

劳动供给量是指一个经济系统内所有家庭计划工作的劳动小时数。**劳动供给**（supply of labor）是指在所有其他影响工作计划的因素保持不变的情况下，劳动供给量与实际工资率之间的关系。

◆ 劳动供给曲线 *LS* 向上倾斜，如图 7.2 如示。实际工资率上升，会导致每小时工作所能购买的产品和服务数量增加。供给量的增加有两方面的原因：对大多数家庭而言，实际工资率的上升会导致每个人劳动小时数的增加；另外，实际工资率的上升会导致劳动参与率的上升。

在图 7.2 中，均衡的实际工资率是每小时 35 美元，均衡就业量是 2 000 亿小时。

◆ 劳动市场决定的均衡就业量，与生产函数一起决定了潜在 GDP。

■ 充分就业时的失业

有两个因素可以解释，为什么失业总保持在充分就业时的水平（此时的失业率等于自然失业率）。

◆ **工作搜寻**（job search）——寻找一个合适的空缺岗位的活动。当有较多的年轻人进入劳动市场、当失业救济金增加以及当经济结构变化时，都会导致花费在寻找工作上的时间增加。

◆ **工作配给**（job rationing）——支付高于均衡水平的实际工资率并通过某些方法配给工作岗位的做法。由于**效率工资**（efficiency wage，高于充分就业时均衡工资率的实际工资率，企业使用更高的工资是为了使收益与成本相匹配，从而实现利润最大化）或**最低工资**（minimum wage）法（一家企业合法雇用劳动必须支付的最低工资）的存在，工作可以进行配给。

■ 可贷资金与实际利率

资本存量（capital stock）是厂房、设备、建筑物和商业存货的总量。投资会导致资本存量的增加。投资所需要的资金通过可贷资金市场来获得。**可贷资金市场**（market for loanable funds）是家庭、企业、政府、银行和其他金融机构进行借贷活动的市场。可贷资金用于企业投资、弥补政府预算赤字以及国际投资或贷款。可贷资金来源于私人储蓄、政府预算盈余和国际借款。

可贷资金需求量取决于实际利率、预期利润率以及政府和国际因素。

◆ **实际利率**（real interest rate）是一个单位的资本量所能赚取的产品和服务的数量。**名义利率**（nominal interest rate）是一个单位的资本量所能赚取的货币数量。

◆ 实际利率（约）等于名义利率减去通货膨胀率。

图 7.3　可贷资金市场

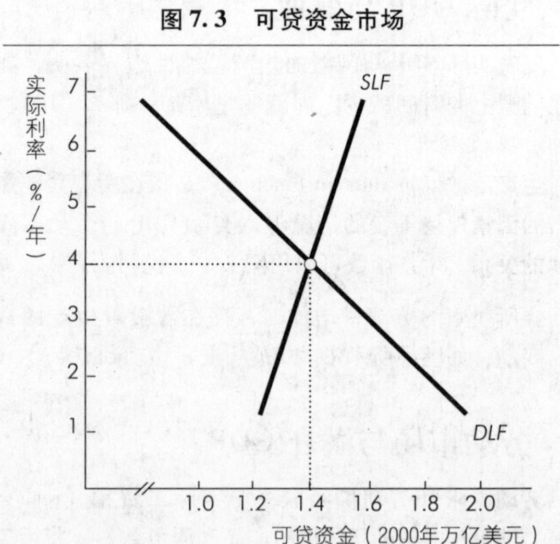

- **可贷资金需求**（demand for loanable funds）是指在所有其他影响借款计划的因素保持不变的情况下，可贷资金需求量与实际利率之间的关系。可贷资金需求曲线 *DLF* 是向下倾斜的，如图 7.3 所示。

企业投资需求量是可贷资金需求量的主要组成部分。政府预算赤字、国际借款与企业投资之和便是总的可贷资金需求量。企业投资取决于以下两个因素：

- 实际利率——资金用于投资的机会成本。
- 预期利润率——投资的利润率。预期利润率取决于技术。预期利润率的提高会引起投资需求增加。

利率的变动导致沿着可贷资金需求曲线的变动。预期利润率的变动引起投资的变动，从而导致可贷资金需求曲线的移动。

可贷资金供给量取决于实际利率、可支配收入、财富、预期的未来收入以及政府和国际因素。

- **可贷资金供给**（supply of loanable funds）是指在所有其他影响贷款计划的因素保持不变的情况下，可贷资金供给量与实际利率之间的关系。可贷资金供给曲线 *SLF* 是向上倾斜的，如图 7.3 所示。

储蓄是构成可贷资金供给量的主要组成部分。政府预算盈余、国际借款与储蓄之和就是可贷资金供给量。储蓄取决于以下一些因素：

- 实际利率——实际利率越低，储蓄额就会越少。
- 可支配收入——一个家庭的可支配收入越多，储蓄就会越多。
- 财富——财富等于资产减去负债。一个家庭的财富越多，其储蓄就会越少。
- 预期的未来收入——一个家庭预期的未来收入越少，其（目前的）储蓄就会越多。

实际利率的变动导致沿着可贷资金供给曲线的变动。可支配收入、财富或预期的未来收入的变动会引起储蓄的变动，从而导致可贷资金供给曲线的移动。

可贷资金需求与可贷资金供给决定了实际利率。在图 7.3 中，实际利率是 4%，均衡的可贷资金量是 1.4 万亿美元。

■ 使用古典模型

古典模型适用于经济处于充分就业时的情况，因此，它说明了整个经济周期中经济的平均状况。

图 7.4　美国生产函数的移动

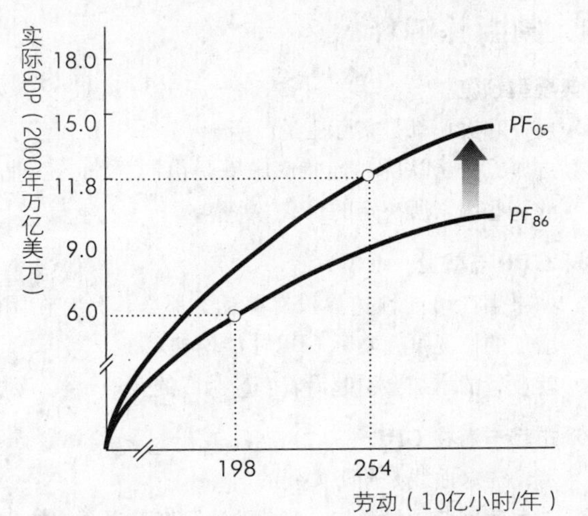

自 1986 年以来，美国的劳动需求与劳动供给都增加了。劳动需求的增加幅度大于劳动供给的增加幅度，因此，实际工资率上升了，就业量也增加了，从每年的 1 980亿小时增加到了每年的 2 540 亿小时。技术进步和资本积累引起美国生产函数向上移动，由 PF_{86} 移动至 PF_{05}，如图 7.4 所示。因此，美国的潜在 GDP 由 1986 年的 6.0 万亿美元增加到了 2005 年的 11.8 万亿美元。

帮助提示

1. **再次用到供给与需求模型**：劳动市场与资本市场的运行，就像你在第 3 章中学过的“典型的”供给与需求市场。在本章中你学到的东西，都是有关如何将供给和需求模型用于这两个市场的。例如，均衡点位于两条曲线的交点处。此外，沿着曲线的变动与曲线的移动的主要区别，在这里也同样适用。在劳动市场中，实际工资率的变化引起沿着劳动需求曲线和劳动供给曲线的变动，而其他相关因素变化则会导致劳动需求曲线和劳动供给曲线移动。在资本市场中，实际利率的变化引起沿着投资需求曲线和储蓄供给曲线的变动，而其他相关因素变化会导致这两条曲线移动。
2. **生产函数**：生产函数把劳动市场与总产出市场联系起来了。劳动市场决定了均衡的就业水平，根据生产函数可以说明，在这一就业水平上总产出是多少。

习　题

■ 判断并解释

古典模型预览

1. 投资和失业都是实际变量。
2. 古典二分法认为，通货膨胀率是由同样影响就业量的这些因素所决定的。

实际 GDP 与就业

3. 如果生产可能性边界没有移动，那么，只有在闲暇增加的情况下，实际 GDP 才能增加。
4. 就业量的增加会引起沿着生产函数的变动。

劳动市场与潜在 GDP

5. 劳动需求曲线是向下倾斜的。
6. 随着雇用劳动的增加，劳动的边际产量也会增加。
7. 实际工资率的上升会引起劳动供给量的增加。
8. 当就业量处于均衡水平时，经济的产出是潜在 GDP。
9. 劳动需求的增加会提高实际工资率。

充分就业时的失业

10. 当失业率等于自然失业率时，就不会出现工作搜寻。
11. 失业救济金的增加会减少工作搜寻。
12. 效率工资会导致失业。

可贷资金与实际利率

13. 实际利率等于名义利率加上通货膨胀率。
14. 实际利率是投资的机会成本。
15. 实际利率的上升会引起人们储蓄的增加。
16. 预期利润率的上升会引起可贷资金供给曲线向右移动。
17. 均衡的实际利率使得可贷资金需求量等于可贷资金供给量。

使用古典模型

18. 劳动需求的增加会引起潜在 GDP 的增加。
19. 一个国家实物资本存量的增加会引起劳动需求的减少。
20. 劳动生产率的提高引起生产函数向下移动，并且引起就业量的减少。

■ 单项选择题

古典模型预览

1. 下列各项中，______是实际变量。
   a. 就业量
   b. 价格水平
   c. 通货膨胀率
   d. 名义工资率

实际 GDP 与就业

2. 实际 GDP 和闲暇之间的生产可能性边界______。
   a. 因失业率上升引起资本存量增加时，会向内移动
   b. 表明闲暇增多会导致实际 GDP 减少
   c. 在就业量增加的情况下会移动
   d. 以上三个选项都正确
3. 就业量的增加______。
   a. 引起一国的生产函数向上移动
   b. 引起一国的生产函数向下移动
   c. 导致沿着一国生产函数向较高实际 GDP 水平方向变动
   d. 导致沿着一国生产函数向较高价格水平方向变动

劳动市场与潜在 GDP

4. 货币工资率为 10 美元/小时，价格水平为 100。如果价格水平上升到 200，而货币工资率不变，那么，______。
   a. 实际工资率是原来的两倍
   b. 实际工资率上升，但不是原来的两倍
   c. 实际工资率不变
   d. 实际工资率下降
5. 5 个工人的总产出是 200 美元，6 个工人的总产出是 222 美元。那么，第 6 个工人的边际产量是______。
   a. 40 美元
   b. 37 美元
   c. 22 美元
   d. 以上选项都不正确
6. 劳动需求曲线是向下倾斜的，这是因为______。
   a. 随着雇用工人的增加，劳动的边际产量递减
   b. 劳动供给曲线是向上倾斜的
   c. 当资本增加时，劳动需求曲线移动
   d. 以上选项都不正确，原因是劳动需求曲线是向上倾斜的
7. 随着实际工资率的上升，劳动的供给量会增加，______。
   a. 这仅仅是因为已经工作的人们增加了他们的劳动供给量
   b. 这仅仅是因为实际工资率的上升引起了劳动参与

率的提高

c. 这是因为已经工作的人们增加了他们的劳动供给量，并且实际工资率的上升引起了劳动参与率的提高

d. 以上选项都不正确，原因是实际工资率的上升引起了劳动供给量的减少

8. 实际工资率的上升______。

a. 引起劳动需求曲线向右移动

b. 引起劳动需求曲线向左移动

c. 引起劳动供给曲线向左移动

d. 不会引起劳动需求曲线或劳动供给曲线移动

9. 在潜在 GDP 水平时，______。

a. 劳动市场处于均衡水平，因此，劳动需求量等于劳动供给量

b. 劳动市场可能处于均衡水平，也可能处于不均衡水平

c. 实际工资率已经调整到同货币工资率相等的水平

d. 实际工资率必然上升，因为否则人们就不愿意工作了

10. 人口的增加会______。

a. 引起劳动需求曲线向右移动

b. 引起劳动需求曲线向左移动

c. 引起劳动供给曲线向右移动

d. 引起劳动供给曲线向左移动

充分就业时的失业

11. 失业救济金的增加会______。

a. 引起寻求性失业减少

b. 导致更多的工作配给

c. 减少人口流动的范围

d. 引起工人寻找工作的时间增加

12. ______是工作可能进行配给的一个原因。

a. 效率工资

b. 均衡的实际工资率

c. 有效地配给工作

d. 劳动需求增加

13. 效率工资是指______。

a. 为提高经济效率而支付给工人的低于均衡工资率水平的工资

b. 为达到最佳的失业水平而确定的工资

c. 为提高生产率而支付给工人的高于均衡工资率水平的工资

d. 以上选项都不正确

14. 假设实际工资率高于均衡的实际工资率水平，那么，劳动需求量______劳动供给量，并且______失业。

a. 大于；存在

b. 大于；不存在

c. 小于，不存在

d. 小于，存在

可贷资金与实际利率

15. 如果名义利率为 8%，通货膨胀率为 2%，那么，实际利率等于______。

a. 16%

b. 10%

c. 6%

d. 4%

16. ______，预期利润率会上升。

a. 当实际利率下降时

b. 在经济衰退时期

c. 当销售额降低以至公司有时间进行投资时

d. 当技术进步导致公司对未来利润比较乐观时

17. 实际利率的上升______。

a. 导致沿着可贷资金需求曲线的变动

b. 导致可贷资金需求曲线向右移动

c. 导致可贷资金需求曲线向左移动

d. 不会影响可贷资金需求曲线

18. 可支配收入的增加引起______。

a. 可贷资金需求曲线向右移动

b. 可贷资金需求曲线向左移动

c. 可贷资金供给曲线向左移动

d. 可贷资金供给曲线向右移动

19. 如果可贷资金市场中的实际利率低于均衡的实际利率水平，那么，可贷资金供给量______可贷资金需求量，而实际利率会______。

a. 大于；上升

b. 大于；下降

c. 小于；上升

d. 小于；下降

使用古典模型

20. 人口数量的增加会引起______。

a. 劳动需求曲线向右移动

b. 劳动需求曲线向左移动

c. 劳动供给曲线向右移动

d. 劳动供给曲线向左移动

21. 导致边际产量增加的技术进步，会引起生产函数向______移动，劳动需求曲线向______移动。
    a. 上；右
    b. 上；左
    c. 下；右
    d. 下；左
22. 劳动需求增加会导致实际工资率______，就业量______。
    a. 上升；增加
    b. 上升；减少
    c. 下降；增加
    d. 下降；减少
23. 1986～2005 年，______。
    a. 美国劳动需求的增加幅度大于劳动供给的增加幅度
    b. 美国劳动需求的增加幅度小于劳动供给的增加幅度
    c. 美国劳动需求增加了，而劳动供给却减少了
    d. 美国劳动需求减少了，而劳动供给却增加了

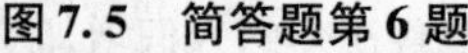
图 7.5 简答题第 6 题

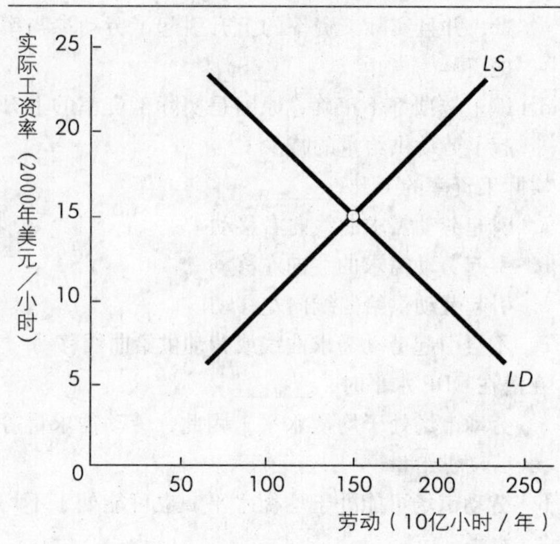

■ 简答题

1. 古典二分法有何重要意义？
2. 表示闲暇与实际 GDP 之间关系的生产可能性边界，与表示就业量与实际 GDP 之间关系的生产函数有何联系？
3. a. 劳动的边际产量递减意味着什么？
   b. 沿着生产函数变动时，为什么随着就业量的增加，劳动的边际产量会递减？
4. 为什么劳动的边际产量曲线与劳动需求曲线相同？这一相同关系说明劳动需求曲线的斜率是什么？
5. a. 什么是实际工资率？它与货币工资率有何区别？如何计算实际工资率？
   b. 为什么劳动供给取决于实际工资率，而不取决于货币工资率？
6. 在图 7.5 中，均衡的实际工资率是多少？请说明实际工资率处于何种水平时会引起工作配给，并指出失业数量。
7. 请解释什么是工作配给。
8. 1974 年的名义利率是 12%，在 30 年后的 2006 年，名义利率是 6%。仅仅基于这一信息，你能确定哪一年的实际利率较高吗？为什么？
9. 假设新技术引起生产函数向上移动，并且提高了劳动的边际产量。根据图 7.6 和图 7.7 中，说明这两个变化。均衡的就业量是增加了还是减少了？实际 GDP 是增加了还是减少了？

■ 分析题

1. “我确实不明白这一章中的一个问题：为什么实际利率上升时投资会减少？我确实不理解！毕竟，如果我要得到较多利息，那么，我肯定会在我的银行储蓄账户里投资更多！”你的朋友犯了一个根本性的错误。请予以更正，也许会赢得你朋友永久的感谢……或者你的朋友在你俩上的另一节课中会得到帮助。

图 7.6　简答题第 9 题

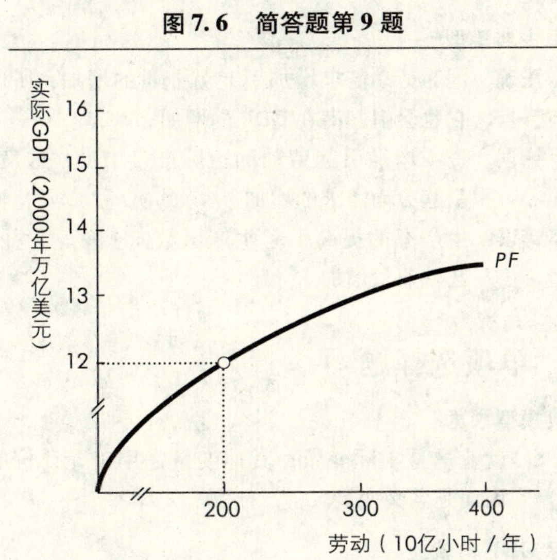

图 7.7　简答题第 9 题

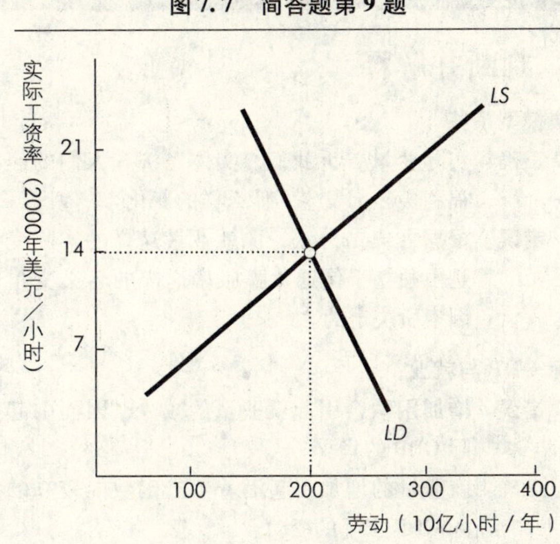

习题答案

■ 判断并解释

古典模型预览

1. **正确** 实际变量告诉我们，实体经济和人们的经济福利实际上发生了什么样的变化。
2. **错误** 根据古典二分法，像就业量这样的实际变量是由独立于像通货膨胀率这样的名义变量的因素所决定的。

实际 GDP 与就业

3. **错误** 增加闲暇会引起就业量的减少，因而引起实际 GDP 的减少。
4. **正确** 就业量的增加引起沿着生产函数向较高的实际 GDP 水平的变动。

劳动市场与潜在 GDP

5. **正确** 因为劳动的边际产量随着雇用劳动的增加而递减，所以，劳动需求曲线向下倾斜。
6. **错误** 随着雇用劳动的增加，边际产量会递减。
7. **正确** 如果实际工资率上升，那么，不仅会有更多的工人进入劳动力群体中，而且原来就在劳动力中的那些工人也会增加工作时数。
8. **正确** 均衡就业就是充分就业，它意味着经济处于潜在 GDP 水平。
9. **正确** 劳动需求增加引起实际工资率上升和就业量增加。

充分就业时的失业

10. **错误** 总是存在工作搜寻。
11. **错误** 失业救济金的增加会引起更多的工作搜寻，因而引起失业增加。
12. **正确** 当工资率高于均衡水平时，就会产生失业。

可贷资金与实际利率

13. **错误** 实际利率等于名义利率减去通货膨胀率。
14. **正确** 因为实际利率是投资的机会成本，所以，实际利率的上升会引起投资的减少。
15. **正确** 由于实际利率上升，储蓄的“报酬”增加了，所以，人们的储蓄增加了。
16. **错误** 预期利润率的上升引起了投资的增加，引起可贷资金需求曲线向右移动；但并不会引起可贷资金供给曲线的移动。
17. **正确** 在均衡的实际利率水平，可贷资金既不会出现短缺，又不会存在剩余。

使用古典模型

18. **正确** 因为劳动需求增加引起就业量的增加，所以，它也会引起潜在 GDP 的增加。
19. **错误** 资本增加引起劳动的边际产量增加，这又会引起劳动需求的增加。
20. **错误** 生产率的提高引起生产函数向上移动，并引起就业量增加。

■ 单项选择题

古典模型预览

1. **a** 就业量是实际变量；其他变量是用美元计价的，因而是名义变量。

实际 GDP 与就业

2. **b** 如果闲暇增多，那么，人们就会减少劳动时间。因此，实际 GDP 减少了。
3. **c** 就业量增加会引起沿着生产函数的变动，由于有更多的人就业，实际 GDP 就增加了。

劳动市场与潜在 GDP

4. **d** 实际工资率等于货币工资率除以价格水平，因此，当价格水平上升而货币工资率不变时，实际工资率会下降。
5. **c** 劳动的边际产量等于产量的变动量除以就业的变动量，在本题中就是：（222 美元 – 200 美元）/（6 – 5） = 22 美元。
6. **a** 劳动需求曲线与劳动的边际产量曲线相同。
7. **c** 正是此答案所提及的两方面的原因，劳动供给曲线才向上倾斜，这表明实际工资率的上升引起了劳动供给量的增加。
8. **d** 实际工资率的变动只会引起沿着劳动需求曲线和劳动供给曲线的变动，而不会引起任何一条曲线的移动。
9. **a** 当劳动市场达到均衡——劳动供给量等于劳动需求量时，经济的产出就达到了潜在 GDP 水平。
10. **c** 劳动供给会随着人口的增加而增加。

充分就业时的失业

11. **d** 因为支付失业救济金降低了失业成本，所以，失业救济金增加会引起工人愿意花费更长时间来寻找更合适的工作。
12. **a** 效率工资和最低工资都会引起工作配给。

13. **c**　此选项是效率工资的定义。
14. **d**　在实际工资率高于均衡的实际工资率时，就会有一些工人找不到工作，从而成为失业者。

可贷资金与实际利率

15. **c**　实际利率等于名义利率 8% 减去通货膨胀率 2%。
16. **d**　随着预期利润率的上升，投资也增加了。
17. **a**　实际利率的上升引起投资的减少，并且引起沿着可贷资金需求曲线的变动。
18. **d**　可支配收入的增加引起储蓄的增加，因此，可贷资金供给曲线向右移动。
19. **c**　可贷资金供给量小于可贷资金需求量，从而迫使实际利率上升至其均衡水平。

使用古典模型

20. **c**　劳动供给随着人口的增加而增加。
21. **a**　劳动的边际产量的增加引起劳动需求曲线向右移动。
22. **a**　如图 7.8 所示，劳动需求增加反映在图中，就是劳动需求曲线由 LD_0 移动至 LD_1。均衡的实际工资率由 10 美元上升到了 15 美元，均衡的就业量由 1 000 亿小时增加到了 1 500 亿小时。与最后一个问题结合起来看，这个问题说明了劳动的边际产量增加如何导致了较高的实际工资率；而后一个问题说明了，劳动的边际产量的增加如何导致了劳动需求增加。

图 7.8　单项选择题第 22 题

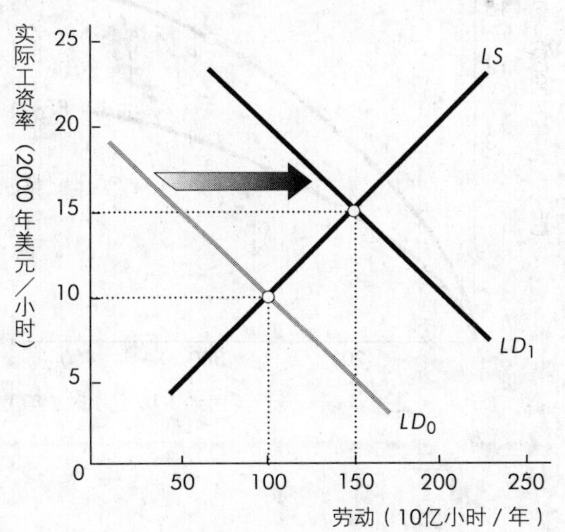

23. **a**　由于劳动需求的增加幅度大于劳动供给的增加幅度，所以，实际工资率上升了。

■　简 答 题

1. 古典二分法认为，在充分就业状态下，决定实际变量的因素与决定名义变量的因素无关。这一陈述意味着，如果我们要研究为什么不同国家的实际 GDP 的不同，或者为什么实际 GDP 增长了多年这样的问题，那么，我们就只需要研究影响实际变量的这些因素，而不必研究影响名义变量的那些因素。
2. 从根本上讲，生产可能性边界和生产函数是同一个问题的两个方面。

　　生产可能性边界说明，如果闲暇减少——就业量增加——实际 GDP 就会增加。由于机会成本的递增，所以，生产可能性边界也表明：随着就业量的增加，GDP 的增加量会出现递减。

　　生产函数也表达了同生产可能性边界相类似的意义。生产函数表明：如果就业量增加，则实际 GDP 也会增加。由于边际报酬递减，所以，生产函数还表明：随着就业量的增加，GDP 的增加量就会递减。
3. a. 边际报酬递减意味着，随着劳动量的增加，GDP 的增加量会递减。换言之，就是第 1 000 001 个小时的劳动所创造的 GDP 小于第 1 000 000 个小时的劳动所创造的 GDP。

   b. 由于沿着生产函数，资本存量和技术水平是固定的，所以，沿着生产函数变动时，劳动的边际产量会递减。这样，增加的劳动一定要同工厂的数量、装配线等相一致。由于装配线、机器设备等已经被足够的工人有效地使用，所以，在此情况下，多增加一个工人就不可能带来那么高的产量增加。
4. 因为企业都想尽可能地追求利润最大化，所以，劳动的边际产量曲线与劳动需求曲线相同。当企业决定是否要多雇用一名工人时，它一般要考虑两个因素：雇用工人所花费的成本，增加的这名工人所带来的产量。如果新增加的工人所创造的产出大于雇用他的支出，那么，企业就会雇用这名工人（相反，若新增加的工人所创造的产出小于雇用他的支出，企业就不会雇用这名工人）。

　　多雇用一名工人的成本就是实际工资率，而这名工人所生产的产量就是劳动的边际产量。如果边际产量大于实际工资率，那么，企业就会雇用这名工人，因为这样做是有利可图的。随着企业雇用工人数的增多，劳动的边际产量会递减。但是，只要劳动的边际产量大于实际工资率，企业就会多雇用工人，这是因为这样做会增加企业的利润。企业最终会将劳动的雇用量增加到多雇用一个劳动的边际产量等于其实际工资率时。此时，企业会雇用这名工人，但不会再多雇用工人。这是因为，如果企业再多雇用工人，那么，所有增加的工人劳动的边际产量就会小于实际工资率。企业所雇用的工人数量就是其对劳动的需求量。因此，劳动的边际产量曲线与劳动需求曲线相同。

5. a. 实际工资率是指 1 小时的劳动所能购买的产品和服务的数量。货币工资率是指 1 小时的劳动所能赚到的美元数量。实际工资率等于货币工资率除以价格水平。

   b. 劳动供给取决于实际工资率，这是因为，工人所感兴趣的是他们的劳动能购买到什么。货币工资率仅仅代表了工人的 1 小时劳动所能换得的美元数量，而工人们真正关心的则是用这些美元能够购买什么，这正是实际工资率所表示的意义。

6. 从图 7.9 可以看出，均衡的工资率为 15 美元/小时。任何高于均衡工资率的实际工资率都会引起工作配给。例如，在工资率为 20 美元/小时时，劳动需求仅为 1 000 亿小时，但劳动供给却为 2 000 亿小时。在这个工资率水平下，失业是 1 000 亿小时的劳动量。更一般地讲，在任何工资水平上，失业人数都等于劳动供给量与劳动需求量之差。

图 7.9 简答题第 6 题

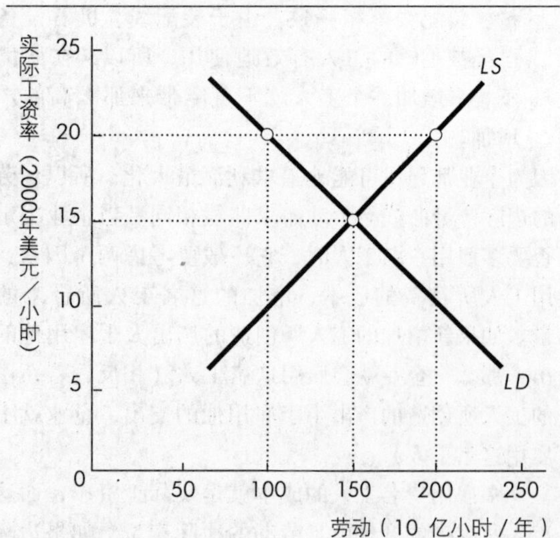

7. 工作配给可以用两个因素来解释：效率工资和最低工资。

   当企业为了提高生产率而向工人支付高于均衡工资率水平的工资时，效率工资就会出现。企业非常清楚：尽管较高的工资率会增加它们的成本，但是，较高的工资率所带来的工人生产率的提高足以抵消工资成本的增加。因此，企业可以支付高于均衡工资率的工资率。至于最低工资，它有可能高于均衡的工资率水平。在这种情况下，劳动需求量小于劳动供给量，并且由于并不是每一个愿意接受现行工资（最低工资）的工人都能找到工作，所以，就会出现工作配给。

8. 从所给定的条件看，不可能确定哪一年的实际利率更高。实际利率等于名义利率减去通货膨胀率。如果这两年的通货膨胀率相同，那么，1974 年的实际利率就更高一些。但是，如果 1974 年的通货膨胀率比 2006 年的通货膨胀率高许多，那么，1974 年的实际利率就会低些。例如，假设 1974 年的通货膨胀率为 11%，而 2006 年的通货膨胀率为 4%，那么，1974 年的实际利率是 1%，而 2006 年的实际利率是 3%。尽管美国 1974 年的名义利率高于 2006 年的，但 1974 年的通货膨胀率却远高于 2006 年的，所以，1974 年的实际利率要低于 2006 年的。

图 7.10 简答题第 9 题

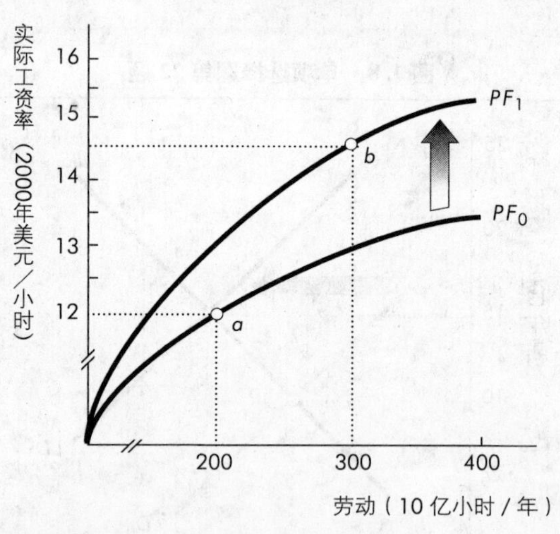

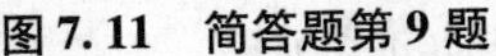

图 7.11 简答题第 9 题

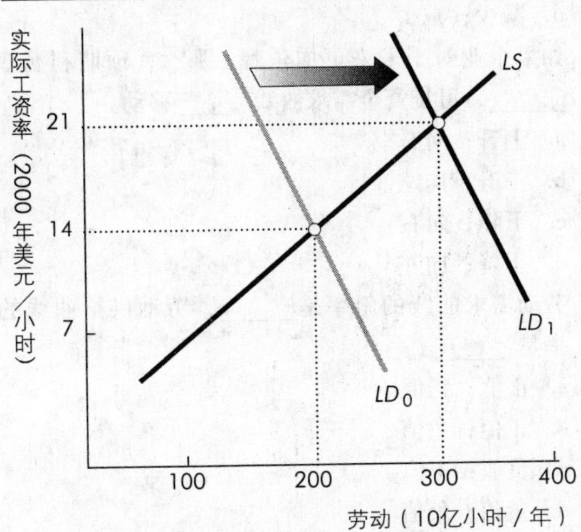

9. 首先，请看图 7.10 所示的生产函数。该图说明了生产函数是向上移动的。这一变动的一个关键点在于，由于劳动的边际产量增加，导致劳动需求增加。所以，在图 7.11 中，劳动需求曲线从 LD_0 向右移动到了 LD_1。因此，均衡的就业量增加到了 3 000 亿小时，均衡的实际工资率上升到了 21 美元/小时。在图 7.10 中，GDP 的变化有两个原因，首先是生产函数向上移动，所以，即使就业量不变，GDP 也会增加。但是，就业量确实增加了。因此，如图 7.10 所示，我们可以看出，随着经济从生产函数 PF_0 上的 a 点移动到生产函数 PF_1 上的 b 点，GDP 便从 12 万亿美元增加到了 14.5 万亿美元。

■ 分析题

1. “不，你犯了一个根本性的错误。一旦你掌握了这里的要点，我敢打赌，本章会变得容易得多！不管怎么说，你在这里混淆了投资与储蓄这两个概念。‘投资’意味着购买新的资本品，即投资是指购买实际资本品。当你自己的资金在储蓄账户上时，你认为这是‘储蓄’。当然，我同意你这样的一种观点：如果你储蓄所得到的实际利率上升，那么你会增加储蓄。事实上，我们的教材上也是这么写的！但是，当你考虑投资时，你必须认识到，实际利率是投资的一种成本。对于你和我而言，都会采用同样的行为方式：如果实际利率上升，那么，我不是那么乐意去借钱买车或购买其他产品。公司也是按同样的方式来采取行动的：如果实际利率上升，那么，公司就会少借钱并减少投资。因此，你会看到，当实际利率上升时，投资需求量会减少。”

小测验

1. 如果名义利率是 8%，通货膨胀率是 2%，那么，实际利率大约是______。
   a. 16%
   b. 10%
   c. 6%
   d. 4%
2. 劳动的边际产量递减意味着______。
   a. 劳动供给曲线是向上倾斜的，因此，实际工资率的提高会引起劳动供给量增加
   b. 随着劳动雇用量的增加，GDP 减少了
   c. 劳动需求曲线是向上倾斜的
   d. 随着劳动雇用量的增加，所生产的 GDP 的增加量会递减
3. 如果货币工资率上升，价格水平不变，那么，实际工资率______。
   a. 上升
   b. 不变
   c. 下降
   d. 可能会变化，但由于不知道劳动需求曲线和劳动供给曲线，所以，不能判断变化的方向
4. 可贷资金供给曲线的斜率是负值。可贷资金需求曲线的斜率是正值。那么，______。
   a. 这两句话都是正确的
   b. 第一句话是正确的，第二句话是错误的
   c. 第一句话是错误的，第二句话是正确的
   d. 这两句话都是错误的
5. 如果劳动需求增加，那么，均衡的就业量就会______，潜在 GDP 会______。
   a. 增加；增加
   b. 增加；减少
   c. 减少；增加
   d. 减少；减少
6. 如果企业对于未来更加乐观，那么，预期利润率会______，可贷资金需求曲线______移动。
   a. 上升；向右
   b. 上升；向左
   c. 下降；向右
   d. 下降；向左
7. 劳动需求曲线的斜率是______，劳动供给曲线的斜率是______。
   a. 正值；正值
   b. 正值；负值
   c. 负值；正值
   d. 负值，负值
8. 如果劳动供给的增加幅度大于劳动需求的增加幅度，那么，实际工资率会______，就业量会______。
   a. 上升；增加
   b. 上升；减少
   c. 下降；增加
   d. 下降；减少
9. 工作搜寻______。
   a. 仅仅在劳动供给增加时出现
   b. 仅仅在劳动需求量大于劳动供给量时出现
   c. 仅仅在劳动供给量大于劳动需求量时出现
   d. 在任何时候出现
10. 如果______，那么工作搜寻就会增多。
    a. 最低工资下降
    b. 效率工资率下降
    c. 失业救济金增加
    d. 劳动需求增加

本小测验的答案请参见第 224 页

第 8 章　经济增长

关键概念

经济增长的基本要素

经济增长率（economic growth rate）是实际 GDP 每年变动的百分比。

- 实际 GDP 的增长率 =

$$\frac{\text{当年的实际 GDP} - \text{前一年的实际 GDP}}{\text{前一年的实际 GDP}} \times 100\%$$

生活水平取决于**人均实际 GDP**（real GDP per person，或者 *per capita real* GDP）。它是由实际 GDP 除以人口总数而得到的。

- 我们可以用人均实际 GDP 替代实际 GDP，并且用上述公式来计算经济增长率。人均实际 GDP 的增长率约等于实际 GDP 的增长率减去人口的增长率。
- **70 规则**（rule of 70）是指这样一种数学关系：如果某个经济变量每年按 $x\%$ 增长，有将近 $70/x$ 年以后这个变量就会翻一番。

经济增长趋势

- 在过去 100 年间，美国人均实际 GDP 平均每年的增长率是 2%。不同时期的增长率并不相同。1973～1983 年，增长率减缓了，此后，增长率上升了。
- 在世界上最富裕的 7 个国家中，美国的人均实际 GDP 水平是最高的。美国的人均实际 GDP 与加拿大、欧洲四国的人均实际 GDP 的差额几乎保持不变，因此，这些国家的人均实际 GDP 并没有赶上美国的人均实际 GDP 水平。
- 中南美洲和非洲许多贫穷国家的人均实际 GDP，也未能赶上美国的人均实际 GDP 水平。
- 总体上看，中国香港、韩国、新加坡和中国台湾的增长率要高于美国，因此，这些国家的人均实际 GDP 与美国的人均实际 GDP 的差距在缩小。

经济增长的源泉

当生产要素的数量增加，或者持续的技术进步导致生产要素具有更高效率时，实际 GDP 就会增长。重点讨论一下劳动，随着总劳动时数的增加与劳动生产率的提高，实际 GDP 就会增加。

- 总劳动时数——工作的总小时数。当工作年龄人口增加，就业—人口比率提高，或每个工人平均劳动小时数增加时，总劳动时数增加。只有工作年龄人口增加，才能导致总劳动时数的持续增加。

劳动生产率（labor productivity）是每小时劳动所生产的实际 GDP 的数量；它等于实际 GDP 除以总劳动时数。劳动生产率的增长取决于实物资本的增加、人力资本的增加以及技术进步。

- 储蓄和新资本投资——资本积累提高了国家的生产率和产出水平。
- 人力资本投资——人力资本是指人所拥有的技能和知识，它是经济增长的关键因素。有些人力资本是通过教育获得的；有些人力资本是通过反复地做同一件工作所获得的。
- 新技术的发明——技术进步是经济增长的关键。

作为经济增长的基本前提的三种制度是：

- 市场——能够让买卖双方进行交易的场所。市场还传递对人们改变其需求量和供给量产生激励的信息（以价格形式）。
- 产权——对生产资源、产品与服务的所有、使用和处置进行管理的社会安排。

- 货币交换——方便了产品和服务的交易。

市场、产权和货币交换为经济增长创造了必要的条件，但还不足以保证经济会增长。

■ 增长核算

增长核算（growth accounting）是指从数量的角度计算各种源泉——劳动增长、资本增长和技术进步对实际GDP增长的贡献。

报酬递减规律（law of diminishing returns）说明，在所有其他投入量不变的情况下，随着一种投入量的增加，产出虽然增加但其增加量却越来越少。**三一规律**（one third rule）表明，一般而言，每小时劳动的资本增加1%带来了劳动生产率百分之一的三分之一的增加。三一规律将生产率的增长划分为两部分：由每小时劳动的资本增加所引起的增长和由技术进步引起的增长。

人均实际GDP的增长从1960～1973年的年均3.7%，减缓至1973～1983年的年均1.7%。三一规律表明，由于技术变革的作用受到能源价格冲击及环境保护加强的抵消影响，1973～1983年的生产率增长减缓了。此后，生产率增长加快了一些；1993～2005年，年均的生产率达到了2.4%。

提高经济增长率的政策是：

- 刺激储蓄——税收激励可以直接增加储蓄。
- 刺激研究与开发——发明可以复制，因此，政府补贴能够导致更多的发明渗透到整个经济。
- 把高科技产业作为目标——通过鼓励高科技产业的发展，一国可以暂时获得高于平均水平的利润。
- 鼓励国际贸易——自由的国际贸易可以从专业化与贸易中获益，从而促进经济增长。
- 改善教育质量——教育所产生的利益超过了接受教育的学生所得到的利益，所以，没有政府的参与，所提供的教育就会过少。

■ 增长理论

当经济增长持续时，潜在GDP会年复一年地增加。第7章中的古典模型表明，劳动生产率的增长源于实物资本或人力资本增加，或技术进步引起了劳动需求增加，并导致总生产函数向上移动，如图8.1所示。

- 生产函数向上移动引起经济从 *a* 点移动至 *b* 点，因此，潜在 *GDP* 增加了。

图 8.1　劳动生产率的增长

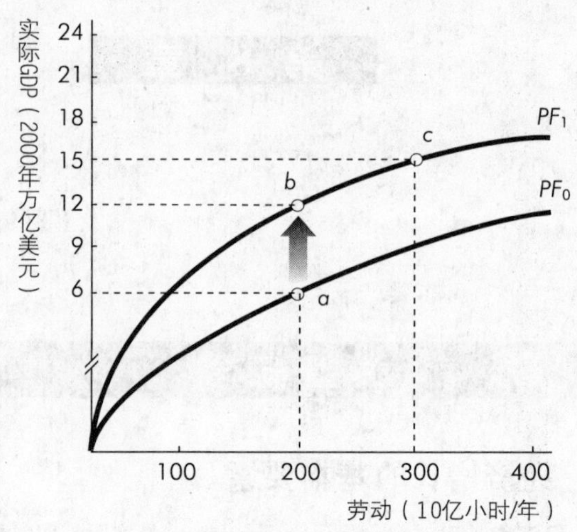

- 生产率的增长引起劳动需求增加和充分就业的劳动量增加。其结果是，经济沿着新生产函数从点 *b* 移动到点 *c*，潜在GDP也增加了。
- 实际工资上升了，人均的实际GDP也增加了。

人口增长引起潜在GDP增加，但是，这又会引起每小时工作的实际GDP减少。

- 人口增加会引起劳动供给增加。实际工资率下降，充分就业的劳动量增加了。充分就业的劳动量增加会引起经济沿着总生产函数移动，因此，潜在GDP增加了。
- 总生产函数不会移动，所以，当沿着此函数移动时会出现报酬递减，这就意味着人均实际GDP会降低。

三种经济增长理论是古典增长理论、新古典增长理论和新增长理论。

古典增长理论（classical growth theory）认为，人均实际GDP的增长是暂时的，而且当人均实际GDP高于维持生存的水平时，人口爆炸最终会导致它回到维持生存的水平。

- 生产率提高时，人均收入会增加，这就会提高人口增长率。
- 人口的增加引起了劳动供给的增加，这就会导致实际工资率降到**维持生存的实际工资率**（subsistence real wage rate）水平——维持生活所必需的最低实际工资率。

- 在新技术变革之前，经济增长会停滞。
- 引起每小时劳动的实际 GDP 高于维持生存水平的任何因素（包括资本增长），都会导致人口增长，这最终又会使每小时劳动的实际 GDP 回到维持生存的水平。

与古典增长理论的假设相反，事实表明，人口增长率几乎与经济增长率无关。

新古典增长理论（neoclassical growth theory）认为，人均实际 GDP 的增长是由于技术变革引起储蓄和投资增加，致使资本存量增加的结果。技术变革是由模型以外的因素，诸如运气等决定的。

- 技术变革引起投资增加，因此，实际利率会上升至人们的目标报酬率水平之上。这样，储蓄会随之增加。
- 较多的储蓄引起资本存量的增加；伴随着资本积累，由于报酬递减，所增加的资本会带来较低的回报，实际利率会降低。最终，储蓄会减少，因此，不会出现新资本的积累。
- 出现技术变革后，人均实际 GDP 维持在比以前要高的水平，但是，一旦技术进步停止，经济增长就会停止。

新古典增长模型面临的一大挑战是，该模型预测世界上所有国家的人均收入水平将会趋同。

新增长理论（new growth theory）认为，人均实际 GDP 增长是因为人们在追求利润中所做出的选择，而且增长可以无限的持续下去。有关市场经济的四个事实是：

- 发现产生于人们的选择，例如，是否寻找某种新东西，如果寻找，如何集中精力去寻找。
- 一项新发现给发明者带来了较高的利润，但是，最后会出现竞争者，高于平均水平的利润会消失。
- 每一个人都可以使用发现，而且每一个人使用时并不会妨碍其他人使用。因此，一项新发现带来的利益可以传播到每一个地方。
- 知识并不遵循报酬递减规律，因此，对发明更新更好的产品和生产方法的激励不会减弱。

新增长理论的结论是，由于人们持续的创新能力，经济增长会持续下去。

帮助提示

1. **三一规律**：三一规律被用于将经济增长划分为两部分：源于每小时劳动的资本增加所引起的增长和源于技术进步所引起的增长。这里的一个基本思想是，不可能直接衡量技术革新引起的增长。所以，技术对增长的贡献是不能归于资本对增长贡献的那一部分。三一规律表明，每小时劳动的资本增长所引起的经济增长，等于每小时劳动的资本增长率的三分之一。用实际经济增长率减去这一计算结果，便得到技术进步所引起的经济增长。
2. **古典增长理论与新增长理论**：经济学有时被称为“沉闷的科学”。这一称谓是因古典增长理论而来的。古典增长理论的主要结论是，从长期来看，工人们只能得到仅够维持生存的工资，这确实是一个沉闷的结果。

   古典增长模型被认为只适用于工业革命初期，这一事实本身是具有讽刺意义的。古典模型关注人口增长，并没有考虑到持续的技术变革与资本增长；而这两方面正是工业革命的两大特点，并且对我们的世界而言正变得日趋重要。正是因为忽视了技术变革与资本增长，古典增长理论才得出了维持生存的工资水平这样沉闷的结论。

   新增长理论探讨了导致技术变革的因素。在这种理论看来，经济增长会永久地持续下去，因为对更多资本积累的激励会永久地持续下去。也许经济学的另一个称谓应改为“幸运的科学”了。

习　题

■ 判断并解释

经济增长的基本要素

1. 实际 GDP 的增加总会引起人均实际 GDP 的增加。
2. 如果实际 GDP 以每年 2% 的速度增长，那么，在 50 年后实际 GDP 就会翻一番。

经济增长趋势

3. 在过去 100 年中，美国人均实际 GDP 的年平均增长率是 5%。
4. 在过去 30 年中，因为美国的人均实际 GDP 是世界上最高的，所以其经济增长率也是全球最快的。

经济增长的源泉

5. 人口增长是总劳动时数持续增长的惟一源泉。
6. 新技术的发明有助于实现经济增长。
7. 只要一国具备了合适的市场、产权和货币交换，经济增长就是必然的。

增长核算

8. 报酬递减规律表明，随着资本量的增加，总产量会递减。
9. 1973～1983年，美国生产率的增长减缓；其原因是，在这个时期，每小时劳动的资本没有增长。
10. 能源价格上涨是生产率增长减缓的原因之一。

增长理论

11. 劳动生产率的提高会引起充分就业的劳动量增加。
12. 古典增长理论的一条假设是，实际工资和收入的增加会提高人口增长率。
13. 新古典增长理论认为，技术进步能够创造持久的经济增长。
14. 新古典增长理论强调对发现新技术的人们的激励所起的作用。
15. 新增长理论认为，经济增长可以永久地持续下去。

■ 单项选择题

经济增长的基本要素

1. 如果实际GDP的年平均增长率是3%，那么，大约经过______年实际GDP水平将会翻一番。
   a. 100
   b. 33
   c. 23
   d. 10

经济增长趋势

2. 在过去的100年中，美国人均实际GDP的增长______。
   a. 达到了平均每年2%的速度
   b. 因为技术革命在上世纪前50年出现了加速的趋势
   c. 没有哪一年是负值
   d. 达到了平均每年约8%的速度
3. 以下选项中，最符合事实的是______。
   a. 几乎所有的富国和穷国都在追赶美国的人均GDP水平
   b. 几乎所有的富国都在以足够快的速度追赶美国的人均GDP水平，但事实上，却没有一个穷国在这样追赶美国
   c. 一些穷国在追赶美国的人均GDP水平，但有许多穷国并没有追赶
   d. 没有哪一个国家正在以足够快的速度追赶美国的人均GDP水平

经济增长的源泉

4. 总劳动时数的增加使实际GDP______，劳动生产率的提高使实际GDP______。
   a. 增加；增加
   b. 增加；不增加
   c. 不增加；增加
   d. 不增加；不增加
5. 不会引起劳动生产率提高的是______。
   a. 储蓄与新资本的投资
   b. 总劳动时数增加
   c. 人力资本投资
   d. 新技术的发现

增长核算

6. 增长核算将生产率的变化划分为由______所引起的变化。
   a. 市场和产权
   b. 储蓄和投资
   c. 每小时劳动的资本和技术
   d. 人力资本和其他资本
7. 报酬递减规律______。
   a. 认为随着工人的增加，所增加的产量会逐渐减少
   b. 只适用于劳动要素，而不适用于资本要素
   c. 解释了为什么在技术进步时，生产率曲线会向上移动
   d. 不适用于劳动要素
8. 三一规律表明______。
   a. 有三分之一的技术有助于替代每小时劳动的资本
   b. 一国生产率的提高可能源于该国三分之一的企业
   c. 每小时劳动的资本增加一个百分点，就会导致生产率提高三个百分点
   d. 每小时劳动的资本增加一个百分点，就会导致生产率提高三分之一个百分点
9. 假设每小时劳动的资本增加了30%，每小时劳动的实际GDP增加了18%，那么，每小时劳动的资本增加将引起每小时劳动的实际GDP增加______。
   a. 30%
   b. 18%
   c. 10%
   d. 8%

10. 假设每小时劳动的资本增加了 30%，每小时劳动的实际 GDP 增加了 18%，那么，技术进步将引起每小时劳动的实际 GDP 增加______。
   a. 30%
   b. 18%
   c. 10%
   d. 8%
11. 美国生产率增长最快的时期是______。
   a. 1963 ~ 1973 年
   b. 1973 ~ 1983 年
   c. 1983 ~ 1997 年
   d. 1963 ~ 1983 年
12. 造成 1973 ~ 1983 年生产率增长减缓的因素是______。
   a. 每小时劳动的资本的大量增加
   b. 石油价格的大幅上升
   c. 通过了少数保护环境的法律
   d. 上述因素都有助于造成生产率增长减缓
13. 经济增长可以通过______来提高。
   a. 对储蓄征税
   b. 限制国际贸易
   c. 利用政府基金为基础研究提供资金
   d. 缩短专利的有效期

增长理论

14. 通过提高劳动生产率引起一国生产函数向上移动的技术进步，______实际工资率，______人均实际 GDP。
   a. 不会影响；但会增加
   b. 会提高；但不会影响
   c. 会降低；会减少
   d. 会提高；会增加
15. 人口增加______实际工资率，______人均实际 GDP。
   a. 不会影响；但会增加
   b. 会提高；但不会影响
   c. 会降低；会减少
   d. 会提高；会增加
16. 古典增长理论的一个关键假设是______。
   a. 当人均实际 GDP 增加时，人口增长率会提高
   b. 在经济增长的决定方面，储蓄比投资更重要
   c. 资本在决定经济增长速度方面起着主要的作用
   d. 人力资本是经济增长的最终原因
17. 古典增长理论的一个缺点是______。
   a. 强调了储蓄和投资
   b. 假设收入增加时，人口增长率会提高
   c. 依赖技术的不断进步
   d. 忽略了维持生存的实际工资
18. 新古典增长理论认为，______是碰运气的结果。
   a. 储蓄增长
   b. 收入增加
   c. 技术进步
   d. 实际利率上升
19. 新增长理论的一个关键假设是，______。
   a. 所有技术变革都是碰运气的结果
   b. 收入增加会导致人口出生率的提高
   c. 一个成功的创新者有机会获得暂时的、高于平均水平的利润
   d. 目标利率低于实际利率
20. ______认为，人们在长期中只能得到维持生存的实际工资。
   a. 古典增长理论
   b. 新古典增长理论
   c. 新增长理论
   d. 以上三种理论
21. ______得出这样的结论：经济增长能够永久地持续下去。
   a. 古典增长理论
   b. 新古典增长理论
   c. 新增长理论
   d. 以上三种理论

■ 简答题

1. a. 在 2007 年，一增长较慢国家的人均实际 GDP 为 2 000美元，其年增长率为 1%。1 年以后，它的人均实际 GDP 是多少？2 年、10 年和 30 年之后，它的人均实际 GDP 又分别是多少？
   b. 在 2007 年，一增长较快国家的人均实际 GDP 为上述增长较慢国家的 1/2，即为 1 000 美元，但其年增长率为 3%。1 年以后，它的人均实际 GDP 是多少？2 年、10 年和 30 年之后，它的人均实际 GDP 又分别是多少？
   c. 起初，增长较快国家的人均实际 GDP 与增长较慢国家的人均实际 GDP 的比率为 0.5，1 年之后这一比率是多少？30 年之后这一比率又是多少？

2. 经济增长的三个基本前提是什么？请说明每一个基本前提在促进经济增长中的作用。这三个前提条件足以保证经济增长永远持续下去吗？为什么？
3. 如果实际 GDP 包括改善环境的价值，那么，美国生产率增长减缓的幅度还会那么大吗？请解释。
4. 艾格尔最近被任命为经济部长。他上任后的第一件事，就是预测国家经济的长期增长前景。艾格尔预测，每小时劳动的资本将以每年 1% 的速度增长；而且，他还预测，每年的技术进步对每小时劳动的实际 GDP 的贡献率为 1%。请问，艾格尔预测的每小时劳动的增长率是多少？
5. 艾格尔说明了第 4 题的预测结果后，该国总统提醒他，如果不能提高生产率，那么他就很难在目前的岗位上继续任职。艾格尔非常喜欢他目前的工作，这是因为这份工作既不需要在夜晚加班，也不用进行枯燥的研究。请问，艾格尔应该提出什么政策来加快生产率增长？为什么？
6. 在古典增长理论中，为什么较高水平的人均 GDP 不能持久？究竟是什么机制导致经济回到工人只能得到维持生存的实际工资这一状态？
7. 在图 8.2 中，给出了一个国家不断地向上移动的几条生产函数。该图最适合说明哪种经济增长理论？为什么？
8. 在新古典增长理论中，经济增长的推动因素是什么？

图 8.2　简答题第 7 题

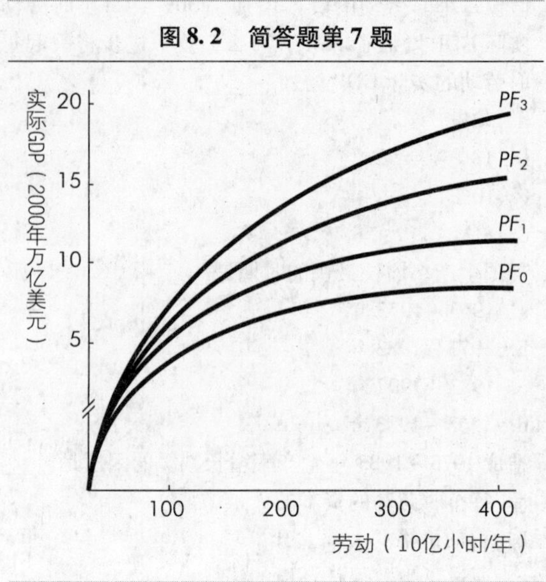

■ 分析题

1. “这一章的确非常精彩！但是，仍然有一个我略感困惑的问题。我还是不明白，上一章所讲的储蓄供给和这一章所讲的每小时劳动的资本量之间的关系。我知道，这两个经济量一定是相关的，但我不清楚它们之间是如何相关的。这个问题确实困扰着我！”请解释这二者的关系，以帮助他消除疑惑。

习题答案

■ 判断并解释

经济增长的的基本要素

1. **错误**　如果人口增长超过了实际 GDP 增长，那么，人均实际 GDP 会下降。
2. **错误**　70 规则表明，每年 2% 的增长率，实际 GDP 大约 35 年就能翻一番。

经济增长趋势

3. **错误**　人均实际 GDP 每年的平均增长率是 2%，而不是 5%。
4. **错误**　其他一些国家的经济增长率都超过了美国，而这些国家正在追赶美国的人均 GDP 水平。

经济增长的源泉

5. **正确**　就业—人口比率或每个工人平均工作小时的增加，都会引起总劳动时数的增加，但是，这两个因素不可能永远增加。只有人口增长会永远持续下去。
6. **正确**　新技术的发现是引起人均 GDP 增长的一个关键方法。
7. **错误**　市场、产权和货币交换是经济增长的必要条件，但是，这三方面并不能足以保证经济会增长。

增长核算

8. **错误**　报酬递减规律表明，随着所使用的资本量的增加，产出的增加会递减。
9. **错误**　生产率增长减缓的主要原因，是缺乏技术变革对生产率提高的贡献。
10. **正确**　由于石油价格的大幅度上涨，技术发展主要致力于降低生产中的能源消耗量，而不是致力于提高整个经济的生产率。

增长理论

11. **正确**　劳动生产率的提高引起了劳动需求的增加，因此，会引起实际工资率的上升和充分就业量的增加。
12. **正确**　然而，数据表明，实际工资和收入的增加与人口增长率之间几乎没有什么联系。
13. **错误**　新古典增长理论认为，技术进步会引起实际 GDP 增加，但不能导致经济的持续增长。
14. **错误**　新古典增长理论强调储蓄与投资的作用；新增长理论强调人们的激励。
15. **正确**　由于知识的报酬不会递减，经济增长会永久持续下去。

■ 单项选择题

经济增长的基本要素

1. **c**　70 规则表明，实际 GDP 大约在 23 年（70 ÷ 3）后就会翻一番。

经济增长趋势

2. **a**　在过去 100 年间，美国人均实际 GDP 的增长率达到了每年 2%。
3. **c**　如果一个国家的增长快于美国，那么，这个国家的人均 GDP 水平最终会赶上美国。

经济增长的源泉

4. **a**　总劳动时数的增加与劳动生产率的提高都会引起实际 GDP 的增加，但是，只有劳动生产率的提高才能引起人均实际 GDP 的增加。
5. **b**　总劳动时数的增加可能是劳动生产率提高的结果，但它不会导致劳动生产率的提高。

增长核算

6. **c**　增长核算就是将生产率的变动划分为不同因素所引起，以便确定各种因素对生产率增长的贡献。
7. **a**　该选项是报酬递减规律适用于劳动的情形。
8. **d**　该选项是三一规律的定义。
9. **c**　三一规律表明，每小时劳动的实际 GDP 因资本增加引起的增长率是，每小时劳动的资本增长率（30%）的三分之一，即 10%。
10. **d**　根据第 9 题的答案有：每小时劳动的资本增加导致生产率提高了 10%，所以，技术就导致生产率提高了 8%。
11. **a**　1963～1973 年，快速的技术进步引起生产率函数向上移动，生产率的增长率是较高的。
12. **b**　能源价格大幅上升，因此，研究致力于节省能源而不是提高生产率。
13. **c**　由于发明者的利润可能会因为他人复制发明而极其有限，所以，私人市场为基础研究配置的资金是极少的。

增长理论

14. **d**　劳动生产率的提高会引起劳动需求增加，这又会引起实际工资率上升。生产函数向上移动引起了人均实际 GDP 的增加。

15. c 人口增长会引起劳动供给增加，从而引起实际工资率下降和充分就业的劳动量增加。充分就业的劳动量增加会引起实际 GDP 的增加，但报酬递减意味着，人均实际 GDP 会下降。

16. a 这个假设之所以重要，是因为它导致了人们只能得到维持生存的工资水平这一（沉闷的）结论。

17. b 上题的答案指出了当收入增加时人口会增长这一假设的重要性。然而，这一假设的缺陷在于，有关数据表明，它是错误的：当收入增加时，人口增长率不会变化。

18. c 在新古典增长理论中，技术进步是经济增长的驱动力。然而，由于该理论认为技术进步取决于机遇和运气，所以，它并没有指出技术变革发生的原因。

19. c 获得高于平均水平的利润的机会，给予了创新者开发新技术的激励。

20. a 古典理论的这一长期结论，是基于收入增加时人口增长率会上升这一（错误）假设。

21. c 在三种经济增长理论中，只有新增长理论认为，经济增长作为经济的自然过程能够永久地持续下去。

■ 简答题

1. a. 1 年之后，增长较慢国家的人均实际 GDP 为：2 000美元×1.01，即 2 020 美元。2 年之后，人均实际 GDP 为：2 000 美元 $\times 1.01^2$，即 2 040.2 美元。依次类推，10 年之后的人均实际 GDP 为 2 209.24美元，30 年之后为 2 695.70 美元。

   b. 1 年之后，增长较快国家的人均实际 GDP 为 1 030 美元；2 年之后为 1 060.9 美元；10 年之后为 1 343.92美元；30 年之后为 2 427.26 美元。

   c. 1 年之后，增长较快国家的人均实际 GDP 与增长较慢国家的人均实际 GDP 的比率为：1 030 美元/2 020美元 = 0.51。30 年之后，这个比率为：2 427.26美元/2 695.7 美元 = 0.9。通过更快速的增长，增长较快的国家能够大大缩短与增长较慢国家在人均实际 GDP 方面的差距。换句话说，通过以快于增长较慢（发达）国家的增长，增长较快（相对贫穷的）国家将能够追赶上增长较慢国家的（相对较高的）GDP 水平。事实上，再用不足 6 年的时间，这两个国家的 GDP 水平就会大体相当！

2. 经济增长的三个必要前提是：市场、产权和货币交换。市场为人们提供了进行低成本买卖活动的场所，它还以价格的形式产生并传递着重要信息。货币交换同样具有为交易提供便利的功能。因此，市场和货币交换都有助于促进专业化，从而极大地增加了所生产的产品和服务的数量。明晰的产权是专业化的一个关键。如果没有这样的产权，那么，人们进行专业化的积极性就会大大降低，这是因为在此情况下，人们所生产的产品可能被其他人拿走，而他们却不能从中得到利益。这样，他们就不可能进行专业化分工。

   这三个前提并不能足以保证经济永久地持续增长。要实现经济的持续增长，储蓄、对新资本（既包括物质资本、又包括人力资本）的投资和新技术的开发是必不可少的。

   没有经济增长的三个前提条件，就不会出现储蓄、投资和新技术的开发。但是，如果仅仅具备了这三个前提条件，那么，也不能保证一定会出现储蓄、投资和新技术的开发。

3. 不会，生产率增长减缓幅度不会这么大。生产率增长减缓的一个原因，是没有把改善环境质量的价值计入实际 GDP。在 20 世纪 70 年代，投资通常用于减少污染。因此，如果把比较清洁的环境所带来的利益考虑进去，那么，实际 GDP 将会增加，这样，用实际 GDP 除以总劳动时数的生产率也一定会提高。

4. 利用三一规律预测生产率的增长率：如果每小时劳动的资本增加了 1%，那么，它会引起生产率的增长率提高 1% 的三分之一。又由于技术进步的贡献率为 1%，所以，艾格尔预测的生产率的总增长应为：1/3% + 1% = 4/3%。

5. 艾格尔可以提出 5 条政策建议。第一，他可以建议国家通过税收激励来刺激储蓄。而通过增加储蓄，该国就可以提高其每小时劳动的资本增长率。第二，艾格尔可以建议政府对研究与开发进行财政补贴。研究与开发能够带动技术进步。第三，艾格尔可以建议政府制定并实施以高科技产业为目标的政策，比如，实行优惠的税收政策。这类政策应该导致技术的更快进步。第四，艾格尔可以建议鼓励发展国际贸易。第五，艾格尔还可以建议国家实施改善教育质量和扩大教育规模的政策。

6. 古典增长理论认为，高水平的人均实际 GDP 不会持续下去。这是因为，在该理论中有这样一个假设：人口增长率与人们的实际工资或实际收入是直接相关的。特别是，生产率的提高会引起人们实际工资的增加。人均实际 GDP 也会随之增加。但是，古典理论认为，一旦实际工资上涨，人口增长率就会提高，进而引起劳动供给的增加，这又导致了实际工资的下降。所以，只要实际工资率高于维持生存的工资水平，人口就会快速增长，最终实际工资会降低到维持生存的工资水平。因此，一个较高的人均实际 GDP 水平只是暂时的。

7. 该图最适合描述新增长理论，因为该图表明生产率函数是持续向上移动的。只有新增长理论认为，技术进步会不断地出现，因此，只有新增长理论预测经济增长能够永久地持续下去。

8. 在新古典模型中，引起经济增长的因素是技术进步。只要技术不断进步，经济就会持续增长。然而，新古典模型并没有解释，引起技术进步的因素究竟是什么。

■ 分析题

1. “你知道，我必须独自考虑这一问题，然后，我会弄明白会发生什么。每小时劳动的资本数量基本上为我们提供了经济中的资本量。储蓄本质上增加了资本量。所以，如果我们储蓄较多，那么，可能由于实际利率高于目标回报率，这样我们就会有更多的资本量，因此，每小时劳动的资本量就增加了。”

小测验

1. 在过去的 100 年中，美国人均经济增长率的平均值是______。
   a. 15%
   b. 10%
   c. 5%
   d. 2%
2. 在过去 10 年中，在加拿大、德国和美国这三个国家中，人均 GDP 最高的国家是______，日本的增长速度______该国。
   a. 加拿大；低于
   b. 美国；高于
   c. 德国；低于
   d. 美国；低于
3. 市场、产权和货币交换______。
   a. 是实现经济增长的保证
   b. 与经济增长无关
   c. 产生了国际贸易
   d. 是实现经济增长的必要条件，但并不能保证经济增长
4. 经济的持续增长有赖于______。
   a. 人力资本的投资
   b. 储蓄和新资本的投资
   c. 技术进步
   d. 所有以上选项
5. 增长核算的目的在于______。
   a. 估计美国的生产率函数
   b. 验证三一规律
   c. 衡量技术进步、劳动的增加量和资本的增加量对经济增长的贡献大小
   d. 确定美国储蓄和新资本的投资是否充足
6. ______，就会出现沿着生产率函数的变动。
   a. 当出现技术进步时
   b. 当国家的资本量增加时
   c. 当雇用的劳动量增加时
   d. 当所生产的实际 GDP 不变时
7. 随着劳动量的增加，生产率函数的斜率变得不那么陡峭了，这反映出______的影响。
   a. 资本积累
   b. 技术进步
   c. 报酬递减
   d. 人口增长
8. 每小时劳动的资本增加了 6%，技术水平的提高引起每小时劳动的产出增加了 9%。所以，每小时劳动的产出共增加了______。
   a. 15%
   b. 11%
   c. 9%
   d. 以上选项都不正确
9. 新增长理论假定______。
   a. 无论何时，只要工资率高于维持生存的工资水平，劳动供给就会增加
   b. 技术进步靠的是运气
   c. 知识不存在报酬递减
   d. 只要实际利率低于目标利率水平，人们就会储蓄
10. ______预测，世界上所有国家的人均 GDP 水平最终会趋同。
   a. 古典增长理论
   b. 新古典增长理论
   c. 新增长理论
   d. 没有一种理论

本小测验的答案请参见第 224 页

第 9 章 货币、价格水平和通货膨胀

关键概念

■ 什么是货币

货币（money）是作为支付手段被普遍接受的任何一种商品或符号。**支付手段**（means of payment）是结清债务的一种方法。货币具有三种职能：

- 交换媒介——货币被用于交换产品和服务。如果没有货币，那么**物物交换**（barter）直接用一种产品去交换另一种产品就是必要的。
- 计价单位——价格是由货币单位来衡量的。
- 价值储藏——货币可以保存并在以后交换产品和服务。较低的通货膨胀率让货币作为价值储藏成为可能。

通货（currency）是我们所使用的纸币和硬币。货币由现金、银行存款和在其他存款机构的存款构成。在美国，货币的两个主要衡量指标是：

- M1——银行外的现金加上旅行支票，再加上支票存款。
- M2——M1 加上储蓄、定期存款、货币市场共同基金和其他存款。

*流动性*是指一种资产能够立刻转换成支付手段，并且没有什么价值损失的性质。M2 中的资产不能直接作为支付手段，但流动性却极强。

存款机构的存款是货币，但是，从一人转到另一人的支票存款不是货币。信用卡不是货币；它们是一种迅速获取贷款的途径。

■ 存款机构

存款机构（depository institution）是从家庭和企业吸收存款，并向其他家庭和企业进行贷款的企业。存款机构包括商业银行、储蓄机构（储蓄与贷款协会、储蓄银行和信用社）和货币市场共同基金。

银行仅保存一部分资金作为准备金。它们把其余的资产分成三部分：流动性资产，如美国国库券和商业票据；投资债券，如美国长期政府债券和其他债券；贷款。银行能够从这些资产中得到利息。存款机构提供了四种经济服务：

- 创造流动性——银行存款具有高度的流动性，即容易转换成货币。
- 使获得资金的成本最小——从一家银行借款比从许多借款人那里借款的成本要低些。
- 使监督债务人的成本最小——存款机构利用专业化资源来监督债务人。
- 分摊风险——存款机构通过向许多人贷款减少了风险。

开发出新的借贷方式被称为*金融创新*。金融创新在 20 世纪 80 年代和 90 年代得到了迅速发展。金融创新取决于经济环境、技术和管制。由于金融创新，在储蓄与贷款协会、储蓄银行和信用社的支票存款逐渐增加，并成为 M1 中的较大部分。

■ 联邦储备体系

联邦储备体系（Federal Reserve System），通常被简称为**美联储**（Fed），是美国的中央银行。**中央银行**（central bank）是银行的银行，是监管一个国家的存款机构并控制货币量的公共权力机构。美联储对货币政策负责，因此，它调节着流通中的货币量。为了实施其货币政策，美联储关注着利率，特别是**联邦基金利率**（federal funds rate）——银行相互之间对隔夜准备金贷款收取的利率。美联储为联邦基金利率设定的目标是，让联邦基金利率来实现其目标，如降低通货膨胀率和平缓经济周期。

美联储的三个关键组成部分：

- 理事会——理事会有7个成员，他们由总统任命并经参议院批准，每位成员任期14年。理事会监督着美联储的活动。
- 地区联邦储备银行——美联储有12家地区联邦储备银行，每家银行都有一名总裁。
- **联邦公开市场委员会**（Federal Open Market Committee，FOMC）——美联储主要的政策制定机构。由有投票权的成员组成：理事会、纽约联邦储备银行总裁、其他地区联邦储备银行总裁（每年轮换一次，只有4位其他地区的总裁有投票权）。

美联储有三种政策工具：

- 法定准备金率——美联储决定法定准备金率，**法定准备金率**（required reserve ratio）是指存款机构被要求保留的准备金占存款的最小百分比。
- **贴现率**（discount rate）——美联储贷准备金给存款机构的利率。
- **公开市场业务**（open market operation）——美联储在公开市场上买卖政府有价证券——美国国库券和债券。

美联储资产负债表中的主要资产是黄金、外汇、美国政府有价证券以及给银行的贷款。美联储资产负债表中的负债，是流通中的联邦储备钞票（通货）和银行的存款（准备金）。货币基础（money base）是联邦储备钞票、硬币和银行在美联储的存款的总和。

■ 银行如何创造货币

银行（更一般地说是存款机构）通过贷款来创造货币。它们创造货币的过程包括：

- 货币基础。
- **意愿准备金率**（deserved reserve ratio）是银行希望持有的准备金与存款的比率。银行的实际**准备金**（reserves）是其金库中的钞票、硬币以及在美联储的存款。银行总存款中用作准备金的比例是**准备金率**（reserve ratio）。**超额准备金**（excess reserves）是实际准备金减去意愿准备金。
- 意愿现金持有量——人们想以现金形式持有的货币量。**现金外流率**（currency drain ratio）是现金与存款的比率。

当货币基础增加时，银行获得了准备金。如果实际准备金高于意愿准备金，那么，银行就会把超额准备金贷出去，从而增加了借款人的存款。贷款创造了新的存款，即新货币。然而，一些贷款资金会作为现金被持有，不会以存款的方式回到银行。货币最终的增加额，超过了起初的超额准备金的增加额。

- **货币乘数**（money multiplier）——货币量的变动量与货币基础的变动量的比率。用公式表示，货币乘数为：$(1+a)/(a+b)$，这里b是意愿准备金率，a是现金外流率，即现金与存款的比率。

■ 货币市场

影响货币需求的四个因素：

- 价格水平——价格水平的上升会引起名义货币需求量的增加。
- 名义利率——名义利率的上升会引起持有货币的机会成本提高，以及实际货币需求量的减少。
- 实际GDP——实际GDP的增加会引起货币需求量的增加。
- 金融创新——降低货币与其他资产转换成本的创新，能够引起货币需求的减少。

图9.1　货币需求

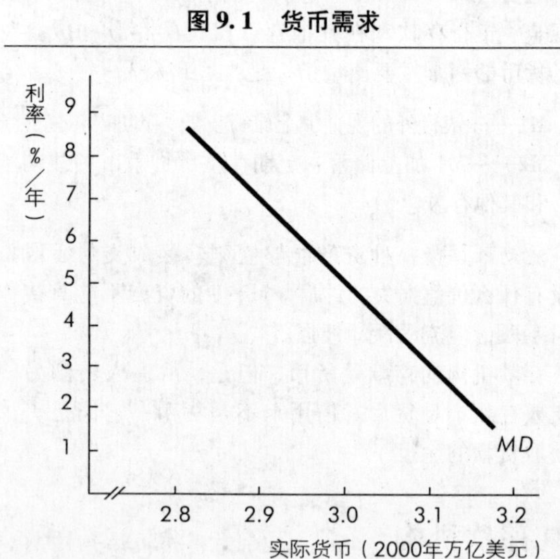

货币需求（demand for money）是当影响人们希望持有货币量的所有其他因素不变时，实际货币需求量与名义利率之间的关系。图 9.1 给出了货币需求曲线（*MD*）。实际货币量等于名义货币量除以价格水平。名义利率的变动引起沿着货币需求曲线的变动；其他相关因素的变动引起货币需求的变动，导致货币需求曲线移动。

当货币需求量等于货币供给量时，就出现了货币市场的均衡。

- 在短期，利率是由货币市场的均衡决定的，如图 9.2 所示。实际货币供给是 3.0 万亿美元，因此，货币供给曲线是 *MS*。货币需求曲线是 *MD*，均衡的利率是 5%。

图 9.2　均衡利率

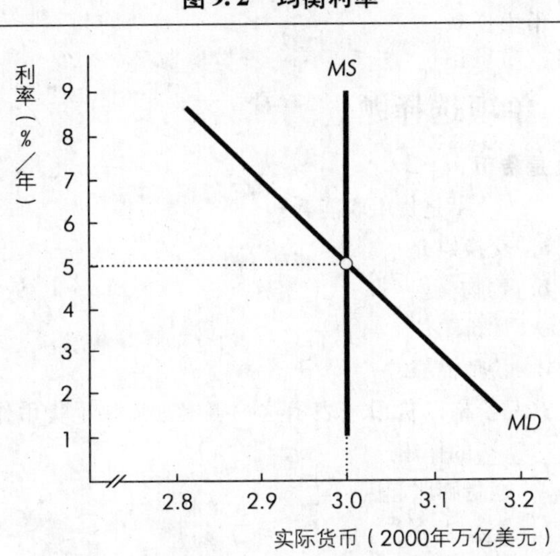

- 在长期，可贷资金市场上的需求与供给决定了实际利率。名义利率等于实际利率加上预期通货膨胀率。在货币市场上通过调整以实现均衡的变量是价格水平，因为价格水平的变动引起实际货币量的变动。

■　货币数量论

货币数量论（quantity theory of money）认为，长期中货币量的增加会引起价格水平同比例的上升。

货币流通速度（velocity of circulation）是一美元货币每年用于购买组成 GDP 的产品和服务的平均次数。用公式表示，货币流通速度 V 由式子 $V = PY/M$ 给出，这里，P 表示价格水平，Y 表示实际 GDP，M 表示货币量。

交易方程式表明，货币量乘以货币流通速度等于（名义）GDP，或者：

$$MV = PY$$

货币数量论有两个假设条件：

- 货币流通速度不受货币量影响。
- 潜在 GDP 不受货币量影响。

采用增长率表示，交易方程式可以写成：

货币增长率 + 货币流通速度变化率 =
通货膨胀率 + 实际 GDP 增长率

如果从长期看，货币流通速度的变化率为零，那么，货币数量论就可表述为：

通货膨胀率 = 货币增长率 – 实际 GDP 增长率

来自美国和世界上其他各国的历史证据表明，从长期看，货币增长率与通货膨胀率呈正相关，但是，年度之间的相关性却是较弱的。

帮 助 提 示

1. **货币与收入**：我们通常使用的"货币"一词，与我们在经济学中所使用的这一词并没有做重要的区分。我们经常谈论收入，比如说，用一年我们所挣到的货币数量来表示。但是，该词的这一非正式用法并不同于经济学中该词的含义。在经济学中，"货币"是指 M1 或 M2。在非正式情况下，当我们谈论所挣到的货币时，实际上我们是在谈论"收入"。记住这一区别，货币是指 M1 或 M2。
2. **银行如何创造货币**：本章出现的一个最重要的概念，就是银行创造货币的过程。银行创造货币必须有两个重要条件：

   第一，银行是通过创造新的支票存款来创造货币的。第二，银行持有少量的准备金。即当一家银行接受一笔存款时，它仅仅持有一少部分用作准备金，把剩下的都贷出去。在贷出去的那笔钱花费后，所产生的部分收益可能存入了另一家银行，创造了新的存款（货币）。

   这个过程的一个关键部分是，上述过程并没有结束，还会继续下去：当银行接受新的存款后，它们会进行新的贷款；这些贷款又会花费；收益又会存入其他银行，从而创造新的存款。这一过程会不断地重复，每一轮存款都会增加。通过例子来练习，直到你对这一过程非常清楚为止。

3. **货币数量论的运用**：分析家通常使用货币数量论来帮助他们分析未来的通货膨胀率：利用货币量的增长率来帮助预测通货膨胀率会上升，还是会下降。尽管货币量的增长率与通货膨胀率之间的关系不可能是货币数量论所认为的一一对应关系，但是，较高的货币增长率与较高的通货膨胀率之间的相关性却是非常显著的。

　　你也可以运用这种关系来帮助预测通货膨胀率。例如，如果你注意到货币量的增长率非常高，你就应该预测，会出现较高的通货膨胀率。由于伴随着通货膨胀率的上升，利率会倾向于上升，所以，你会希望尽快获得固定（名义）利率贷款。相应地，你不会愿意签订固定利率长期储蓄合同。

习　题

■ 判断并解释

什么是货币

1. 货币是作为支付手段被普遍接受的任何一种商品或符号。
2. 银行中的支票账户是 M1 的组成部分之一。
3. M2 大于 M1。
4. 在现代经济中，信用卡属于货币。

存款机构

5. 银行准备金由银行金库中的现金和银行在联邦储备银行中的存款组成。
6. 储蓄与贷款协会是存款机构的一个实例。
7. 存款机构有助于借款成本最小化。

联邦储备体系

8. 每家联邦储备银行的总裁都是由美国总统任命，并经美国参议院批准的。
9. FOMC 由具有投票权的以下成员组成：所有地区联邦储备银行的总裁、美联储主席、每年轮流有四名理事会成员参加。
10. 贴现率是美联储向银行借准备金时向银行支付的利率。
11. 流通中的联邦储备钞票是美联储的一项资产。

银行如何创造货币

12. 如果储户从银行提取了现金，那么银行的准备金总额就会减少。
13. 银行通过贷出超额准备金创造了货币。
14. 现金外流比率越大，货币乘数就越小。

货币市场

15. 价格水平是持有货币的机会成本。
16. 实际 GDP 的增加会引起货币需求的增加。
17. 在短期，如果货币供给增加，那么名义利率就会降低。

货币数量论

18. 货币流通速度等于 MY/P。
19. 货币数量论预测，通货膨胀是由过快的货币增长速度引起的。
20. 几乎可以肯定，较高的通货膨胀率会导致较高的货币增长率。

■ 单项选择题

什么是货币

1. ______不是货币职能。
   a. 交换媒介
   b. 物物交换
   c. 计价单位
   d. 价值储藏
2. 产品价格以货币来表示这一事实，反映了货币作为______的作用。
   a. 通货膨胀起因
   b. 交换媒介
   c. 计价单位
   d. 价值储藏
3. M1 中最大的组成部分是______。
   a. 现金
   b. 旅行支票
   c. 支票存款
   d. 储蓄存款
4. 美钞______。
   a. 仅是 M1 的组成部分
   b. 仅是 M2 的组成部分
   c. 既是 M1 又是 M2 的组成部分
   d. 既不是 M1 又不是 M2 的组成部分
5. ______是 M2 但不是 M1 的组成部分。
   a. 现金
   b. 银行中的支票账户

c. 旅行支票
d. 银行中的储蓄账户

6. 下列属于货币的是______。
a. 金额为200美元的支票
b. 金额为200美元的支票存款
c. 限额为200美元的信用卡
d. 上述所有选项

存款机构

7. 银行的准备金等于______。
a. 银行金库中的现金
b. 银行金库中的现金与其在联邦储备银行中的存款之和
c. 银行金库中的现金与其活期存款之和
d. 银行金库中的现金、活期存款以及其在联邦储备银行中的存款之和

8. ______不是存款机构的经济职能。
a. 实现资金获取成本的最小化
b. 创造流动性
c. 分摊风险
d. 创造法定准备金率

9. 下列各项中，能够为金融创新产生激励的是______。
a. 技术变革
b. 政府管制的废除
c. 较低通货膨胀与利率
d. 创造流动性

联邦储备体系

10. ______负责美国货币政策的决策。
a. 美联储理事会
b. 美国联邦公开市场委员会
c. 美国联邦储备地区银行的总裁
d. 美国总统与参议院

11. 贴现率是______。
a. 美联储贷准备金给银行时所收取的利率
b. 银行对信誉最好的借款人收取的利率
c. 银行向储蓄账户所支付的利率
d. 美联储对银行持有的准备金支付的利率

12. 美联储购买10亿美元政府有价证券属于______的做法。
a. 影响贴现率
b. 货币量成倍紧缩
c. 公开市场业务
d. 调整法定准备金率

13. ______属于美联储的债务。
a. 政府有价证券
b. 对银行的贷款
c. 银行在美联储的存款
d. 外汇

银行如何创造货币

14. 存款的意愿准备金率是10%。一家银行有200万美元存款，30万美元准备金。这家银行的超额准备金是______。
a. 30万美元
b. 20万美元
c. 10万美元
d. 0美元

15. 一家银行有意愿准备金1 000万美元，而实际准备金是900万美元。这家银行的超额准备金是______。
a. 1 000万美元
b. 100万美元
c. －100万美元
d. 0美元

16. 银行是通过______创造货币的。
a. 出售其投资的部分证券
b. 增加其准备金
c. 贷出超额准备金
d. 发行更多的支票

17. 如果意愿准备金率为0.05，并假定现金外流率是0.50，那么货币乘数等于______。
a. 2.73
b. 1.91
c. 2.05
d. 1.85

18. 如果货币乘数为2.5，货币基础100亿美元的增加会引起货币量增加______。
a. 250亿美元
b. 100亿美元
c. 40亿美元
d. 25亿美元

货币市场

19. ______会引起人们想要持有的货币量减少。
a. 价格水平上升
b. 实际GDP增加

c. 利率上升

d. 货币量增加

20. ______不会直接引起货币需求曲线移动。

a. GDP 的变动

b. 货币量的变动

c. 金融创新

d. 上述选项都不正确，因为它们都会直接引起货币需求曲线移动

21. 自从 1970 以来，美国 M2 货币需求曲线______。

a. 除了 2 年外其他年份都向右移动

b. 除了 2 年外其他年份都向左移动

c. 一直到 1989 年，大多年份都向右移动，然后有几年向左移动，之后大多年份都向右移动

d. 一直到 1989 年，大多年份都向左移动；之后有几年向右移动，其他年份则向左移动

22. 如果利率高于均衡利率，那么，货币需求量______货币供给量，利率会______。

a. 小于；上升

b. 小于；下降

c. 大于；上升

d. 大于；下降

货币数量论

23. 货币数量论认为______。

a. 货币量由银行决定

b. 货币量作为一个指标较好地体现了货币的价值储藏职能

c. 货币量决定了实际 GDP 的水平

d. 从长期来看，货币量的增加会导致价格水平同比例的上升

24. 交易方程式是______。

a. $MV = PY$

b. $MP = VY$

c. $MY = PV$

d. $M/Y = PV$

25. 货币流通速度等于______。

a. YM/P

b. PM/Y

c. PY/M

d. M/PY

26. 名义 GDP（PY）为 6 万亿美元，货币量为 2 万亿美元。那么，货币流通速度是______。

a. 6 万亿美元

b. 12 万亿美元

c. 3 万亿美元

d. 2 万亿美元

27. 历史证据表明，较高的货币增长率通常会导致______。

a. 较高的通货膨胀率

b. 通货膨胀率不变化

c. 较低的通货膨胀率

d. 较高的实际 GDP 增长率

■ 简答题

1. 请解释，为什么信用卡不是货币。请务必对信用卡所发挥的实际作用进行解释，即信用卡可以让持卡人干什么。

2. 请简要解释银行如何创造货币。

3. 在挖掘一当地公墓时，艾格尔发现一个旧箱子里装有 1 000 美元现金，他急匆匆地将这笔钱存进了自己在银行的支票账户中。意愿准备金率为 10%。艾格尔的这笔存款如何影响银行的实际准备金和超额准备金？银行的最高贷款额是多少？艾格尔的这笔存款创造了更多货币吗？

4. 提高法定准备金率如何影响银行的超额准备金？

5. 意愿准备金率是 0．05，现金外流率是 0．30。

a. 货币乘数是多少？

b. 假定联邦储备体系提高法定准备金率，从而意愿准备金率上升到 0.10，现金外流率维持在 0.30 的水平，那么这时的货币乘数又是多少？

c. 意愿准备金率是 0.10，假定人们要持有更多现金，从而现金外流率上升到 0.45。这时的货币乘数又是多少？

d. 意愿准备金率的提高如何影响货币乘数？现金外流率的增加呢？

6. 表 9.1 给出了货币需求的数据。假定均衡的名义利率是 6%。

表 9.1　货币需求

利率（每年/%）	货币需求量（10 亿美元）
3	600
4	500
5	400
6	300

a. 货币量是多少？

b. 假定美联储将利率下调至4%。那么，所引起的货币量的变动量是多少？

7. 起初，货币市场处于均衡状态，如图 9.3 所示。随后，美联储将货币量增加了 1 000 亿美元。

a. 在图中画出增加后的货币量。

b. 初始均衡利率是多少？均衡利率会如何变化？

c. 解释一下达到新均衡利率水平的这一调整过程。

图 9.3　简答题第 7 题

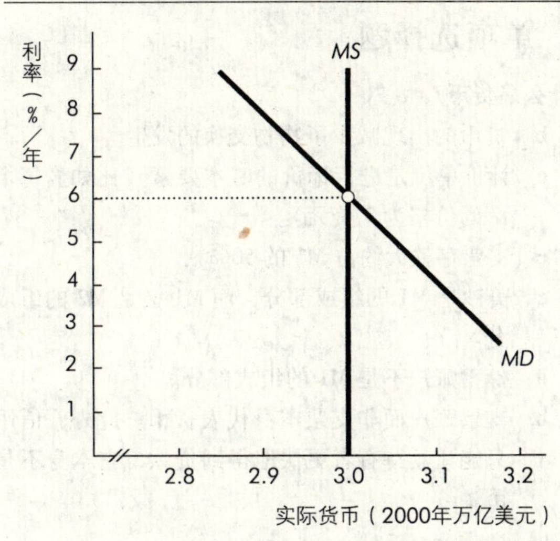

8. a. 完成表 9.2。

b. 表 9.2 中第二行与第三行之间，货币量变动的百分比是多少？通货膨胀率是多少？

c. 表 9.2 中第三行与第四行之间，货币量变动的百分比是多少？通货膨胀率是多少？

d. 评论一下（b）和（c）的答案。

表 9.2　货币数量论

货币量（M）（10 亿美元）	货币流通速度（V）	价格水平（P）	实际 GDP（Y）（万亿美元）
___	6	1.00	6
500	6	___	3
550	6	___	3
605	6	___	3

■ 分析题

1. “我简直无法相信本章的内容！你是否想说，当我在银行的支票账户中存入 100 美元后，银行并没有完全保留这 100 美元？这应该是非法的！我的意思是，这怎么能行呢？我怎样才能取回我全部的存款？”你的一位朋友刚刚发现这一“部分准备金银行制度”，此外，他还有一些十分极端的观点。请为你的朋友深入分析部分准备金银行制度是如何运作的，他所存入银行的 100 美元是如何在银行等待他提取的。

习题答案

■ 判断并解释

什么是货币

1. 正确　这是货币最通常的定义。
2. 正确　支票账户是 M1 中最主要的组成部分。
3. 正确　M2 等于 M1 加上另外的"储蓄"资产，因此，M2 一定大于 M1。
4. 错误　信用卡能够让持有者获得贷款而不是获得货币。

存款机构

5. 正确　这是银行准备金的定义。
6. 正确　存款机构，如储蓄与贷款协会等处于储蓄者与借款者之间，是二者之间的媒介。
7. 正确　借款成本最小化是存款机构所提供的一项服务。

联邦储备体系

8. 错误　理事会成员都是由美国总统提名并需得到参议院的批准。
9. 错误　作为有投票权的委员，美国联邦公开市场委员会由所有理事会的成员、纽约联邦储备银行的总裁以及四名轮换的其他联邦储备银行的总裁组成。
10. 错误　贴现率是美联储借款给银行用作准备金时所收取的利率。
11. 错误　流通中的联邦储备钞票是联邦储备体系的负债。

银行如何创造货币

12. 正确　银行持有的现金是银行准备金的组成部分之一，因此，当储户提取现金后，银行持有的准备金就会减少。
13. 正确　银行正是通过贷出超额准备金（及以后的再贷款）这一方法来创造货币的。
14. 正确　现金外流率越高，在每一轮创造货币的过程中，银行存款中用于贷款的比例就越低，因此，在下一轮创造货币的过程中银行的的贷款就越少。

货币市场

15. 错误　利率是持有货币的机会成本。
16. 正确　实际 GDP 的增加意味着会发生更多的交易，因此，货币需求就增加了。
17. 正确　在短期，当货币供给增加时，货币供给曲线会向右移动，而且利率下降了。

货币数量论

18. 错误　货币流通速度等于 PY/M。
19. 错误　货币数量论预测，通货膨胀是由货币量的增长所导致的。
20. 错误　几乎可以肯定的是，反过来是正确的：较高的货币增长率导致较高的通货膨胀率。

■ 单项选择题

什么是货币

1. b　货币的出现减少了物物交换的发生。
2. c　计价单位是进行标价的基本要素（比如，每个比萨的价格为 3 美元）。
3. c　支票存款大约占 M1 的 50%。
4. c　美钞是 M1 的组成部分，而 M1 又是 M2 的组成部分。
5. d　储蓄账户不是 M1 的组成部分。
6. b　支票账户而非支票本身代表货币。此外，信用卡只能让其持有者更快地得到贷款，它本身不是货币。

存款机构

7. b　该选项正是银行准备金的定义。
8. d　法定准备金率是由管制者即美联储确定的。
9. a　技术变革有助于促进金融创新。

联邦储备体系

10. b　联邦公开市场委员会是一个重要的委员会，因为它是美国货币政策的决策者。
11. a　贴现率是美联储借款给银行用作准备金时所收取的利率。
12. c　无论美联储是买入还是卖出政府有价证券，都发生了公开市场业务。
13. c　银行存款是美联储的负债，因为存款归银行所有，只要银行要求取款，美联储就必须将存款归还给银行。

银行如何创造货币

14. c　意愿准备金等于存款的 10%，即 0.10×200 万美元 =20 万美元。银行的准备金是 30 万美元，所以，其超额准备金为：30 万美元 -20 万美元，即 10 万美元。

15. **c** 超额准备金等于实际准备金（900 万美元）减去意愿准备金（1 000 万美元），即 −100 万美元。

16. **c** 通过贷出准备金，这笔贷款就变成了另外一家银行的存款，由于存款是货币的组成部分，因此，贷款有助于创造货币。

17. **a** 存款乘数等于（1 + 0.5）/（0.5 + 0.05），即 2.73。

18. **a** 货币量的变动量等于货币乘数乘以货币基础的变动量，即 2.5 × 100 亿美元 = 250 亿美元。

货币市场

19. **c** 利率是持有货币的机会成本，因此，提高利率会降低人们的货币需求量。

20. **b** 货币量的变动引起沿着货币需求曲线的变动，但不会引起货币需求曲线的移动。

21. **c** 在 1989 年之前，实际 GDP 的增长通常引起 M2 需求量的增加。在 1989 年之后，尽管实际 GDP 在增长，但金融创新却减少了 M2 的需求量。

22. **b** 当利率高于均衡利率时，货币需求量就会小于货币供给量，从而利率下降至均衡的利率水平。

货币数量论

23. **d** 货币数量论将通货膨胀归因于货币增长。

24. **a** 该选项正是交易方程式的定义。

25. **c** 由交易方程式 $MV = PY$ 可以推导出，货币流通速度 $V = PY/M$。

26. **c** 该问题的答案可由上题答案的公式计算出来，直观地看，货币流通速度就是平均 1 美元花费在 GDP 中产品和服务上的次数。

27. **a** 历史证据较为支持货币数量论的这一一般性结论。

■ 简答题

1. 信用卡不是货币，只是用于借款而必须偿还的一种机制。换句话说，信用卡是能够快速进行贷款的一种机制。当用货币偿还信用卡账单时，就偿还了贷款。
2. 银行通过进行新的贷款创造了货币。当贷款被花出去时，该款项的收款人就会将其中的大部分存入银行，这笔钱就是新的货币。
3. 艾格尔在银行的存款增加了 1 000 美元。这家银行就会将其中的 10%，即 100 美元作为追加的准备金。该 1 000 美元增加了银行总的准备金，所以，银行现有超额准备金 900 美元。银行现在最大的贷款额等于其超额准备金，即 900 美元。通过将超额准备金贷出去，银行会创造额外的货币。
4. 提高法定准备金率，意味着每一美元的银行存款必须保留更多的准备金，这些准备金要么保存在银行的金库中，要么存入美联储。提高法定准备金率会相应提高银行的意愿准备金率。因此，银行的超额准备金——高于意愿准备金的准备金——会下降。由于银行将每一美元存款中的更多部分作为准备金，银行的贷款额就减少了。因而，就会有较少的贷款，货币量也就减少了。
5. a. 货币乘数等于（1 + a）/（a + b），这里 b 是意愿准备金率，a 是现金与存款的比率，即现金外流率。当 b 等于 0.05、a 等于 0.30 时，货币乘数等于 1.30/0.35，即 3.71。
   b. 当 b 等于 0.10 、a 等于 0.30 时，货币乘数等于 1.30/0.40，即 3.25。
   c. 当 b 等于 0.10 、a 等于 0.45 时，货币乘数等于 1.45/0.55，即 2.64。
   d. 提高意愿准备金率会导致货币乘数减少。提高现金外流率也会导致货币乘数减少。
6. a. 当名义利率为 6% 时，货币需求量是 3 000 亿美元。因此，货币供给量也一定是 3 000 亿美元。
   b. 为了将名义利率降低至 4%，美联储必须将货币供给增加至 5 000 亿美元。所以，货币量必须增加 2 000亿美元。

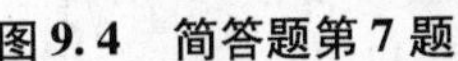

图 9.4　简答题第 7 题

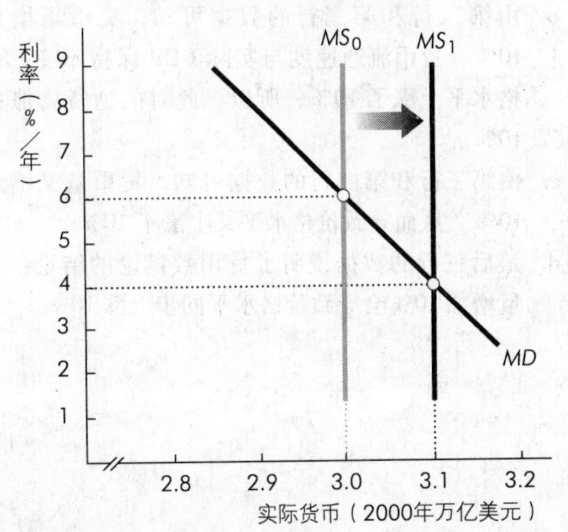

7. a. 图 9.4 表明，当货币量增加 1 000 亿美元时，货币供给曲线由 MS_0 向右移至 MS_1。
   b. 起初的名义利率是 6%；在货币量增加后，名义利率下降至 4%。
   c. 货币供给量的增加意味着，在起初的名义利率水平（6%）上，货币供给量大于货币需求量。货币持有人要减少其持有的货币量，而且会购买像债券这样的金融资产。随着金融资产需求的增加，金融资产的价格会上涨，从而导致了利率的下降。随着利率的下降，货币需求量就会增加，从而超额的货币供给量减少了。这一过程将一直持续下去，直到利率下降至货币供给量与货币需求量相等时为止。能够保持新的货币供给量与货币需求量相等的利率就是（新的）均衡利率。

表 9.2 货币数量论

货币量（*M*）（10 亿美元）	货币流通速度（*V*）	价格水平（*P*）	实际 GDP（*Y*）（万亿美元）
1 000	6	1.00	6
500	6	1.00	3
550	6	1.10	3
605	6	1.21	3

8. a. 表 9.3 将表 9.2 补充完整了，所有答案均根据交易方程式（$MV=PY$）计算得出。对于第一行来说，要计算 *M*，可以将交易方程式变形为：$M=PY/V$；计算可得，*M* 等于 1 万亿美元。对于以下各行，可以先将等式变形为：$P=MV/Y$，然后代入数据进行计算。
   b. 由第二行和第三行的数据可知，货币量增加了 10%，货币流通速度与实际 GDP 保持不变，而价格水平上涨了 10%，所以，此时的通货膨胀率为 10%。
   c. 由第三行和第四行的数据可知，货币量又增加了 10%，从而导致价格水平又上涨了 10%。
   d. 最后三行的数据说明了货币数量论的结论：货币量增加 10% 会导致价格水平同步上涨 10%。

■ 分析题

1. “你不必担心，这并不违法，你完全可以取回你在银行的全部存款！事情是这样的：你正在讨论的问题叫做‘部分准备金银行制度’。银行这样经营已有很长时间了。大约 70 年前，银行如此经营会存在风险，但在今天这种风险已经不复存在了。事实上，如果不实行部分准备金银行制度，而且银行不将你的部分存款贷出，那么，它们就将无法向你支付利息。相反，它们会向你收取费用来弥补你的货币储存的成本！

   “无论如何，你是正确的，银行的确并没有完全持有你所存入的 100 美元，但是它们确实要持有其中的一部分作为准备金，然后如你所说的那样，要将你存款的大部分贷给其他需要借款的人。但是，当你哪一天想提取存款时，完全不会碰到问题。每天都有成千上万人来银行存款和取款，大多数情况下存款额和贷款额都是基本持平的，即存入的现金基本等于提走的现金。因此，即便你无法得到你所存入的那 100 美元，你仍能得到其他储户所存入的 100 美元。

   “我已经说过，现在这种运作模式不会出现问题。但是，我们都记得，在美国历史课上所讨论过的大萧条时的银行挤兑风潮。那时候，银行存款未能像现在这样进行保险。如果一家银行倒闭，那么，该银行的储户就将失去在该银行的全部存款。因此，如果储户认为一家银行可能会倒闭，那么，他们就会纷纷到银行提款。这时，银行就拿不出足够多的现金，这是因为，当天该银行的存款额可能远远小于人们的提款额。由于银行手头没有足够多的现金，银行就可能被迫倒闭。因此，当时的银行挤兑是一种预言的自我实现：如果人们认为某家银行可能倒闭，那么，他们就会挤兑银行，从而就会真的引起该银行倒闭。今天的存款保险有效地抑制了银行的恐慌。这是因为，在对存款进行保险之后，储户知道，即使他们存款的银行倒闭了，他们也能得到其全部存款。由此可见，今天的部分准备金银行制度是没有风险的，因此，你无需担心能否从银行提回存款，好好学习经济学这门课程才是你目前最应该关心的事情。”

小 测 验

1. 货币取代物物交换的最直接方式，体现了货币______的职能。
   a. 交换媒介
   b. 价值储藏
   c. 计价单位
   d. 交易机制
2. 胡安从自己的支票账户中取出 100 美元，然后将其存入到自己的储蓄账户，那么 M1 ______，M2 ______。
   a. 增加了；增加了
   b. 减少了；没有变化
   c. 没有变化；增加了
   d. 没有变化；没有变化
3. 胡安从其钱包取出 100 美元，然后存入到自己在银行的支票账户，那么 M1 ______，M2 ______。
   a. 增加了；增加了
   b. 增加了；没有变化
   c. 没有变化；增加了
   d. 没有变化；没有变化
4. 存款机构创造了流动性；存款机构也将风险分摊了。那么______。
   a. 这两句话都是正确的
   b. 前一句话是正确的，而后一句话是错误的
   c. 前一句话是错误的，而后一句话是正确的
   d. 这两句话都是错误的
5. 意愿准备金率越低，则______。
   a. 货币乘数越大
   b. 货币乘数越小
   c. 与 M2 相比 M1 越小
   d. 以上选项都不正确
6. 法定准备金是确定______的规则。
   a. 银行必须将存款的最低比例作为准备金
   b. 存款机构开办者必须投入到存款机构中的资金的最低数量
   c. 存款机构能够进行何种类型贷款
   d. 银行能够购买何种类型资产
7. 银行的准备金包括______和______。
   a. 银行所接受的存款；银行金库中的现金
   b. 银行所贷出的流动性贷款；银行在美联储的存款
   c. 银行所购买的流动性证券；银行所贷出的流动性贷款
   d. 银行在美联储的存款；银行金库中的现金
8. 美国的中央银行是______。
   a. 联邦中央银行
   b. 联邦公开市场委员会
   c. 联邦储备体系
   d. 美国财政部
9. 通过分析不同国家的数据，显而易见，较高的货币量增长率伴随着______。
   a. 较高的实际 GDP 增长率
   b. 较高的通货膨胀率
   c. 较低的货币流通速度增长率
   d. 较低的失业率
10. 货币流通速度加快了 2%，货币量增加了 6%，实际 GDP 增加了 3%，那么，通货膨胀率等于______。
    a. 11%
    b. 7%
    c. 5%
    d. 3%

本小测验的答案请参见第 225 页

第 10 章 汇率和国际收支

关键概念

■ 货币和汇率

要购买其他国家的产品，就必须使用这些国家的货币。**外国通货**（foreign currency）是指不论是以纸币、硬币还是银行存款形式存在的其他国家的货币。**外汇市场**（foreign exchange market）是一国货币与另一国货币进行交换的市场。一种货币与另一种货币交换的价格就是**汇率**（exchange rate）。汇率会上升与下降：

- 美元的贬值——当美元的汇率下降时，美元的价值就降低了。
- 美元的升值——当美元的汇率上升时，美元的价值就上升了。

名义汇率（nominal exchange rate）是用每美元外币单位数表示的美元价值。名义汇率告诉我们，一美元可以兑换多少单位的外币，如每美元 95 日元。**实际汇率**（real exchange rate）是指外国生产的产品和服务与美国生产的产品和服务的相对价格。实际汇率告诉我们：美国一个单位的实际 GDP 可以获得的其他国家的实际 GDP 的量。实际汇率的公式：

$$RER = E \times (P/P^*)$$

上式中，RER 表示实际汇率，E 表示名义汇率，P 表示美国的价格水平，P^* 表示外国的价格水平。如果外国价格水平与名义汇率以相同的比例上升，那么实际汇率就不会变动。

贸易加权指数（trade-weighted index）是美元对其他通货的平均汇率；根据在美国国际贸易中的重要性不同，赋予不同的通货以不同的权重从而计算得到。1995～2001 年，贸易加权的实际汇率与名义汇率总体上看都是上升的（升值）；此后，这两种汇率总体上看都是下降的（贬值）。

■ 外汇市场

汇率是由外汇市场中的需求与供给决定的。当人们需要美元时，他们会提供外国通货。

图 10.1　外汇市场

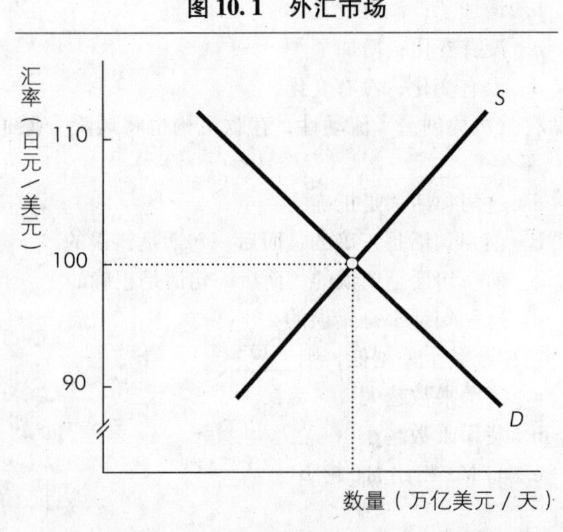

如图 10.1 所示，美元的需求量与美元汇率呈负相关。这一负相关，有两方面的原因：

- 出口效应——当美元汇率下降时，美国的出口量会增加，因而，美元的需求量会增加。
- 预期利润效应——在预期的未来美元汇率一定时，目前的汇率越高，持有美元的利润就越少，因此，美元的需求量就减少了。

当人们为支付美国进口或购买外国资产而需要购买

其他通货时，就会出现美元供给。如图 10.1 所示，美元的供给量与汇率呈正相关，即供给曲线具有正的斜率。这种正相关具有两方面的原因：

- 进口效应——当美元汇率上升时，美国的进口量会增加，从而引起美元供给量的增加。
- 预期利润效应——在预期的未来美元汇率一定时，目前的汇率越高，购买外国通货的利润就越大，因此，美元的供给量就增加了。

图 10.1 表明，需求与供给是如何决定均衡汇率的。在此图中，这一均衡汇率是每美元 100 日元。

需求和供给的变动：汇率波动

有三个因素引起美元需求变动，并导致美元需求曲线的移动。

- 世界对美国出口的需求——美国出口需求的增加，会引起美元需求的增加，并导致美元需求曲线向右移动。
- **美国利率差**（U. S. interest rate differential）——美国利率减去外国利率的差额。美国利率差的扩大会引起美元资产需求的增加，并导致美元需求曲线向右移动。
- 预期的未来汇率——预期的未来汇率上升会引起美元需求增加，并导致美元需求曲线向右移动。

引起美元供给变动，并导致美元供给曲线移动的因素有：

- 美国对进口的需求——美国对进口的需求增加会引起美元供给的增加，并导致美元供给曲线向右移动。
- 美国利率差——美国利率差的扩大会引起外国资产需求的减少，因而导致美元供给的减少。
- 预期的未来汇率——预期的未来汇率上升会引起目前美元供给的减少，因为持有美元的人会在较高的汇率水平出售美元。

美元需求曲线和（或）供给曲线的移动会引起汇率的变动。

图 10.2 给出了 2002～2004 年的外汇市场情况。

- 美国利率差和预期的未来汇率都降低了，从而引起了美元需求的减少与美元供给的增加。

两个基本因素将有助于引起外汇市场的变动：

图 10.2 2002～2004 年的外汇市场

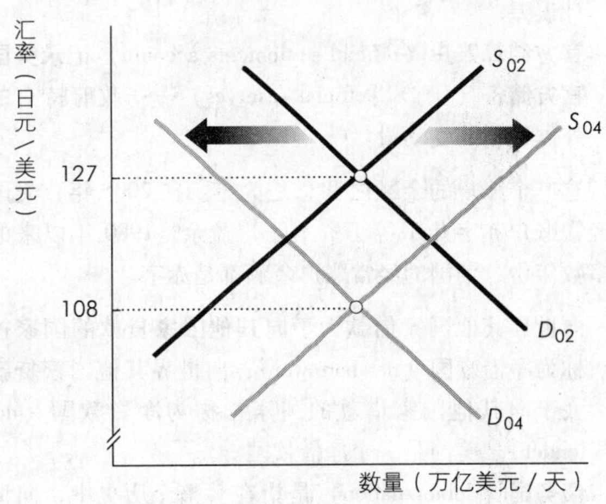

- **利率平价**（interest rate parity）——“相同的收益率”是指，汇率调整到投资于不同国家资产的收益率相同时的水平。汇率会直接进行调整，因此，利率平价总在起作用。
- **购买力平价**（purchasing power parity）——“同等的货币价值”是指，汇率调整到一种通货与另一种通货能够购买到同样数量的产品和服务的水平。购买力平价在长期起作用，但在短期不一定起作用。

实际汇率与名义汇率通过公式 $RER = E \times (P/P^*)$ 联系起来。对这一公式进行变形，可得到：$E = RER \times (P^*/P)$，该式表明，名义汇率是在长期决定的。货币量决定了每个国家的价格水平（P 和 P^*），实际汇率（RER）是由产品和服务市场中的供给与需求决定的。所以，在长期，名义汇率一定等于 $RER \times (P^*/P)$。货币量的变动会引起价格水平的变动，也会引起名义汇率的变动。在长期，名义汇率是一种货币现象。

国际贸易融资

一个国家的**国际收支账户**（balance of payments accounts）记录着它的国际贸易、借款和贷款。有三个国际收支账户：

- **经常账户**（current account）——记录出口到国外的产品和服务的收入、从国外进口产品和服务的支付、国外的净利息收入和净转移支付。经常账户余额等于出口减去进口、净利息和净转移支付这三项之和。

- **资本账户**（capital account）——记录外国在美国的投资以及美国在国外的投资。本账户还记录各种统计误差。
- **官方结算账户**（official settlements account）记录**美国官方储备**（U. S. official reserves）——政府持有的外国通货的变动量。

这三个账户的余额之和总是为零。在2005年，美国的经常账户赤字几乎等于资本账户盈余。1980年以来的大多数年份，美国的经常账户余额都是赤字。

- 向世界其他国家借款大于向其他国家贷款的国家被称为**净借款国**（net borrower）；向世界其他国家贷款大于向其他国家借款的国家被称为**净贷款国**（net lender）。美国是一个净借款国。
- **债务国**（debtor nation）是指在其整个历史中，向世界其他国家的借款大于它向其他国家的贷款的国家。**债权国**（creditor nation）是指在其整个历史中，对世界其他国家的投资大于其他国家对它投资的国家。美国是一个债务国。

国民收入核算提供了分析经常账户的一个框架。结合国民收入核算的两个结果：GDP = $C + I + G + X - M$ 以及 GDP = $C + S + T$，可以得到：

$$X - M = (T - G) + (S - I)。$$

这里，$X - M$ 是**净出口**（net exports），$T - G$ 是**政府部门盈余或赤字**（government surplus or deficit），$S - I$ 是**私人部门盈余或赤字**（private sector surplus or deficit）。在2006年，美国政府部门赤字是3 130亿美元，私人部门赤字是4 710亿美元，因此，净出口赤字是7 840亿美元。

在美国，净出口与其他两部门余额之间并没有较强的相关性。但是，净出口却是其他两部门余额之和。

在长期，名义汇率的变动不会影响实际汇率，因此，在长期，名义汇率对经常账户余额没有任何影响。

■ 汇率政策

政府和中央银行必须有其汇率政策。有三种可能的汇率政策：

- **浮动汇率**（flexible exchange rate）制是在没有央行直接干预的情况下，由外汇市场的需求和供给决定汇率的政策。美国执行的是一种浮动汇率政策。
- **固定汇率**（fixed exchange rate）制是钉住由政府或央行决定的汇率，并通过在外汇市场上的直接干预，从而阻止不受调控的需求和供给因素的政策。如果美联储想实施固定汇率制度，那么，它就会通过卖出美元——引起汇率降低，或者买入美元——引起汇率上升，来干预外汇市场。这些政策能让美联储来维持固定汇率。然而，美联储不可能永远买进美元，因为这样会用完购买美元的外汇。
- **爬行钉住汇率**（crawling peg）制是选择汇率的一条目标路径，并通过干预外汇市场来实现该路径的政策。爬行钉住汇率的目标汇率水平像是固定汇率。

中国在2005年之前都实行固定汇率制，2005年以后，中国实行了爬行钉住汇率制。中国人民银行每年都会购买2 000亿美元来保持人民币汇率的稳定。通过稳定人民币汇率，中国的通货膨胀率比较稳定，从而降低了美国的通货膨胀率。

帮助提示

1. **外汇市场基础**：在国内贸易与国际贸易之间存在着一个重要差别——通货。在同一个国家，企业之间的贸易使用相同的通货，这种贸易比较简单。但是，国际贸易因为不同国家的企业使用着不同的通货，因此变得复杂多了。例如，日本的销售商希望得到日元，但美国的购买者却可能仅持有美元。
2. **美元的需求**：在外汇市场上，美元需求的增加源于一部分外国人想购买美国的产品和服务（需要美元），以及美国的金融资产或实物资产（这也需要美元）。因此，一家进口美国大米的日本企业，就需要美元来支付给美国生产大米的农场主。

   汇率是由供给与需求决定的价格。因此，引起美元需求变动的任何因素都会导致汇率的变动。而且，引起美元需求变动的因素同时能够引起美国的产量（如美国的大米）变动，或外国人所购买的美国资产数量的变动。

习 题

■ 判断并解释

货币和汇率

1. 如果美元对日元的汇率从1美元兑换100日元变化为1美元兑换80日元，那么美元就升值了。
2. 名义汇率度量的是，多少单位的一种货币可以兑换一单位的另一种货币。

3. 实际汇率的公式是：$RER = E \times (P \times P^*)$，这里，$RER$ 表示实际汇率，E 表示名义汇率，P 表示美国的价格水平，P^* 表示外国的价格水平。
4. 如果名义汇率上升 10%，并且外国价格水平也上升 10%，那么，实际汇率也会上升 10%。
5. 如果美国价格水平上升，而外国价格水平与实际汇率不变，那么名义汇率就会下降。

外汇市场

6. 如果美元汇率上升，那么外汇需求曲线向右移动。
7. 美元汇率越低，外国人就会发现美国生产的产品和服务越便宜。
8. 在外汇市场中，美元供给曲线是一条垂直线。

需求和供给的变动：汇率波动

9. 如果美元利率差扩大，那么美元需求就会增加。
10. 如果人们预期未来的美元汇率会上升，那么目前的美元供给就会减少。
11. 美国进口需求的增加会引起美元需求的增加。
12. 美国利率差的扩大会引起美元汇率的上升。
13. 如果美元需求减少而供给增加，那么美元汇率一定会下降。
14. 购买力平价意味着，如果每一美元在日本能够比在美国买到更多的产品，那么美元汇率将会下降。
15. 如果美国的价格水平和实际汇率都不变动，而外国价格水平上升 10%，那么，名义汇率会上升 10%。

国际贸易融资

16. 对于净贷款国而言，经常账户、资本账户与官方结算账户这三者的余额之和是正值。
17. 债务国一定是净借款国。
18. 如果投资大于储蓄，那么私人部门就出现了赤字。
19. $X - M = (T - G) + (S - I)$。
20. 在最近的 10 年中，美国的经常账户和资本账户都是赤字。
21. 在美国，较大的政府部门赤字会直接导致较大的净出口赤字。

汇率政策

22. 如果美联储购买美元，那么美元汇率会上升。
23. 美国实行爬行钉住汇率制度。
24. 为了保持人民币汇率的稳定，在过去的 10 多年时间中，中国人民银行每年不得不被迫购买数十亿元人民币。

■ 单项选择题

货币和汇率

1. 外国人需要美元来______。
   a. 销售美国进口的产品
   b. 购买美国出口的产品
   c. 利用较高的美元价格获利
   d. 上述没有提及的其他原因
2. 如果美元汇率______，那么，美元就会______。
   a. 下降；贬值
   b. 下降；升值
   c. 上升；贬值
   d. 上述答案都不正确
3. 实际汇率______。
   a. 只有当名义汇率变动时才会变动
   b. 必须通过利用汇率的贸易加权指数才能计算出来
   c. 是外国生产的产品和服务与美国生产的产品和服务的相对价格
   d. 不会下降
4. 假设美国的价格水平是 120，欧洲价格水平是 130，名义汇率是每美元 1.15 欧元。那么，美元的实际汇率是______。
   a. 1.25
   b. 0.94
   c. 1.36
   d. 1.06

外汇市场

5. 当汇率上升时，外汇需求曲线______移动，外汇供给曲线______移动。
   a. 向右；向右
   b. 向左；向左
   c. 向右；向左
   d. 上述答案都不正确，因为汇率的变动不会引起这两条曲线移动
6. 如果美元汇率下降，那么，对于外国人而言，美国生产的产品和服务的价格会______，美元的需求量会______。
   a. 上升；增加
   b. 上升；减少
   c. 下降；增加
   d. 下降；减少
7. 如果美元汇率下降而预期的未来汇率不变，那么，

目前出售美元获得的预期利润就会______，因此，目前美元供给量就会______。

a. 增加；增加
b. 增加；减少
c. 减少；增加
d. 减少；减少

需求和供给的变动：汇率波动

8. 美国出口需求的增加会引起美元需求______，并导致美元需求曲线______。
   a. 增加；向右
   b. 增加；向左
   c. 减少；向右
   d. 减少；向左
9. 预期的未来美元汇率上升会引起美元需求曲线______移动，引起美元供给曲线______移动。
   a. 向右；向右
   b. 向右；向左
   c. 向左；向右
   d. 向左；向左
10. ______会引起美元供给增加。
   a. 外国人对美国生产的产品和服务需求的增加
   b. 外国人对美国资产需求的增加
   c. 人们预期美元在未来将升值
   d. 人们预期美元在未来将贬值

利用图 10.3 回答下面两个问题。

图 10.3　单项选择题第 11、12 题

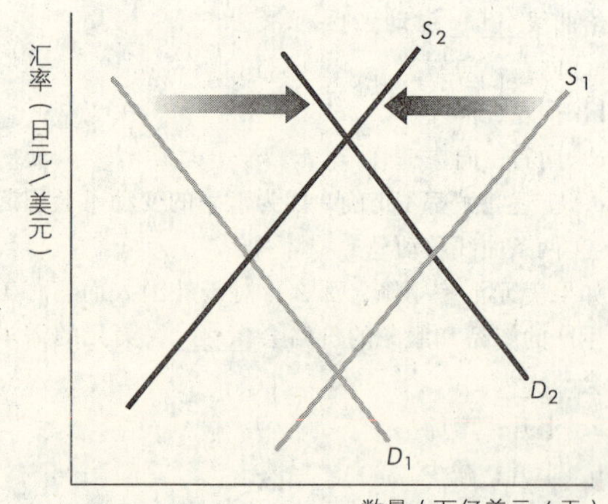

11. 如图 10.3 所示，可能引起美元需求曲线移动的因素是______。
   a. 美元汇率的上升
   b. 美元在未来贬值的预期
   c. 美国利率差的扩大
   d. 以上选项都不正确
12. 如图 10.3 所示，可能引起美元供给曲线移动的因素是______。
   a. 美元汇率的上升
   b. 美元在将来贬值的预期
   c. 美国利率差的扩大
   d. 以上选项都不正确
13. ______，美元汇率下跌得最严重。
   a. 当美元需求和美元供给都增加时
   b. 当美元供给增加而美元需求减少时
   c. 当美元供给减少而美元需求增加时
   d. 当美元供给和美元需求都减少时
14. 导致美元对日元汇率降低的因素是______。
   a. 美国对日本进口需求的减少
   b. 美国利率的提高
   c. 日本利率的降低
   d. 预期美元对日元的汇率在未来会降低
15. 利率平价意味着______。
   a. 两个国家的利率必须相等
   b. 两个国家的利率不可能相等
   c. 利率较高的国家的汇率即将贬值
   d. 利率较高的国家的汇率即将升值
16. 假定美元与英镑的汇率是每美元 0. 5 英镑，如果每台收音机在英国的售价为 38 英镑，那么，它的美元价格是______。
   a. 19 美元
   b. 26 美元
   c. 38 美元
   d. 76 美元
17. 购买力平价意味着______。
   a. 不同国家的利率相同
   b. 不同国家的利率按照预期的汇率变化调整之后的数值是相等的
   c. 不同货币的购买力相同
   d. 上述没有给出的其他选项
18. 如果美联储宣布将在下周提高利率，那么，美元汇率将会______。

a. 缓慢下降
b. 快速下降
c. 缓慢上升
d. 快速上升

19. 在长期，美国的价格水平是 120，欧洲的价格水平是 130，并且实际汇率是 1．40。那么，美元的名义利率是______。
a. 每美元 1．25 欧元
b. 每美元 1．11 欧元
c. 每美元 1．52 欧元
d. 每美元 1．06 欧元

国际贸易融资

20. ______是国际收支平衡表中的账户。
a. 经常账户
b. 借款账户
c. 官方贷款账户
d. 净转移利息账户

21. 外国在美国的投资和美国在国外的投资都记录在______中。
a. 经常账户
b. 资本账户
c. 官方结算账户
d. 上述选项没有提及的国际收支账户

22. 假定起初美国既无贸易盈余又无贸易赤字，后来美国企业增加了从加拿大的进口，并从加拿大借款以支持进口的增加。那么，现在美国的经常账户表现为______，资本账户表现为______。
a. 盈余；盈余
b. 盈余；赤字
c. 赤字；盈余
d. 赤字；赤字

23. 如果美国的官方结算账户为 0 美元，经常账户存在 1 000亿美元的赤字，那么______。
a. 美国的资本账户一定存在 1 000 亿美元的赤字
b. 美国的资本账户一定存在 1 000 亿美元的盈余
c. 政府一定有 1 000 亿美元的预算赤字
d. 政府一定有 1 000 亿美元的预算盈余

24. 近年来，美国一直是______和______。
a. 净贷款国；债权国
b. 净贷款国；债务国
c. 净借款国；债务国
d. 净借款国；债权国

25. 某国今年既是净贷款国，又是债务国。准确地反映该国现状的陈述是______。
a. 该国今年的对外贷款大于其从国外的借款，但在整个历史上该国从国外的借款要大于其对外贷款
b. 该国今年从国外的借款要大于其对外贷款，而且在整个历史上也是如此
c. 该国今年的对外贷款大于其从国外的借款，而且在整个历史上也是如此
d. 该国今年从国外的借款要大于其对外贷款，但在整个历史上该国的对外贷款要大于其从国外的借款

表 10. 1 给出了一国的几个国民收入账户。根据该表数据回答下面的 3 个问题。

表 10. 1　单项选择题第 26、27、28 题

账　户	10 亿美元
政府购买支出（G）	600
净税收（T）	500
投资（I）	250
储蓄（S）	400

26. 政府盈余等于______。
a. 6 000 亿美元
b. 5 000 亿美元
c. －1 000 亿美元
d. 0 美元

27. 私人部门盈余等于______。
a. 4 000 亿美元
b. 2 500 亿美元
c. 1 500 亿美元
d. 0 美元

28. 净出口余额等于______。
a. 6 000 亿美元的赤字
b. 2 500 亿美元的赤字
c. 500 亿美元的盈余
d. 16 500 亿美元的盈余

29. 政府部门赤字是 1 000 亿美元，私人部门赤字是 250 亿美元，那么净出口是______。
a. －1 250 亿美元
b. －1 000 亿美元
c. －750 亿美元
d. 750 亿美元

30. 在美国，净出口______。
    a. 仅等于政府部门余额
    b. 仅等于私人部门余额
    c. 等于政府部门余额加上私人部门余额
    d. 等于政府部门余额减去私人部门余额

汇率政策

31. ______不是一种可能的汇率政策。
    a. 浮动汇率制
    b. 政府干预制
    c. 爬行钉住汇率制
    d. 固定汇率制
32. 如果一个国家的中央银行不干预外汇市场，那么，这个国家______。
    a. 实行浮动汇率制
    b. 没有汇率政策
    c. 实行爬行钉住汇率制
    d. 实行固定汇率制
33. 如果美联储购进美元，那么，美元汇率将会______。
    a. 上升
    b. 不变
    c. 下降
    d. 变化，但变化方向取决于美联储的这一行为是影响美元需求、还是影响美元供给
34. 如果美联储在外汇市场上购进美元，那么，它会用______来支付购买美元的价款。
    a. 外国通货
    b. 更多的美元
    c. 进口
    d. 政府有价证券
35. 自从1995年以来，中国人民银行一直购买______，为的是防止人民币对美元的汇率不______。
    a. 人民币；上升
    b. 人民币；下降
    c. 美元；上升
    d. 美元；下降

■ 简答题

1. 艾格尔移居到了日本。每年他需要购买100支球拍，美国生产的或者日本生产的都可以。艾格尔认为这两国所生产的球拍都一样，因此，愿意购买价格便宜的。在美国，每支球拍的售价为5美元，在日本则为500日元。
    a. 如果美元对日元的汇率是每美元110日元，那么，艾格尔是在美国购买球拍，还是在日本购买球拍？他对美元的需求量是多少？
    b. 如果美元对日元的汇率变化为每美元90日元，那么，艾格尔是在美国购买球拍，还是在日本购买球拍？他对美元的需求量又是多少？
    c. 随着美元汇率从每美元110日元下跌为每美元90日元，艾格尔对美元的需求量将会发生怎样的变化？
2. 为什么美国利率的上升会影响美元汇率大小？
3. 在图10.4中，画出当预期的未来美元汇率下降时，美元需求曲线与美元供给曲线的变动情况。现在的美元汇率是上升了，还是下降了？

图10.4　简答题第3题

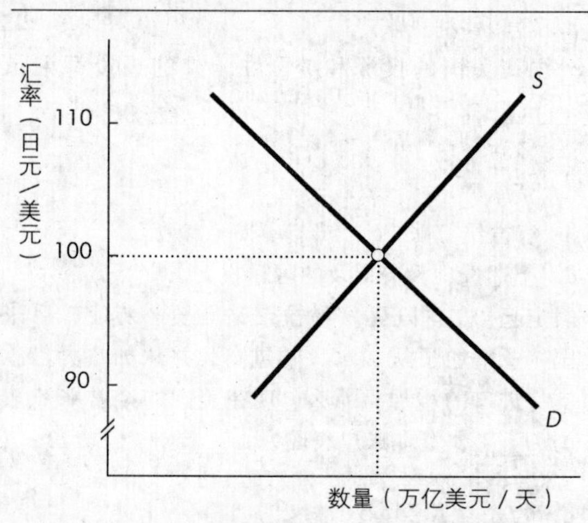

4. 表10.2给出了美元的供给与需求表。
    a. 请在图10.5中画出美元的供给曲线和美元的需求曲线，均衡汇率是多少？
    b. 假定美联储买进了2 000亿美元的外国证券，请在图10.5中作图表示美元供给增加对均衡汇率的影响。
    c. 假定美联储买进了2 000亿美元的外国证券，美国的利率下降了；同时我们假定，美国利率的下降导致美元需求减少了2 000亿美元。请在图10.5中作图表示美元供给增加和美元需求减少对美元汇率的共同影响。
    d. 美元汇率的变动是在只有美元供给变动时大，还是在美元供给与需求同时变动时大？

表 10.2　美元的供给与需求

美元汇率（日元/美元）	美元的需求量（万亿美元）	美元的供给量（万亿美元）
130	5.6	6.0
120	5.7	5.9
110	5.8	5.8
100	5.9	5.7
90	6.0	5.6

图 10.5　简答题第 4 题

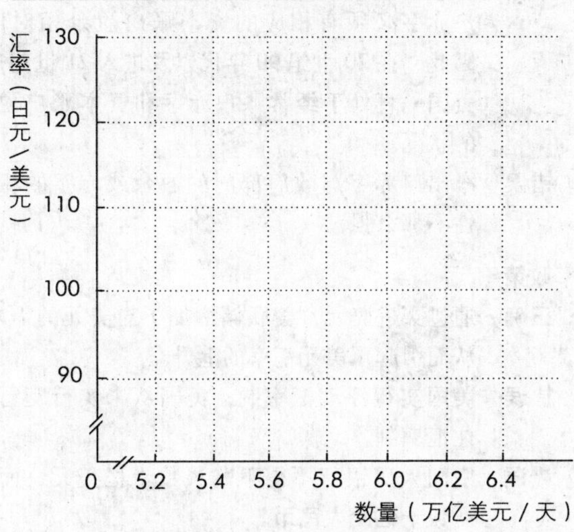

表 10.3　简答题第 6 题

账　户	10 亿美元
政府支出（G）	1 000
净税收（T）	800
投资（I）	900
储蓄（S）	800

5. 一国的净出口赤字、政府预算赤字以及私人部门赤字三者之间有何关系？
6. 表 10.3 给出了一国的有关数据。
   a. 政府盈余或赤字是多少？
   b. 私人部门盈余或赤字是多少？
   c. 净出口余额是多少？
   d. 假设政府减少净税收 1 000 亿美元，人们相应地增加私人储蓄 1 000 亿美元。这些变化将如何影响净出口余额？

表 10.4　国际借贷

年　份	对外贷款（美元）	对外借款（美元）
2004	2 000	3 000
2005	3 000	3 000
2006	5 000	1 000
2007	5 000	6 000

7. 假定塞加是一个 2004 年新成立的国家。表 10.4 给出了该国 2004 ~ 2007 年的国际借贷数据。
   a. 在 2004 年，塞加是一个净借款国还是一个净贷款国？2005 年、2006 年、2007 年这三年的情况分别如何？
   b. 2004 年底，塞加是净债权国还是净债务国？以后三年底的情况又分别如何？

分析题

1. “我确实在什么地方见到过将经常账户赤字称为‘不利的余额（贸易逆差）’的观点！你是否理解它的意思？或者说，你知道认为经常账户赤字‘不利’的原因吗？”你朋友所引用的观点的确属实，请向他解释经常账户赤字得此称谓的原因。

习题答案

■ 判断并解释

货币和汇率

1. **错误**　美元汇率降低意味着美元贬值。
2. **正确**　每美元 120 日元这一名义汇率意味着，一美元兑换 120 日元。
3. **错误**　实际汇率的公式为：$RER = E \times (P/P^*)$。
4. **错误**　如果名义汇率与外国价格水平以相同的比例变动，那么，实际汇率不会变动。
5. **正确**　实际汇率的公式，即 $RER = E \times (P/P^*)$ 表明，如果美国价格水平上升，而外国价格水平与实际汇率不变，那么名义汇率会下降。

外汇市场

6. **错误**　如果美元汇率上升，那么，外汇需求量会沿着外汇需求曲线向上移动，但不会引起外汇需求曲线的移动。
7. **正确**　美元汇率越低，要购买一美元所用的外国通货就越少，因此，美国生产的产品和服务就不那么贵了。
8. **错误**　美元供给曲线是向上倾斜的，而不是一条垂直线。

需求和供给的变动：汇率波动

9. **正确**　美国利率差的扩大意味着，相对于外国资产而言，支付给美国资产的利息率提高了，因此，美元的需求就增加了。
10. **正确**　供给者希望持有而不是卖出更多的美元，以便从美元的预期升值中获取预期利润，因此，美元的当前供给会减少。
11. **错误**　美国进口需求的增加会引起美元供给的增加。
12. **正确**　美元的需求增加和美元的供给减少，都会引起美元的升值。
13. **正确**　这种情况在 2002～2004 年的美国出现了，当时的美元发生了贬值。
14. **正确**　在这种情况下，美国居民会供给更多美元去购买日元，从而引起美元汇率的降低。
15. **正确**　在长期，名义汇率是由公式 $E = RER \times (P^*/P)$ 决定的，因此，外国价格水平的上升会导致美元名义汇率的同比例上升。

国际贸易融资

16. **错误**　经常账户、资本账户与官方结算账户的余额之和总是零。
17. **错误**　债务国可能当前是净贷款国，这样，就会减少该国的负债规模。
18. **正确**　私人部门盈余等于储蓄减去投资，因此，当投资大于储蓄时，私人部门就出现了赤字。
19. **正确**　等式 $X - M = (T - G) + (S - I)$ 的作用在于，为理解影响净出口余额（$X - M$）的各种因素提供了一个有益的分析框架。
20. **错误**　如果不考虑官方储备的变化，那么，经常账户赤字必须有相应的资本账户盈余相对应。因此，在 20 世纪 90 年代以及进入 21 世纪后，美国一直处于经常账户赤字和资本账户盈余的状况。
21. **错误**　净出口赤字与政府部门的盈余或赤字的相关性不那么强。

汇率政策

22. **正确**　通过买进美元，美联储增加了对美元的需求，从而引起了美元汇率的上升。
23. **错误**　美国实行浮动汇率制；美国从未实行爬行钉住汇率制。
24. **错误**　中国人民银行不得不购买数十亿美元，而不是数十亿元人民币。

■ 单项选择题

货币和汇率

1. **b**　美元的需求源自外国人对美国产品和美国资产的需求。
2. **a**　当美元汇率下降时，美元就贬值了；当美元汇率上升时，美元就升值了。
3. **c**　此选项正确地界定了实际汇率。
4. **d**　实际汇率等于 $E \times (P/P^*)$，在本题中为：$1.15 \times (120/130)$。

外汇市场

5. **d**　汇率的变动导致沿着外汇需求曲线和外汇供给曲线的变动，而不是这两条曲线的移动。
6. **c**　当美元汇率下降时，美国生产的产品和服务相对于外国人生产的产品和服务的价格下降了，因此，他们对美国生产的产品和服务的需求增加了，从而引起了美元需求量的增加。

7. **d** 在预期的未来美元汇率不变的情况下，美元汇率降低意味着，持有美元的预期利润会上升。预期利润上升会引起美元供给量的减少，因为投资者看到了持有美元带来的较高的预期利润。

需求和供给的变动：汇率波动

8. **a** 要购买美国生产的产品，外国人需要美元，因此美元需求增加了。
9. **b** 预期的未来美元汇率上升会引起持有美元的利润增加，这会引起美元需求增加和美元供给减少。
10. **d** 这一预期会引起美元供给增加，因为为了减少预期的未来美元贬值所带来的损失，人们会努力减少所持有的美元数量。
11. **c** 美国利率差的扩大会导致外国人对美国资产的需求增加，而对外国资产的需求减少，因此，美元需求增加了。
12. **c** 与上题答案类似，美国利率差的扩大会导致美国人对美国资产的需求增加，而对外国资产的需求减少，因此，美元供给减少了。
13. **b** 美元供给增加与美元需求减少都会导致美元汇率下跌。
14. **d** 预期的汇率贬值会引起美元需求减少与美元供给增加。
15. **c** 预期的美元贬值会“抵消”较高利率的影响。
16. **d** 现在需要 2 美元来购买 1 英镑，因此，英国收音机的美元价格就是：38 英镑 ×2 美元/英镑 = 76 美元。
17. **c** 此选项实质上是购买力平价的定义。
18. **d** 为了从预期的美元汇率上升中获利，交易者会增加对目前美元的需求而减少对目前美元的供给，因此，美元汇率会很快上升。
19. **c** 在长期，名义汇率等于 $RER\times(P^{*}/P)$；在这里，RER 是实际汇率，P^{*} 是外国价格水平，P 是美国价格水平。

国际贸易融资

20. **a** 经常账户记录了净出口余额、净转移支出余额以及从国外获得的利息收入与支付给外国人的利息的差额。
21. **b** 资本账户记录了所有的投资账户。
22. **c** 经常账户赤字表明一国的进口大于该国的出口，而资本账户赤字则表明一国从其他国家的借款超过了该国对其他国家的贷款。
23. **b** 当官方结算账户为零时，一国经常账户赤字与其资本账户盈余刚好完全抵消。
24. **c** 此选项正确地反映了美国当前的情况。
25. **a** “净贷款国”表明该国目前对国外的贷款大于该国从国外的借款；“债务国”表明该国在过去从国外的借款超过了该国对国外的贷款。因此，总的来说，该国对国外的负债大于他国对该国的负债。
26. **c** 政府盈余等于政府税收与政府支出的差额，本题中的政府盈余为 -1 000 亿美元。负号表示这一盈余实际上是赤字，因此政府赤字是 1 000 亿美元。
27. **c** 私人部门盈余等于私人部门储蓄与私人部门投资的差额。
28. **c** 净出口余额等于政府（或公共部门）盈余 -1 000 亿美元与私人部门盈余 1 500 亿美元之和，因此，净出口盈余为 500 亿美元。
29. **a** 净出口等于政府部门赤字（政府预算赤字）与私人部门赤字之和。
30. **c** 由于政府部门余额与私人部门余额倾向于相互抵消，因此，净出口与其中的任何一个都没有较强的相关性。

汇率政策

31. **b** 没有“政府干预制”这样一种汇率制度。
32. **a** 不需要干预，中央银行允许供给与需求来决定汇率水平。
33. **a** 当美联储买入美元时，就增加了对美元的需求，从而引起了美元汇率的上升。
34. **a** 在购买美元时，美联储必须用外国通货来支付。美联储仅持有一定量的外国通货，所以，最后美联储会用完这些外国通货，这时它会被迫停止购买美元。
35. **c** 通过买入美元，中国人民银行供给着人民币，这样能够保持人民币对美元的汇率不上升。

■ 简答题

1. a. 如果艾格尔从美国购买球拍，那么，他需要对每支球拍支付 5 美元。当美元对日元的汇率是每美元 110 日元时，美国生产的每支球拍的日元价格为 550 日元，而日本生产的每支球拍的售价仅为 500 日元，因此，艾格尔将从日本厂商那里购买球拍。

所以，由于艾格尔并不购买美国生产的球拍，他对美元的需求量就为零。

b. 在美元汇率下降后，美国生产的每支球拍的日元标价仅为 450 日元（即 5 美元 × 90 日元/美元 = 450 日元）。由于美国生产的球拍较便宜，所以，艾格尔将从美国厂商那里购买球拍。为了向厂商支付价款，艾格尔对美元的需求量是 500 美元。

c. 随着美元汇率的下降，艾格尔对美元的需求量会随之增加。这一结果表明，美元的需求曲线是一条向下倾斜的曲线，即随着美元汇率的下降，美元需求量却在增加。

2. 美国利率的上升会引起美国利率差的变化。从根本上讲，相对于外国资产而言，美国利率的上升会引起人们对美国资产需求的增加。这又会影响美元的需求，这是因为人们必须用美元来购买美国资产。具体地讲，为了购买更多的美国资产，外国人对美元的需求会增加。美国利率差的扩大还会减少美元供给，这是因为美国居民将会少购买国外资产。因此，美元需求增加和美元供给减少就导致了美元汇率的上升。

图 10.6　简答题第 3 题

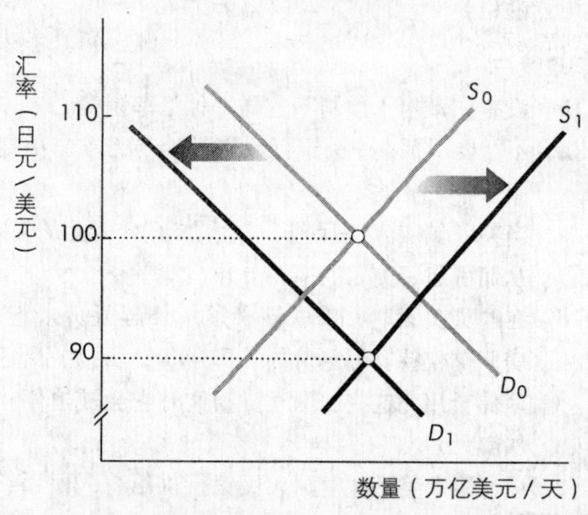

3. 如果人们预期美元汇率在未来会下跌，那么，他们就不愿意持有美元。这是因为当美元贬值时，他们会遭受损失。因此，由于当前持有美元的人努力售出美元，美元供给就会增加。与此同时，美元需求会减少，这是因为人们不愿意持有即将贬值的美元。图 10.6 反映了这样的一连串反应。如图所示，需求曲线从 D_0 向左移到了 D_1，而供给曲线则从 S_0 向右移到了 S_1。（你所画的图形并不需要一定与图 10.6 中的完全相同，但曲线移动的方向必须相同。）如图 10.6 所示，由于上述变化，当前的美元汇率将会下跌。

图 10.7　简答题第 4（a）题

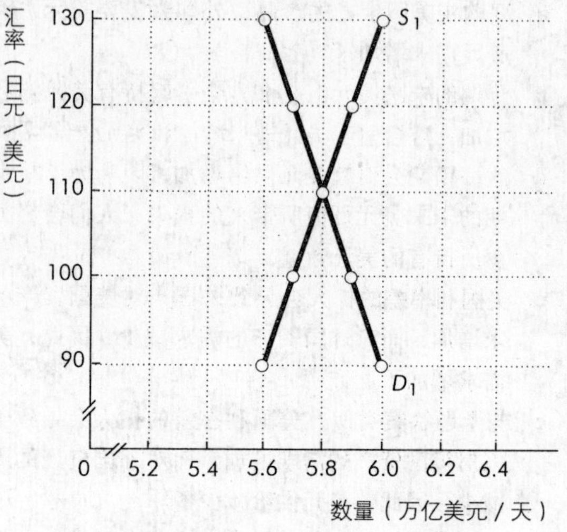

4. a. 图 10.7 给出了美元需求曲线和供给曲线。均衡汇率是每美元 110 日元，因为在此汇率水平上，美元需求量和美元供给量正好相等。

图 10.8　简答题第 4（b）题

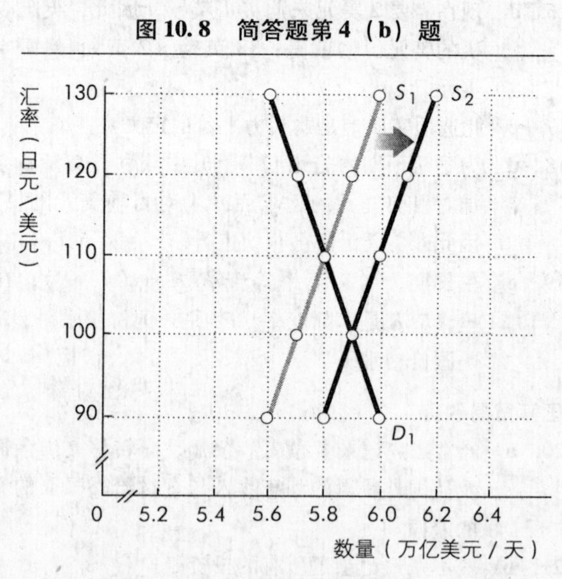

b. 当美联储买进 2 000 亿美元的外国证券时，美元供给量会增加 2 000 亿美元。因此，正如图 10.8 所

示，美元供给曲线向右移动了 2 000 亿美元，美元供给增加导致美元汇率下降到了每美元 100 日元的水平。

图 10.9　简答题第 4（c）题

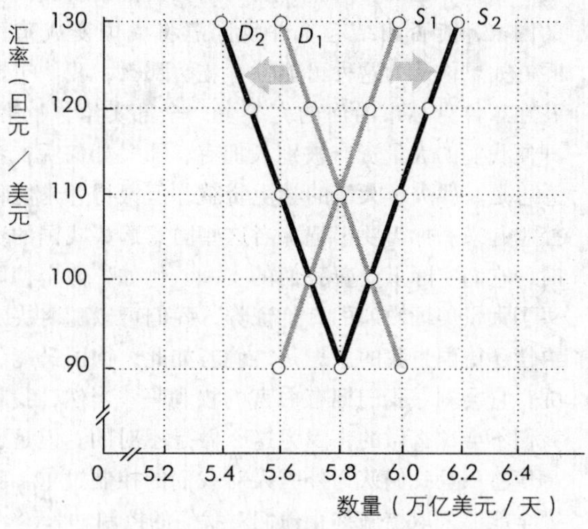

c. 图 10.9 给出了美元供给增加和美元需求减少同时出现时的情况，美元需求减少引起美元需求曲线向左移动了 2 000 亿美元，即从 D_1 左移至 D_2。由于供给曲线和需求曲线同时移动，美元汇率进一步降低到每美元 90 日元的水平。

d. 当美元供给曲线和美元需求曲线同时移动时，美元汇率下降得更多。这一结果说明汇率极易波动的原因：那些影响美元供给变动的因素也会影响美元需求。在本题中，美联储的行为对美元需求和美元供给都有影响。这种情况与大多数市场情况并不相同，在这些市场中，一般而言，那些影响供给的因素与影响需求的因素并不相同。

5. 国民收入核算恒等式表明，一国的净出口赤字等于该国的政府预算赤字与私人部门赤字之和。具体地讲，在 $X-M=(T-G)+(S-I)$ 这一等式中，$X-M$ 为净出口余额，$T-G$ 表示政府盈余或政府赤字，$S-I$ 表示私人部门盈余或赤字。

6. a. 政府盈余（或赤字）等于 $T-G$，从题中可知：$T-G=$ 8 000 亿美元 − 10 000 亿美元 = − 2 000 亿美元，因此，政府出现了 2 000 亿美元的赤字。

b. 由于私人部门盈余（或赤字）等于 $S-I$，从题中可知：$S-I=$ 8 000 亿美元 − 9 000 亿美元 = − 1 000 亿美元。因此，私人部门出现了 1 000 亿美元的赤字。

c. 净出口余额可由国民收入核算恒等式 $X-M=(T-G)+(S-I)$ 求得。由上述（a）、（b）的答案可知，政府部门赤字和私人部门赤字之和为 − 3 000 亿美元，因此，该国的净出口余额就为 3 000 亿美元的赤字。

d. 如果税收减少 1 000 亿美元而私人储蓄增加 1 000 亿美元，那么由公式 $X-M=(T-G)+(S-I)$ 可知，该国的净出口余额仍然为 3 000 亿美元的赤字。

7. a. 在 2004 年，塞加是净借款国，该国当年从国外的借款为 3 000 美元，超过了该国对国外的贷款 2 000 美元。在 2005 年，塞加既不是净借款国，也不是净贷款国，这是因为该国当年从国外的借款恰好等于其对外的贷款。在 2006 年，塞加是净贷款国，这是因为，该国当年的对外贷款为 5 000 美元，而其从国外的借款只有 1 000 美元。在 2007 年，塞加仍为净借款国。

b. 到 2004 年底，塞加是债务国。该国对外债务为 3 000 美元（到 2004 年底的借款额），而其对国外的债权仅为 2 000 美元（到 2004 年底的贷款额）。到 2005 年底，塞加仍是债务国：塞加对国外的借款总额为 6 000 美元（2004 年 3 000 美元的借款与 2005 年 3 000 美元的借款之和）；而其对外债权仅为 5 000 美元（2004 年 2 000 美元的贷款与 2005 年 3 000 美元的贷款之和）。到 2006 年底，塞加成了债权国，因为塞加对国外的借款总额为 7 000 美元，少于其他国家向它的借款总额 10 000 美元。即使到了 2007 年底，塞加也仍然为净债权国，这是因为塞加的外债总额为 13 000 美元，而其对外债权总额却达到了 15 000 美元。

■ 分析题

1. “你是对的，经常账户赤字有时候是被称为‘不利的贸易差额’，我想经常账户赤字得此名称的原因大概有三个。但事实上，这些原因都是十分荒谬的！

“首先，当发生经常账户赤字时，通常就意味着进口额超过了出口额，也就是说美国的进口大于其出口。一些分析人士认为，这种状况会导致美国丧失许多就业机会。但是，通过本章的学习，我们知道这种说法并不正确。我的意思是，我们知道经常账户赤字必须有相应的资本账户盈余相抵消。因此，如果我们国家出现经常账户赤字，那么，外国人一定在我们国家投入了“额外的”资金。他们会购买美国的金融资产，这会引起我国利率水平的下降。在美国利率下降时，美国企业会扩大其投资规模，这就意味着有更多的人被雇用到生产汽车、机床等投资品的行业中去。因此，从最终结果来看，经常账户赤字似乎不会导致我国整体就业水平的降低。

“我认为将经常账户赤字视为‘不利的贸易差额’的第二个原因，比上面的原因更加愚蠢。我敢肯定，有些人会认为外国人将美元保留在国外，也就是说美国出现了官方结算账户的盈余。但是，通过本章学习，我们知道官方结算余额通常极其微小，因此，那些认为外国人将美元保留在国外而不将其投资于美国的观点，确实是荒谬的。但是，如果外国人确实将美元保留在国外，我想那就太好了！这样，我们只要支付纸币就能交换到国外的产品了！倘若如此，我真希望能够用手中的这些纸币购买我需要的那些国外产品，而我们只需设计这些纸币就可以了！倘若如此，我当然不会认为这种情况对我们‘不利’。

“最后一个原因是，当我们的经常账户发生赤字时，我们的资本账户一定发生了盈余，这样外国人就能购买我们的资产。有人认为当外国人控制我们的资产足够多时，他们就能够控制我们，我国将逐渐沦为其他国家的殖民地。在我个人看来，这种担心也是非常愚蠢的，甚至可能是各种原因和担心中最为愚蠢的一个！第一，没有任何一个国家能够将我国的资产全部购买。即便购买我国的资产会在一定程度上让我们沦为他国的殖民地，那么，这些国家，诸如日本、韩国、法国、德国、南非、波兰以及其他拥有我们资产的国家，能否团结起来并且同意将我国变成殖民地呢？如果你认为这种可能性存在，那么，我倒宁愿将我在布鲁克林市沿河的大笔资产全部卖给你！第二，即便我们的大量资产被别人拥有，那又如何呢？我的意思是，我欠了大笔的学生贷款，但银行并未能将我控制起来。你需要牢记，当这些国家购买我国的资产时，它们实际上受着我们的支配。例如，假定德国购买了大量美国政府的有价证券，我们可以随时决定不再偿还德国！我的意思是，倘若如此，德国又能怎样呢？它会剥夺我们拥有白宫的权利吗？当然，我相信我们不会这么做的，因为这么做是不对的。但是也请相信：一旦我们认为外国人对我们的控制过重，我们完全能够采取措施终止他们对我们的控制。

“因此，我想我明白有些人认为经常账户赤字对我们‘不利’的原因，但我相信，这些人之所以会提出这种观点，是因为他们没有真正深入地思考过这个问题。”

小 测 验

1. 用于购买进口到某国产品的货币通常是______。
   a. 黄金
   b. 进口国的货币
   c. 出口国的货币
   d. 以上选项都不正确
2. 一国的国际收支账户包括除了______之外的所有账户。
   a. 经常账户
   b. 国防账户
   c. 资本账户
   d. 官方结算账户
3. 债务国是______。
   a. 当前从国外借款超过其对国外贷款的国家
   b. 当前对国外贷款超过其从国外借款的国家
   c. 对外债务超过其对外债权的国家
   d. 对外债权超过其对外债务的国家
4. 如果美元汇率从每美元 120 日元变动为每美元 105 日元，那么，______。
   a. 美元升值了
   b. 美元贬值了
   c. 美国变成了净借款国
   d. 美国变成了净贷款国
5. 如果预期美元汇率在未来会上升，那么，美元需求会______，美元供给会______。
   a. 增加；增加
   b. 增加；减少
   c. 减少；增加
   d. 减少；减少
6. 如果预期美元汇率在未来会上升，那么，当前的美元汇率将会______。
   a. 上升
   b. 不变
   c. 下降
   d. 变化，但变化方向并不确定
7. 美国利率差的扩大会导致美元需求______，美元汇率______。
   a. 增加；上升
   b. 增加；下降
   c. 减少；上升
   d. 减少；下降
8. 当前美元汇率上升______。
   a. 会引起美元供给曲线向右移动
   b. 不会引起美元供给曲线向右或向左移动
   c. 会引起美元供给曲线向左移动
   d. 可能会引起美元供给曲线移动，但由于没有更多的相关信息，曲线移动的方向无法确定
9. $X-M$ 等于______。
   a. $(T-G)+(S-I)$
   b. $(T-G)-(S-I)$
   c. $(G-T)+(S-I)$
   d. $(G-T)+(I-S)$
10. “不同货币的价值相等”这一观点是由______提出来的。
   a. 利率平价理论
   b. 各种货币的升值
   c. 购买力平价理论
   d. 以上选项都不正确

本小测验的答案请参见第 225 页

第四编中期测验　长期经济

第7章

1. 如果失业救济金减少了，那么，失业工人寻找工作的机会成本将会______，并且失业率会______。
   a. 增加；上升
   b. 增加；下降
   c. 减少；下降
   d. 减少；上升
2. ______是导致失业的一个实例。
   a. 效率工资
   b. 实际工资
   c. 向下倾斜的劳动需求曲线
   d. 不在劳动力中的人
3. 劳动供给增加______。
   a. 不会引起就业量的变动，但会导致潜在 GDP 的增加
   b. 会引起就业量的增加，但却导致潜在 GDP 的减少
   c. 会引起就业量的增加，但却不会导致潜在 GDP 的变动
   d. 既会引起就业量的增加，又会导致潜在 GDP 的增加
4. 如果______，那么，贷款供给量就大于贷款需求量。
   a. 实际利率高于均衡的实际利率
   b. 实际利率等于均衡的实际利率
   c. 实际利率低于均衡的实际利率
   d. 储蓄者的收入大于投资者的收入

第8章

5. 资本的一个实例是______。
   a. IBM 拥有的土地
   b. IBM 拥有的工厂
   c. IBM 的 100 股股票
   d. IBM 发行的 1 000 美元债券
6. 如果资本量减少，那么，通常______。
   a. 劳动生产率会下降
   b. 长期经济增长会加速

c. 劳动生产率会增加

d. 潜在 GDP 会增加

7. 三一规律是指，如果每小时劳动的资本增加 6%，并且技术变革引起每小时劳动的实际 GDP 增加 3%，那么，每小时劳动的实际 GDP 共增加______。

a. 9%

b. 7%

c. 5%

d. 2%

8. 根据新增长理论，______，企业更可能把资源用于研究与开发。

a. 当国家处于萧条时

b. 当企业预期从成功的研究与开发中得到利润时

c. 当容易复制其他企业的新技术时

d. 当国家为其国际贸易量设定上限时

■ 第 9 章

9. 如果丹尼尔从其支票账户中转出 1 000 美元，并将其存入储蓄账户中时，很快，______。

a. M1 和 M2 都下降了

b. M1 下降了，而 M2 上升了

c. M1 和 M2 都上升了

d. M1 减少了，而 M2 没有变化

10. 假定货币流通速度没有加快，而实际 GDP 的年增长率为 2%。那么，若货币量每年增长 7%，则通货膨胀率等于______。

a. 9%

b. 14%

c. 5%

d. 3.5%

11. ______是美联储的一种政策工具。

a. 公开市场业务

b. 利息收入的税率

c. 转移支付

d. 政府赤字或盈余

12. 如果现金外流率为 1.00，意愿准备金率为 0.10，那么，______。

a. 银行准备金和货币供给都增加了

b. 货币乘数等于 1.82

c. 银行准备金增加了，但货币乘数却减少了

d. 银行准备金和货币供给都减少了

■ 第 10 章

13. 当销售出口产品时，出口商最常想要的是______。

a. 黄金

b. 出口商所在国家的货币

c. 进口商所在国家的货币

d. 进口商所在国家的债券

14. 如果一个国家的经常账户出现盈余，那么，这个国家的外国资产量______。
   a. 正在增加
   b. 正在减少
   c. 不受影响
   d. 是零

15. 美元需求曲线______。
   a. 是一条垂直线
   b. 是一条水平线
   c. 具有正的斜率
   d. 具有负的斜率

16. 如果日元资产的利率上升了，那么，美元供给会______，美元需求会______。
   a. 增加；增加
   b. 增加；减少
   c. 减少；增加
   d. 减少；减少

答　案

中期测验答案

1. b 2. a 3. d 4. a 5. b 6. a 7. c 8. b 9. d 10. c 11. a 12. b 13. b 14. a 15. d 16. b

第 11 章 总供给和总需求

关键概念

■ 宏观经济的长期和短期

宏观经济的长期（macroeconomic long run）是指一个长到足以让所有价格（包括实际工资率和实际利率）调整到达到充分就业均衡状态的时间框架。**宏观经济的短期**（macroeconomic short run）是指某些货币价格具有粘性，因此实际 GDP 可能低于、高于或等于潜在 GDP，并且失业率也可能高于、低于或等于自然失业率的时期。

总供给—总需求模型研究短期内实际 GDP 与价格水平的关系。它也能够解释经济如何调整到长期均衡状态。

■ 总供给

潜在 GDP 是充分就业时的实际 GDP。在经济周期中，实际 GDP 围绕着潜在 GDP 波动。总供给是实际 GDP 供给量与价格水平之间的关系。总供给取决于时间框架。

- **长期总供给曲线**（long-run aggregate supply curve, *LAS*）是长期中实际 GDP 等于潜在 GDP 时，实际 GDP 与价格水平之间的关系。*LAS* 曲线是一条垂直线，如图 11.1 所示。沿着 *LAS* 曲线，产品和服务的价格与生产资源的价格都在变动。
- **短期总供给曲线**（short-run aggregate supply curve, *SAS*）是指在短期当货币工资率、其他资源价格和潜在 GDP 保持不变时，实际 GDP 供给量与价格水平之间的关系。*SAS* 曲线向上倾斜，如图 11.1 所示。沿着 *SAS* 曲线移动时，只有价格水平发生变化；而货币工资率和其他资源价格都保持不变。

当 *LAS* 曲线移动时，*SAS* 曲线也会移动。引起 *LAS* 曲线移动的三个因素是：

图 11.1 长期总供给和短期总供给

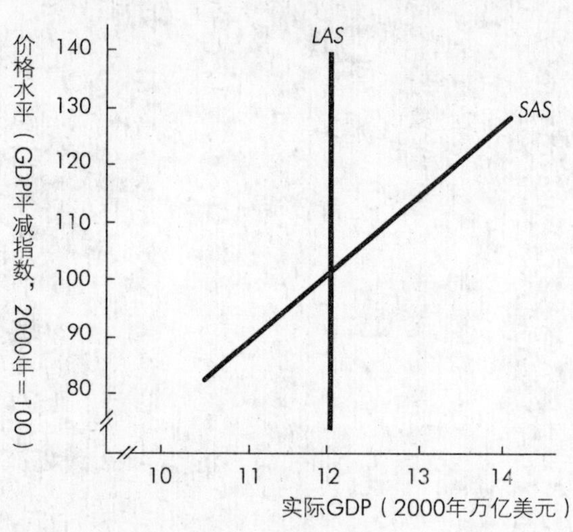

- 充分就业的劳动量变动
- 资本量包括人力资本的变动
- 技术进步

当货币工资率或其他资源的货币价格变动时，短期总供给就会变动，并且 *SAS* 曲线会移动。

- 货币工资率（或其他生产要素的货币价格）的上升会引起短期总供给减少，并导致 *SAS* 曲线向左移动，但却不会引起 *LAS* 曲线的移动。
- 当失业率不等于自然失业率并当预期的通货膨胀率变化时，货币工资率会变动。

■ 总需求

实际 GDP 需求量等于实际消费支出（*C*）、投资（*I*）、政府支出（*G*）及出口（*X*）减去进口（*M*）之和。

总需求（aggregate demand）表示实际 GDP 需求量与价格水平之间的关系。如图 11.2 所示，总需求曲线 *AD* 是向下倾斜的。之所以如此，是基于以下两个原因：

- 财富效应——较高的价格水平引起实际财富量（即财富的购买能力）减少，从而引起实际 GDP 需求量减少。
- 替代效应——价格水平的上升会引起实际利率的上升，从而引起实际 GDP 需求量减少。此外，美国价格水平上升会引起美国产品相对于外国产品的价格上升，这也会引起美国实际 GDP 需求量减少。

当总需求增加时，总需求曲线向右移动。引起 *AD* 曲线移动的三个主要因素：

- 预期——预期未来收入增加、预期通货膨胀率上升或预期利润增加，都会引起当前的总需求增加。
- 财政政策和货币政策——**财政政策**（fiscal policy）是指政府通过确定和改变税收、转移支付和购买商品和服务来影响经济的努力。政府支出增加会引起总需求增加，因为政府支出是总需求的组成部分。减少税收和增加转移支付都能提高**可支配收入**（disposable income）是总收入减去税收加上转移支付，因而消费支出增加了，总需求也增加了。**货币政策**（monetary policy）包括经济中利率的变动和货币量的变动。货币量增加或利率下降都能引起总需求增加。
- 世界经济——汇率下降或外国收入增加会引起净出口增加，因而导致总需求增加。

图 11.2　总需求

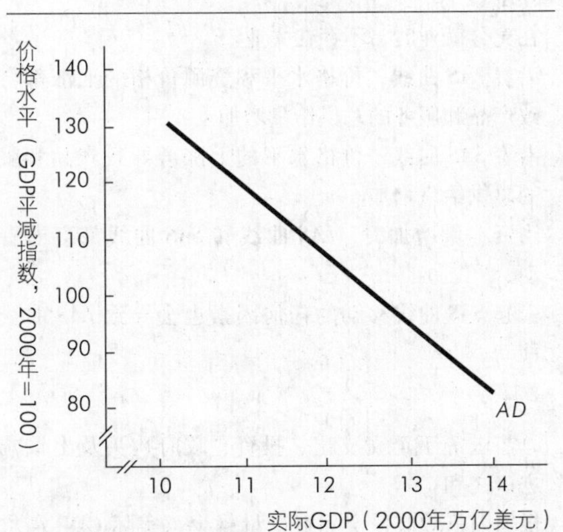

图 11.3　宏观经济均衡

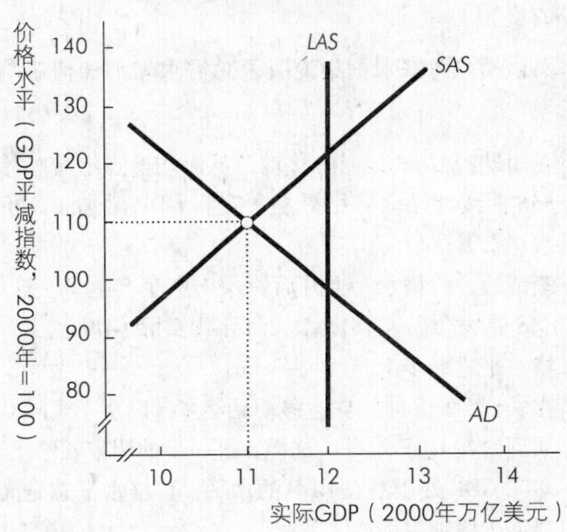

■ 宏观经济均衡

当实际 GDP 需求量等于实际 GDP 供给量时，就达到了**短期宏观经济均衡**（short-run macroeconomic equilibrium），这时的 *AD* 曲线与 *SAS* 曲线相交。在图 11.3 中，均衡的实际 GDP 为 11 万亿美元，均衡的价格水平为 110。通过价格水平的调整来达到均衡。短期宏观经济均衡不一定在充分就业时才实现。

当实际 GDP 等于潜在 GDP，相当于，当经济处于 *LAS* 曲线上时，就达到了**长期宏观经济均衡**（long-run macroeconomic equilibrium）。

当潜在 GDP 增加时，就出现了经济增长。当总需求的增加高于长期总供给的增加时，就会出现通货膨胀。当总需求与短期总供给不能按同样的速度增加时，就产生了经济周期。

产出缺口（output gap）是实际 GDP 与潜在 GDP 的差额。

- 图 11.3 表示**低于充分就业的均衡**（below full-employmént equilibrium），这种情况下潜在 GDP 大于实际 GDP。**衰退性缺口**（recessionary gap）是潜在 GDP 大于实际 GDP 的量（图中为 1 万亿美元）。
- 当实际 GDP 等于潜在 GDP 时，就达到了**充分就业均衡**（full-employment equilibrium）。在这种情况下，*AD* 曲线与 *SAS* 曲线的交点位于 *LAS* 曲线上。
- 当实际 GDP 大于潜在 GDP 时，就达到了**高于充分就**

业的均衡（above full-employment equilibrium）。**膨胀性缺口**（inflationary gap）是实际 GDP 大于潜在 GDP 的量。

总供给与总需求框架说明了总需求增加如何影响经济：

- 在短期，*AD* 曲线向右移动，从而均衡点沿着初始的 *SAS* 曲线移动。其结果是，实际 GDP 增加了，价格水平上升了。
- 渐渐地，价格水平上升后货币工资率会上升。这样，*SAS* 曲线会向左移动，从而导致实际 GDP 减少，价格水平进一步上升。
- 在长期，*SAS* 曲线向左移动足够多，以至于实际 GDP 回到潜在 GDP 水平。这样，进一步的调整就停止了。实际 GDP 处于潜在 GDP 的水平，价格水平总是高于总需求增加以前的水平。

总需求与总供给模式也能解释，总供给减少如何影响经济：

- *SAS* 曲线向左移动，从而实际 GDP 减少，价格水平上升。衰退和通货膨胀并存的时期被称为**滞胀**（stagflation）。

■ 宏观经济思想流派

可以把宏观经济学家分成三大思想流派：古典主义者、凯恩斯主义者和货币主义者。

- **古典主义**（classical）宏观经济学家认为，经济能够自我调节，而且由于货币工资具有弹性并能很快调整到恢复充分就业水平，所以，经济总处于充分就业状态。实际 GDP 总等于潜在 GDP。**新古典主义者**（new classical）认为，经济周期波动是对技术变革的有效反应。古典经济学家认为，为加速经济增长，税收应该最小化。
- **凯恩斯主义**（Keynesian）宏观经济学家认为，如果不干预，经济几乎不会在充分就业状态运行；为了实现充分就业，来自财政政策和货币政策的积极帮助就是必须的。总需求波动与粘性货币工资会导致经济周期。**新凯恩斯主义者**（new Keynesian）认为，不仅货币工资率具有粘性，而且产品和服务的价格也具有粘性。凯恩斯主义者认为，要积极采用财政政策和货币政策，以抵消总需求变动的影响。
- **货币主义**（monetarist）宏观经济学家认为，假如货币政策稳定且货币增长率保持不变，经济能够自我调节，并且正常情况下能够在充分就业状态运行。货币量的变动是总需求波动的最重要来源。货币主义者认为，税收应该保持在较低水平，并且货币量应该稳定增长。

帮助提示

1. **短期总供给与长期总供给**：在短期，资源价格不会因价格水平的变动而变动。有长期资源价格会因价格水平的变动而变动。这一区别导致了短期总供给曲线与长期总供给曲线的不同。当价格水平上升时，在短期资源价格不会变动。因为产品价格上升而成本不变，所以企业的利润会增加。这样，企业会投入更多的资源并提供更多的实际 GDP，所以，短期总供给曲线是向上倾斜的：随着价格水平的上升，实际 GDP 供给量会增加。

   在长期，资源价格会与价格水平以同样的比例变动，这就意味着，企业会发现其成本与其收益按照同样的比例变动。这两种影响彼此抵消了，所以，当价格水平上升时，企业的供给不会变动。因此，长期总供给曲线是一条垂直线。

习　题

■ 判断并解释

总 供 给

1. 在充分就业时，不存在失业。
2. 沿着 *LAS* 曲线，价格水平和资源价格的上涨都会导致产品和服务的总供给量增加。
3. 沿着 *SAS* 曲线，价格水平的上涨会导致产品和服务的总供给量增加。
4. 当资本量增加时，*LAS* 曲线和 *SAS* 曲线都会向右移动。
5. 引起 *SAS* 曲线移动的任何因素也会导致 *LAS* 曲线的移动。

总 需 求

6. 总需求等于消费支出、投资、政府购买及出口减去进口之和。
7. 根据财富效应，实际财产量越少，实际 GDP 需求量就越大。

8. “货币政策”这一术语是指，政府支付更多货币来购买更多产品和服务。

宏观经济均衡

9. 当实际 GDP 等于潜在 GDP 时，长期宏观经济均衡就会实现。
10. 在短期，预期的未来利润增加会导致价格水平上升和实际 GDP 增加。
11. 引起实际 GDP 持续增长的主要因素，就是导致长期总供给增加的主要因素。
12. 如果经济处于低于充分就业的均衡，那么，就存在着衰退性缺口。
13. 货币工资率的上升会导致短期总供给的增加，也就是会导致 *SAS* 曲线向右移动。
14. 如果总需求增加导致膨胀性缺口，那么，随着时间的推移，货币工资率就会随价格水平的上升而上升。
15. 如果总需求曲线向右移动的幅度大于短期总供给曲线向左移动的幅度，那么，价格水平会上升。
16. 如果总需求曲线和短期总供给曲线同时都向右移动，那么，实际 GDP 会增加。

宏观经济思想流派

17. 所有宏观经济思想流派都认为，经济会自我调节，不用干预就会在充分就业状态运行。

■ 单项选择题

总 供 给

1. 长期总供给是_____的实际 GDP 水平。
   a. 总需求总是等于短期总供给时
   b. 实现充分就业时
   c. 高于充分就业出现时
   d. 价格一定上涨时
2. _____上货币工资和价格水平会同比例变化。
   a. 在 *SAS* 曲线和 *LAS* 曲线
   b. 只在 *SAS* 曲线
   c. 只在 *LAS* 曲线
   d. 既不是 *SAS* 曲线，又不是 *LAS* 曲线
3. _____不是长期总供给将会增加的原因。
   a. 货币工资减少
   b. 人力资本增加
   c. 新技术的采用
   d. 资本的增加
4. 技术进步会导致_____。
   a. *SAS* 曲线和 *LAS* 曲线都向右移动
   b. *SAS* 曲线和 *LAS* 曲线都向左移动
   c. *SAS* 曲线向右移动，但 *LAS* 曲线不变
   d. *LAS* 曲线向右移动，但 *SAS* 曲线不变
5. 货币工资率的上升会导致_____。
   a. *SAS* 曲线和 *LAS* 曲线都向右移动
   b. *SAS* 曲线和 *LAS* 曲线都向左移动
   c. *SAS* 曲线向左移动，但 *LAS* 曲线不变
   d. *LAS* 曲线向右移动，但 *SAS* 曲线不变

总 需 求

6. *AD* 曲线表明，随着价格水平的下降，_____。
   a. 实际 GDP 需求量会增加
   b. 实际 GDP 需求量会减少
   c. *AD* 曲线会向右移动
   d. *AD* 曲线会向左移动
7. 随着价格水平的上升，实际财富量会_____，总需求量会_____。
   a. 增加；增加
   b. 增加；减少
   c. 减少；增加
   d. 减少；减少
8. _____属于货币政策。
   a. 政府改变其购买量
   b. 政府改变其税收水平
   c. 政府调整利率
   d. 政府为货币工资的调整筹措资金
9. _____引起 *AD* 曲线向右移动。
   a. 预期通货膨胀率上升
   b. 税收增加
   c. 价格水平下降
   d. 价格水平上升

宏观经济均衡

10. 短期宏观经济均衡出现在_____。
    a. 经济处在充分就业的实际 GDP 水平上
    b. *AD* 曲线与 *SAS* 曲线相交的实际 GDP 水平上
    c. *SAS* 曲线与 *LAS* 曲线相交的实际 GDP 水平上
    d. *AD* 曲线与 *LAS* 曲线相交的实际 GDP 水平上

根据表 11.1 回答下面 4 个问题。

表 11.1　选择题第 11 ~ 14 题

价格水平	总需求（2000 年 10 亿美元）	短期总供给（2000 年 10 亿美元）	长期总供给（2000 年 10 亿美元）
100	800	600	600
110	700	700	600
120	600	800	600
130	500	900	600

11. 在达到短期宏观经济均衡时，价格水平是______，实际 GDP 是______。
   a. 100；6 000 亿美元
   b. 110；7 000 亿美元
   c. 120；6 000 亿美元
   d. 130；6 000 亿美元
12. 在短期内，经济处于______。
   a. 充分就业均衡，而且资源价格不变
   b. 高于充分就业均衡，而且资源价格会上涨
   c. 高于充分就业均衡，而且资源价格会下降
   d. 低于充分就业均衡，而且资源价格会下降
13. 在短期均衡中，存在______。
   a. 1 000 亿美元的膨胀性缺口
   b. 500 亿美元的膨胀性缺口
   c. 500 亿美元的衰退性缺口
   d. 1 000 亿美元的衰退性缺口
14. 如果总需求和长期总供给都不发生变化，那么，在长期宏观经济均衡中，价格水平是______，实际 GDP 是______。
   a. 100；6 000 亿美元
   b. 110；7 000 亿美元
   c. 120；6 000 亿美元
   d. 130；6 000 亿美元
15. 持续的通货膨胀是由______引起的。
   a. *AD* 曲线持续向右移动
   b. *SAS* 曲线持续向右移动
   c. 长期总供给的增速倾向于快于总需求的增速
   d. *SAS* 曲线和 *AD* 曲线持续向左移动
16. 如果实际 GDP 大于潜在实际 GDP，那么，经济______。
   a. 没有处于宏观经济均衡状态
   b. 处于充分就业均衡
   c. 处于高于充分就业的均衡
   d. 处于低于充分就业的均衡
17. 低于充分就业均衡可能是______的结果。
   a. *AD* 曲线向右移动
   b. *SAS* 曲线向右移动
   c. *LAS* 曲线向左移动
   d. *AD* 曲线向左移动

利用图 11.4 回答下面 4 个问题。

图 11.4　单项选择题第 18 ~ 21 题

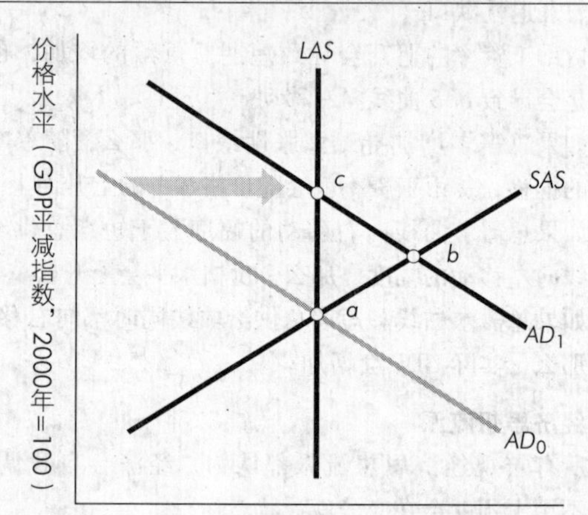

18. ______可能会导致 *AD* 曲线向右移动。
   a. 减少税收
   b. 减少投资
   c. 政府购买减少
   d. 提高货币工资
19. 在 *AD* 曲线移动到 AD_1 以后，新的短期宏观经济均衡位于______。
   a. *a* 点
   b. *b* 点
   c. *c* 点
   d. 图中没有用字母表示这一点
20. 在图 11.4 中，经济在向长期均衡移动的过程中，______。
   a. *LAS* 曲线向右移动
   b. *LAS* 曲线向左移动
   c. *SAS* 曲线向右移动
   d. *SAS* 曲线向左移动

21. 在 AD 曲线移动到 AD_1 以后，新的长期宏观经济均衡位于______。
   a. a 点
   b. b 点
   c. c 点
   d. 图中没有用字母表示这一点

宏观经济思想流派

22. ______认为，悲观主义或乐观主义的波动（动物精神）是影响总需求最重要的因素。
   a. 凯恩斯主义学派
   b. 古典主义学派
   c. 货币主义学派
   d. 凯恩斯主义学派和货币主义学派
23. ______认为，实际 GDP 总等于潜在 GDP。
   a. 凯恩斯主义学派
   b. 古典主义学派
   c. 货币主义学派
   d. 古典主义学派和货币主义学派
24. ______认为，衰退是由不合适的货币政策所引起的。
   a. 凯恩斯主义学派
   b. 古典主义学派
   c. 货币主义学派
   d. 古典主义学派和货币主义学派

■ 简答题

1. 为什么 LAS 曲线是一条垂直线？

图 11.5　简答题第 4 题

2. 为什么 SAS 曲线的斜率是正的？
3. 国际替代效应表明，价格水平的上涨会导致产品和服务总需求量减少。请解释其原因。
4. 在图 11.5 中，请画图表示经济处于长期均衡状态，并且生产处于充分就业的水平。请指出均衡的价格水平和均衡的实际 GDP 水平，以及潜在的实际 GDP 水平。
5. 在图 11.6 中，请画图表示经济处于短期均衡状态，并且生产处于低于充分就业的水平。请指出均衡的价格水平和均衡的实际 GDP 水平，并说明衰退性缺口的大小。

图 11.6　简答题第 5 题

图 11.7　简答题第 6 题

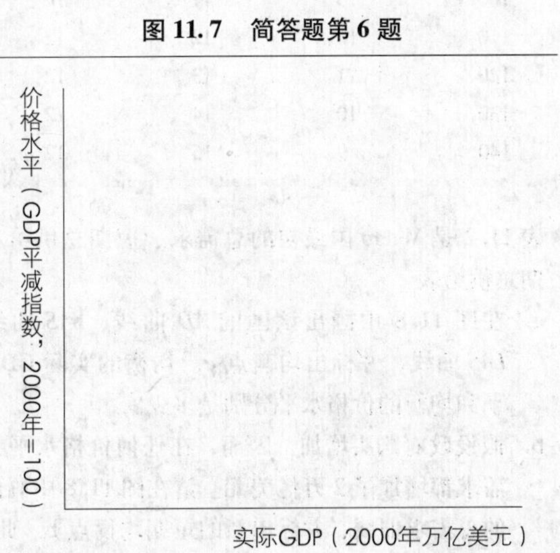

6. 在图 11.7 中，请画图表示经济处于短期均衡状态，并且生产处于高于充分就业的水平。请指出均衡的价格水平和均衡的实际 GDP 水平，并说明膨胀性缺口的大小。

图 11.8　简答题第 7 题

价格水平（GDP平减指数，2000年=100）
140
130
120
110
100
0
9　10　11　12　13　14　15
实际GDP（2000年万亿美元）

表 11.2　简答题第 7 题

价格水平	总需求（2000 年万亿美元）	短期总供给（2000 年万亿美元）	长期总供给（2000 年万亿美元）
100	13	11	12
110	12	12	12
120	11	13	12
130	10	14	12
140	9	15	12

7. 表 11.2 是 Macro 国最初的总需求、短期总供给和长期总供给表。
   a. 在图 11.8 中画出该国的 *AD* 曲线、*SAS* 曲线和 *LAS* 曲线，并标出均衡点 *a*。均衡的实际 GDP 水平和均衡的价格水平分别是多少？
   b. 假设政府购买增加，因而，在任何价格水平下总需求都增加了 2 万亿美元。请在图 11.8 中画出新的总需求曲线，并标出新的短期均衡点 b。此时，短期均衡的实际 GDP 水平和均衡的价格水平又分别是多少？
   c. 为什么点 *b* 不是长期均衡点？在你的答案中需要提及潜在的实际 GDP 水平，并说明点 *b* 代表的是高于充分就业均衡、充分就业均衡，还是低于充分就业均衡。如果存在膨胀性缺口或衰退性缺口，那么，请计算这一缺口的大小。
   d. 随着时间的推移，经济会如何回到长期均衡中？在图 11.8 中，画出你需要的其他曲线来说明这个问题，并在图中标出长期均衡点 *c*。长期均衡的实际 GDP 水平和价格水平分别是多少？

8. 假设 *AD* 曲线向右移动。在长期，这种移动会如何影响 *SAS* 曲线？为什么只有在长期 *SAS* 曲线才会发生变化？

9. 假定人们发现了提高生产率的新技术。在图 11.9 中，说明这些技术进步如何影响均衡的实际 GDP 水平和均衡的价格水平。

图 11.9　简答题第 9 题

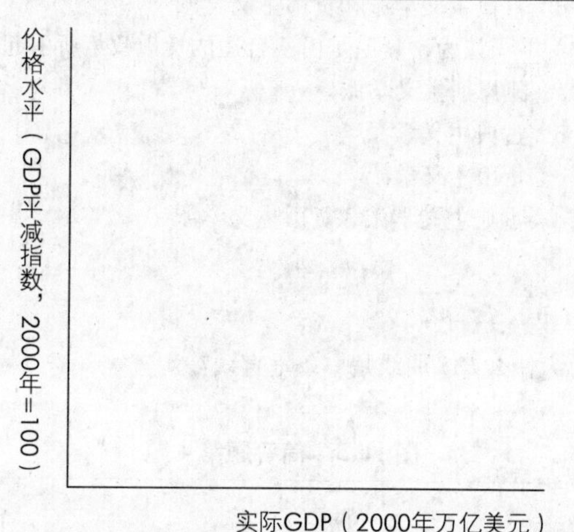

10. 凯恩斯主义经济学家普遍认为，政府的财政政策和货币政策是必要的。古典经济学家则普遍反对这种观点。请解释这两种对立观点。

■ 分析题

1. “我确实已经努力学习了，但我还是不明白，为什么价格水平的变化不会导致 *SAS* 曲线的移动。毕竟，当价格水平下降时企业似乎应该减少产量，而且这应该引起 *SAS* 曲线移动。此外，对如何使用总需求和总供给模型，我掌握得不好。我的确希望总需求和总供给模型并不是非常重要。这样，我就不会因为不知道如何使用它而感到非常痛苦。”事实上，你的朋友可能因不理解曲线的移动和沿着曲线的变动之间的区别而陷入深深的苦恼中。请你用 *AD* 曲线向左移动的一个例子，向你的朋友解释如何在短期内使用总需求和总供给模型，并解释为什么价格水平下降不会导致 *SAS* 曲线移动。

2. 在你帮助你的朋友解决了上面的问题之后，他又提出了一个问题：“我认为我已明白了这个问题。你刚才画的那张图确实非常有用。那张图是这个问题的最终结果吗？或者说，随着时间的推移，还有其他事情发生吗？”从根本上讲，你的朋友是想要你通过说明长期中的情况来进一步完成你对这个问题的解释。这样做会有助于你的朋友加深对总需求和总供给模型的理解。请另外画图来说明，在起初的总需求减少之后，在长期，会发生什么。

习题答案

■ 判断并解释

总 供 给

1. **错误** 即使在充分就业的情况下，也存在着失业，此时的失业率被称为自然失业率。
2. **错误** *LAS* 曲线是位于潜在 GDP 水平的一条垂直线。这表明，当价格水平和所有资源价格上涨时潜在 GDP 不会变动。
3. **正确** *SAS* 曲线向上倾斜，这意味着，价格水平的上升会引起实际 GDP 供给量的增加。
4. **正确** 资本存量增加会引起一个国家潜在的实际 GDP 增加，从而导致 *LAS* 曲线和 *SAS* 曲线都向右移动。
5. **错误** 货币工资的变化会引起 *SAS* 曲线移动，但是不会引起 *LAS* 曲线移动。只有当潜在 GDP 变化时，*LAS* 曲线才会移动。

总 需 求

6. **正确** 任何引起消费支出、投资、政府购买、出口或进口变化的因素都会影响总需求。
7. **错误** 实际财富量越少，实际 GDP 需求量就会越少，这是 *AD* 曲线斜率为负的一个原因。
8. **错误** 货币政策是指货币量或利率的变动。

宏观经济均衡

9. **正确** 在达到长期宏观经济均衡时，经济处于 LAS 曲线上。
10. **正确** 预期的未来利润增加会引起 *AD* 曲线向右移动，从而导致价格水平上升和实际 GDP 增加。
11. **正确** 随着一国潜在 GDP 的增长，长期总供给曲线会向右移动。
12. **正确** 衰退性缺口是实际 GDP 小于潜在 GDP 的量。
13. **错误** 货币工资增加会引起短期总供给减少（而非增加），这意味着 SAS 曲线向左（而非向右）移动。
14. **正确** 如果某经济的产出超过了潜在 GDP，那么，就业量就会超过充分就业量。此时，短缺的劳动市场会给货币工资施加上涨压力，因而，货币工资会上涨。
15. **正确** 只要 *AD* 曲线的移动幅度大于 *SAS* 曲线的移动幅度，价格水平就会上升。但是，如果 *SAS* 曲线的移动幅度大于 *AD* 曲线的移动幅度，那么，价格水平就会降低。
16. **正确** 二者的移动都会引起实际 GDP 增加。

宏观经济思想流派

17. **错误** 凯恩斯主义学派认为，经济不能自我调节，如果没有干预，那么经济几乎不能在充分就业水平运行。

■ 单项选择题

总 供 给

1. **b** 当经济实现充分就业时，长期总供给处于潜在 GDP 水平上。
2. **c** 沿着 *LAS* 曲线移动时，货币工资率和价格水平都以相同的比例而变化。（而沿着 *SAS* 曲线移动时，只有价格水平会变化）。
3. **a** 沿着 *LAS* 曲线，价格水平和货币工资率都会发生变化，所以，货币工资率的变化不会导致 *LAS* 曲线移动。
4. **a** 引起 *LAS* 曲线移动的任何因素，比如技术进步，也会导致 *SAS* 曲线移动。
5. **c** 货币工资率的变化会导致 *SAS* 曲线移动，但不会导致 *LAS* 曲线移动。

总 需 求

6. **a** 随着价格水平的下降，就会出现沿着不变的 *AD* 曲线向实际 GDP 需求量增加的方向移动。
7. **d** 实际财富等于财产总量除以价格水平，所以，当价格水平上升时，实际财富量会减少，反过来，实际财产量的减少又会导致实际 GDP 需求量的减少。
8. **c** 货币政策包括货币量和利率的变动。
9. **a** 预期通货膨胀率上升会引起人们目前的需求增加，以应对未来较高的预期价格。

宏观经济均衡

10. **b** *AD* 曲线和 *SAS* 曲线的交点决定了实际 *GDP* 和价格水平的均衡水平（在长期，*AD* 曲线与 *SAS* 曲线相交，而且二者还会与 *LAS* 曲线相交于一点）。
11. **b** 均衡的价格水平是 110，因为在此价格水平上，实际 GDP 需求量等于（短期）实际 GDP 供给量，在这里为 7 000 亿美元。
12. **b** 潜在 GDP 只有 6 000 亿美元，所以，当实际 GDP 大于潜在 GDP 时，经济处于高于充分就业的均衡中。

13. a　膨胀性缺口等于实际 GDP（7 000 亿美元）与潜在实际 GDP（6 000 亿美元）的差额。

14. c　在长期均衡中，价格水平处于总需求量等于潜在的实际 GDP 的水平（在长期，*SAS* 曲线会移动，因此，*SAS* 曲线会经过 *AD* 曲线与 *LAS* 曲线的交点）。

15. a　随着 *AD* 曲线向右移动，价格水平会上升，因此，*AD* 曲线持续向右移动会导致价格水平的持续上升；因而导致了通货膨胀。

16. c　无论何时，只要实际 GDP 大于潜在 GDP，经济就处于高于充分就业的均衡。

17. d　*AD* 曲线向左移动引起实际 GDP 减少，从而导致经济处于低于充分就业的均衡。

18. a　税收减少会引起消费支出增加，从而导致 *AD* 曲线向右移动。

19. b　短期均衡位于 *SAS* 曲线和 *AD* 曲线的交点处。

20. d　在点 *b* 处，实际 GDP 大于潜在 GDP，所以，点 b 是高于充分就业的均衡点。因而，货币工资率上涨与 *SAS* 曲线向左移动导致经济移动到（新的）长期均衡点。

21. c　*LAS* 曲线与 *AD* 曲线相交时，经济达到长期均衡。在长期，*SAS* 曲线会移动，所以，*SAS* 曲线会经过点 *c*。

宏观经济思想流派

22. a　凯恩斯主义者认为，基于动物本能（动物精神）的预期是总需求变动的主要因素。

23. b　古典经济学家认为，通过货币工资率的调整，实际 GDP 一直等于潜在 GDP。

24. c　货币主义者将衰退归结为货币量增长率的突然下降。

■ 简答题

1. 长期总供给是在充分就业时实际 GDP 的供给水平。因为这一水平的实际 GDP，即潜在 GDP 不依赖于价格水平的变化，所以，*LAS* 曲线是一条垂直线。当资源价格，比如货币工资率有足够的时间调整到重新实现所有资源市场的充分就业水平时，潜在的实际 GDP 就可以实现。

2. *SAS* 曲线的斜率为正，因为生产资源的价格保持不变，所以，沿着 *SAS* 曲线，当价格水平上升时，企业的产品价格上升了，但其投入品的价格（成本）却保持不变。这样，企业都会增加产出，因为这样做可以增加利润。因此，当企业增加产出时，总产出（实际 GDP）就会增加。

3. 国际替代意味着国内生产的产品替代国外生产的产品，或与之相反的情况。如果国内产品的价格上涨而外国产品的价格保持不变，那么国内产品就变得相对昂贵了，所以，居民会减少国内产品的购买量，而增加国外产品的购买量。这种替代会导致实际（国内的）GDP 减少，因此，价格水平（国内产品价格）上涨会通过国际价格效应导致（国内）产品和服务的总需求量下降。相反，价格水平下降会导致对国内产品和服务的总需求量增加。

图 11.10　简答题第 4 题

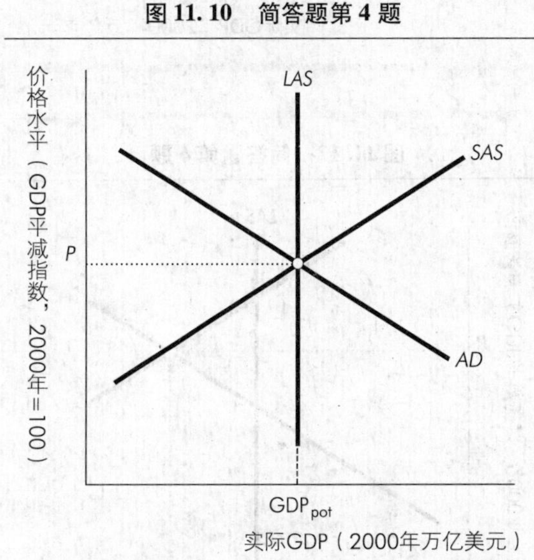

4. 图 11.10 表示处于充分就业均衡中的长期经济。均衡的价格水平是 *P*，均衡的实际 GDP 水平是 GDP_{pot}，潜在的实际 GDP 也等于 GDP_{pot}。

5. 图 11.11 表示低于充分就业均衡的经济。价格水平是 *P*，均衡的实际 GDP 水平是 GDP。衰退性缺口是潜在的实际 GDP（GDP_{pot}）与实际 GDP 的差额，在图 11.11 中，它等于箭头所示的长度。

6. 图 11.12 表示高于充分就业均衡的短期经济。均衡的价格水平是 *P*，均衡的实际 GDP 是 GDP。膨胀性缺口是实际 GDP 与潜在的实际 GDP，即 GDP_{pot} 的差额。膨胀性缺口在图中用箭头所示的长度表示。

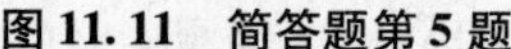

图 11.11　简答题第 5 题

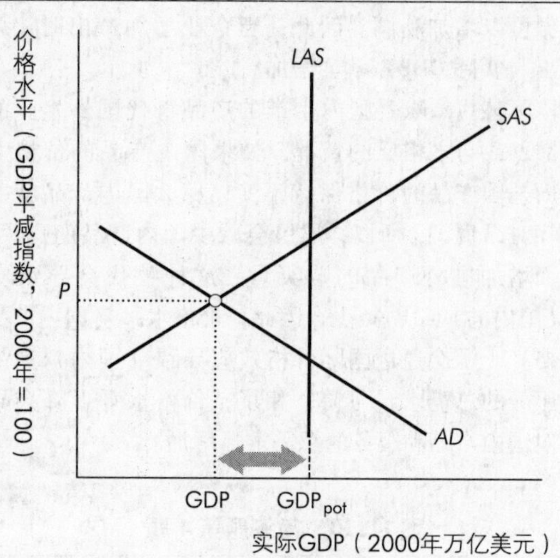

图 11.12　简答题第 6 题

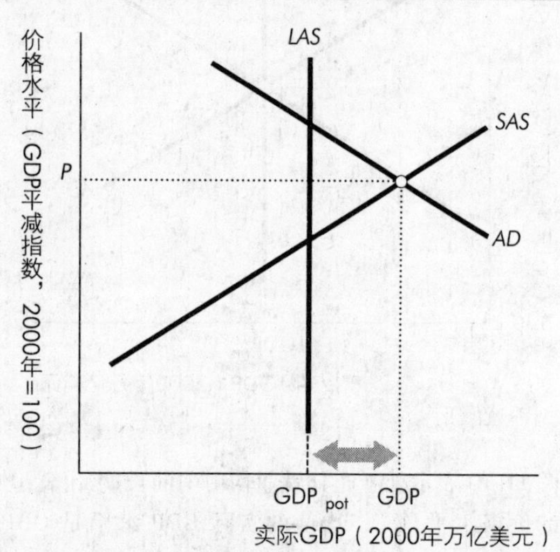

7. a. 图 11.13 显示了起初的总需求曲线（AD_0）、起初的短期总供给曲线（SAS_0）和长期总供给曲线（*LAS*）。点 *a* 是总需求曲线与短期总供给曲线相交的均衡点。因为该点位于 *LAS* 曲线上，所以，它也是长期均衡点。均衡的价格水平为 110，这是因为在这个价格水平上，总需求量等于总供给量。均衡的实际 GDP 水平是 12 万亿美元。

   b. 正如图 11.13 所示，政府购买增加引起总需求曲

图 11.13　简答题第 7（a）和（b）题

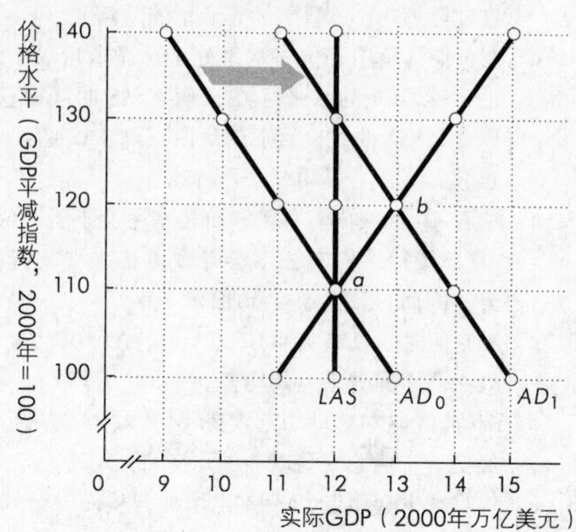

线从 AD_0 移动到 AD_1。在图中，*b* 点表示新的短期均衡点。均衡的价格水平上升到了 120，均衡的实际 GDP 增加到了 13 万亿美元。

   c. 点 *b* 不可能是长期均衡点，这是因为此时经济的产出高于潜在的实际 GDP。*LAS* 曲线表示潜在的实际 GDP 为 12 万亿美元，所以，在图 11.13 中，点 *b* 代表的是高于充分就业的均衡。在图 11.13 中，膨胀性缺口是实际 GDP 与潜在的实际 GDP 的差额，等于 1 万亿美元。

图 11.14　简答题第 7（d）题

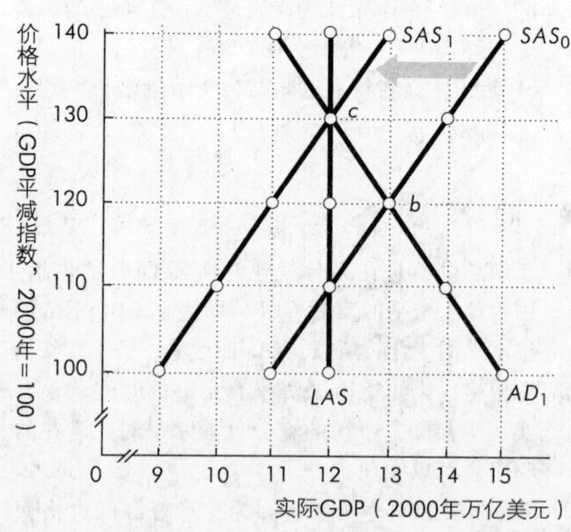

d. 正如在问题（c）的答案中所描述的那样，点 b 所表示的短期均衡是高于充分就业的均衡。此时的失业率低于自然失业率。劳动市场（和其他资源市场）短缺的结果是，货币工资率（和其他资源价格）会上涨。当货币工资率上涨时，短期总供给曲线就向左移动。图 11.14 说明了这一变化过程。在此过程中，短期总供给曲线从 SAS_0 移动至 SAS_1。当短期总供给曲线为 SAS_1 时，经济实现新的长期均衡，均衡点是点 *c*。在点 *c* 处，价格水平是 130，而实际 GDP 回到潜在的实际 GDP 水平——12 万亿美元。

8. *AD* 曲线右移引起价格水平上升。在短期，货币工资率不变，而在长期，货币工资率会上升，以反映出价格水平的上升影响。因此，在长期，货币工资率会引起 *SAS* 曲线向左移动。但在短期，该曲线不会移动，这是因为货币工资率不会立即对价格上升做出反应。起初，价格上升但货币工资率不变。但经过一段时间，工人会要求提高工资，以弥补他们必须为购买价格较高的产品和服务所增加的支付。因此，在长期，货币工资率会随着价格的上涨而上升。

图 11.15　简答题第 9 题

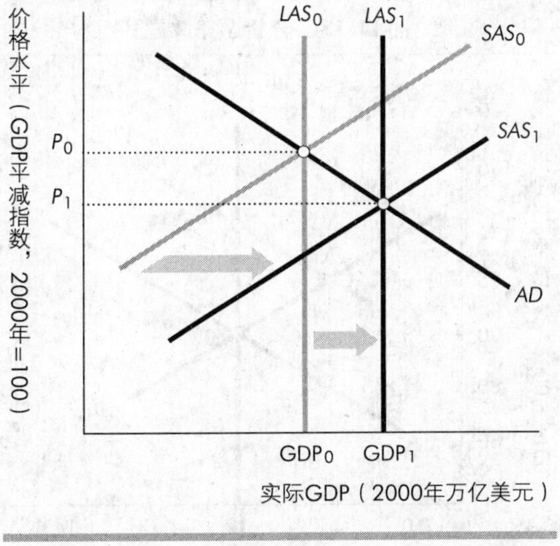

9. 如图 11.15 所示，技术进步会引起 *LAS* 曲线和 *SAS* 曲线都向右移动，但是 *AD* 曲线不会移动。因此，均衡的价格水平从 P_0 下降至 P_1，均衡的实际 GDP 水平从 GDP_0 增加至 GDP_1。

10. 凯恩斯主义经济学家认为，如果不实施政府的财政政策与货币政策，那么，经济几乎不能在充分就业水平运行。然而，古典经济学家却认为，经济能够自我调节，并且总在充分就业状态运行。因此，不必采用政府的财政政策和货币政策来促使经济达到充分就业状态，因为经济本来就处于充分就业。

■ 分析题

1. “使用总需求和总供给模型是非常重要的，因为这一章都在讲这个问题，而且在你浏览以下几章时，将会看到许多总需求和总供给图形。所以，你必须掌握这个模型，否则，过一段时间你就跟不上课程进度了。

“以下是解决你的难题的方法：价格水平的变化不会导致 *AD* 曲线或 *AS* 曲线的移动，相反，*AD* 曲线或 *AS* 曲线的移动会导致价格水平的变化。

“我们举例来解释这一点。我需要绘制一张图——不妨称为图 11.16。在该图中，起初的均衡点为 *a*，因为在点 *a* 是起初的总需求曲线 AD_0 与短期总供给曲线 SAS_0 的交点。

图 11.16　分析题第 1 题

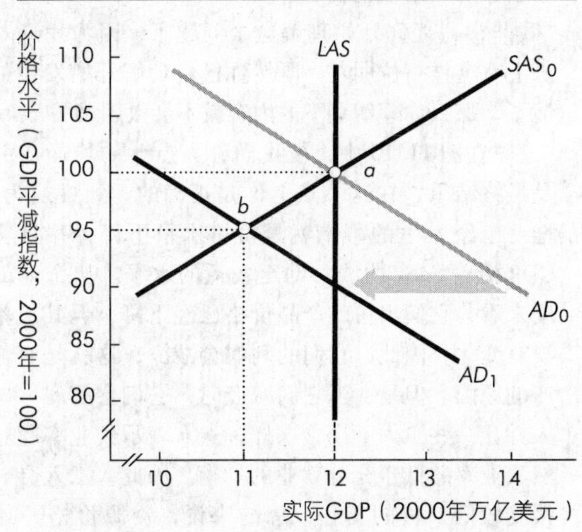

“当企业对未来的利润失去信心时，我们来分析，在我们的模型中会发生什么变化。预期来自新投资的未来利润下降就会引起总需求减少，这就意味着总需求曲线会从 AD_0 左移至 AD_1。

“通过假设曲线 AD_0 从本页中删除，所以该曲线不再存在，你可以更好地理解接下来发生的情况。我的意思是，这种假设是非常合理的，这是因为毕竟所有导致该曲线存在的因素都已不复存在了！现在，在没有任何调整之前，只有曲线 SAS_0 和 AD_1，而且价格水平为 100。在这个价格水平上，产品和服务会有剩余：从曲线 SAS_0 看，实际 GDP 供给量等于 12 万亿美元，而从曲线 AD_1 看，实际 GDP 需求量只有 10 万亿美元。这时，企业会发现其库存增加了。在这种情况下，企业会降低价格以卖出产品，价格水平也随之下降了。一旦价格水平达到 95，产品剩余就不复存在，企业也会停止降价。因此，就达到了新的均衡，此时的价格水平为 95，实际 GDP 为 11 万亿美元。

"这里的关键在于，因为 *AD* 曲线移动，价格水平下降，而价格水平下降却不会导致 *AD* 曲线移动。而且，价格水平下降也不会引起 *SAS* 曲线的移动。如果你愿意，你可以认为我们已经沿着 SAS_0 曲线从点 *a* 移动到了点 *b*（即从原来的均衡点移至新的均衡点），但关键的问题是，*SAS* 曲线并没有移动！毕竟，曲线 SAS_0 表明：当价格水平为 100 时，产品和服务的供给量是 12 万亿美元；当价格水平为 95 时，产品和服务的供给量是 11 万亿美元。*SAS* 曲线的斜率——不是 *SAS* 曲线的移动——表明：当价格水平下降时，产品和服务的供给量也会下降。"

2. "我非常高兴你开始理解这个问题了，因为我喜欢在班上有这样一位朋友。既然你已经理解开始发生的事情了，那么你理解剩下的内容就不会太困难了。

"在图 11.16 中，被我们称为点 b 的均衡点并不是最终结果，在这一点上你是正确的。到目前为止，惟一已经发生的事情就是价格水平下降，并且实际 GDP 沿着 SAS_0 曲线移动至较低的水平。从企业的角度来看，它们出售的产品价格已经下降，但其成本并没有变化，因此，它们的利润会减少，这就是它们减产的原因。但是，当它们减产时，它们会解雇一些工人并让一些工人下岗，这样，点 *b* 表示失业率超过自然失业率的低于充分就业的均衡。因此，工人会开始接受较低工资的工作，总的来说，资源价格开始下降。

"无论何时我们处在低于充分就业的均衡状态下，这种类型的调整都会发生。当资源价格，比如货币工资率下降时，企业会发现其利润开始回升。这样，即使价格水平不变，企业也愿意增加产品和服务的供给量。例如，即使价格水平位于 95，因为成本下降了，企业也愿意生产超过 11 万亿美元的产品和服务。为了反映出这种变化，*SAS* 曲线会向右移动。只要货币工资率继续下降，*SAS* 曲线就会继续向右移动。

"假设最终 *SAS* 曲线从 SAS_0 移动至 SAS_1，如图 11.17 所示。这种情况与图 11.16 的情况类似，正如一旦起初的总需求曲线 AD_0 不再相关，我们就可以将其删除一样，在图 11.17 中，我们也可以把曲线 SAS_0 删除。因为货币工资率的下降导致现在的 SAS_1 曲线成为相关的曲线。所以，图 11.17 表明新的均衡点为 *c*，此时 SAS_1 与 AD_1 相交。价格水平是 90，实际 GDP 是 12 万亿美元。

"新的实际 GDP 水平位于 *LAS* 曲线上，即新的均衡的 GDP 水平等于潜在的实际 GDP。此时的状态为充分就业均衡，所以，失业回到了自然失业率的水平，同时，货币工资率下降的压力消除了。所以，货币工资率会停止下降，这又意味着 *SAS* 曲线停止向右移动。因此，点 *c* 是新的长期均衡点。与起初的均衡点 *a* 相比，在点 *c*，一旦所有的调整完成，我们可以看出，价格水平下降了（即由 *a* 点处的 100 降为 *c* 点处的 90），但在这两种情况下，实际 GDP 是相同的（都是 12 万亿美元）。"

图 11.17　分析题第 2 题

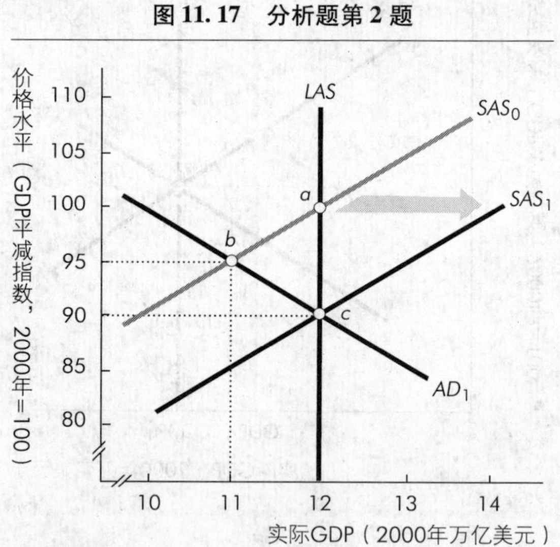

小测验

1. ______是一条垂直线。
   a. *AD* 曲线
   b. *SAS* 曲线
   c. *LAS* 曲线
   d. 以上选项都不正确
2. ______，SAS 曲线向右移动。
   a. 当价格水平上升时
   b. 当价格水平下降时
   c. 当货币工资率上升时
   d. 当潜在 GDP 水平增加时
3. 货币工资率的变化会导致______。
   a. *AD* 曲线移动
   b. *SAS* 曲线移动
   c. *LAS* 曲线移动
   d. 沿着 *SAS* 曲线的变动
4. 短期均衡总是处于______。
   a. *AD* 曲线与 *LAS* 曲线的交点
   b. *LAS* 曲线与 *SAS* 曲线的交点
   c. *AD* 曲线与 *SAS* 曲线的交点
   d. 以上选项都不正确，因为短期均衡点一直都在移动
5. ______，总需求会增加。
   a. 当投资支出增加时
   b. 当政府支出增加时
   c. 当净出口增加时
   d. 以上选项都正确
6. 短期总供给增加了，因此，价格水平会______，实际 GDP 会______。
   a. 上升；增加
   b. 上升；减少
   c. 下降；增加
   d. 下降；减少
7. ______，就会出现膨胀性缺口。
   a. 当 GDP 低于充分就业的 GDP 时
   b. 当 GDP 等于充分就业的 GDP 时
   c. 当 GDP 大于充分就业的 GDP 时
   d. 当 *AD* 曲线向左移动时
8. ______不是 *AD* 曲线向下倾斜的原因之一。
   a. 财富效应
   b. 时际替代效应
   c. 国际替代效应
   d. 实际工资效应
9. 在短期，石油价格的暂时上涨会导致价格水平______和实际 GDP ______。
   a. 上涨；增加
   b. 上涨；减少
   c. 下降；增加
   d. 下降；减少
10. ______不会引起 *AD* 曲线移动。
    a. 货币量减少
    b. 消费支出增加
    c. 税收增加
    d. 价格水平上升

本小测验的答案请参见第 225 页

第 12 章　支出乘数：凯恩斯模型

关键概念

■ 固定价格与支出计划

在极短的时期内，企业的产品和服务价格是固定的，而且企业出售产品和服务的数量取决于需求。因此：

- 价格水平是固定的。
- GDP 由总需求决定。

计划总支出（aggregate planned expenditure）等于计划的消费支出、计划的投资、计划的政府购买支出以及计划的出口减去计划的进口之和。

GDP 与计划总支出存在着双向联系：实际 GDP 的增加会引起计划总支出增加；计划总支出的增加又会引起实际 GDP 的增加。

消费支出（C）和储蓄（S）取决于**可支配收入**（disposable income，YD，等于总收入减去税收加上转移支付）、实际利率、财富和预期的未来收入。

消费函数（consumption function）是消费支出与可支配收入之间的关系。图 12.1 说明了消费函数。

- 可支配收入为零时的消费支出（图 12.1 中为 1 万亿美元）被称为自发消费。消费支出中超出自发消费的部分被称为引致消费。
- **边际消费倾向**（marginal propensity to consume，MPC）是指可支配收入变动量中用于消费的比例，或 $MPC = C/YD$，这里“Δ”表示“变动量”。
- 消费函数的斜率等于 MPC。美国消费函数的斜率大约为 0.9。
- 实际利率、财富和预期的未来收入的变动会引起消费函数的移动。

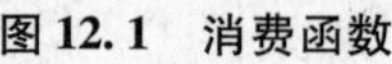
图 12.1　消费函数

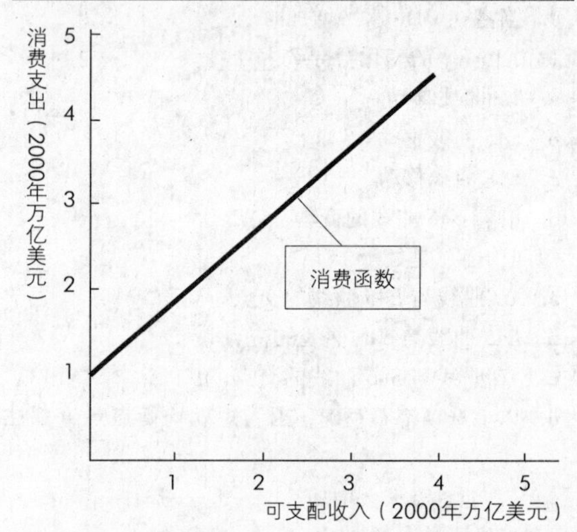

当实际 GDP 变化时，消费支出也会变化，因为实际 GDP 的变化会引起可支配收入的变化。

储蓄函数（saving function）是储蓄与可支配收入之间的关系。**边际储蓄倾向**（marginal propensity to save，MPS）是指可支配收入变动量中用于储蓄的比例，或 $MPS = S/YD$。

MPC 与 MPS 之和等于 1。

本国进口在极短的时期内主要由美国的 GDP 决定。**边际进口倾向**（marginal propensity to import）是实际 GDP 的增加量中用于进口的比例。

■ 固定价格水平下的实际 GDP

总支出表表明，计划总支出如何依赖于实际 GDP。总支出曲线是根据总支出表画出来的。图 12.2 说明了总支出曲线，$AE = C + I + G + NX$，这里，NX 表示出口减进口。

图 12.2　总支出

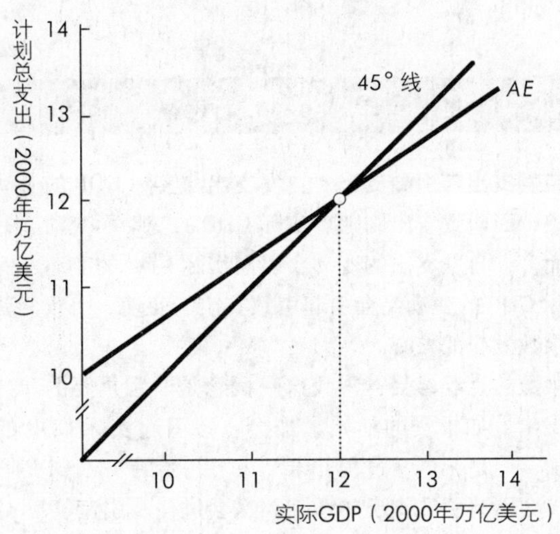

- **引致支出**（induced expenditure）是总支出中随着 GDP 的变动而变动的各组成部分之和（消费支出减去进口）。
- **自发支出**（autonomous expenditure）是总支出中不随实际 GDP 的变动而变动的各组成部分之和。在图 12.2 中，自发支出是 10 亿美元。

均衡支出（equilibrium expenditure）是当计划总支出等于实际 GDP 时的总支出水平。在图 12.2 中，均衡支出位于 45°线与 *AE* 曲线的交点处，或 12 万亿美元。

- 如果实际 GDP 大于均衡支出，那么，非计划存货会增加；如果实际 GDP 小于均衡支出，那么，非计划存货就会减少。

■ 乘　数

自发支出的变动会引起引致支出的额外变动。**乘数**（multiplier）是由自发支出变动量引起均衡支出和实际 GDP 变动量的倍数。乘数大于 1，因为自发支出的变动也会引起引致支出的变动。

- 如果不考虑所得税和进口，那么，乘数等于 1/（1 − *MPC*），或者等于 1/*MPS*。
- 所得税和进口会导致乘数变小。
- 进口和所得税导致 *AE* 曲线的斜率减小。在考虑所得税和进口时，乘数等于：

1/（1 − *AE* 曲线的斜率）。

- 当自发支出增加，而且由于乘数效应会引起均衡支出增加，从而就出现了经济周期中的扩张阶段。当自发支出减少时，就出现了经济周期中的衰退阶段。

■ 乘数与价格水平

总支出曲线（*AE*）表明计划总支出与实际 GDP 之间的关系；*总需求曲线*（*AD*）表明产品和服务的总需求量与价格水平的关系。*AD* 曲线是由 *AE* 曲线推导出来的。

- 价格水平的上升会引起 *AE* 曲线向下移动和均衡支出减少。

图 12.3　价格水平的上升与 *AE* 曲线

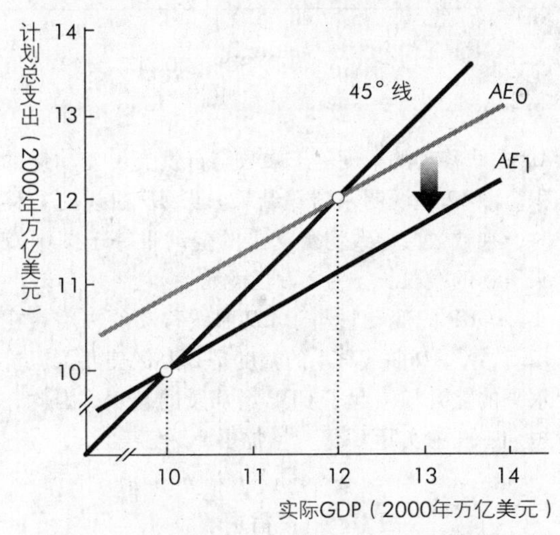

- 图 12.3 说明了这样的一个结果：当价格水平由 130 上升至 170 时，总支出曲线由 AE_0 移动至 AE_1，均衡支出由 12 万亿美元减少至 10 万亿美元。
- 图 12.3 说明了，当价格水平是 130 时，总需求量是 12 万亿美元；当价格水平是 170 时，总需求量是 10 万亿美元。这是图 12.4 中 *AD* 曲线上的两个点。
- 价格水平的上升导致沿着总需求曲线的移动。图 12.4 说明了，当价格水平从 130 上升到 170 时，如何导致沿着 *AD* 曲线从点 *a* 移动至点 *b*。当价格水平变动时，*AD* 曲线不会移动。
- 当自发支出除了因价格水平变动以外的任何其他因素变动而变动时，*AD* 曲线会移动。例如，投资的变动或政府支出的变动都会引起 *AD* 曲线移动。

图 12.4 价格水平的上升与 *AD* 曲线

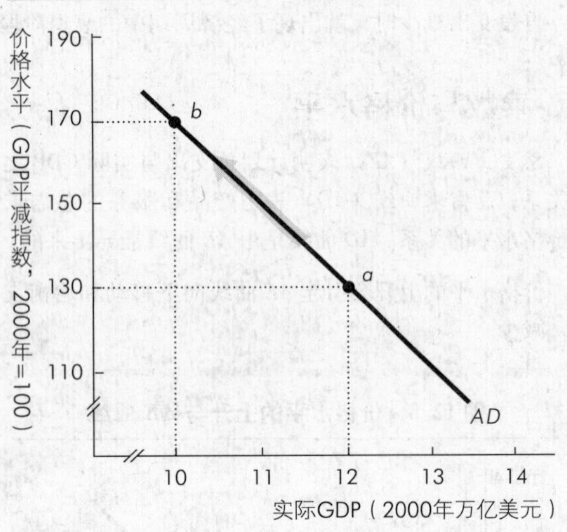

- *AD* 曲线移动的幅度等于乘数与自发支出变动量的乘积。图 12.5 说明了这一结果。当 *AD* 曲线向右移动时，乘数效应导致均衡支出的变动量等于图中双箭头所示的线段长，为 2 万亿美元。
- 实际 GDP 的变动量小于 *AD* 曲线移动的幅度。在图 12.5 中，*AD* 曲线移动的幅度是 2 万亿美元。但价格水平的上升却引起了 GDP 增加量的减少；因此，在短期，图中实际 GDP 只增加了 1 万亿美元。

图 12.5 总需求增加

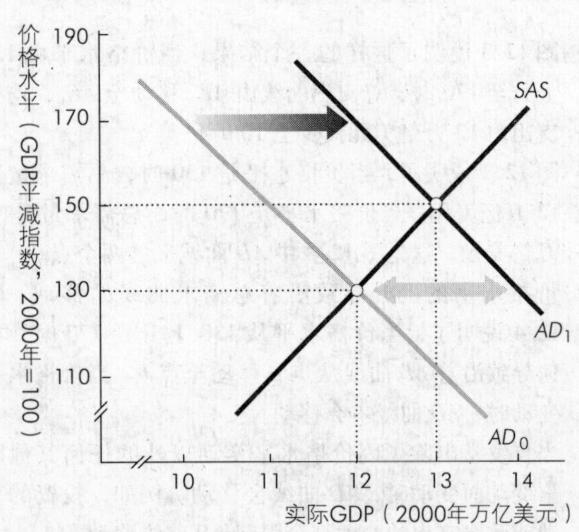

- 在长期，实际 GDP 会回到潜在的实际 GDP 水平，而且不会因为总需求的变动而变动。在长期，乘数是零。

帮助提示

1. **自发支出与引致支出**：自发支出与实际 GDP 的变动无关，而引致支出则随着实际 GDP 的变动而变动。一般而言，自发支出的变动会引起实际 GDP 的变动，而实际 GDP 的变动又会引起引致支出的变动。引致变动是乘数效应的核心。
2. **乘数的直观感受**：乘数这一概念是非常重要的。自发支出，如投资的初始增加会直接引起实际 GDP 的增加，但是，这一过程并未结束。初始的实际 GDP 增加又会引起引致支出的增加，这会进一步引起实际 GDP 的增加，因而还会进一步引起（引致）支出的增加。因为自发支出的增加引起实际 GDP 的增加，进而引起可支配收入的提高，从而就出现了引致支出。例如，用于购买电脑的投资增加，会引起受雇于生产额外电脑的工人的收入增加。接着，可支配收入的增加又会引起工人（引致）消费支出的增加。
3. **乘数与总供给曲线**：乘数说明了均衡支出的变动。所以，如果乘数为 5.0，投资（自发支出的组成部分）增加了 100 亿美元，那么，均衡支出就增加了 500 亿美元。

   然而，均衡支出增加 500 亿美元并不一定意味着，均衡的实际 GDP 也增加 500 亿美元。均衡的实际 GDP 的变动取决于总需求与总供给的相互作用。均衡支出增加 500 亿美元意味着 *AD* 曲线向右移动 500 亿美元，但是，这一移动过程仅是整幅图的一部分。考虑到总供给曲线后，实际 GDP 的增加量可能接近 500 亿美元（如果 *SAS* 曲线相对比较平缓的话），也可能少于 500 亿美元（究竟比 500 亿美元少多少，这取决于 *SAS* 曲线的斜率）。

习 题

■ 判断并解释

固定价格与支出计划

1. 可支配收入的变化会引起消费函数移动。
2. 边际消费倾向等于消费除以可支配收入。

3. 边际消费倾向与边际储蓄倾向之和等于 1。

固定价格水平下的实际 GDP

4. 当实际 GDP 增加时，沿着总支出曲线引致支出增加了。
5. 计划总支出可能与实际总支出不同。
6. 当计划总支出等于实际 GDP 时，就达到了均衡支出。
7. 当计划总支出大于实际 GDP 时，存货就会增加至超过计划存货的水平。

乘　数

8. 自发支出的增加会导致引致消费支出的增加。
9. 在没有税收和进口的情况下，乘数等于 1/（1 - *MPS*）。
10. 边际消费倾向越大，乘数就越小。
11. 如果 *AE* 曲线的斜率为 0.8，那么，乘数就等于 5.0。

乘数与价格水平

12. 投资增加会引起总支出曲线向上移动，总需求曲线向右移动。
13. 在短期，10 亿美元投资支出的增加，会引起均衡的 GDP 的增加额超过 10 亿美元。
14. 在长期，10 亿美元投资支出的增加，会引起均衡的 GDP 的增加额超过 10 亿美元。

■ 单项选择题

固定价格与支出计划

图 12.6　单项选择题第 1 题

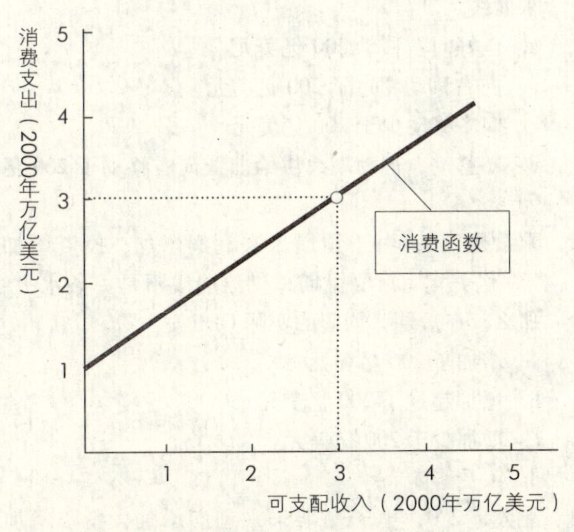

1. 在图 12.6 中，边际消费倾向（*MPC*）等于______。
   a. 1.00
   b. 0.90
   c. 0.67
   d. 3 万亿美元
2. 可支配收入变动量中用于储蓄的比例被称为______。
   a. 边际消费倾向
   b. 边际储蓄倾向
   c. 边际税率
   d. 以上选项都不正确
3. 边际消费倾向加上边际储蓄倾向等于______。
   a. 1
   b. 0
   c. 介于 0 和 1 之间的某一数字
   d. 不介于 0 和 1 之间的某一数字
4. 当______时，消费支出增加。
   a. 利率上升
   b. 价格水平上升
   c. 实际 GDP 增加
   d. 储蓄增加
5. ______会引起一个家庭储蓄量的增加。
   a. 该家庭当前的可支配收入减少
   b. 该家庭预期的未来收入增加
   c. 该家庭净税收增加
   d. 该家庭预期的未来收入减少
6. ______会引起消费函数向下移动。
   a. 当前可支配收入的增加
   b. 预期的未来收入增加
   c. 财富增加
   d. 财富减少
7. 预期的未来收入增加会引起消费支出______和储蓄______。
   a. 增加；增加
   b. 增加；减少
   c. 减少；增加
   d. 减少；减少

固定价格水平下的实际 GDP

8. 总支出曲线表示计划总支出与______的关系。
   a. 政府支出
   b. 实际 GDP
   c. 利率
   d. 价格水平

9. 自发支出不受______的影响。
   a. 利率
   b. 税收
   c. 实际 GDP
   d. 任何变量
10. 如果非计划存货增加，那么，计划总支出______。
   a. 大于实际 GDP，企业会增加其产出
   b. 大于实际 GDP，企业会减少其产出
   c. 小于实际 GDP，企业会增加其产出
   d. 小于实际 GDP，企业会减少其产出
11. 如果计划总支出大于实际 GDP，那么，在短期内，______。
   a. 计划总支出将会增加
   b. 实际 GDP 将会增加
   c. 价格水平将会降至均衡水平
   d. 出口将会降至均衡水平

乘　数

12. 如果投资增加了 200 美元，与之相对应的均衡支出增加了 800 美元，那么______。
   a. 乘数是 0.25
   b. 乘数是 4.0
   c. 总支出曲线的斜率是 0.25
   d. 以上选项都不正确
13. 乘数等于______。
   a. 1/*AE* 曲线的斜率
   b. *MPC*/（1 - *MPC*）
   c. *MPS*/*MPC*
   d. 1/（1 - *AE* 曲线的斜率）
14. 如果 AE 曲线的斜率为 0.80，那么，乘数等于______。
   a. 10.0
   b. 5.0
   c. 2.0
   d. 0.5
15. 如果 *AE* 曲线的斜率为 0.75，那么，乘数等于______。
   a. 1.33
   b. 1.50
   c. 2.00
   d. 4.00
16. 自发支出的增加会引起总支出曲线______。
   a. 向上移动，但其斜率不变
   b. 向上移动，该曲线更为陡峭
   c. 向上移动，该曲线更为平缓
   d. 向下移动，该曲线更为陡峭
17. 所得税增加会引起乘数______。
   a. 增加
   b. 不变
   c. 减少
   d. 有时增加，有时减少
18. 当______时，经济衰退开始。
   a. 乘数因为边际消费倾向的下跌而下降
   b. 自发支出增加
   c. 自发支出减少
   d. 边际消费倾向增加，从而导致乘数增加

乘数与价格水平

19. 价格水平的上升会引起总支出曲线______和均衡支出______。
   a. 向上移动；增加
   b. 向上移动；减少
   c. 向下移动；增加
   d. 向下移动；减少
20. 价格水平下降会导致______。
   a. 总支出曲线向下移动和沿着总需求曲线的变动
   b. 总支出曲线向上移动和总需求曲线向右移动
   c. 总支出曲线向上移动和沿着总需求曲线的变动
   d. 沿着总支出曲线和沿着总需求曲线的变动
21. 乘数是 2.0，由于预期未来利润增加，投资增加了 100 亿美元。那么，投资增加和乘数效应会导致总需求曲线______。
   a. 正好向右移动 200 亿美元
   b. 向右移动超过了 200 亿美元
   c. 向右移动少于 200 亿美元
   d. 不移动，但短期总供给曲线向右移动了 200 亿美元
22. 乘数是 2.0，由于预期未来利润增加，投资增加了 100 亿美元。只要短期总供给曲线不是一条水平线，那么，在短期，均衡的实际 GDP ______。
   a. 增加了 200 亿美元
   b. 增加超过了 200 亿美元
   c. 增加少于 200 亿美元
   d. 不受影响
23. 乘数是 2.0，由于预期未来利润增加，投资增加了 100 亿美元。如果潜在的实际 GDP 不受影响，那么，

在长期，均衡的实际 GDP ______。

a. 增加了 200 亿美元
b. 增加超过了 200 亿美元
c. 增加少于 200 亿美元
d. 不受影响

24. 投资增加了 100 亿美元。在短期，______会增加这一变化对均衡实际 GDP 的影响。

a. 边际消费倾向较小
b. 所得税的存在
c. 短期总供给曲线更为陡峭
d. 短期总供给曲线更为平缓

■ 简答题

1. 为什么边际消费倾向与边际储蓄倾向之和一定等于 1？请加以解释。
2. 自发支出与引致支出有何区别？
3. 假设计划总支出大于实际 GDP，从而存货减少。如果价格具有粘性，那么，请你解释一下实现均衡支出的过程。
4. 表 12.1 给出了 Woodstock 国家的总支出构成。所有数量均以 2000 年 10 亿美元为计，并且该国不存在对外贸易，也不存在税收。

表 12.1　总支出的构成（单位：2000 年 10 亿美元）

实际 GDP	消费支出	投　资	政府支出
0.5	0.2	0.3	0.2
1.0	0.6	0.3	0.2
1.5	1.0	0.3	0.2
2.0	1.4	0.3	0.2
2.5	1.8	0.3	0.2

a. 在图 12.7 中，画出总支出各组成部分的曲线。
b. 完成表示该国总支出的表 12.2。
c. 利用表 12.2 中的数据，在图 12.7 中画出总支出曲线 *AE*。
d. 在图 12.7 中画出一条 45°线，该国的均衡支出是多少？
e. 利用图 12.7 或表 12.1 来确定均衡的消费支出量、投资量与政府支出量。

5. 继续以 Woodstock 国为例，投资增加 1 亿美元至 4 亿美元，如表 12.3 所示。

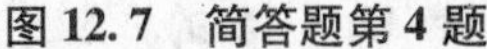

图 12.7　简答题第 4 题

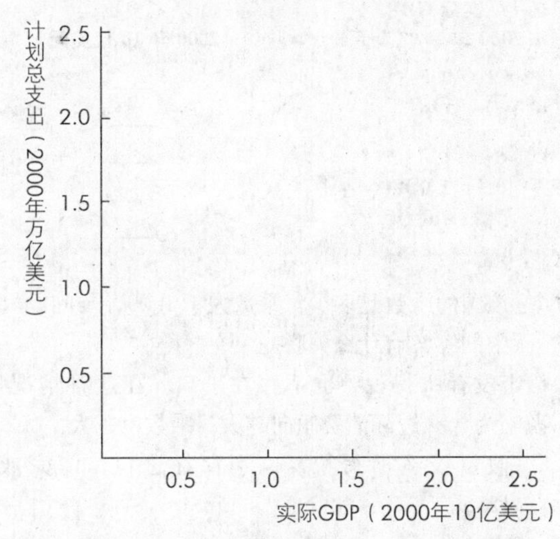

表 12.2　总支出

实际 GDP（2000 年 10 亿美元）	总支出（2000 年 10 亿美元）
0.5	____
1.0	____
1.5	____
2.0	____
2.5	____

表 12.3　新的总支出构成（单位：2000 年 10 亿美元）

实际 GDP	消费支出	投　资	政府购买
0.5	0.2	0.4	0.2
1.0	0.6	0.4	0.2
1.5	1.0	0.4	0.2
2.0	1.4	0.4	0.2
2.5	1.8	0.4	0.2

a. 考虑投资增加这一因素，完成表示该国的总支出表 12.4。
b. 新的均衡支出水平是多少？均衡的消费支出增加了多少？均衡的投资增加了多少？均衡的政府支出增加了多少？
c. 与第 4 题相比，消费支出增加了多少？投资增加了多少？政府支出增加了多少？

表 12.4 新的总支出

实际 GDP（2000 年 10 亿美元）	总支出（2000 年 10 亿美元）
0.5	___
1.0	___
1.5	___
2.0	___
2.5	___

d. 该国的乘数是多少？乘数大于 1.00，与问题（c）中的答案有什么关联？

6. 假定没有所得税，也不存在进口。在这种情况下，说明为什么边际消费倾向越大，乘数也越大。

7. a. 假定没有所得税，也不存在进口，请完成表 12.5。

表 12.5 边际消费倾向、边际储蓄倾向与乘数

边际消费倾向	边际储蓄倾向	乘 数
0.9	___	___
0.8	___	___
0.7	___	___
0.6	___	___
0.5	___	___

b. 根据表 12.5 的数据说明，边际消费倾向减少如何影响乘数？

8. 岛国 Wet 总支出曲线的斜率是 0.75。
   a. 投资增加 200 亿美元，在价格变化之前，均衡支出的变动量是多少？
   b. 总需求曲线会移动多少？向什么方向移动？
   c. 假定总支出曲线的斜率不是 0.75，而是 0.90，在这一较高的斜率水平，均衡支出的变动量是多少？总需求曲线会如何移动？
   d. 在短期，价格上升了。价格水平上升对于均衡支出的变动会有怎样的影响？不必给出确切的数字答案。总需求曲线又是如何移动的？

9. 简述总支出曲线说明了什么，它与总需求曲线有什么关系。

10. 图 12.8 表示价格水平为 110 时的总支出曲线，当价格水平上升至 120 时，总支出曲线从 AE_0 垂直向下移动 1 万亿美元。当价格水平下降至 100 时，总支出曲线从 AE_0 垂直向上移动 1 万亿美元。

图 12.8 简答题第 10（a）题

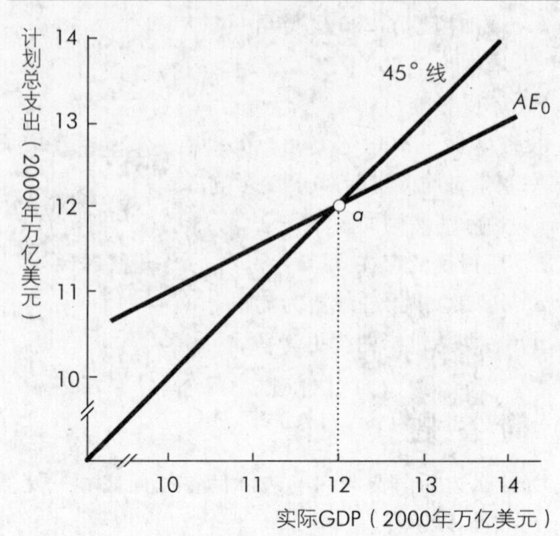

a. 在图 12.8 中，画出价格水平分别为 100 和 120 时两条新的总支出曲线。在这两种价格水平下的均衡支出水平分别是多少？价格水平为 100 时的均衡点用字母 b 表示，价格水平为 120 时的均衡点用字母 c 表示。

b. 用图 12.8 得到总需求曲线上的三个点 *a*、*b*、*c*，请将其标在图 12.9 中。假设总需求曲线是线性的，请在图 12.9 中画出总需求曲线。

图 12.9 简答题第 10（b）题

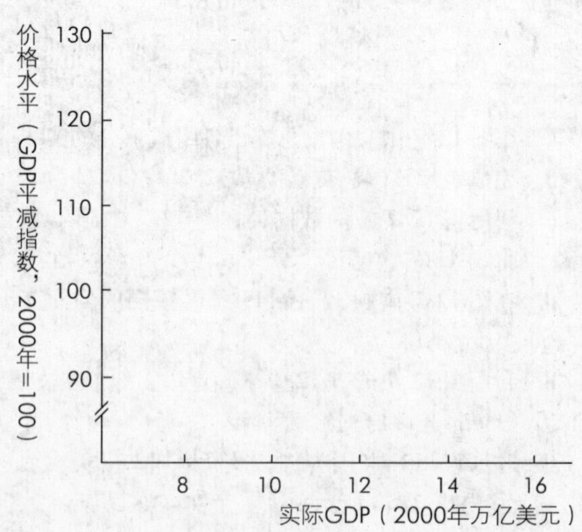

■ 分析题

1. “我对乘数、总需求、短期总供给和长期总供给如何相互联系，并构成一个整体有了一定的了解，但我还是有一点困惑。还记得我在其他课上帮过你吗？我想请你来帮助我。你能帮助我解决这个问题吗？”实际上你可能得到过你的朋友的一些帮助，而且毕竟你的朋友正在问你一些非常重要的问题。所以，请你以投资增加为例，向你的朋友解释一下这些因素如何联系起来，也好让你借此答谢你的朋友。解释一下如何确定总需求曲线的移动，在短期价格水平和实际 GDP 如何变化，在长期价格水平和实际 GDP 又是如何变化的。

习题答案

■ 判断并解释

固定价格与支出计划

1. **错误** 可支配收入的变化引起沿着消费函数的变动，而不会引起消费函数的移动。
2. **错误** 边际消费倾向等于消费支出的变动量除以可支配收入的变动量。
3. **正确** 因为 $MPC+MPS=1$，所以，乘数的两个公式 $1/(1-MPC)$ 和 $1/MPS$ 是等同的。

固定价格水平下的实际 GDP

4. **正确** GDP 的增加会引起总支出的增加。事实上，这是总支出曲线斜率为正的原因。
5. **正确** 如果经济不处于均衡状态，那么，实际总支出与计划总支出就不相等。
6. **正确** 该题给出了均衡支出的定义。
7. **错误** 当计划总支出大于实际 GDP 时，因为产品和服务的购买量超过了其产量，所以存货会下降。

乘 数

8. **正确** 该题给出了乘数大于 1 的基本原因。
9. **错误** 在没有税收和进口时，用 *MPC* 来表示，那么，乘数为 $1/(1-MPC)$；用 *MPS* 表示乘数，那么，乘数为 $1/MPS$。
10. **错误** 边际消费倾向越大，可支配收入变动所引起的消费的变动量就越大，从而乘数也就越大。
11. **正确** 当 *AE* 的斜率为 0.8 时，乘数等于 $1/(1-0.8)$，即 5.0。

乘数与价格水平

12. **正确** 不由价格变化引起的自发支出的增加会导致总支出曲线向上移动，总需求曲线向右移动。
13. **正确** 因为乘数效应，投资的增加会导致 GDP 成倍增加。
14. **错误** 在长期，经济会回到潜在 GDP 的水平，所以，在长期 GDP 的变动量是零。

■ 单项选择题

固定价格与支出计划

1. **c** *MPC* 等于 $\Delta C/\Delta YD$，在该题中，$MPC=2$ 万亿美元/3 万亿美元 $=0.67$。
2. **b** 该选项给出了边际储蓄倾向的定义。
3. **a** $MPC+MPS=1.0$ 意味着，知道其中一个（例如 *MPC*）的值，我们就可以计算出另一个（*MPS*）的值。
4. **c** 实际 GDP 的增加会引起消费支出的增加。
5. **d** 当人们现在预期的未来收入少于以前的预期值时，他们会增加储蓄，以（部分地）弥补刚意识到的未来收入的减少。
6. **d** 财富的减少会导致人们更穷，所以，他们会减少消费支出。
7. **b** 当人们意识到他们未来的收入会增加时，他们会增加现期消费而减少现期储蓄。

固定价格水平下的实际 GDP

8. **b** 总支出曲线表明，随着实际 GDP 的增加，计划总支出也会增加。
9. **c** 自发支出被定义为不受实际 GDP 变化所影响的支出。
10. **d** 如果非计划存货增加，那么，计划总支出会小于生产量，即小于 GDP。在非计划存货增加时，企业会减少产量，实际 GDP 就减少了。
11. **b** 如果计划总支出大于实际 GDP（总产量），那么存货会减少。相应地，为了补充企业的存货，企业会增加其产量，从而 GDP 就增加了。

乘 数

12. **b** 该题中的乘数是 4.0，因为 4.0 是均衡支出变动量相对于自发支出变动量的倍数。
13. **d** 该选项是乘数的公式。
14. **b** 乘数等于 $1/(1-AE$ 的斜率$)$，所以，本题中乘数等于 5.0。
15. **d** 我们将本题的答案与上一题的答案做一个比较，就可以看出：随着 *AE* 斜率的减少，乘数也会减少。
16. **a** 自发支出的增加会引起总支出曲线向上移动；自发支出的减少则会引起总支出曲线向下移动。
17. **c** 提高所得税减轻了实际 GDP 变动对可支配收入的影响，因而导致引致消费支出的减少。
18. **c** 当自发支出减少时，企业的存货会增加，所以，企业会减少产量，从而实际 GDP 就减少了。

乘数与价格水平

19. **d** 价格水平上升会引起消费支出减少，从而总支出曲线向下移动，因而均衡支出减少了。

20. c　价格水平的变动会导致总支出曲线移动和沿着总需求曲线的变动。

21. a　总需求曲线向右移动，等同于对均衡支出的乘数效应。在本题中，实际 GDP 的变动量为：2.0 × 100 亿美元 = 200 亿美元，如图 12.10 所示，实际 GDP 的需求量从 500 亿美元增加到了 700 亿美元。

22. c　尽管总需求曲线向右移动了 200 亿美元，但短期总供给曲线还是向上倾斜。因此，在短期，均衡的实际 GDP 的增加量少于 200 亿美元。图 12.10 说明了这种情况，总需求曲线向右移动了 200 亿美元，只引起均衡的 GDP 增加了 100 亿美元。

23. d　在长期，不存在对实际 GDP 的任何长期影响，实际 GDP 最终回到潜在 GDP 的水平。如图 12.10 所示，在长期，实际 GDP 回到了潜在 GDP 500 亿美元的水平。

图 12.10　单项选择题第 21～23 题

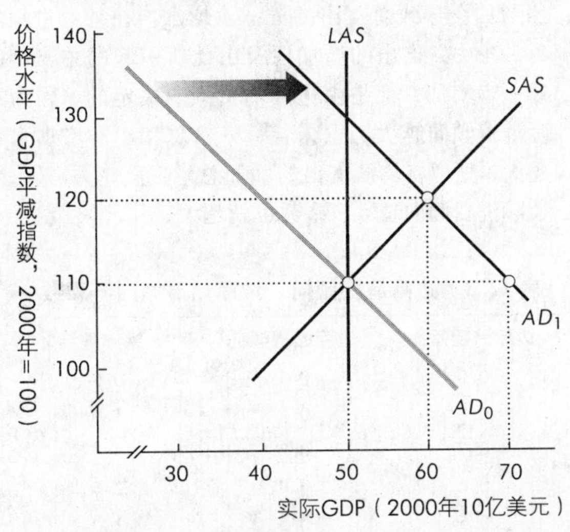

24. d　短期总供给曲线越平缓，价格水平的小幅度上升，就会引起均衡的 GDP 和总支出较大的增加量。

■ 简答题

1. 对于新增加的一美元，可以做两件事情，我们以可支配收入增加为例：要么消费（全部或一部分），要么储蓄（全部或一部分）。边际消费倾向表明可支配收入变化量中用于消费的部分，而边际储蓄倾向表明可支配收入变化量中用于储蓄的部分。因为货币只有消费和储蓄这两种用途，所以，这两部分之和一定等于 1。

2. 当实际 GDP 变化时，自发支出不变，而引致支出会发生变化。

3. 在本章讨论总支出和均衡支出的问题时，我们假设每种商品的价格都是不变的，所以价格水平是固定不变的。这种“思想实验”允许我们去设计总支出组成部分的经济模型而不必担心价格变化这样的复杂情况。因此，当我们讨论企业如何调整以适应非意愿存货减少时，我们假设企业不改变价格而增加产量，从而在价格不变的情况下，均衡支出可以通过增加产量来实现。

4. a. 图 12.11 给出了消费曲线 C、投资曲线 I 以及政府支出曲线 G。

图 12.11　简答题第 4（a）和（c）题

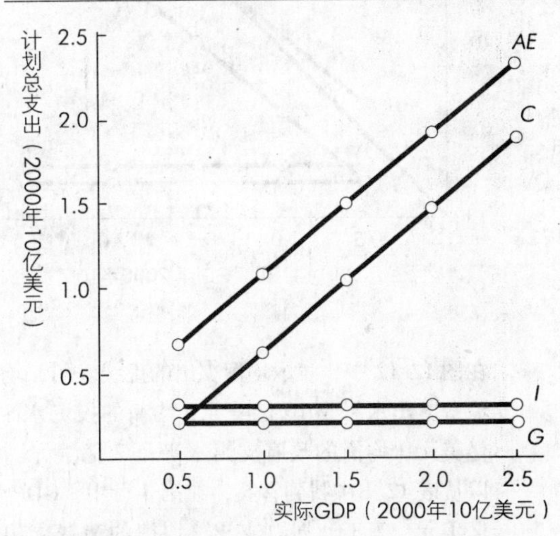

b. 表 12.6 是总支出表。总支出等于消费支出、投资与政府支出之和。例如，当 GDP 为 10 亿美元时，总支出等于 6 亿美元加 3 亿美元、再加 2 亿美元，即总支出为 11 亿美元。

c. 在图 12.11 中画出了总支出曲线 AE，它是图中消费曲线、投资曲线与政府支出曲线在垂直方向的加总。

d. 图 12.12 中给出了 45°线。该国的均衡支出是 15 亿美元，因为这是总支出曲线与 450 线交点的横（纵）坐标。

表 12.6　总支出

实际 GDP（2000 年 10 亿美元）	总支出（2000 年 10 亿美元）
0.5	0.7
1.0	1.1
1.5	1.5
2.0	1.9
2.5	2.3

图 12.12　简答题第 4（d）题

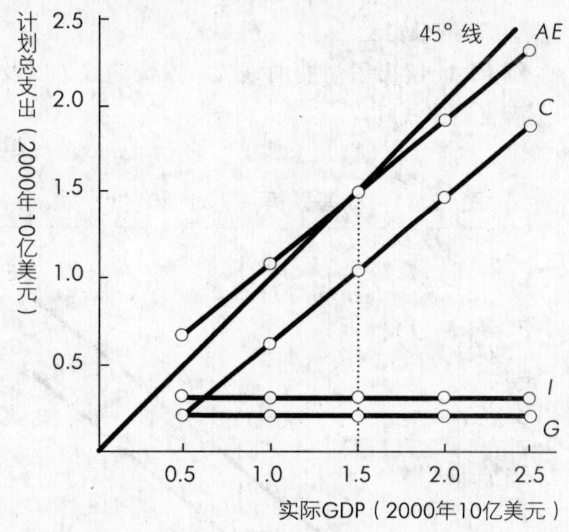

e. 在图 12.12 中，表示均衡支出的虚线表明，均衡的消费支出水平是 10 亿美元、均衡的投资水平是 3 亿美元、均衡的政府支出水平是 2 亿美元。也可以从表 12.1 中找到答案，在第 3 行中，GDP 为 15 亿美元，等于计划总支出。均衡的消费支出、投资、政府支出与上面得到的答案是相同的。

5. a. 表 12.7 为新的总支出表。这些支出额的计算方法，与第 4 题表 12.6 相同：在每种实际 GDP 水平下，将消费支出、投资、政府支出相加得到。

b. 新的均衡支出是 20 亿美元，因为在这一水平，总支出等于实际 GDP。均衡的消费支出是 14 亿美元，均衡的投资是 4 亿美元，均衡的政府支出是 2 亿美元。

c. 消费支出增加了 4 亿美元，从 10 亿美元增加至 14 亿美元；投资增加了 1 亿美元，从 3 亿美元增加至 4 亿美元；而政府支出没有发生变化。

表 12.7　新的总支出

实际 GDP（2000 年 10 亿美元）	总支出（2000 年 10 亿美元）
0.5	0.8
1.0	1.2
1.5	1.6
2.0	2.0
2.5	2.4

d. 该国的乘数是 5.0：投资增加 1 亿美元导致总支出增加了 5 亿美元。5 亿美元的总支出增加量可以分成 1 亿美元的（自发）投资增加量和 4 亿美元的（引致性）消费支出增加量。

6. 任何自发支出的初始增加，都会导致均衡支出的直接增加。乘数的基本思想是，由于总支出的初始增加会引起引致消费支出的增加，所以，总支出的初始增加会导致总支出的进一步增加。在乘数过程的每一轮中，支出的增加以及由此所引起的总支出的进一步增加，都是由边际消费倾向决定的。因为边际消费倾向越大，意味着每一轮总支出的增加量也越大，所以，均衡支出的增加总量也就越大。因此，边际消费倾向越大，乘数也就越大。

表 12.8　边际消费倾向、边际储蓄倾向与乘数

边际消费倾向	边际储蓄倾向	乘　数
0.9	0.1	10.0
0.8	0.2	5.0
0.7	0.3	3.3
0.6	0.4	2.5
0.5	0.5	2.0

7. a. 表 12.8 是完成后的表 12.5。因为边际消费倾向与边际储蓄倾向之和等于 1.0，$MPC + MPS = 1.0$，所以，$MPS = 1.0 - MPC$。乘数可以通过以下两个等式中的任何一个计算出来：

$$乘数 = 1/(1 - MPC) = 1/MPS。$$

b. 如表 12.8 所示，当边际消费倾向减少时，乘数也会随之变小。

8. a. 乘数的计算公式为：1/（1 − *AE* 的的斜率），这样，Wet 的乘数为：1/（1 − 0.75）= 4.0，所以，

均衡支出的变动量为：4.0×200 亿美元 = 800 亿美元。

b. 总需求曲线移动的距离等于均衡支出的变动量。由于均衡支出增加了 800 亿美元，所以，总需求曲线向右移动了 800 亿美元。

c. 如果 *AE* 的斜率为 0.90，那么，乘数就是 10.0。因此，在这种情况下，均衡支出增加了：10.0×200 亿美元 = 2 000 亿美元，总需求曲线向右移动了 2 000 亿美元。

d. 当价格水平开始上升时，总支出曲线会向下移动（较高的价格引起消费支出减少）。总支出曲线向下移动会引起均衡支出减少。但是，总需求曲线不会移动。沿着总需求曲线变动，会导致均衡的实际 GDP 水平的减少。

9. *AE* 曲线与 *AD* 曲线是完全不同的两条曲线。*AE* 曲线回答的是，在既定的价格水平下，如何确定均衡支出的问题。当价格水平上升时，计划总支出会减少，从而 *AE* 曲线向下移动，均衡支出减少了。而 *AD* 曲线则不同：该曲线将实际 GDP 与不同的价格水平联系在一起。换句话说，*AD* 曲线是根据表明价格水平变动时均衡支出相应变动的 *AE* 曲线推导出来的。

10. a. 在图 12.13 中，给出了价格水平分别为 100 和 120 时的两条总支出曲线 AE_1 和 AE_2。这两种价格水平下的均衡点分别是 *b* 点和 *c* 点，均衡支出分别是 14 万亿美元和 10 万亿美元。

图 12.13　总支出曲线

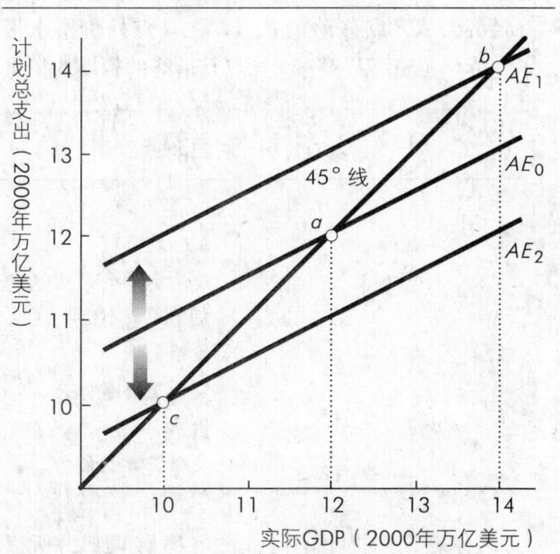

图 12.14　总需求曲线

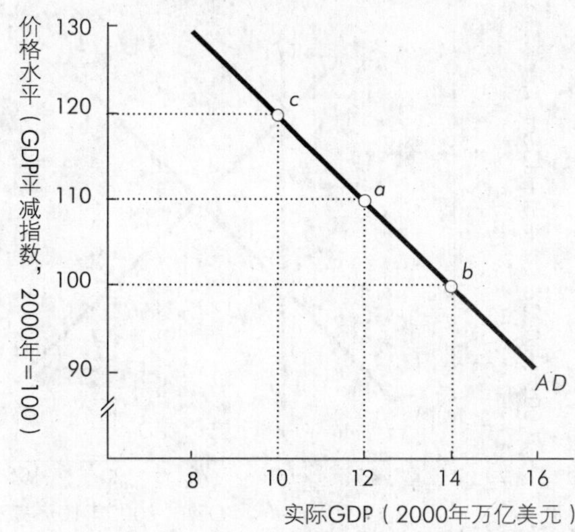

b. 在图 12.14 中，给出了总需求曲线上的三个点。当价格水平为 100 时，总需求量是 14 万亿美元的均衡支出（*b* 点）；当价格水平为 110 时，总需求量是 12 万亿美元的均衡支出（*a* 点）；当价格水平为 120 时，总需求量是 10 万亿美元（*c* 点）。

■ 分 析 题

1. "你问了这么多的问题，我真的能够帮助你那么多吗？

"为了解决你提出的问题，我们先考虑一下投资增加 100 亿美元的情况。为什么投资会增加呢？我不知道；也许是因为预期的未来利润会增加；也许是因为利率下降了。总之，无论是什么原因，事实是投资增加了 100 亿美元。在这里，我们不妨假设 *AE* 的斜率 0.67。

"我们要做的第一件事是计算乘数。我们知道，乘数等于 1/（1－*AE* 的的斜率），所以，在这里，乘数为 1/（1－0.67）＝3.0。换句话说，乘数为 3. 0 意味着，增加 100 亿美元的投资会带来 300 亿美元（3.0×100 亿美元）均衡支出的增加。

"现在我需要画一幅图，不妨称为图 12.15。你先看看这幅图。在投资增加之前，经济处于均衡点 *a* 处。初始的总需求曲线是 AD_0，并与短期总供给曲线 SAS_0 和长期总供给曲线 *LAS* 相交，此时均衡的价格水平为 110，实际 GDP 为 600 亿美元。

图 12.15　短期内总需求的增加

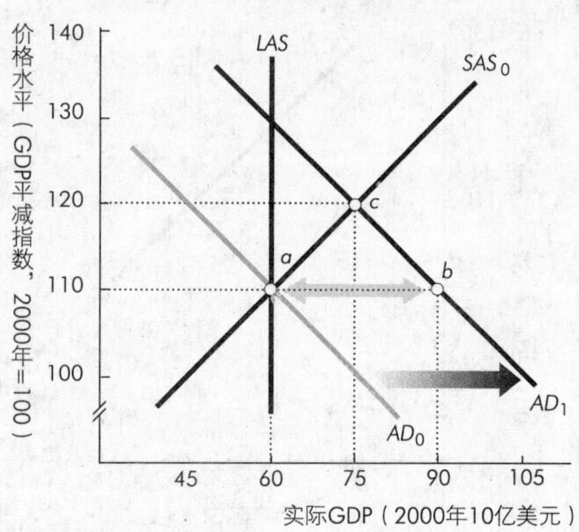

“请注意，你的问题就是从这里开始的。投资增加引起 *AD* 曲线向右移动，移动的距离与均衡支出的变动量相等。换句话说，*AD* 曲线向右移动至 AD_1 处，移动的距离等于 300 亿美元，这正好是双箭头线所表示的点 *b* 和点 *a* 之间的距离。所以，*AD* 曲线向右移动的距离就是均衡支出的乘数效应。

“但是，一个关键点是：在短期，实际 GDP 并不会增加 300 亿美元这么多。只有价格不变，实际 GDP 才会增加 300 亿美元。然而，在短期价格却会变化。随着价格的上升，人们会减少消费支出，所以，均衡支出不会增加 300 亿美元这么多，其增加量会小于 300 亿美元。图 12.15 给出了短期均衡点——AD_1 与 SAS_0 的交点 *c*。在点 *c* 处，实际 GDP（仅仅）增加了 150 亿美元，达到了 750 亿美元的水平。为什么我们不看点 *b* 呢？因为在短期，价格水平从 110 上升到了 120。

“但是，点 *c* 处并不代表这一过程已经结束。在 *c* 点处，价格水平上升，但货币工资却没有变化。随着时间的推移，工人考虑到较高的价格水平会要求提高工资。随着货币工资率的提高，短期总供给曲线会向左移动。

“图 12.16 说明了这一过程的最后部分。这时，短期总供给曲线（*SAS*）向左移动，所以，新的长期均衡点是总需求曲线（AD_1）与长期总供给曲线（*LAS*）、以及短期总供给曲线 SAS_1 的交点 *d*。在点 *d* 处，因为价格和货币工资都进行了调整，所以，我们回到了长期均衡水平：实际 GDP 回到潜在 GDP 水平（600 亿美元），价格水平上升至 130。

图 12.16　长期内总需求的增加

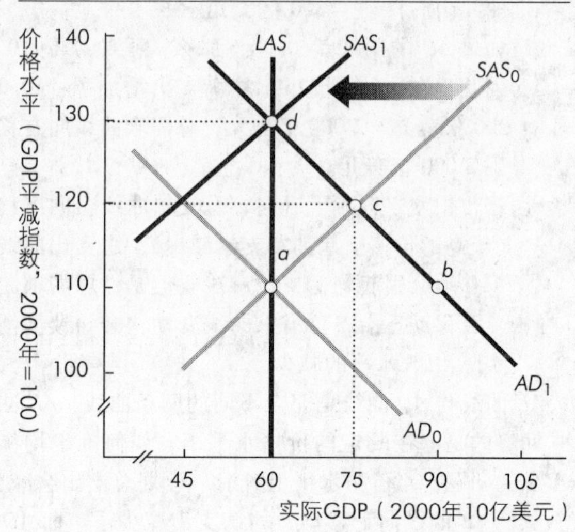

“我想表 12.9 的一些结果将有助于你把所有这些变化联系在一起。在这张表中，我已经列出了图中所表示的四个点。从根本上讲，我们可以从 *a* 点开始，然后投资增加将我们的经济移动至 *b* 点。如果价格长期具有粘性，那么，乘数效应可以自动完成变化的过程，从而经济可以达到 *b* 点。但是，在短期价格会上升，所以，经济会移至 *c* 点，在 *c* 点处价格变化而货币工资不变。接着，货币工资率开始从 *c* 点进行调整，最终经济会从 *c* 点移动至 *d* 点，在 *d* 点处价格水平上升了、货币工资率提高了。*d* 点是最终的长期均衡点。

表 12.9　不同的点

点	位　置
a 点	最初均衡
b 点	物价水平不变 货币工资不变
c 点	价格上涨 货币工资不变
d 点	价格上涨 货币工资上涨

“你瞧，你提出的问题的答案够长吧，所以，下次我们吃比萨时，你买单如何？”

小测验

1. ______是总支出的构成部分。
   a. 消费、储蓄和政府支出
   b. 消费支出、投资和政府支出
   c. 投资、储蓄和净出口
   d. 投资、政府支出和可支配收入
2. 当消费函数位于45°线上方时，______。
   a. 储蓄是正的
   b. 储蓄是负的
   c. 消费支出是负的
   d. 可支配收入是负的
3. 取决于收入水平的支出是______。
   a. 实际支出
   b. 引致支出
   c. 自发支出
   d. 均衡支出
4. 如果 *MPS* = 0.1，并且不存在税收和进口，那么，乘数等于______。
   a. 10.0
   b. 5.0
   c. 1.0
   d. 以上选项都不正确
5. 如果价格不变而乘数为 5，那么，投资支出增加 100 亿美元会引起均衡支出增加______。
   a. 500 亿美元
   b. 100 亿美元
   c. 50 亿美元
   d. 20 亿美元
6. 如果价格不变，*AE* 的斜率为 0.8，那么，投资增加 5.0 亿美元会导致均衡支出增加______。
   a. 250 亿美元
   b. 150 亿美元
   c. 100 亿美元
   d. 以上选项都不正确
7. 价格水平的下降______。
   a. 会引起 *AE* 曲线向上移动
   b. 会引起 *AE* 曲线向下移动
   c. 不会引起 *AE* 曲线移动
   d. 可能引起 *AE* 曲线移动，这取决于 *MPC* 是大于还是小于 *MPS*
8. *AE* 曲线的斜率______，投资支出增加会引起 *AD* 曲线______移动的距离就越大。
   a. 越大；向右
   b. 越小；向右
   c. 越大；向左
   d. 越小；向左
9. 在长期，乘数______。
   a. 大于 1.0
   b. 等于 1.0
   c. 正好是短期乘数的 2 倍
   d. 等于 0
10. ______的变动不会改变自发支出。
   a. 价格水平
   b. 利率
   c. 实际 GDP
   d. 任何经济变量

本小测验的答案请参见第 225 页

第 13 章 美国的通货膨胀、失业和经济周期

关键概念

■ 美国经济的演变

美国经济在过去的这些时间内，实际 GDP 与价格水平都有显著的变化。在过去的这些年，美国的实际 GDP 增加了，价格水平上升了。

- 实际 GDP 的持续增长源于潜在 GDP 的增长，而后者受益于劳动力的增加、资本存量的增加和技术进步。
- 当总需求的增长速度快于长期总供给的增长速度时，就出现了持续的通货膨胀。
- 实际 GDP 并不是稳定增长，而是呈现周期性的上涨趋势，这是因为总需求与短期总供给并非以同样的速度在增加。

1960～1967 年，实际 GDP 的增长率较高，而通货膨胀率却较低。在 20 世纪 70 年代，通货膨胀率普遍较高，而实际 GDP 的增长率却较低。1983～1990 年，实际 GDP 的增长率比较平稳，通货膨胀比较温和。在 1991 年的衰退后，经济扩张了，但通货膨胀率却较低，这一状况一直延续到 2001 年的衰退。此后，实际 GDP 的增长率比较低，而通货膨胀却比较温和。

■ 通货膨胀周期

由于总需求的增加而引起的通货膨胀被称为**需求拉动型通货膨胀**（demand－pull inflation）。

- 图 13.1 说明了需求拉动型通货膨胀的初始阶段。总需求增加引起价格水平从 110 上升至 120。

图 13.1　需求拉动型通货膨胀的开始阶段

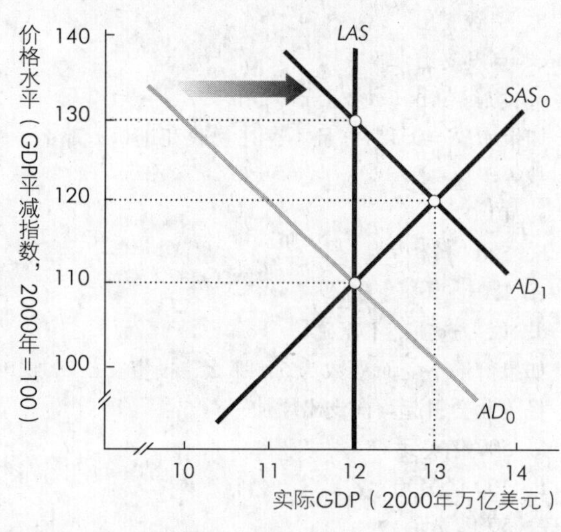

- 在总需求没有进一步增加的情况下，最后货币工资率会上升，并且短期总供给会减少。价格水平上升到 130 后就会停止。这个过程是价格水平的一次性变动。
- 如果 *AD* 曲线继续向右移动，那么就会发生通货膨胀。美联储持续增加货币量会导致 *AD* 曲线不断地向右移动。货币增加是需求拉动型通货膨胀的必要条件。

从 20 世纪 60 年代，一直到 20 世纪 70 年代中期，美国发生了需求拉动型通货膨胀。

由于成本上升引起的通货膨胀被称为**成本推动型通货膨胀**（cost-push inflation）。货币工资率与石油这样的原材料成本是成本推动型通货膨胀的主要原因。

- 成本上升会引起短期总供给减少，从而导致价格水平上升和实际 GDP 减少。价格水平上升与实际 GDP 减少的并存被称为**滞胀**（stagflation）。
- 如果其他因素不变，那么，就只有价格水平的一次性上升。要发生持续的通货膨胀，一定有其他因素发生变化：美联储必须做出反应。
- 如果为了应对短期内 GDP 的减少，美联储降低利率和增加货币量，那么总需求会增加，价格水平上升得依然很高。
- 总需求增加引起的价格水平上升又会导致成本的上升。如果成本上升后总需求又会增加，那么，就发生了成本推动型通货膨胀。

20 世纪 70 年代末期，美国发生了成本推动型通货膨胀；当时 OPEC 提高了石油价格，美联储起初通过扩张性的货币政策来应对。

图 13.2　预期通货膨胀

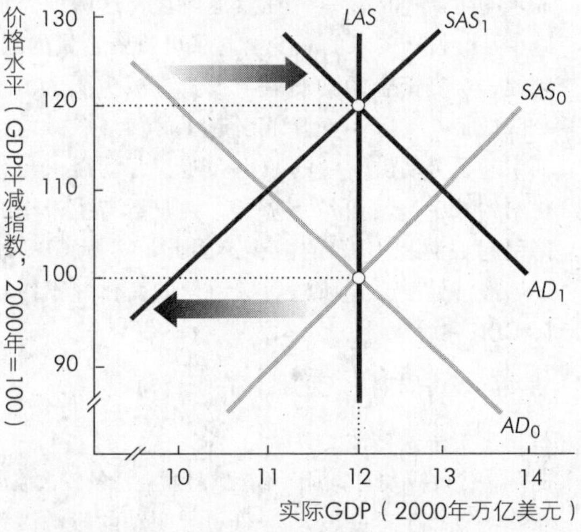

理性预期（rational expectation）是基于所有相关信息所做出的最好的预测。如果人们正确地预期到了总需求的增加，那么，货币工资率就会上升以应对价格水平的上升。图 13.2 说明了这种情况。总需求增加至 AD_1，货币工资率的上升引起总供给减少，从而总供给曲线移至 SAS_1。GDP 仍然等于潜在 GDP，预期通货膨胀没有影响到实际 GDP。如果总需求的增加量大于人们的预测量，那么，就会发生没有预期到的通货膨胀，并且实际 GDP 会大于潜在 GDP。如果总需求的增加量小于人们的预测量，那么，短期总供给的减少量会大于总需求的增加量。因此，实际 GDP 就会小于潜在 GDP。

■ 通货膨胀与失业：菲利普斯曲线

菲利普斯曲线（Phillips curve）表示通货膨胀率与失业率之间的关系。有两种菲利普斯曲线：短期菲利普斯曲线和长期菲利普斯曲线。**短期菲利普斯曲线**（short-run Phillips curve）表示在预期通货膨胀率和自然失业率不变的情况下，通货膨胀率与失业率之间的关系。沿着短期菲利普斯曲线移动时，预期通货膨胀率和自然失业率不会发生变化。

图 13.3　短期菲利普斯曲线和长期菲利普斯曲线

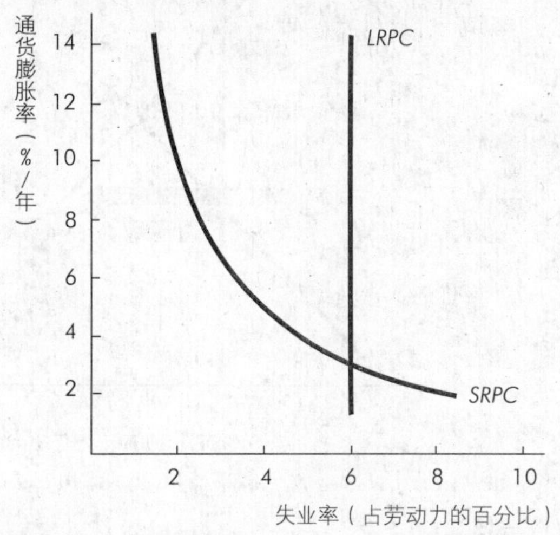

- 图 13.3 给出了短期菲利普斯曲线，用 *SRPC* 表示。沿着短期菲利普斯曲线，当通货膨胀率上升时，失业率会降低。
- 短期菲利普斯曲线与短期总供给曲线有关。没有预期到的总需求增加会引起经济沿着 *SAS* 曲线向上移动，导致价格水平上升——更高的通货膨胀率——实际 GDP 增加——因而，失业率降低了。
- 预期通货膨胀率下降会引起短期菲利普斯曲线向下移动，移动幅度等于预期通货膨胀率的降低量。

长期菲利普斯曲线（long-run Phillips curve）表示当实际通货膨胀率等于预期通货膨胀率时，通货膨胀率与失业率之间的关系。

- 图 13.3 给出了长期菲利普斯曲线，用 *LRPC* 表示。它是位于自然失业率的一条垂直线（图中为 6%）。

- 如果自然失业率发生变化，那么，短期菲利普斯曲线和长期菲利普斯曲线都会移动。例如，如果自然失业率增加1%，那么，这两条菲利普斯曲线都会向右移动1%。

在美国，预期通货膨胀率和自然失业率的变动已经引起了菲利普斯曲线的移动。

■ 经济周期

图 13.4 主流经济周期理论

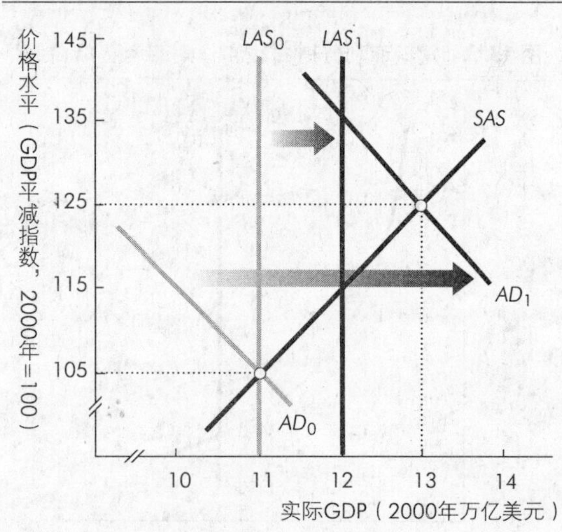

主流经济周期理论认为，经济周期是总需求围绕稳定增长的潜在GDP起伏不定增长的结果。图13.4说明了主流经济周期理论（为了简化起见，短期总供给曲线保持不变）。当潜在GDP增加时，长期总供给曲线由LAS_0移至LAS_1。然而，总需求增加更多，从AD_0移至AD_1。因此，价格水平从105上升至125，实际GDP从11万亿美元增加至13万亿美元。实际GDP（暂时）大于12万亿美元的潜在GDP。伴随高于预期的通货膨胀率，经济出现了较大的扩张。

有三种主流经济周期理论，它们认为总需求波动的来源不同，粘性货币工资所起的作用不同。

- **凯恩斯主义周期理论**（Keynesian cycle theory）认为，企业信心波动所引起的投资波动是总需求波动的主要来源。货币工资率是粘性的。
- **货币主义周期理论**（monetarist cycle theory）认为，货币量增长率的波动引起消费支出和投资的波动，因而，货币量增长率的波动成为总需求波动的主要来源。
- **新古典周期理论**（new classical cycle theory）认为，由总需求曲线和长期总供给曲线相交决定的价格水平的理性预期，决定了货币工资率与SAS曲线的位置。只有未预期到的总需求的波动引起了实际GDP的波动。
- **新凯恩斯主义周期理论**（new Keynesian cycle theory）认为，货币工资是由过去很多的谈判决定的，因此，很多过去谈判的价格水平的理性预期决定了SAS曲线。目前预期与未预期到的总需求的波动，都会引起实际GDP的波动。

实际经济周期理论（real business cycle theory, *RBC*）认为，生产率的随机波动是经济波动的主要来源。

- 实际经济周期理论的推动力是能够影响生产率增长速度的技术变革。
- 实际经济周期理论的机制，是影响投资需求和劳动需求的生产率的变动。在衰退阶段，这两种需求都减少了。投资需求的减少引起了可贷资金量的减少。因此，可贷资金的均衡量与投资都减少了，实际利率降低了。实际利率降低引起了时际替代效应，从而引起了劳动供给量的减少。随着劳动需求与劳动供给的减少，就业量下降了。就业量与生产率的下降引起了潜在GDP的减少，因此，实际GDP减少了，经济处于衰退阶段。货币量的变化并不影响实际GDP和就业量。

对实际经济周期理论的批评在于：

- 货币工资率是粘性的。
- 时际替代效应太弱，因而不能解释就业量的较大波动。
- 根据测算，生产率变动与总需求变动的影响因素是相关的。

对实际经济周期理论的辩护在于：

- 它能解释经济周期和经济增长。
- 它与劳动供给、劳动需求和投资需求有关的微观经济数据是相符的。

帮助提示

1. **总供给与菲利普斯曲线：**菲利普斯曲线和总供给—总需求模型是密切相关的。考虑一下没有预期到的总需求增加。在短期，沿着 *SAS* 曲线的移动发生了。价格水平上升了，实际 GDP 增加至高于潜在 GDP 的水平。价格水平上升意味着发生了通货膨胀，GDP 的增加意味着失业率下降了。因此，没有预期到的总需求增加导致沿着短期菲利普斯曲线的移动。

在长期，GDP 不可能保持在高于潜在 GDP 的水平。劳动市场（和其他资源市场）的短缺会导致货币工资率（和其他资源价格）上升，以反映价格水平的上升。因此，在总供给—总需求模型中，货币工资率的上升会引起 *SAS* 曲线向左移动。实际 GDP 回到 *LAS* 曲线上并等于潜在 GDP。

就菲利普斯曲线而言，失业率不可能保持在低于自然失业率的水平。因此，随着通货膨胀的持续和人们的正确预期，较高的通货膨胀率会成为货币工资率（和其他资源价格）调整的因素。当人们调整其通货膨胀预期时，短期菲利普斯曲线会向上移动。失业率会回到垂直的长期菲利普斯曲线上，并且等于自然失业率。

总供给—总需求模型与菲利普斯曲线之间存在着较强的联系。在短期，实际 GDP 的增加伴随着失业的减少。在长期，随着实际 GDP 回到总供给—总需求模型中的潜在 GDP 水平，失业同样也回到菲利普斯曲线模型中的自然失业率水平。

习　题

■　判断并解释

美国经济的演变

1. 自从 1960 以来，价格水平上升的年数等于价格水平下降的年数。

通货膨胀周期

2. 需求拉动型通货膨胀是由总需求增加所引起的。
3. 扩张性货币政策所引起的通货膨胀是成本推动型通货膨胀。
4. 成本推动型通货膨胀会导致滞胀。
5. 仅有石油价格的一次性上升，就会引起持续的通货膨胀。
6. 如果总需求的增加被人们正确预期到了，那么，就不会发生通货膨胀。

通货膨胀与失业：菲利普斯曲线

7. 短期菲利普斯曲线表明，如果通货膨胀率上升，而预期通货膨胀率不变，那么，失业率会下降。
8. 长期菲利普斯曲线表明，通货膨胀率上升能够引起失业率降低。
9. 预期通货膨胀率的上升会引起短期菲利普斯曲线向上移动，长期菲利普斯曲线向右移动。
10. 自然失业率的变化会引起短期菲利普斯曲线和长期菲利普斯曲线同时移动。
11. 美国的数据表明，在过去的 30 年间，短期菲利普斯曲线没有移动。

经济周期

12. 主流经济周期理论认为，总需求增加的波动是经济周期的来源。
13. 在凯恩斯主义周期理论中，引起经济周期的因素是企业信心的变化。
14. 根据新古典周期理论，预期的总需求减少会导致衰退。
15. 新凯恩斯主义周期理论强调时际替代的作用。
16. 根据实际经济周期理论，衰退来源于货币量增长率的下降。

■　单项选择题

美国经济的演变

1. 对于美国经济而言，______。
   a. 经济周期不再是一个问题，因为上一个经济周期发生在 20 世纪 70 年代。
   b. 自从 1960 年以来，在 2001 年末的衰退之后，实际 GDP 的增长率达到了最高值。
   c. 自从 1960 年以来，实际 GDP 增加了，价格水平上升了。
   d. 通货膨胀率在 20 世纪 60 年代到达顶峰，此后，总体呈下降趋势。

通货膨胀周期

2. ______，会发生需求拉动型通货膨胀。
   a. 当总需求持续增加时
   b. 当总供给和总需求都持续减少时
   c. 当政府增加购买支出时
   d. 当石油价格大幅度上涨时
3. 在需求拉动型通货膨胀中，*AD* 曲线向______移动，*SAS* 曲线向______移动。
   a. 右；右
   b. 右；左

c. 左；右

d. 左；左

4. ______会引起总需求曲线每年都向右移动。

a. 一次性减税

b. 政府对产品和服务购买支出的一次性增加

c. 通货膨胀

d. 货币量的增加。

5. ______会引起成本推动型通货膨胀。

a. 货币工资率上升

b. 政府购买支出增加

c. 货币量增加

d. 原材料价格下降

6. 由于石油价格上涨所引起的价格水平上升，______。

a. 一定会导致成本推动型通货膨胀

b. 一定会导致需求拉动型通货膨胀

c. 可能会导致成本推动型通货膨胀

d. 可能会导致需求拉动型通货膨胀

7. 关于成本推动型通货膨胀，陈述正确的选项是：______。

a. 当总需求增加"推动"成本上升时，成本推动型通货膨胀就发生了

b. 原材料价格的上涨可能会引起成本推动型通货膨胀，但还必须要求货币量的持续增加

c. 要让成本推动型通货膨胀持续下去，需要成本的不断提高，而总需求保持不变

d. 美国从未经历过成本推动型通货膨胀

8. 一旦成本推动型通货膨胀正在发生，*AD* 曲线会向______移动，*SAS* 曲线会向______移动。

a. 右；右

b. 右；左

c. 左；右

d. 左；左

9. 对总需求增加的正确预期会引起对通货膨胀率上升的准确预期，最终导致短期总供给______，实际 GDP ______。

a. 增加；增加

b. 减少；增加

c. 减少；不变

d. 减少；减少

10. 如果总需求曲线向右移动的幅度小于预期的移动幅度，那么，______。

a. 这个预期不可能是理性预期

b. 实际 GDP 会低于潜在 GDP 水平

c. 实际利率会低于预期的利率水平

d. 实际工资率会低于预期的工资率水平

通货膨胀与失业：菲利普斯曲线

11. 短期菲利普斯曲线说明了______之间的关系。

a. 在短期价格水平与实际 GDP

b. 在短期价格水平与失业

c. 当预期通货膨胀率等于实际通货膨胀率时，通货膨胀与失业

d. 当预期通货膨胀率不变时，通货膨胀与失业

12. 长期菲利普斯曲线说明了______之间的关系。

a. 在长期价格水平与实际 GDP

b. 在长期价格水平与失业

c. 当预期通货膨胀率等于实际通货膨胀率时，通货膨胀与失业

d. 当预期通货膨胀率不变时，通货膨胀与失业

利用图 13.5 回答以下 4 个问题。

图 13.5　单项选择题第 13～16 题

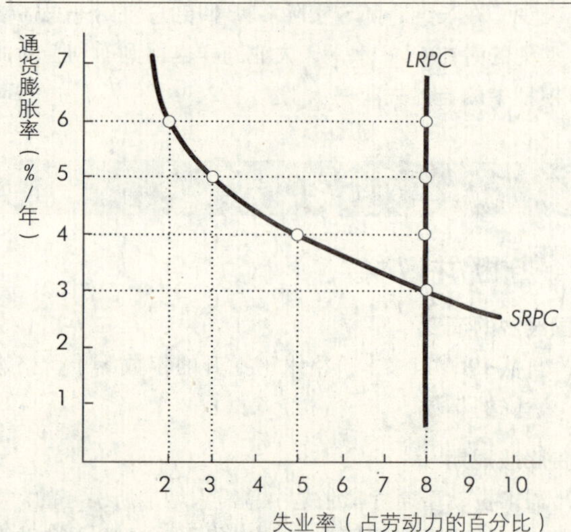

13. 在图 13.5 中，自然失业率等于______。

a. 2%

b. 3%

c. 5%

d. 8%

14. 在图 13.5 中，预期通货膨胀率是______。

a. 3%

b. 4%
c. 5%
d. 6%

15. 如果人们预期通货膨胀率不变，实际通货膨胀率等于5%，那么，在短期失业率等于______。
a. 2%
b. 3%
c. 5%
d. 8%

16. 在人们充分调整了预期通货膨胀率之后，已知实际通货膨胀率等于 5%，那么，在长期失业率等于______。
a. 2%
b. 3%
c. 5%
d. 8%

17. 预期通货膨胀率的上升会导致长期菲利普斯曲线______，短期菲利普斯曲线______。
a. 向上移动；不移动
b. 向左移动；向上移动
c. 不移动；不移动
d. 不移动；向上移动

18. 自然失业率的上升会导致长期菲利普斯曲线______，短期菲利普斯曲线______。
a. 向右移动；不移动
b. 向左移动；向右移动
c. 向右移动；向右移动
d. 向左移动；向左移动

经济周期

19. 主流经济周期理论都认为，导致经济周期的主要因素是______增长的波动。
a. 总需求
b. 短期总供给
c. 长期总供给
d. 预期

20. 货币主义周期理论认为，经济周期是______波动的结果。
a. 生产率
b. 企业的动物精神
c. 预期
d. 货币量

21. 按照新古典周期理论和新凯恩斯主义周期理论，如果在经济衰退阶段美联储出乎意料地提高利率，从而减少了货币量，那么，______。
a. 什么事情都不会发生，因为经济已经处于衰退阶段了
b. 经济衰退会进一步加剧，因为总需求也出乎意料地减少了
c. 经济衰退可能会结束，因为总供给出乎意料地增加了
d. 经济衰退可能会结束，因为总需求出乎意料地增加了

22. 在实际经济周期理论中，______是推动力。
a. 不可预期的总需求增加
b. 美联储改变了货币量的增长率
c. 对未来销售与利润的预期变动
d. 生产率增长率的变化

23. 时际替代效应是指______。
a. 实际工资率上升会引起劳动供给量增加
b. 实际工资率上升会引起劳动供给量减少
c. 实际利率提高会引起劳动供给增加
d. 虽然劳动供给取决于实际工资率，但劳动需求却取决于货币工资率

24. 根据______的观点，货币量增长率的变化对实际 GDP 没有影响。
a. 凯恩斯主义周期理论
b. 货币主义周期理论
c. 新凯恩斯主义周期理论
d. 实际经济周期

■ 简答题

1. 当美联储出人意料地降低利率，结果货币量出人意料地增加了，而人们却没有预期到由此造成的价格水平变动。在这种情况下，价格水平和实际 GDP 分别受到了怎样的影响？请务必说明总需求曲线和短期总供给曲线的变化。
2. 请解释第 1 题中的情况如何导致螺旋式上升的需求拉动型通货膨胀。
3. 请说明短期菲利普斯曲线和长期菲利普斯曲线的区别。
4. 表 13.1 给出了一条菲利普斯曲线上的一些数据，其预期通货膨胀率等于4%。已知自然失业率等于 6%，实际通货膨胀率等于4%。

表 13.1　菲利普斯曲线

通货膨胀率（%/年）	失业率（%）
3	7
4	6
5	5
6	4

图 13.6　菲利普斯曲线

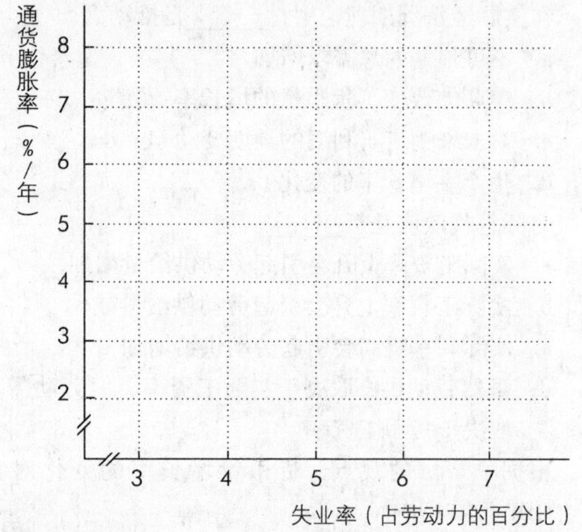

a. 请在图 13.6 中，画出短期菲利普斯曲线（用 $SRPC_0$ 表示）和长期菲利普斯曲线（用 *LRPC* 表示）。

b. 假设通货膨胀率上升到了 6%，而在通货膨胀率变动之后，人们预期的通货膨胀率不会立即调整。请问失业率等于多少？

5. 继续第 4 题中的问题（b），当通货膨胀率上升至 6% 时，再假定一年之后预期通货膨胀率上升到了 5%。

   a. 在图 13.6 中，请画出由于预期通货膨胀率变化后新的短期菲利普斯曲线，并用 $SRPC_1$ 表示。

   b. 如果通货膨胀率保持在 6% 的水平，那么，在预期通货膨胀率上升到 5% 之后，失业率等于多少？

6. 本题仍然继续第 4 题中的问题，通货膨胀率上升至 6% 时，并假定两年以后，预期通货膨胀率也上升至 6%。

   a. 在图 13.6 中，请画出由于预期通货膨胀率上升至 6% 后新的短期菲利普斯曲线，并用 $SRPC_2$ 表示。

   b. 如果通货膨胀率一直保持在 6% 的水平上，当预期通货膨胀率上升至 6% 时，失业率等于多少？

表 13.2　理论与波动来源

理　论	来　源
凯恩斯主义周期理论	
货币主义周期理论	
新古典周期理论	
新凯恩斯主义周期理论	
实际经济周期理论	

7. 完成表 13.2，列出每种理论所提出的引起经济波动的最初原因——推动力。

8. 假定总需求增加，从而引起 *AD* 曲线向右移动。

   a. 根据凯恩斯主义周期理论，最可能引起总需求增加的原因是什么？对实际 GDP 和价格水平有何影响？

   b. 根据货币主义周期理论，最可能引起总需求增加的原因是什么？对实际 GDP 和价格水平有何影响？

   c. 根据新古典周期理论，如果人们预期到了总需求的增加，那么对实际 GDP 和就业有何影响？如果人们没有预期到总需求的增加，那么，结果又如何？

   d. 根据新凯恩斯主义周期理论，如果人们预期到了总需求的增加，那么对实际 GDP 和就业有何影响？如果人们没有预期到总需求的增加，那么，结果又如何？

   e. 根据实际经济周期理论，总需求增加对实际 GDP 和就业有何影响？

■ 分析题

1. “早在学习本章内容之前，我就认为经济周期非常重要。但有一点我一直都不明白，为什么经济学家们不能指出究竟哪种经济周期理论是正确的。经济周期理论是非常重要的，我想他们应该能弄清楚究竟哪种理论是正确的！是因为经济学家们愚蠢呢？还是另有原因？”你的一位朋友对经济学家们的才智产生了怀疑。请帮他弄明白，聪明的经济学家们是如何解释那些并不为人们所知的经济周期发生原因的。

习题答案

■ 判断并解释

美国经济的演变

1. **错误**　自 1960 年以来的每年，价格水平都是上升的，因此，通货膨胀率是正的。

通货膨胀周期

2. **正确**　伴随着总需求的最初增加，价格水平开始上升。
3. **错误**　货币增长率的提高会引起总需求增加，并导致需求拉动型通货膨胀。
4. **正确**　当短期总供给减少时，就出现了滞胀。
5. **错误**　石油价格的一次性上涨只会引起价格水平的一次性上升，而不会导致通货膨胀，除非美联储增加货币量。
6. **错误**　如果人们预期到总需求增加，那么，实际 GDP 会保持不变。然而，价格水平却会上升，因此，出现了通货膨胀。

通货膨胀与失业：菲利普斯曲线

7. **正确**　沿着短期菲利普斯曲线，随着通货膨胀率的提高，失业率会下降。
8. **错误**　长期菲利普斯曲线是一条垂直线，这说明，在长期通货膨胀率的上升不会引起失业率下降。
9. **错误**　预期通货膨胀率的上升会引起短期菲利普斯曲线向上移动，但长期菲利普斯曲线却不会移动。
10. **正确**　如果自然失业率上升了，那么，短期菲利普斯曲线和长期菲利普斯曲线都会向右移动。如果自然失业率下降了，那么，这两条曲线都会向左移动。
11. **错误**　数据表明，因为预期通货膨胀率和自然失业率发生了变化，菲利普斯曲线发生了几次移动。

经济周期

12. **正确**　尽管主流经济周期理论具体而言是有区别的，但是，所有主流经济周期理论都认为，总需求增加的波动是导致经济周期的一个因素。
13. **正确**　因为企业对未来的信心变化迅速，所以，凯恩斯认为，经济周期受到“动物精神”的支配。
14. **错误**　只有当总需求减少未被预期到时，才会导致衰退。
15. **错误**　实际经济周期理论强调时际替代的作用。
16. **错误**　货币主义周期理论把经济周期归因于货币量增长率的减缓。而实际经济周期理论则认为，货币量的变动不会导致经济周期的波动。

■ 单项选择题

美国经济的演变

1. **c**　由于美国经济经历了经济增长，所以其实际 GDP 增加了；由于美国经济也经历了通货膨胀，所以其价格水平上升了。

通货膨胀周期

2. **a**　当总需求增加，因而“拉动”价格水平上升时，需求拉动型通货膨胀就发生了。
3. **b**　总需求增加，从会引起价格水平上升。因此，货币工资增加了，短期总供给减少了。
4. **d**　货币量增长意味着，经济中的货币量在不断地增加，这会引起 *AD* 曲线不断地向右移动。
5. **a**　成本推动型通货膨胀是由一种导致总供给减少的因素引起的。
6. **c**　在石油价格上升的同时，如果美联储调低利率和提高货币量的增长速度，那么，就可能引起成本推动型通货膨胀。
7. **b**　一种资源价格的上升能够引起成本推动型通货膨胀，但必须同时实施持续的货币扩张政策，通货膨胀才能得以持续。
8. **b**　一旦发生成本推动型通货膨胀，总需求会增加而短期总供给会减少，这与需求拉动型通货膨胀发生时的变动情况相同。
9. **c**　较高的通货膨胀率会导致较高的货币工资率，这会引起短期总供给减少，而实际 GDP 不会变动。
10. **b**　如果 *AD* 曲线向右移动的幅度低于预期，那么，价格水平就会低于预期的水平，这就意味着实际工资率会高于预期的工资水平。厂商则会减少生产，因而实际 GDP 低于潜在 GDP 水平。

通货膨胀与失业：菲利普斯曲线

11. **d**　该选项是短期菲利普斯曲线的定义。
12. **c**　该选项是长期菲利普斯曲线的定义。比较第 11 题和第 12 题，可以看出通货膨胀预期的重要性。

13. **d** *LRPC* 是一条横坐标等于自然失业率的垂直线，在这里，自然失业率为 8%。
14. **a** *SRPC* 和 *LRPC* 的交点处于预期通货膨胀率水平。
15. **b** 在短期，经济沿着短期菲利普斯曲线移动，因此，随着通货膨胀率的上升，失业率会下降到 3%。
16. **d** 在长期，经济会回到长期菲利普斯曲线上，失业率等于自然失业率，在这里为 8%。
17. **d** 只有在自然失业率变化时，长期菲利普斯曲线才会移动；而自然失业率和预期通货膨胀率变化才会引起短期菲利普斯曲线的移动。
18. **c** 短期菲利普斯曲线和长期菲利普斯曲线都会向右移动，其移动距离等于自然失业率的上升幅度。

经济周期

19. **a** 尽管这三种理论关于总需求增长波动的因素不同，但这几种理论都认为，这些波动会导致经济周期。
20. **d** 货币主义周期理论认为，引起经济周期的因素是货币量增长率的变动。
21. **b** 根据这些理论，不可预期的总需求增加会引起 GDP 的减少。
22. **d** 实际经济周期理论认为，导致经济周期的推动力是生产率增长率的变化。
23. **c** 一般而言，实际利率上升会增加人们的储蓄回报，因此，为了赚更多钱从而储蓄更多，在实际利率上升时人们往往会增加劳动供给。
24. **d** 实际经济周期理论认为，只有实际因素会影响实际 GDP。

■ 简答题

1. 利率下降和货币量增加会引起总需求曲线向右移动。如果人们没有预期到价格水平的变动，那么，短期总供给曲线会保持不变。总需求增加会引起价格水平上升与实际 GDP 增加。
2. 价格水平上升时，工人们会要求提高货币工资，这就导致了生产成本上升，并引起 *SAS* 曲线向左移动。从而导致价格水平的进一步上升和实际 GDP 的减少。与此同时，如果美联储降低利率和增加货币供给，那么，就会引起价格水平螺旋式上升的需求拉动型通货膨胀。在这种情况下，*AD* 曲线就会持续向右移动，并引起 *SAS* 曲线不断向左移动，从而导致持续的通货膨胀。
3. 短期菲利普斯曲线适用于预期通货膨胀率不变的情况。所以，短期菲利普斯曲线是向下倾斜的，因而，当通货膨胀率上升（从而实际工资率下降）时，失业率会下降。

   长期菲利普斯曲线适用于，预期通货膨胀率为了反映实际通货膨胀率的变动已经进行了充分调整的情况。换句话说，沿着长期菲利普斯曲线，人们预期通货膨胀率等于实际通货膨胀率。因此，长期菲利普斯曲线是一条垂直线，处于自然失业率的水平。沿着长期菲利普斯曲线，如果实际通货膨胀率上升，人们预期通货膨胀率也会随之上升，并且二者的上升幅度相同（从而实际工资率保持不变），失业率始终稳定在自然失业率的水平上。
4. a. 图 13.7 给出了短期菲利普斯曲线和长期菲利普斯曲线。
   b. 当通货膨胀率上升到 6% 时，预期通货膨胀率仍为 4%。经济沿着短期菲利普斯曲线 *SRPC*0 移动至 *a* 点，失业率下降为 4%。

图 13.7　菲利普斯曲线

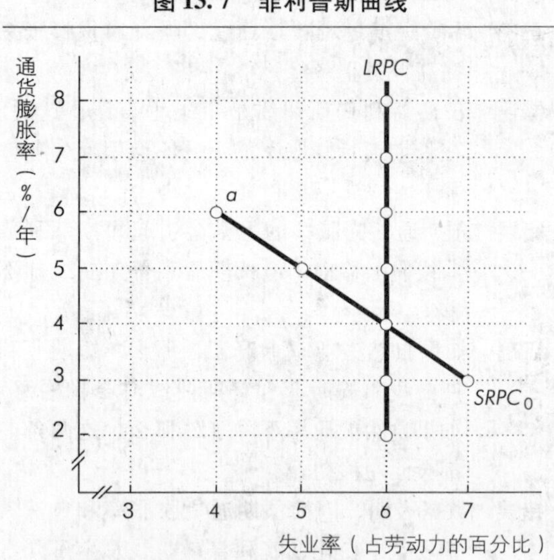

5. a. 当预期通货膨胀率上升 1 个百分点时，*SRPC* 曲线会向上移动 1 个百分点。在图 13.8 中，短期菲利普斯曲线从 $SRPC_0$ 移动至 $SRPC_1$。
   b. 当预期通货膨胀率为 5% 时，相应的短期菲利普斯曲线是 $SRPC_1$。由于实际通货膨胀率（仍然）为 6%，经济就处于 $SRPC_1$ 上的 *b* 点，失业率等于

5%。当实际通货膨胀率不变时，预期通货膨胀率的上升会引起失业率的上升。

图 13.8　菲利普斯曲线

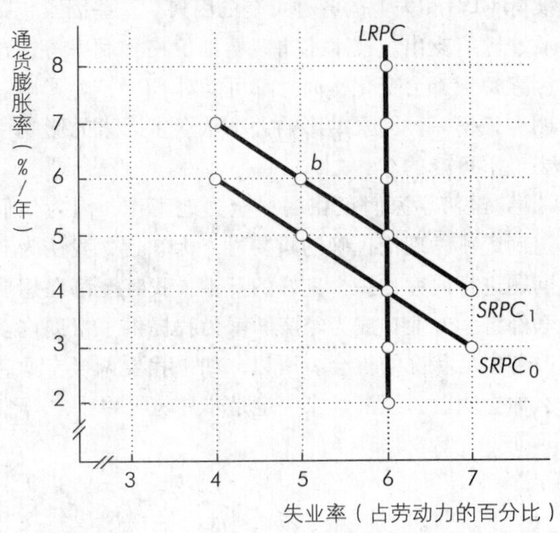

图 13.9　菲利普斯曲线

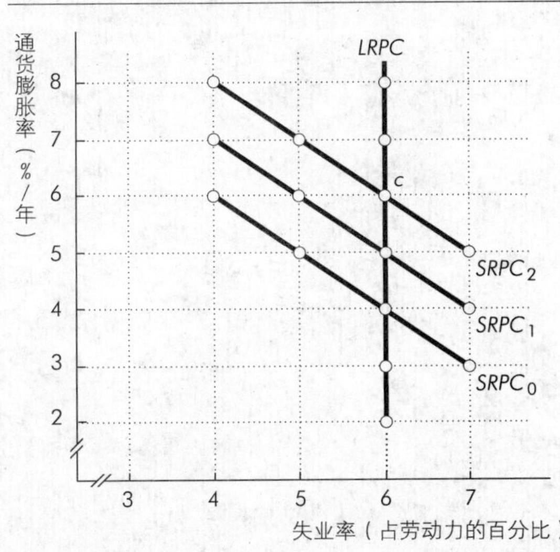

6. a. 在图 13.9 中，新的短期菲利普斯曲线是 $SRPC_2$（此时预期通货膨胀率等于 6%）。b. 当预期通货膨胀率上升为 6% 时，失业率等于 6%。当预期通货膨胀率为 6% 时，相应的短期菲利普斯曲线是 $SRPC_2$。因此，当实际通货膨胀率等于 6% 时，经济位于 $SRPC_2$ 上的 *c* 点。或者，当预期通货膨胀率和实际通货膨胀率都是 6% 时，经济位于长期菲利普斯曲线 *LRPC* 上，因为此时的实际通货膨胀率等于预期通货膨胀率。所以，经济位于 *LRPC* 上的 *c* 点。

表 13.3　理论与波动来源

理　论	来　源
凯恩斯主义周期理论	企业信心的变化
货币主义周期理论	货币增长率的变动
新古典周期理论	未预期到的总需求变动
新凯恩斯主义周期理论	在签订劳动合同时没有预期到的总需求
实际经济周期理论	生产率的变动

7. 表 13.3 给出了每种理论所提出的经济周期波动的初始原因。

8. a. 根据凯恩斯主义周期理论，总需求最可能是因为企业信心上升而增加，因而引起了投资的增加。其结果是，实际 GDP 增加了，价格水平上升了。

   b. 根据货币主义周期理论，总需求增加最可能的原因是货币量增长率的提高。其结果是，实际 GDP 增加了，价格水平上升了。

   c. 根据新古典周期理论，只有未预期到的总需求变动才会影响实际 GDP 和就业水平。如果人们预期到总需求的变动，那么货币工资率就会上升，从而短期总供给减少了。其结果是，价格水平上升了，但实际 GDP 保持不变。如果人们没有预期到总需求的增加，那么，货币工资率就不会变动。因此，短期总供给就不会变动。其结果是，价格水平上升了，实际 GDP 增加了。

   d. 根据新凯恩斯主义周期理论，即使人们预期到总需求增加，也是在一些工资合约签订之后才发生的事情，但在合约签订时，总需求的增加却是不可预期的。因此，可预期的总需求增加仍会引起价格水平上升和实际 GDP 增加。如果人们没有预期到总需求的增加，那么，其结果是，价格水平上升了，实际 GDP 增加了。

   e. 根据实际经济周期理论，总供给曲线是一条垂直的长期总供给曲线，因而实际 GDP 等于潜在 GDP。总需求增加不会影响到长期总供给，因此，实际 GDP 不会变动。然而，价格水平却上升了。

■ 分析题

1. “经济学家们确实非常聪明，他们所研究问题的复杂性是难以置信的。比如，他们想搞清货币量的变动究竟对实际 GDP 有多大影响。他们会考虑各种不同的可能性。货币主义者认为，货币量的变化对实际 GDP 有着较大的影响。新古典经济学家认为，只有未预期到的货币量的变动才会影响实际 GDP。而实际经济周期理论则认为，货币量的变动对实际 GDP 没有影响。正如你所说的，这些答案涵盖了几乎所有的方面！

   “请想一下，我们究竟该如何做才能确定哪种理论正确。事实上，我们只能改变货币量，而让别的因素不变。也就是说，政府支出和石油价格不变，技术水平不变，诸如此类的因素都不变。如果这些因素中的任何一个变动，那么，实际 GDP 就可能因这一因素的变动而变动，而不是因为货币量的变动而变动。如果我们能够做一个此类的“可控”试验，那么，我们就能清楚地知道，货币量的变动对实际 GDP 的影响究竟有多大。你认为有人能够进行此类试验吗？当然没有这样的人！所以，经济学家们不得不努力寻找影响实际 GDP 和失业的各种可能的因素。这些因素包括税收、政府支出、技术水平、石油价格和利率等，这些因素每天都会变化，而且都可能对 GDP 产生影响。试图将任何一种因素的影响大小从众多因素的影响中分出是不可能的。

   “经济学家们正在竭尽全力地工作，因为他们知道确定哪种理论正确的重要性。你知道，我认为对此问题进行研究是一个良好的开端；我甚至都在想要转学经济学专业！成为经济学家为我提供了帮助许多人改善生活状况的机会。所以，如果我要调换专业，那么你会明白，经济学家一定是非常聪明的!”

小测验

1. 如果今年的价格水平高于去年，那么，______。
   a. 就会发生通货膨胀
   b. 通货膨胀就会更加严重
   c. 就会发生通货紧缩
   d. 通货紧缩就会更加严重
2. ______会引起需求拉动型通货膨胀；______会引起成本推动型通货膨胀。
   a. 石油价格的上涨；石油价格的上涨
   b. 货币工资的降低；政府支出的增加
   c. 货币量的增加；石油价格的上涨
   d. 货币量的增加；货币量的增加
3. 需求拉动型通货膨胀要持续下去，就需要______；成本推动型通货膨胀要持续下去，就需要______。
   a. 石油价格的持续上涨；石油价格的持续上涨
   b. 货币工资率的持续降低；货币工资率的持续降低
   c. 货币量的持续增加；货币量的持续增加
   d. 政府支出的持续增加；政府支出的持续减少
4. 失业和通货膨胀之间的关系可以用______来表示。
   a. 总需求曲线
   b. 长期总供给曲线
   c. 短期总供给曲线
   d. 菲利普斯曲线
5. 要引起成本推动型通货膨胀，石油价格上涨的同时，必须伴随着______。
   a. 投资减少
   b. 税率提高
   c. 政府支出降低
   d. 货币量增长率提高
6. 根据主流经济周期理论，如果实际通货膨胀率低于预期通货膨胀率，那么，实际 GDP ______。
   a. 会减少
   b. 会保持不变
   c. 会增加
   d. 可能会变动，但还需要更多信息才能确定 *AD* 曲线的移动方向
7. 当发生需求拉动型通货膨胀时，由于总需求______会引起劳动______，因而，货币工资率会提高。
   a. 增加；短缺
   b. 增加；过剩
   c. 减少；短缺
   d. 减少；过剩
8. 在短期菲利普斯曲线与长期菲利曲线的交点处，______。
   a. 利率等于自然利率
   b. 利率等于名义利率
   c. 此时的通货膨胀率等于实际通货膨胀率
   d. 实际通货膨胀率等于预期通货膨胀率
9. ______会引起短期菲利普斯曲线和长期菲利普斯曲线都向右移动。
   a. 预期通货膨胀率的上升幅度等于实际通货膨胀率的上升幅度
   b. 预期通货膨胀率的下降幅度等于实际通货膨胀率的下降幅度
   c. 自然失业率的上升
   d. 自然失业率的降低
10. 根据______，只有没有预期到的总需求变动才会导致经济周期波动。
   a. 凯恩斯主义周期理论
   b. 货币主义周期理论
   c. 新古典周期理论
   d. 实际经济周期理论

本小测验的答案请参见第 225 页

第五编中期测验　短期经济

■ 第 11 章

1. 当实际 GDP 大于潜在 GDP 时，______。
   a. 就会存在衰退性缺口
   b. 经济处于长期均衡中
   c. 就会存在膨胀性缺口
   d. 短期总供给曲线向右移动
2. 长期总供给曲线______。
   a. 是一条垂直线
   b. 斜率为正
   c. 斜率为负
   d. 是一条水平线
3. 政府支出减少会引起______。
   a. 长期总供给曲线而非短期总供给曲线向左移动
   b. 短期总供给曲线而非长期总供给曲线向左移动
   c. 长期总供给曲线和短期总供给曲线都向左移动
   d. 总需求曲线向左移动
4. 潜在 GDP 增加会引起______。
   a. 长期总供给曲线向右移动，而短期总供给曲线不移动
   b. 长期总供给曲线、短期总供给曲线和总需求曲线都向右移动
   c. 总需求曲线向右移动
   d. 长期总供给曲线和短期总供给曲线都向右移动

■ 第 12 章

5. 在 45°线的图形中，消费支出可以由______来度量。
   a. 水平距离
   b. 垂直距离
   c. 三角形面积
   d. 矩形面积
6. 当消费函数位于 45°线上方时，家庭______。
   a. 全部新增收入都用于消费
   b. 消费大于可支配收入
   c. 储蓄部分可支配收入

d. 储蓄全部新增收入

7. 取决于收入水平的支出是______。
   a. 不真实的支出
   b. 均衡支出
   c. 引致支出
   d. 自发支出

8. 假设 *AE* 的斜率为 0.9，那么，每增加 1 000 亿美元的自发支出会引起均衡支出______。
   a. 减少 1 000 亿美元
   b. 增加 1 000 亿美元
   c. 增加 9 000 亿美元
   d. 增加 10 000 美元

■ 第 13 章

9. 成本推动型通货膨胀的特征是______。
   a. 货币量的持续增加
   b. 实际 GDP 的持续增加
   c. 政府支出的一次性增加
   d. 以上所有选项

10. 需求拉动型通货膨胀要求______持续增长。
   a. 税率
   b. 实际工资
   c. 货币量
   d. 政府支出

11. 在主流经济周期模型中，扩张是由______曲线向右移动引起的，从而实际 GDP 增加，价格水平______。
   a. 总需求；下降
   b. 总需求；上升
   c. 短期总供给；上升
   d. 长期总供给；下降

12. 短期菲利普斯曲线______；长期菲利普斯曲线______。
   a. 向下倾斜；向下倾斜
   b. 向上倾斜；向上倾斜
   c. 是一条水平线；是一条垂直线
   d. 向下倾斜；是一条垂直线

答　案

中期测验答案

1. c　2. a　3. d　4. d　5. b　6. b　7. c　8. d　9. a　10. c　11. b　12. d

第 14 章 财政政策

关键概念

■ 联邦预算

联邦预算（federal budget）是美国政府的年度支出与税收报表。利用联邦预算来实现诸如充分就业、经济持续增长和价格水平稳定的宏观经济目标，被称为**财政政策**（fiscal policy）。

美国总统向国会递交预算，国会通过预算法案后，总统否决预算法案，或者签署法案以付诸实施。**1946 年就业法案**（Employment Act of 1946）赋予美国政府努力实现充分就业的职责。**经济顾问委员会**（Council of Economic Advisers）由经济学家组成，负责监测国家经济，向总统和公众通报当前经济状况，并对经济走向做出最好的预测。

- 税收来源于四个方面：个人收入所得税、社会保障税、公司所得税和间接税。其中，个人收入所得税是税收的最大来源。
- 支出分为三类：转移支付、产品和服务的购买支出以及债务利息。

政府的预算余额等于税收减去其支出。

- 如果税收大于支出，那么就会出现**预算盈余**（budget surplus）；如果税收小于支出，那么就会出现**预算赤字**（budget deficit）；如果税收等于支出，那么就会出现**预算平衡**（balanced budget）。
- 1980～1997 年，美国政府一直处于赤字状态。1998～2001 年，美国政府出现了预算盈余；但到了 2002 年，美国政府又回到了预算赤字状态。
- **政府债务**（government debt）是政府所借债务的总额。以政府债务所占 GDP 的百分比来看，第二次世界大战后直到 1974 年，政府债务下降了；此后一直到 20 世纪 90 年代中期，政府债务上升了；之后一直到 2002 年，政府债务下降了；2002 年以后，政府债务又上升了。
- 世界上大多数国家的政府都拥有预算赤字。

■ 供给方：就业和潜在 GDP

财政政策对就业、潜在 GDP 和总供给的影响被称为**供给方效应**（supply-side effects）。劳动市场决定了劳动的就业量，生产函数说明了在这一劳动就业量水平上，生产的实际 GDP 是多少。当劳动市场处于均衡状态时，所生产的实际 GDP 等于潜在 GDP。

所得税引起劳动供给减少，从而导致税前工资率的上升和税后工资率的下降。（较高的）税前工资率与（较低的）税后工资率之间的缺口称为**税收楔形**（tax wedge）。消费支出方面的税收也会增大税收楔形，因为这些税收能够提高产品和服务的价格，从而降低实际工资率。美国的税收楔形相对较小。

- 税率提高会引起劳动供给的减少，因此，会导致均衡的就业量和潜在 GDP 减少。

拉弗曲线（Laffer curve）是表示税率与税收之间关系的曲线。如果税率足够高，那么，税率提高会引起潜在 GDP 较大幅度的减少，因此，总税收会减少。在美国，税率不可能这么高，因此，美国税率的提高会引起总税收的增加。

■ 供给方：投资、储蓄和经济增长

在前面衡量 GDP 这一章中已经说明，投资来源于家庭储蓄（S）、政府储蓄（$T-G$）和从国外借款（$M-X$）：

$$I = S + (T - G) + (M - X)$$

由于私人储蓄（PS）等于 $S+(M-X)$，所以，有：

$$I = PS + (T - G)$$

总储蓄等于私人储蓄与政府储蓄之和。对利息收入征税会引起私人储蓄的减少，因而引起可贷资金供给的减少。可贷资金供给曲线会向左移动。税收导致了储蓄者所接受的税后利率与借款人所支付的利率之间的楔形。税收引起了均衡的储蓄和投资数量的减少。由于投资减少，税收引起了经济增长率的下降。

如果政府存在预算盈余，那么，总储蓄就等于政府储蓄加上私人储蓄；如果政府存在预算赤字，那么总储蓄就等于私人储蓄减去赤字额。如果政府预算赤字增加，那么，就会直接引起储蓄的减少并导致可贷资金供给曲线向左移动。其结果是，实际利率会上升，而均衡的投资量会减少。

- 政府预算赤字将会引起投资减少，这被称为**挤出效应**（crowding - out effect）。
- 挤出效应会被**李嘉图—巴罗等价**（Ricardo-Barro equivalence）效应所抵消。当私人储蓄变化从而抵消政府储蓄的变化时，就出现了这种情况。李嘉图—巴罗等价效应表明，政府预算赤字虽会减少政府储蓄，但却意味着未来较多的税收，因此，纳税人会增加其私人储蓄，以便将来支付较多的税收。

■ 财政政策的代际效应

代际核算（generational accounting）是指测算每代人终生税负与收益的核算体系。为了比较未来将要支付的税收和未来将要得到的收益，代际核算采用**现值**（present value）来计算。现值是指今天投资一定数额的货币，在考虑它所赚得的利息的情况下，会在未来增长至一定数额。

财政不平衡（fiscal imbalance）是指政府承诺支付的各种福利的现值减去其税收的现值。据估计，美国政府的财政不平衡到达了 45 万亿美元，未来的社会保障支出将占其中的大部分。

代际不平衡（generational imbalance）是在假定当代人乐于接受目前的这种税收与福利水平的条件下，财政不平衡在当代人与后代人之间的分配。当代人将支付财政不平衡的43%，而后代人将支付财政不平衡的57%。

外债意味着，美国具有国际债务。在 2006 年 6 月，美国的国际债务高达 5.2 万亿美元，其中，有 2.2 万亿美元的国际债务是以美国政府债券的形式存在的。

■ 稳定经济周期

相机抉择的财政政策（discretionary fiscal policy）是由国会法案所引起的政策行为。**自发的财政政策**（automatic fiscal policy）是由经济状况引起的财政政策的变动。政府的财政政策具有乘数效应：

- 政府支出增加会引起总需求增加。**政府支出乘数**（government expenditure multiplier）是政府支出变动引起的总需求变动的放大效应。
- 税收减少引起可支配收入的增加，从而引起消费支出增加和总需求增加。**自发税乘数**（autonomous tax multiplier）是自发税变动引起的总需求变动的放大效应。自发税乘数比政府支出乘数要小。
- **平衡预算乘数**（balanced budget multiplier）是指在保持政府预算平衡不变的条件下，政府支出和税收同时变动所引起的总需求变动的放大效应。政府支出增加所引起的总需求的增加量，大于同样数量的税收增加所引起的总需求的减少量，因此，总需求的净变动量是增加的，平衡预算乘数是正数。

图 14.1　扩张性财政政策

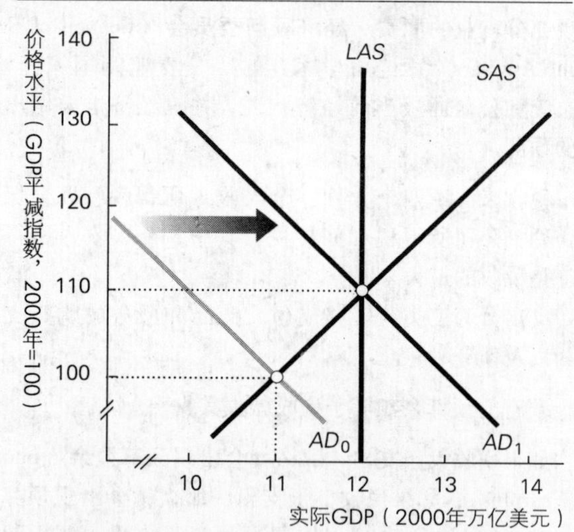

财政政策可用来改变实际 GDP，从而使实际 GDP 等于潜在 GDP。如果实际 GDP 小于潜在 GDP，存在着衰退性缺口，那么，可以采用扩张性财政政策，如增加政府支出或减少税收等。乘数效应意味着，总需求曲线向右移动的距离大于初始扩张性政策引起的总需求的增加量。图 14.1 说明了，财政政策是如何通过增加实际 GDP 和提高价格水平来消除衰退性缺口的。总需求曲线向右移动的距离，等于起初政府支出的增加量或税收的减少量加上乘数效应所引起的增加量。

如果实际 GDP 大于潜在 GDP，存在着膨胀性缺口，那么，可以采用紧缩性财政政策，如减少政府支出或增加税收。乘数效应意味着，总需求曲线向左移动的距离大于初始紧缩性财政政策引起的总需求的减少量。其结果是，实际 GDP 减少了，因而膨胀性缺口消失了，价格水平下降了。

时滞会限制相机抉择的财政政策的使用。

- 认识时滞，是指决定采用何种财政政策所需要的时间。
- 立法时滞，是指国会通过一项财政政策变动所需要的时间。
- 作用时滞，是指从通过一项财政政策变动到发现实际 GDP 变动所需要的时间。

无论什么时候实际 GDP 发生变化，税收和政府支出都会发生变化，这样，自发的财政政策就发挥作用了。**自动稳定器**（automatic stabilizer）是指政府不需要直接采取行动而稳定实际 GDP 的机制。**引致税收**（induced tax）是指随实际 GDP 的变动而变动的税收。**需审核的支出**（needs-tested spending）是指允许有资格的个人和企业接受补贴的支出。当实际 GDP 变动时，需审核的支出也会变动。但是，引致税和需审核的支出会引起乘数变小。乘数越小，它们就越能缓和扩张与衰退。

引致税和需审核的支出意味着，财政预算赤字会随着经济周期的不同阶段而发生变化。在衰退阶段，随着引致税的减少，财政预算赤字会增加，需审核的支出也会增加。**结构性盈余或赤字**（structural surplus or deficit）是指经济处于充分就业状态、实际 GDP 等于潜在 GDP 时的预算余额。**周期性赤字或盈余**（cyclical deficit or surplus）是实际赤字或盈余减去结构性赤字或盈余。后一种赤字是经济周期的结果。

帮助提示

1. **乘数**：在第 12 章，我们探讨过支出乘数。在本章中，我们又探讨了另外一些乘数，比如政府支出乘数和自发税乘数。所有乘数都因同样的原因而存在：影响人们可支配收入的自发变量的初始变动，会导致消费支出的变动。反过来，消费支出的变动又会影响到其他人的收入，这又会引起消费支出中引致消费更大的变动。所以，对于所有乘数而言，由于初始自发支出的变动以及不断引起的消费支出中引致消费的变动，总需求就发生了变动。

习　题

■ 判断并解释

联邦预算

1. 经济顾问委员会向国会提交联邦政府的预算法案。
2. 如果税收大于政府支出，那么政府就会出现预算赤字。
3. 在过去 20 年中的大部分年份，联邦政府都有少量的预算盈余。
4. 大多数国家都存在政府预算赤字。

供给方：就业和潜在 GDP

5. 所得税率的提高会引起潜在 GDP 的减少。
6. 美国的税收楔形大于英国和法国的。
7. 提高税率总会增加税收。

供给方：投资、储蓄和经济增长

8. 投资仅仅来源于私人储蓄。
9. 提高利息收入的税率会引起储蓄减少，但却会引起均衡的投资增加。
10. 政府预算赤字的增加会挤出私人投资。

财政政策的代际效应

11. 代际核算度量一代人的终生税负与政府补贴。
12. 据预测，当代人约支付目前财政不平衡的 75%。

稳定经济周期

13. 自发税乘数表明，减税会引起总需求的减少。
14. 如果实际 GDP 小于潜在 GDP，那么，减税或政府支出增加会导致实际 GDP 回到潜在 GDP 的水平。
15. 妨碍采用财政政策的一个因素是立法时滞。
16. 引致税是自动稳定器的一个实例。
17. 在一个经济周期中，结构性赤字会增加和减少。

■ 单项选择题

联邦预算

1. 在当今的美国，联邦政府税收的最主要来源是______。

   a. 企业所得税

b. 个人所得税
c. 间接税
d. 政府赤字

2. 联邦政府支出中的最大一部分是______。
a. 转移支付
b. 购买产品和服务的支出
c. 国外购买支出
d. 债务利息

3. 假设联邦政府一年的支出为2.5万亿美元，这一年的税收为2.3万亿美元。那么，政府预算是______。
a. 2.3万亿美元盈余
b. 0.2万亿美元盈余
c. 0.2万亿美元赤字
d. 2.5万亿美元赤字

4. 在数量上最大的选项是______。
a. 联邦政府的支出
b. 联邦政府的税收
c. 预算盈余
d. 政府的总债务

5. 目前，美国政府的预算为______，日本政府的预算为______。
a. 盈余；盈余
b. 盈余；赤字
c. 赤字；盈余
d. 赤字；赤字

供给方：就业和潜在 GDP

6. 提高所得税率会______。
a. 引起潜在 GDP 增加
b. 消除所得税楔形
c. 引起劳动需求增加
d. 引起劳动供给减少

7. 税收楔形度量的是______之间的缺口。
a. 潜在 GDP 与实际 GDP
b. 税前工资率与税后工资率
c. 劳动需求与劳动供给
d. 政府支出与税收

8. 大多数经济学家认为，在美国，提高税率______。
a. 会引起总税收增加
b. 不会引起总税收变动
c. 会引起总税收减少
d. 可能会引起总税收变动，但变动方向不能确定

供给方：投资、储蓄和经济增长

9. 如果消费支出是7万亿美元，家庭储蓄是1万亿美元，政府预算盈余是1万亿美元，净出口是-2万亿美元，那么，投资是______。
a. 7万亿美元
b. 4万亿美元
c. 3万亿美元
d. 2万亿美元

10. 提高利息收入的税率会引起储蓄供给______，均衡的投资量______。
a. 增加；增加
b. 增加；减少
c. 减少；增加
d. 减少；减少

11. ______会挤出投资。
a. 政府预算赤字增加
b. 政府预算盈余增加
c. 李嘉图—巴罗效应增强
d. 私人储蓄供给

财政政策的代际效应

12. 代际核算表明，政府承诺支付的各种福利的现值______其税收的现值。
a. 大于
b. 等于
c. 小于
d. 不可比

13. 据估计，当代人将支付财政不平衡的______，而后代人将支付______。
a. 89%；11%
b. 50%；50%
c. 43%；57%
d. 18%；82%

稳定经济周期

14. 所得税增加是______的一个实例。
a. 相机抉择的财政政策
b. 自发的财政政策
c. 扩张性财政政策
d. 乘数效应

15. 如果政府支出增加2 000亿美元，同时税收也增加2 000亿美元，那么______。
a. 潜在 GDP 会增加

b. 总需求不会变动
c. 总需求会增加
d. 总需求会减少

16. 如果经济存在着衰退性缺口，那么，为了恢复充分就业，一项合适的财政政策是______。
a. 税收增加
b. 政府支出减少
c. 政府支出增加
d. 自发税收乘数减少

17. 一旦考虑乘数效应，下列选项中引起总需求减少最多的政策是______。
a. 政府支出增加 100 亿美元
b. 政府支出减少 100 亿美元
c. 税收增加 100 亿美元
d. 政府支出减少 100 亿美元，同时税收减少 100 亿美元

18. 引致税（如所得税）是如何影响乘数大小的？______。
a. 引致税会引起乘数增加
b. 引致税对乘数大小没有影响
c. 引致税会引起乘数减少
d. 答案取决于除了引致税外，是否还有需审核的支出

19. 如果经济进入衰退阶段，那么，会自动发生的是______。
a. 政府在产品和服务上的支出增加
b. 所得税增加
c. 财政预算盈余减少
d. 需审核的支出减少

20. 如果即使在经济处于充分就业时，联邦政府也存在着赤字，那么，该赤字被认为是______。
a. 持续性的
b. 非周期性的
c. 相机抉择的
d. 结构性的

■ 简答题

1. 在过去的 20 年中，美国的预算盈余和赤字发生了怎样的变化？
2. 自 1940 年以来，美国联邦政府债务占 GDP 的百分比是如何变化的？
3. 解释劳动所得税的增加对潜在 GDP 的影响。
4. 什么是税收楔形？
5. 图 14.2 给出了可贷资金市场中的两条曲线。政府预算是平衡的。
a. 如果没有李嘉图—巴罗效应，那么，请说明 4 000 亿美元政府预算赤字的影响。赤字会挤出多少投资？
b. 李嘉图—巴罗效应如何影响预算赤字的结果？

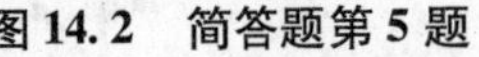

图 14.2　简答题第 5 题

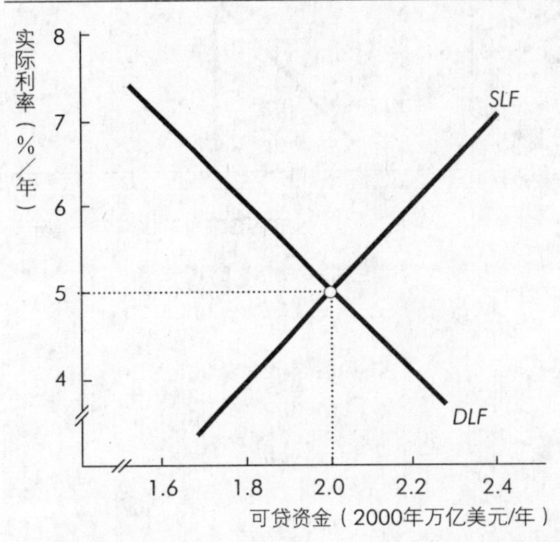

6. 艾格尔当选了坦桑尼亚的总统。他上任后要做的第一项工作就是聘请一些经济学家，向他们咨询自己应该提出什么样的财政政策。
a. 如果坦桑尼亚存在着膨胀性缺口，那么，艾格尔的经济学家们应该提出什么样的财政政策？
b. 如果坦桑尼亚存在着衰退性缺口，那么，艾格尔的经济学家们又应该提出什么样的财政政策？
c. 由于立法机构决定在夜里开会，它需要花费一年的时间来制定该国合适的财政政策。假定艾格尔的经济学家们预测，如果明年不出台任何政府政策，那么，该国经济会存在衰退性缺口。政府通过了意在消除衰退性缺口的财政政策。然而，预测却是不正确的，而且不需任何政府政策，该国经济已处于充分就业的均衡状态。当基于不正确的预测所制定的财政政策发挥作用时，会发生什么？
d. 当艾格尔参加晚上召开的这次会议时，要向他解释，有哪些其他因素会妨碍他的财政政策的成功。

图 14.3　简答题第 7 题

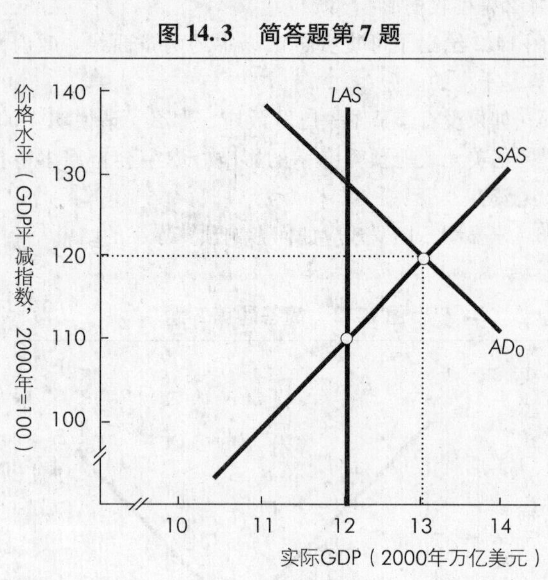

7. 在图 14.3 中，请画图说明税收增加以引起经济恢复到潜在 GDP 水平的影响。假定税收变化对潜在 GDP 没有任何影响。
8. 周期性预算赤字与结构性预算赤字有何区别?

■ 分析题

1. "各种财政政策乘数都比较抽象，不太容易理解，我确实是在下了功夫才基本理解了它们。但是，我还是有一点不明白：为什么政府不运用财政政策来消除由于投资变动所引起的 GDP 的波动呢？因为财政政策是政府可以采用的一个好政策啊!" 你的朋友提出了一个非常好的问题，你能否给他一个满意的答案?

习 题 答 案

■ 判断并解释

联邦预算

1. **错误**　应当是总统向国会提交预算草案。而经济顾问委员会协助总统监测经济运行，并提出政策建议。
2. **错误**　当政府的税收小于政府支出时，就产生了预算赤字。
3. **错误**　自从 1980 年以来，联邦政府仅在 1998 ~ 2001 年间出现了预算盈余。
4. **正确**　大多数国家都出现了政府预算赤字。

供给方：就业和潜在 GDP

5. **正确**　提高所得税率会引起充分就业量减少，从而引起潜在 GDP 的减少。
6. **错误**　美国的所得税楔形小于英国，并且远远小于法国。
7. **错误**　拉弗曲线表明，如果税率是足够高的，那么，提高税率会引起税收减少。

供给方：投资、储蓄和经济增长

8. **错误**　政府储蓄也能为投资筹资。
9. **错误**　提高利息收入的税率会引起储蓄减少，从而均衡的实际利率会上升，均衡的投资会减少。
10. **正确**　政府预算赤字增加会引起可贷资金的总供给减少，从而引起均衡的实际利率上升，均衡的投资减少。

财政政策的代际效应

11. **正确**　该题给出了代际核算的定义。
12. **错误**　据预测，当代人会支付财政不平衡的 43%。

稳定经济周期

13. **错误**　减税会引起总需求增加，自发税乘数表明，总需求的增加量大于初始的减税额。
14. **正确**　减税或政府支出增加会引起总需求增加，因而，实际 GDP 增加了。
15. **正确**　立法时滞表明，国会通常需要花费较长时间来改变税收或政府购买支出计划。
16. **正确**　另一个自动稳定器是需要审核的支出。
17. **错误**　结构性赤字表明，当实际 GDP 等于潜在 GDP 时，政府预算赤字是多少。

■ 单项选择题

联邦预算

1. **b**　个人收入所得税是税收的最主要来源，其次是社会保障税。
2. **a**　转移支付显然是联邦政府最大的一项支出。
3. **c**　政府的赤字等于它的支出 2.5 万亿美元减去税收 2.3 万亿美元。
4. **d**　联邦政府的债务接近 7 万亿美元，相比之下，联邦政府支出（大约为 2.9 万亿美元），税收（大约 2.5 万亿美元）和当期的预算赤字（大约 4 000 亿美元）就显得少多了。
5. **d**　虽然日本和美国都出现了政府预算赤字，但比较其占 GDP 的百分比，日本的赤字较美国的赤字大得多。

供给方：就业和潜在 GDP

6. **d**　因为税收增加会引起劳动供给的减少，所以，均衡的就业量减少，潜在 GDP 也因此减少了。
7. **b**　所得税导致税后工资率下降，因此，它低于税前工资率。
8. **a**　虽然税率有可能比较高，以至提高后会引起总税收减少，但大多数经济学家认为，美国的税率不可能那么高。

供给方：投资、储蓄和经济增长

9. **b**　投资等于私人储蓄 1 万亿美元加上政府储蓄 1 万亿美元，再加上向外国借款，在这里，向外国借款为净出口的相反数 2 万亿美元。
10. **d**　对利息收入征税会引起储蓄回报减少，因而储蓄供给会减少，从而均衡的投资量减少了。
11. **a**　政府预算赤字会引起可贷资金供给的减少，因此，实际利率会上升，均衡的投资量会减少。

财政政策的代际效应

12. **a**　当代人的代际核算估计，政府承诺支付的福利的现值大于其税收的现值约 45 万亿元。
13. **c**　据估计，当代人将支付财政不平衡的 43%，留下一多半由后代人来支付。

稳定经济周期

14. **a**　由于税收增加不会自动发生，因此，它是一种相机抉择的财政政策。
15. **c**　平衡预算乘数表明，同样多的政府购买支出增加与税收增加会引起总需求增加。

16. c　衰退性缺口需要扩张性政策来予以抵消，因此，政府支出增加是正确的政策。
17. b　政府支出减少与税收增加都会引起总需求减少，但由于政府支出乘数大于自发税乘数，所以，政府支出减少对总需求的影响更大一些。
18. c　引致税收会导致由 GDP 变动引起的可支配收入变动量的减少。因此，引致税会导致由 GDP 的变动所引起的引致消费支出的减少，因而，会导致乘数减小。
19. c　在衰退阶段，税收减少而转移支付增加，因此，会引起预算盈余减少。
20. d　结构性赤字是指经济处于充分就业时仍然存在的赤字。

■ 简答题

1. 在过去 20 年中的大多数年份，美国政府都存在着预算赤字。在 20 世纪 80 年代中期，预算赤字数额巨大。在 20 世纪 80 年代末期，赤字开始减少，但到了 20 世纪 90 年代早期，赤字又开始上升了。接着，自 20 世纪 90 年代中期到 1996 年，赤字开始减少；到了 1998 年，出现了预算盈余。预算盈余一直持续到 2001 年，此后，又出现了预算赤字。
2. 政府负债占 GDP 的比例，在 1940～1946 年达到了最高点。接着，从 1946 年至 20 世纪 80 年代早期，这一比例下降了。从 1980 年至 20 世纪 90 年代中期，这一比例上升了。此后，这一比例又下降了；自 2001 年起，这一比例又开始上升了。
3. 劳动所得税增加会引起潜在 GDP 的减少。这类税收增加会引起劳动供给减少。因此，充分就业时的均衡劳动量减少了，从而引起了潜在 GDP 的减少。
4. 税收楔形是指税前工资率与税后工资率的差额。劳动所得税引起了税前工资率的上升，但却引起了税后工资率的下降，因而，形成了税收楔形。此外，对消费支出征税也会引起税收楔形增加，因为这类税收会引起产品和服务价格的上升，从而会进一步引起税后实际工资的下降。
5. a. 图 14.4 说明了 4 000 亿美元政府预算赤字的影响。政府赤字引起储蓄减少了 4 000 亿美元，因此，可贷资金供给曲线向左移动了 4 000 亿美元。如图所示，均衡的实际利率从 5% 上升到了 6%，均衡的可贷资金量从 2.0 万亿美元减少到了 1.8 万亿美元。所以，4 000 亿美元的赤字挤出了 2 000 亿美元的投资。

图 14.4　简答题第 5 题

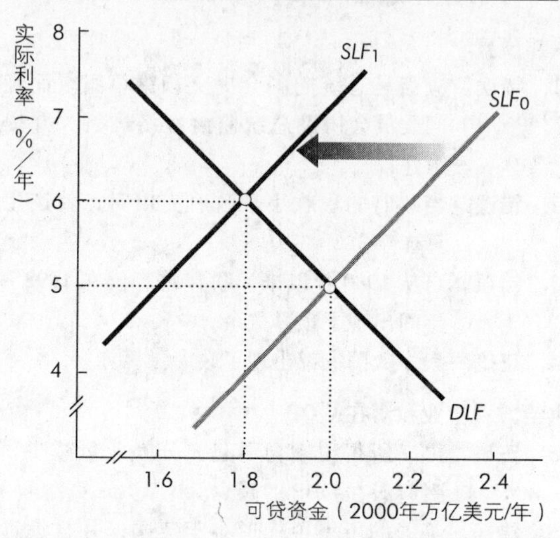

   b. 巴罗—李嘉图效应表明，人们会改变其储蓄量以抵消政府赤字的影响。极端的情况是，人们增加的储蓄等于全部赤字额，在这种情况下，可贷资金的供给曲线不会移动，因此，投资和实际利率不会发生变化。在不那么极端的情况下，增加的储蓄仅是赤字额的一部分，因此，可贷资金的供给曲线仍然会向左移动，但是移动距离较小。因此，与不存在巴罗—李嘉图效应相比，利率上升幅度较小，投资减少幅度也较小。
6. a. 存在膨胀性缺口时，实际 GDP 大于潜在 GDP，因此，实施紧缩性政策是合适的。艾格尔的经济学家们应该建议减少政府支出或增加税收。
   b. 存在衰退性缺口时，实际 GDP 小于潜在 GDP，因此，实施扩张性政策是合适的。艾格尔的经济学家们应该建议增加政府支出或减少税收。
   c. 因为艾格尔的经济学家们预测存在着衰退性缺口，所以，他们提出的政策是扩张性政策：增加政府支出和（或）减少税收。这两种政策都会引起总需求增加。但是，由于当这些政策发挥作用时，坦桑尼亚已处于充分就业状态，所以，总需求增加会导致坦桑尼亚进入存在膨胀性缺口的均衡状态。这时，实际 GDP 大于潜在 GDP，价格水平上升了。
   d. 由于经济预测的错误与立法时滞这两个困难，艾格尔会失去工作。其他妨碍财政政策的时滞是认识时滞和作用时滞，前者是提出财政政策所需要的时间，后者是财政政策变动到发现实际 GDP 变动所需要的时间。所有这些时滞都是财政政策所面临的困难。

7. 图 14.5 说明了税收增加的影响。税收增加会引起总需求减少，因此，总需求曲线从 AD_0 移至 AD_1。价格水平从 120 下降至 110，实际 GDP 减少至等于潜在 GDP 的水平，即 12 万亿美元。

图 14.5　简答题第 7 题

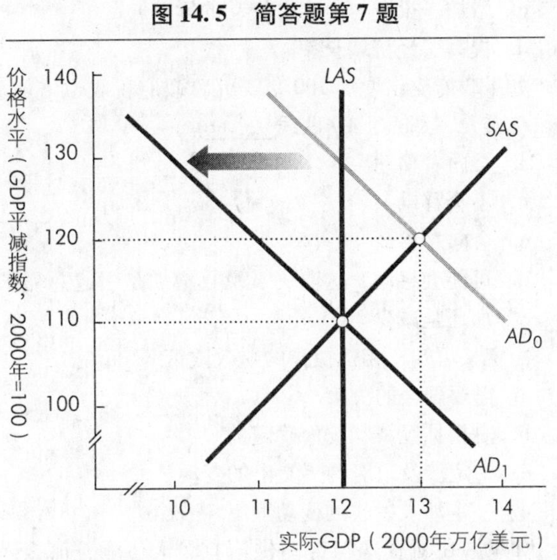

8. 预算赤字可以分为周期性赤字和结构性赤字。后者是指经济处于充分就业状态时仍然存在的赤字。前者是指由于经济不处于充分就业状态所导致的赤字。从根本上讲，周期性赤字是经济周期所导致的。

■ 分析题

1. “确实，我也认为各种财政政策乘数很抽象。在我们在课堂上学习这些内容之前，我对此也是比较模糊的。

“下面，我就来回答你提出的问题。我认为，问题主要在于政府很难针对经济状况做出及时、准确的反应。一方面，政府变更财政政策需要经历一段时间。正如书中所讲的，联邦政府的预算法案是年初时由总统提交的，到了年末，政府在当年的各项支出都要由总统过目并签字。变更联邦预算需要一段时间。我个人认为，预算的复杂性和起草预算所需的时间较长是造成滞后的一个原因。另一方面是政治上的原因。你知道，我们国家各派政治势力在总统大选中谁能当选的纷争相当严重。各派政党可能都同意减税，但在减征哪一种税以及减征多少方面，他们却存有争议。

“此外，要断定应该采取哪种正确的财政政策并不是一件容易的事情。可能有一些观察人士认为我们的经济将要进入衰退之中，而其他人则认为一两年之内，我们即将迎来一轮强劲的经济扩张。还有，对于潜在 GDP 这个概念，虽然这个概念非常重要，掌握它有助于我们学习其他许多内容，但在现实社会里，我们真的很难知道它的准确数值。各党派之间在这方面也经常发生争执——其中一派认为，经济中的产出低于潜在 GDP 水平，应该采用扩张性财政政策以减少失业；另一派则认为，产出已经超出了潜在的 GDP 水平，需要运用紧缩性财政政策来抑制通货膨胀。

“因此，我认为或许存在着一些原因导致这种情况出现：尽管财政政策在消除经济波动方面能够取得较大成效，但政府也未必会运用这些政策。”

小测验

1. ______，就会出现平衡预算。
   a. 当政府支出大于其税收时
   b. 当政府支出等于其税收时
   c. 当政府支出小于其税收时
   d. 当政府的总债务为零时
2. 公债占 GDP 的比例______。
   a. 在过去 50 年中每年都在上升
   b. 在过去 50 年中每年都在下降
   c. 在 1974 年以后有时上升有时下降，而今天这一比例高于 1974 年的水平
   d. 一直到大约 1974 年，总体上是上升的，但今天这一比例低于 1974 年的水平
3. ______是运用财政政策来稳定经济所面临的问题。
   a. 实施财政政策可能比较缓慢
   b. 国会采取行动太迅速，因此，政策可能是不合适的
   c. 政府支出仅仅对总需求有间接影响
   d. 美联储必须决定政策是否正确
4. 政府支出增加会引起______。
   a. *LAS* 曲线向右移动
   b. *SAS* 曲线向左移动
   c. *AD* 曲线向右移动
   d. *AD* 曲线向左移动
5. 如果劳动所得税减少了，那么，______。
   a. 会引起 *AD* 曲线向左移动
   b. 会引起税收楔形减少
   c. 会引起潜在 GDP 减少
   d. 会引起就业量减少，因为人们不再需要工作那么长时间去付税
6. 所得税的出现会引起政府支出乘数______，自发税收乘数______。
   a. 增加；增加
   b. 增加；不变
   c. 减少；不变
   d. 减少；减少
7. 所得税和转移支付______。
   a. 如同经济的减震器，它能够稳定收入的波动
   b. 会阻碍经济达到均衡
   c. 增加了投资与净出口变动的影响
   d. 提高了经济增长率
8. 如果政府支出增加 100 亿美元，政府税收也增加 100 亿美元，那么，*AD* 曲线______。
   a. 会向右移动
   b. 不会移动
   c. 会向左移动
   d. 可能会移动，这取决于税收增加是引起总需求增加还是减少
9. 由定义可知，相机抉择的财政政策______。
   a. 需要国会的决策
   b. 是根据经济状况而确定的
   c. 一定涉及政府购买支出的变动
   d. 一定涉及税收的变动
10. 如果减税对资本与劳动供给有较大影响，那么，它______。
   a. 一定会引起潜在 GDP 增加
   b. 一定不会引起潜在 GDP 的变动
   c. 一定会引起潜在 GDP 减少
   d. 可能会引起 GDP 的变动，但变动方向是不确定的

本小测验的答案请参见第 225 页

第 15 章 货币政策

关键概念

■ 货币政策目标和基本框架

- 货币政策目标就是"就业最大化、稳定的价格和适度的长期利率"。价格稳定是实现这些目标的关键。价格稳定意味着较低的通货膨胀率，从而会导致较低的名义利率及接近潜在 GDP 的实际 GDP。
- 实现货币政策目标的手段是，保持货币量的增长率与潜在 GDP 的增长率一致。

为了确定稳定价格的目标是否实现，美联储采用了**核心通货膨胀率**（core inflation rate）。核心通货膨胀率是根据核心 CPI 计算出来的，后者是不考虑食品与燃料价格所计算出来的。核心通货膨胀率比根据 CPI 计算出来的通货膨胀更稳定一些。每年的核心通货膨胀率在 1% ~ 2%之间，通常被认为等同于价格稳定。

为了确定最大就业量这一目标是否实现，美联储要关注许多指标，但最关键的指标是产出缺口——实际 GDP 偏离潜在 GDP 的百分比。美联储努力使得产出缺口最小化。

- **联邦公开市场委员会**（Federal Open Market Committee，FOMC）是美联储主要的政策制定机构。联邦公开市场委员会每年召开 8 次会议，在每次会议后的三周内美联储都会出版会议记录。

■ 货币政策的操作

政策工具（policy instrument）是美联储为实现货币政策目标所控制的经济变量。美联储可以把货币量作为目标，也可以把汇率或者短期利率作为目标。但是，每次只能把其中的一个变量作为目标。美联储可以选择短期利率——联邦基金利率作为目标，**联邦基金利率**（federal funds rate）是指银行间相互贷款用作准备金的隔夜利率。在把利率作为目标时，美联储会调整利率大小以便与美联储的政策一致。当美联储调整联邦基金利率时，每次调整幅度通常是 1/4 个百分点。

对于货币政策而言，美联储可以采用工具规则或目标规则：

- **工具规则**（instrument rule）是以当前的经济状态为基础的水平下，设置政策工具的货币政策决策规则。泰勒规则就是一种工具规则。**泰勒规则**（Taylor rule）认为，联邦基金利率应该根据通货膨胀率与产出缺口的具体数据，并通过以下公式的计算来设定：

$$FFR = 2 + INF + 5\ (INF - 2)\ \ + 0.5GAP$$

在这里，*FFR* 表示联邦基金利率，*INF* 表示通货膨胀率，*GAP* 表示产出缺口，所有值都取百分比。

- **目标规则**（targeting rule）是在使最终政策目标的预测等于最终目标的水平上，设置政策工具的货币政策决策规则。例如，美联储可能把联邦基金利率设定在预期通货膨胀率等于其目标水平这一水平上。

美联储通过采用公开市场业务来购买或出售政府有价证券，从而实现其目标。

- 当美联储购买政府有价证券时，银行的准备金增加了。当美联储出售政府有价证券时，银行的准备金减少了。

联邦基金利率是由银行准备金市场的均衡决定的。美联储通过公开市场业务来改变市场中的准备金数量，从而将联邦基金利率调整到目标水平。如果美联储要降低联邦基金利率，可以通过购买政府有价证券来增加准备金的数量；如果美联储要提高联邦基金利率，可以通过出售政府有价证券来减少准备金的数量。

■ 货币政策传导

美联储的政策会在经济中进行传导。降低联邦基金利率：

- 会引起其他短期利率的降低。
- 会引起美国的利率差（美国的利率与其他国家的利率之差）缩小，因而，会引起美元汇率下降，从而会引起净出口和总需求增加。
- 会引起货币量与银行贷款的增加。银行贷款增加又会引起可贷资金的供给增加，会（暂时）引起长期利率降低。
- 会引起投资与消费支出的增加，而这两者都会引起总需求增加。随后会出现乘数效应，从而引起了总需求的进一步增加。
- 如图 15.1 所示，总需求增加了，因而，实际 GDP 增加了，通货膨胀率上升了。

图 15.1　降低联邦基金利率的影响

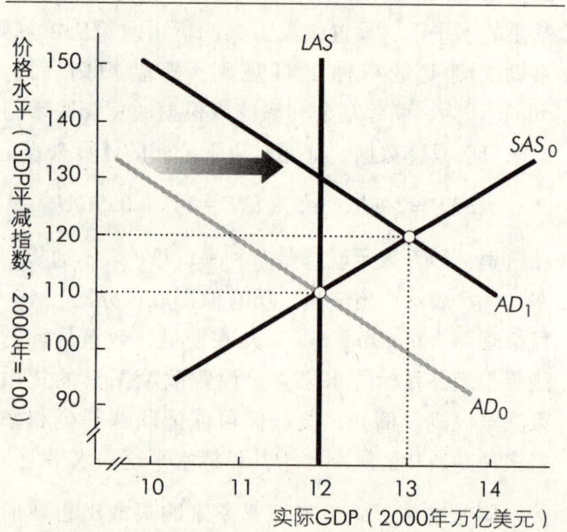

当美联储提高利率时，实际 GDP 的增长速度与通货膨胀率的上升速度都会减缓。

如果实际 GDP 小于潜在 GDP，那么，就会存在衰退性缺口。在这种情况下，美联储会降低联邦基金利率以便总需求增加，从而实际 GDP 和就业量都增加了。如果实际 GDP 大于潜在 GDP，那么，就会存在膨胀性缺口。在这种情况下，美联储会提高联邦基金利率以便总需求减少，从而价格水平降低并避免了通货膨胀。

美联储的货币政策与实际 GDP 变动的实际联系是比较松散的，而且存在着时滞。联邦基金利率的变动，必须逐渐通过许多部门才能引起长期实际利率的变动，其变动量大小取决于通货膨胀预期如何变动。当这些变动正在发生时，仍然有其他一些因素会发生变化，这样，货币政策的实施就会面临一些困难。

■ 可供选择的货币政策策略

美联储的货币政策策略是以联邦基金利率为目标的。有四种货币政策策略可供美联储选择，但却遭到了拒绝：

- 货币基础工具规则——美联储可以为货币基础设置目标水平。**麦卡勒姆规则**（McCallum Rule）是指，货币基础的增长率要随着长期实际 GDP 的平均增长率和中期货币基础的周转率变化而变化。美联储认为，货币需求太不稳定，因此，不能采用这一规则。
- 货币目标规则——美联储可以将货币量作为目标，也许可以采用米尔顿·弗里德曼提出的 **k 百分比规则**（k-percent rule）：指货币量以每年百分之 k 的速度增加，而 k 正是潜在 GDP 的增长率。美联储认为，货币需求（以及货币的流通速度）太不稳定而不予采用。
- 汇率目标规则——美联储可以将汇率作为目标。如果实现固定汇率，那么，美联储就不能控制通货膨胀。如果采用爬行钉住汇率，那么，就要求美联储能够确定**实际汇率**（real exchange rate）——美国生产的产品对外国生产的产品的相对价格何时会变动，而要做到这一点却是很难的。
- 通货膨胀率目标规则——美联储可以采用**通货膨胀率目标**（inflation rate targeting）规则。如果采用这一规则，那么美联储就要向公众承诺，要达到的通货膨胀率的目标，并且解释政策是如何达到这一目标。其他中央银行可以采用通货膨胀率规则。这种政策的优点是，货币政策的目标明确，并且易于说明。而美联储却认为，目标不明确的政策至少与明确的通货膨胀率目标规则做得一样好。

帮助提示

1. **可贷资金市场的作用**：在货币政策从联邦基金利率变化到实际 GDP 和价格水平最终变化这一传导过程中，可贷资金市场起着关键作用。有关传导机制和可贷资金市场要记住的一个观点是，银行贷款是可贷资金的一种供给。当美联储利用公开市场业务来改变联邦基金利率时，美联储改变了银行的准备金，从而改变了它们的贷款量。因此，如果美联储购买政府有价证券，那么，它把准备金卖给银行，从而导致银行增加了贷款，其结果是增加了可贷资金的供给。

需重视的一点是，可贷资金市场对利率的影响是一种短期影响。在短期，实际利率将调整，从而可贷资金市场达到均衡状态。例如，如果美联储降低联邦基金利率，那么，（实际）可贷资金的供给会增加，从而在短期，实际利率下降了。然而在长期，价格水平的调整引起了可贷资金市场的均衡。因此，在长期，实际利率将回到其起初的水平，而价格水平会上升，实际可贷资金的供给会减少，从而回到其起初的水平。

习 题

■ 判断并解释

货币政策目标和基本框架

1. 美联储的主要目标是保持价格水平的稳定。
2. 核心通货膨胀率是燃料价格与食品价格上涨所引起的通货膨胀率。
3. 美联储从来都不会透露其货币政策。

货币政策的操作

4. 美联储可以选择货币基础作为它的政策工具。
5. 泰勒规则表明，联邦基金利率取决于通货膨胀率和产出缺口。
6. 当美联储购买政府有价证券时，银行的准备金增加了。
7. 当美联储购买政府有价证券时，会引起银行的准备金需求曲线向右移动。

货币政策传导

8. 提高利率会影响消费支出、投资和净出口。
9. 通过控制联邦基金利率，美联储可以严格控制长期实际利率。
10. 联邦基金利率降低会引起总需求增加。
11. 要抑制通货膨胀，美联储会提高联邦基金利率。
12. 如果美联储改变其货币政策，那么，其直接影响是改变短期总供给曲线并引起 *SAS* 曲线移动。
13. 导致货币政策实施困难的一个因素是货币政策传导过程中的时滞。

可供选择的货币政策策略

14. 美联储采用货币基础工具规则在技术上是不可行的。
15. k 百分比规则意味着，美联储应该选择某一通货膨胀率——k 百分比，并把它作为控制通货膨胀率的目标。
16. 如果美联储采用固定汇率这一汇率目标规则，那么，就不可能控制美国的通货膨胀率。
17. 货币政策必须把重点放在像通货膨胀或失业这样的实际变量上，而不会关注人们对通货膨胀的预期。

■ 单项选择题

货币政策目标和基本框架

1. ______不是一个宏观经济政策目标。
   a. 进行公开市场业务
   b. 促进就业最大化
   c. 保持价格稳定
   d. 保持适度的长期利率
2. 核心通货膨胀率______。
   a. 总是低于实际的 CPI 通货膨胀率
   b. 总是高于实际的 CPI 通货膨胀率
   c. 波动幅度要低于 CPI 通货膨胀率
   d. 不能与实际的 CPI 通货膨胀率相比

货币政策的操作

3. ______不是美联储潜在的政策工具。
   a. 联邦基金利率
   b. 货币基础量
   c. 汇率
   d. 通货膨胀率
4. 对于政策工具，美联储选择采用的是______。
   a. 货币基础量
   b. 货币基础量和联邦基金利率
   c. 联邦基金利率
   d. 联邦基金利率和汇率
5. 如果美联储希望将联邦基金利率设置在4%的水平，以实现通货膨胀率为1%的最终政策目标，那么，美联储正在采用______。
   a. 目标规则
   b. 工具规则
   c. 变化后的泰勒规则
   d. 政策目标工具
6. 美联储对政府有价证券的公开市场出售会______银

行准备金，会______联邦基金利率。

a. 增加；提高
b. 增加；降低
c. 减少；提高
d. 减少；降低

7. 当联邦基金利率为6%时，准备金的需求量是1 000亿美元。如果准备金实际是1 100亿美元，那么，______。
a. 准备金的需求会增加，准备金的需求曲线向右移动
b. 准备金的需求会减少，准备金的需求曲线向左移动
c. 联邦基金利率会上升
d. 联邦基金利率会下降

货币政策传导

8. 如果美联储提高联邦基金利率，那么，______。
a. 投资和消费支出都减少了
b. 在外汇市场上美元会升值，因此净出口减少了
c. 影响总需求的乘数效应会发生
d. 上述答案都正确

9. 如果美联储降低联邦基金利率，那么，______。
a. 长期实际利率上升
b. 总需求会减少
c. 美元汇率会降低
d. 货币量会减少

10. 如果美联储提高联邦基金利率，那么，货币量会______，可贷资金的供给会______。
a. 增加；增加
b. 增加；减少
c. 减少；增加
d. 减少；减少

11. 为了抑制通货膨胀，美联储将会______联邦基金利率，因此可贷资金的供给会______。
a. 降低；减少
b. 降低；增加
c. 提高；减少
d. 提高；增加

12. 为了消除膨胀性缺口，美联储将会______联邦基金利率，因此总需求会______。
a. 提高；增加
b. 提高；减少
c. 降低；增加
d. 降低；减少

13. 美联储抑制衰退的行为会引起______。
a. 总需求曲线向右移动
b. 总需求曲线向左移动
c. 长期总供给曲线向右移动
d. 长期总供给曲线向左移动

14. 联邦基金利率降低会引起______。
a. *AD* 曲线向右移动
b. *SAS* 曲线向右移动
c. *LAS* 曲线向右移动
d. *AD* 曲线向左移动

15. 如果美联储降低联邦基金利率，那么，价格水平会______，实际GDP会______。
a. 上升；增加
b. 上升；不变
c. 上升；减少
d. 不变；增加

可供选择的货币政策策略

16. 麦卡勒姆规则是______的一个实例。
a. 货币基础工具规则
b. 货币目标规则
c. 汇率目标规则
d. 通货膨胀目标规则

17. 美联储不采用以货币增长为目标的k百分比规则，一个基本原因是，美联储认为，______。
a. 这一规则并不能控制美国的通货膨胀率
b. 这一规则不能控制通货膨胀预期
c. 货币需求较大，而且不能预测货币需求曲线的移动方向
d. 实际GDP不再随着联邦基金利率的变动而变动

18. 如果美联储以通货膨胀率为目标，那么，它会明确承诺所要达到的通货膨胀率的目标。此外，美联储也会干预外汇市场以便美元汇率固定。那么，______。
a. 这两句话都是正确的
b. 只有第一句话是正确的
c. 只有第二句话是正确的
d. 这两句话都是错误的

■ 简答题

1. 如图15.2所示，准备金是500亿美元，而且准备金市

场处于均衡状态。

a. 均衡的联邦基金利率是多少？

b. 如果美联储要将联邦基金利率降至 4%，那么，它需要做什么？在图 15.2 中，请画出有关曲线来表示变动情况。

图 15.2　简答题第 1 题

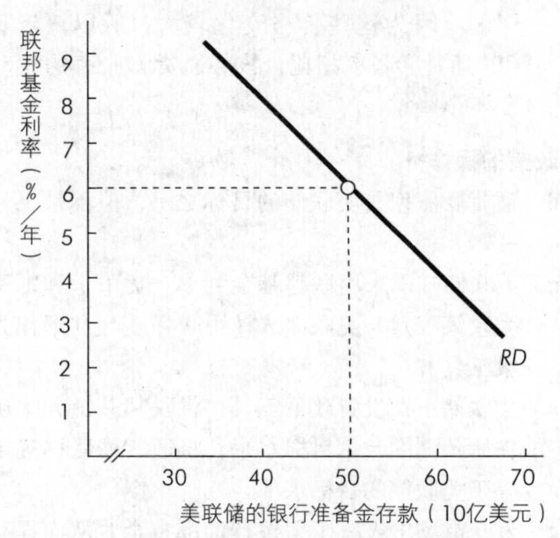

2. 在图 15.3 中，说明提高联邦基金利率对可贷资金市场的影响。为什么会有这种影响？

图 15.3　简答题第 2 题

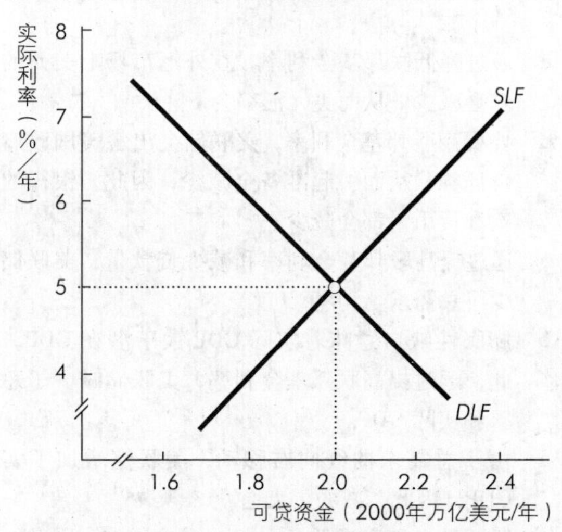

3. 请解释，美联储是如何降低联邦基金利率的。然后解释，降低联邦基金利率是如何影响货币量和可贷资金供给的。

4. 请解释，降低联邦基金利率是如何影响美元汇率的。

5. 请解释，降低联邦基金利率是如何影响消费和投资的。

6. 在图 15.4 中，说明联邦基金利率降低是如何影响价格水平和实际 GDP 的。

图 15.4　简答题第 6 题

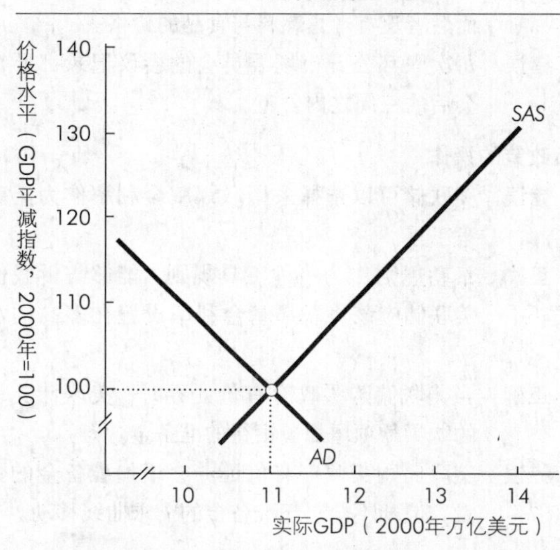

7. 艾格尔在美联储任职。艾格尔喜欢自己的这份工作，因为这份工作需要用自己的大脑，而不是仅仅去收集资料。艾格尔认为通货膨胀率太高了。如果艾格尔要让联邦公开市场委员会的其他成员相信他的观点是正确的，那么，美联储会采用什么样的政策，这些政策是如何影响经济的？

8. 为什么美联储不能非常准确地引导美国经济，以及避免衰退与通货膨胀呢？

■ 分析题

1. 你的朋友认为：“我知道，美联储在努力保持价格稳定、长期利率处于合理水平以及接近充分就业的就业量。但是，本书上却说，只有美联储将重点放在价格稳定上，所有这三个目标才能实现。现实情况会是这样的吗？”这一问题既有趣，又是非常重要的。回答你的朋友提出的这一问题，以便你的朋友明白其重要性。

习题答案

■ 判断并解释

货币政策目标和基本框架

1. **正确**　如果美联储实现了价格稳定这一目标，那么，就业最大化与适度的长期利率这两个目标就容易实现。
2. **错误**　核心通货膨胀率是用核心 CPI 计算得出的，而后者没有考虑燃料与食品的价格。
3. **错误**　每次联邦公开市场委员会的会议记录都要在会后的三周之内公布。

货币政策的操作

4. **错误**　美联储可以选择采用联邦基金利率作为其政策工具。
5. **正确**　泰勒规则作为一种工具规则，能够告诉我们美联储应该将联邦基金利率设置在多高的水平。
6. **正确**　当美联储购买政府有价证券时，美联储支付的购买款项增加了银行的准备金。
7. **错误**　美联储购买政府有价证券会增加准备金的数量，但却不会引起准备金的需求曲线移动。

货币政策传导

8. **正确**　提高利率会波及到美国经济，会影响到许多部门。
9. **错误**　美联储不能直接控制关键的实际长期利率。
10. **正确**　改变总需求是货币政策连锁反应的一部分。
11. **正确**　通过提高联邦基金利率，总需求会减少，从而引起了价格水平的下降。
12. **错误**　短期总供给不会直接变化。
13. **正确**　时滞意味着，确定适当的政策是困难的，因为政策必须是将来需要而不是现在需要。

可供选择的货币政策策略

14. **错误**　如果愿意的话，那么，美联储可以采用货币基础工具规则。
15. **错误**　k 百分比规则是指，美联储应该将货币量的增长率保持在百分之 k 的水平，而百分之 k 正是潜在 GDP 的增长率。
16. **正确**　美联储不采用固定汇率目标规则的原因是，不能控制美国的通货膨胀率。
17. **错误**　人们的通货膨胀预期是货币政策的关键组成部分。

■ 单项选择题

货币政策目标和基本框架

1. **a**　进行公开市场业务是美联储实现其货币政策目标的重要手段。
2. **c**　核心通货膨胀率没有考虑食品与燃料价格变化的影响。因为这些价格变化较大，所以，与实际 CPI 通货膨胀率相比，核心通货膨胀率的波动幅度要小些。

货币政策的操作

3. **d**　通货膨胀率是美联储的目标之一，但不是工具之一。
4. **c**　美联储可以采用联邦基金利率、货币量和汇率作为政策工具。美联储选择用联邦基金利率作为政策工具。
5. **a**　美联储正在设置政策工具，将联邦基金利率确定在所预测的政策目标水平；将通货膨胀率确定在等于美联储的目标水平。
6. **c**　公开市场出售减少了银行的准备金，从而提高了联邦基金利率。
7. **d**　由于准备金有剩余，因此，联邦基金利率会降低，直至达到新的均衡水平。

货币政策传导

8. **d**　前面每个选项都描述了美联储政策连锁反应中的一个。
9. **c**　通过降低联邦基金利率，在外汇市场上美元的需求会减少，从而美元汇率会下降。
10. **d**　要提高联邦基金利率，美联储会出售美国政府有价证券，从而引起准备金减少，因此，银行的贷款和货币量都会减少。
11. **c**　通过提高联邦基金利率和减少贷款量，美联储减少了总需求。
12. **b**　膨胀性缺口意味着实际 GDP 大于潜在 GDP，因此，通过提高联邦基金利率，美联储减少了总需求和实际 GDP。
13. **a**　由于总需求曲线向右移动，美联储增加了实际 GDP，因此，减弱了衰退。
14. **a**　联邦基金利率降低会引起总需求增加，因此，总需求曲线向右移动。
15. **a**　*AD* 曲线向右移动，因此，经济会沿着向上倾斜

的 *SAS* 曲线移至更高的价格水平，实际 GDP 增加了。

可供选择的货币政策策略

16. **a**　麦卡勒姆规则将决定，货币基础是如何增加的。
17. **c**　如果货币需求出现了不可预期的移动，那么，货币量变动对经济的影响就变成不可预期的了。
18. **b**　第一句话准确地描述了部分通货膨胀率目标规则。然而，第二句话描述的是，一个可供选择的汇率目标规则。

■ 简答题

1. a. 均衡的联邦基金利率是 6%，因为在这一利率水平上，准备金的需求量等于准备金的供给量。
   b. 要把联邦基金利率改变为 4%，美联储就必须将准备金增加至 600 亿美元，如图 15.5 所示。

图 15.5　简答题第 1 题

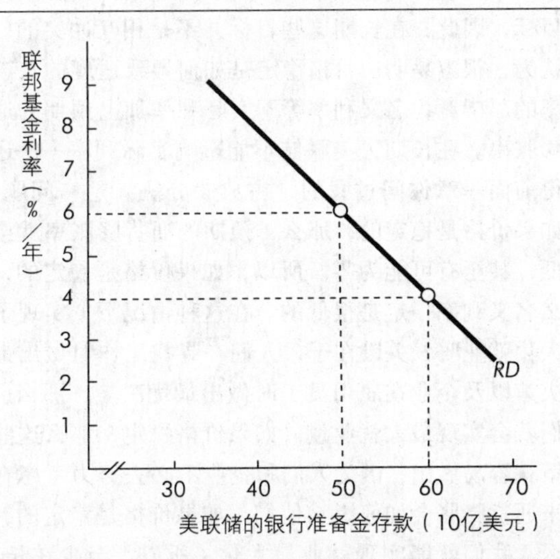

2. 为了提高联邦基金利率，美联储将会向银行出售政府的有价证券，因而会减少银行的准备金。当银行的准备金减少时，银行会减少贷款，从而引起可贷资金的供给减少。图 15.6 说明了对可贷资金市场的影响。可贷资金供给曲线向左移动，从 SLF_0 移至 SLF_1，实际利率上升了，在图中从每年 5% 上升至每年 6%。
3. 为了降低联邦基金利率，美联储需要进行公开市场业务，如购买美国政府有价证券。当美联储购买美国政府有价证券时，它会支付购买款项，从而增加了银行

图 15.6　简答题第 2 题

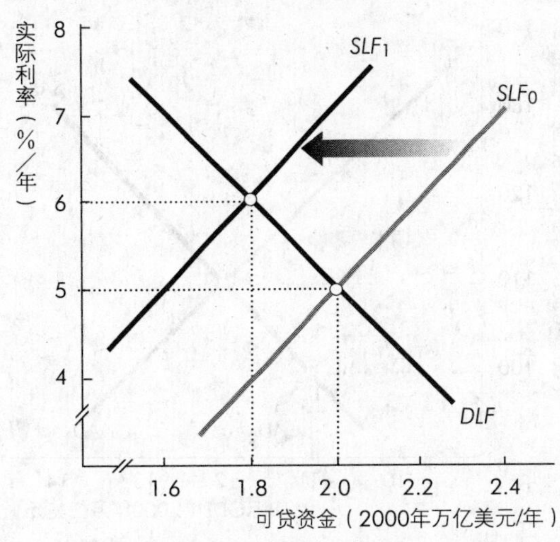

的准备金。接着，银行出现了超额准备金，可以把这些超额准备金贷出去。因此，货币量增加了，可贷资金的供给也增加了。

4. 联邦基金利率降低会引起美元汇率的降低。当美国利率降低时，美国的利率差会降低。因此，外国储蓄者对美元的需求减少，因为他们想要购买的美国资产会减少。同时，为了换取外汇去购买外国资产，美国的储蓄者会供给较多美元。美元的需求减少同时美元的供给增加，会导致美元汇率的降低。
5. 联邦基金利率降低会引起消费支出和投资增加。为了降低联邦基金利率，美联储会进行公开市场业务，会购买美国政府有价证券。这样，它会支付这些购买款项，从而增加了银行的准备金。接着，银行拥有了超额准备金，并贷出这些超额准备金，因此，可贷资金的供给增加了。可贷资金的供给增加会导致实际利率的降低。这又会引起消费支出和投资的增加。
6. 如果美联储降低联邦基金利率，那么，货币量与贷款都会增加。可贷资金的供给会增加，从而长期实际利率下降了。因此，消费支出、投资和净出口都会增加，从而总需求增加了。总需求增加意味着总需求曲线会向右移动，在图 15.7 中，从 AD_0 移动至 AD_1。价格水平上升了，在图中从 100 上升至 110；实际 GDP 增加了，在图中从 11 万亿美元增加至 12 万亿美元。
7. 由于艾格尔认为通货膨胀率太高，他想减少总需求以便降低价格水平，从而降低通货膨胀率。艾格尔向美

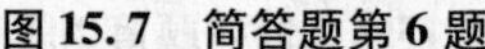

图 15.7　简答题第 6 题

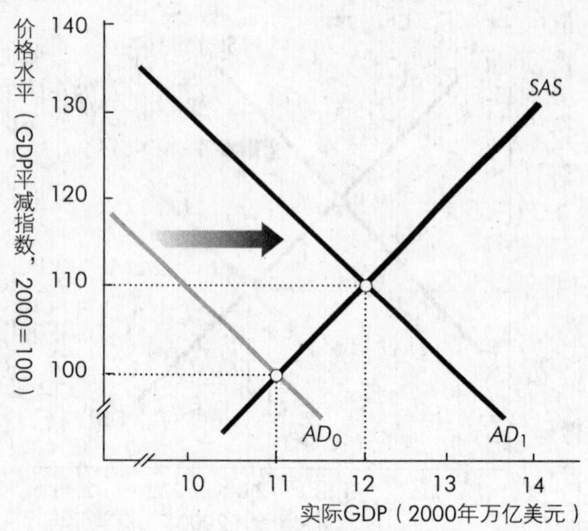

联储提出的合适政策是提高联邦基金利率。要提高联邦基金利率，美联储会向银行出售政府有价证券，从而减少了准备金。当银行的准备金减少时，银行将减少贷款，从而减少了可贷资金的供给并提高了长期实际利率。接着，较高的实际利率引起消费支出与投资减少。美元汇率上升，从而引起净出口减少。由于消费支出、投资和净出口减少，总需求也减少，从而价格水平和通货膨胀率降低。（总需求减少也引起实际 GDP 减少。）

8. 美联储面临着两个相关问题，从而美联储不可能准确地指导经济来避免衰退和通货膨胀。首先，将货币政策行为联系在一起的各个环节的相互关系，即联邦基金利率的变动与实际 GDP 和价格水平的最终变动之间的关系是松散的与间接的。特别是，美联储要改变联邦基金利率，必须首先改变银行的贷款，接着必须影响到可贷资金市场，从而改变实际利率。然后，实际利率的变动必须引起投资、消费和（或）净出口的变动，从而影响总需求。最后，总需求的变动引起价格水平与实际 GDP 的变动。如果上述联系中的任何一个环节中断，那么，这一政策就会毫无效果。美联储面临的第二个问题是，所有调整都发挥作用的时间可能是漫长的并且是可变的。因此，当最后影响到实际 GDP 和价格水平时，经济环境可能已经发生了变化。经济环境变化意味着，政策可能达不到预期目标，即政策自实施以来可能成为加剧衰退或通货膨胀的因素。

■　分析题

1. “这是一个很好的问题。这里有一个很好的答案！首先，在短期这些目标可能会相互冲突，价格稳定并不是一个完美的答案。例如，如果存在着衰退性缺口，那么，我们知道，美联储会降低联邦基金利率，从而引起实际 GDP 增加与价格水平上升。在这种情况下，美联储就促进了就业，而其代价却是提高了价格水平，并且引起了通货膨胀率的上升。然而，本书却说，在长期保持价格稳定有助于美联储实现它的其他目标，因此，在长期这些目标并不是相互冲突的。我认为，很容易明白价格稳定是如何导致适度的长期利率的。毕竟，名义利率等于实际利率加上预期的通货膨胀率。在长期，美联储不能影响实际利率——还记得前面一章你问过我的‘古典二分法’这一问题吗？如果价格是稳定的，那么，预期的通货膨胀率就会较低，甚至有可能为零。所以，如果价格是稳定的，那么名义利率一定是很低的。在这种情况下，实现了最大化就业吗？关键在于，人们在寻找工作时做出最优决策以及企业在雇用员工时做出最优决策，那么，我们就会实现最大就业量。如果价格稳定，那么这些决策就容易做出，因为人们和企业不必去努力考虑在未来通货膨胀会如何影响他们。如果价格是稳定的，那么，我们就能实现就业最大化。所以，至少在长期，为了将通货膨胀和通货膨胀预期保持在尽可能低的水平上，我们就要全力保持价格稳定。”

小测验

1．如果美联储要努力消除衰退，那么，它将会______。
   a. 降低通货膨胀率
   b. 降低联邦基金利率
   c. 提高美元汇率
   d. 减少货币量
2. 当美联储提高联邦基金利率时，______。
   a. 总需求会减少
   b. 长期实际利率会降低
   c. 贷款量会增加
   d. 净出口会增加
3. 泰勒规则是指______。
   a. 美联储应该保持货币量以不变的速率增长
   b. 美联储通过采用爬行钉住汇率以汇率为目标
   c. 联邦基金利率取决于通货膨胀率和产出缺口
   d. 为保持美联储对联邦基金利率的最大影响，汇率应该保持不变
4. 美联储消除衰退性缺口的行为会引起______。
   a. 总需求曲线向右移动
   b. 总需求曲线向左移动
   c. 长期总供给曲线向右移动
   d. 长期总供给曲线向左移动
5. 如果银行的准备金增加，那么，______。
   a. 可贷资金的需求会增加
   b. 可贷资金的需求会减少
   c. 可贷资金的供给会增加
   d. 可贷资金的供给会减少
6. 如果美联储购买美国政府的有价证券，那么，联邦基金利率会______，银行的贷款量会______。
   a. 上升；增加
   b. 上升；减少
   c. 降低；增加
   d. 降低；减少
7. ______是货币政策的一个目标。
   a. 进行公开市场业务
   b. 选择合适的政策工具
   c. 保持价格稳定
   d. 保持准备金市场的均衡
8. k 百分比规则是______的一个实例。
   a. 货币基础工具规则
   b. 货币目标规则
   c. 汇率目标规则
   d. 通货膨胀率目标规则
9. 如果美联储提高联邦基金利率，那么，货币量______。
   a. 会增加
   b. 不会变动
   c. 会减少
   d. 可能变动，但由于没有太多信息，不可能确定是增加、减少还是不变
10. 如果美联储提高联邦基金利率，那么，实际 GDP 的增长率会______，通货膨胀率会______。
   a. 加速；上升
   b. 加速；降低
   c. 减速；上升
   d. 减速；降低

本小测验的答案请参见第 225 页

第六编中期测验　宏观经济政策

■ **第 14 章**

1. 如果联邦政府的支出大于税收，那么，______。
   a. 就会出现政府预算盈余
   b. 就会出现政府预算赤字
   c. 联邦政府债务一定在减少
   d. 这个问题的前提条件是不正确的，因为按照法律联邦政府的支出必须等于税收
2. 劳动所得税会引起就业量______，潜在 GDP ______。
   a. 增加；增加
   b. 增加；减少
   c. 减少；增加
   d. 减少；减少
3. 政府支出乘数是______对政府在产品和服务上的支出变动的放大效应。
   a. 潜在 GDP
   b. 短期总供给
   c. 总需求
   d. 上述各项
4. ______是紧缩性财政政策的一个实例。
   a. 税收增加
   b. 政府在产品和服务上的支出增加
   c. 预算赤字增加
   d. 需审核的支出增加

■ **第 15 章**

5. 提高联邦基金利率会引起______。
   a. 总需求增加
   b. 价格水平上升
   c. 可贷资金的供给减少
   d. 投资增加
6. 如果美联储要抑制通货膨胀，那么，美联储会______。
   a. 提高联邦基金利率
   b. 降低联邦基金利率
   c. 增加投资

d. 减少政府预算赤字

7. 如果美联储在公开市场上购买政府有价证券，那么，联邦基金利率会______，可贷资金的供给会______。
   a. 上升；增加
   b. 上升；减少
   c. 降低；增加
   d. 降低；减少
8. 核心通货膨胀率______。
   a. 比总通货膨胀率更易变动
   b. 是美联储用于帮助确定是否实现价格稳定的通货膨胀率
   c. 等于总通货膨胀率减去住房与医疗卫生所引起的通货膨胀率
   d. 是美联储在确定货币政策时考虑的惟一因素

答　案

■ 中期测验答案

1. b　2. d　3. c　4. d　5. c　6. a　7. c　8. b

第 16 章 国际贸易

关键概念

■ 国际贸易的模式和趋势

从其他国家生产者那里购买的产品和服务是我们的**进口**（import）。我们向其他国家的人出售的产品和服务是我们的**出口**（export）。美国的大多数出口与进口产品是产成品。产品贸易占美国国际贸易的绝大部分；服务（旅游与运输）贸易占其余的一小部分。

在美国，国际贸易占总产出的比例是逐渐上升的。**净出口**（net export）等于出口额减去进口额。在2006年，美国的进口额大于其出口额。

■ 国际贸易的收益

图 16.1 *PPF* 的斜率是机会成本

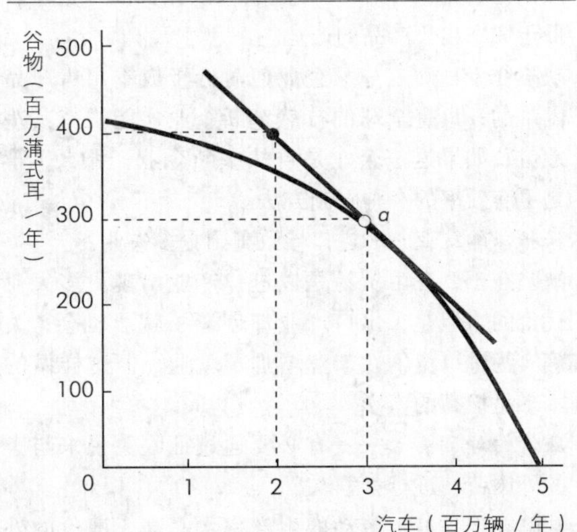

比较优势是国际贸易产生的原因。国家可以在生产可能性边界（*PPF*）上的任何一点从事生产活动。图16.1表明，一个国家在其*PPF*上的*a*点从事生产活动。

- *PPF*的斜率为：谷物的变动量/汽车的变动量。在这里，斜率为每辆汽车100蒲式耳谷物，也就是在*a*点多生产一辆汽车的机会成本。
- 如果一个国家能够以比其他国家更低的机会成本生产一种产品，那么，这个国家在这种产品的生产上就具有**比较优势**（comparative advantage）。

通过购买其他国家以最低机会成本所生产的产品，并且出售本国以最低机会成本所生产的产品，这个国家从中获益。

- 一个国家通过专业化生产具有比较优势的产品，并与其他国家生产的产品进行贸易，那么这个国家就会从中获益。
- 在国际贸易中，一个国家按照较高的相对价格出口产品，而以较低的相对价格进口产品。**贸易条件**（terms of trade）是一个国家必须支付进口的出口量。
- 国际贸易允许所有国家在其生产可能性边界外进行消费。所增加的消费量便是从贸易中的获益。

一些国际贸易涉及到相似的产品，其产生原因有两个方面：

- 偏好多样化——人们需要许多种相似但却略有差异的产品。
- 规模经济——随着产出的增加，平均总成本下降了。

一个国家可以专业化生产一种相似的产品，并且通过与其他国家进行贸易而享受规模经济带来的好处。

■ 国际贸易限制

政府通过限制贸易来保护国内产业。用于贸易限制的方法主要有：

- **关税**（tariff）——当一种进口产品跨越国界时，由进口国所征收的税。
- **非关税壁垒**（nontariff barrier）——除了关税以外的其他限制国际贸易的措施。

与历史相比，目前的美国关税水平是较低的。**关贸总协定**（General Agreement on Tariffs and Trade，GATT）是一个旨在降低关税的国际条约。**世界贸易组织**（WTO）要求各国更好地遵守关贸总协定的有关规则，而美国正是这个组织的一个成员国。**北美自由贸易协定**（North American Free Trade Agreement，NAFTA）是由美国、加拿大和墨西哥三方于 1994 年签订的一份协定，其目的是在 15 年之内取消各成员国之间的大部分关税。图 16.2 说明了关税的影响。

图 16.2　关税的影响

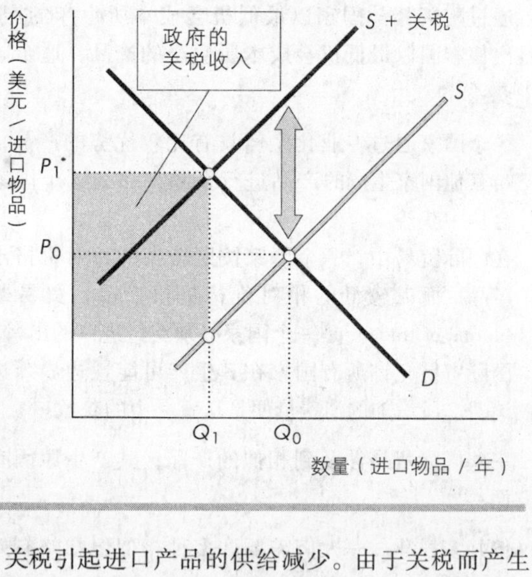

- 关税引起进口产品的供给减少。由于关税而产生的新供给曲线位于原供给曲线的上方，移动的距离为关税的数量（图中箭头所示的线段长度）。
- 进口产品的价格由 P_0 上升至 P_1，进口产品的数量由 Q_0 减少为 Q_1。政府的收益如图中所示。关税减少了贸易收益，从而导致了无效率。
- 通过减少国内经济的进口量，外国人所购买的国内经济的产量也相应减少。因此，本国出口额的减少量等于进口额的减少量。

配额和自愿出口限额属于非关税壁垒。

- **配额**（quota）——对进口的产品最大数量的限制。
- **自愿出口限额**（voluntary export restraint）——是指政府之间关于出口国同意限制出口量所达成的协议。自愿出口限额像配额一样，分配给每一个出口商。

与关税相似，非关税壁垒会引起进口产品的价格上升和进口量减少。与关税所不同的是，实施非关税壁垒政府一点收益都没有。在配额的情况下，进口商因价格上升而获益；但在自愿出口限额的情况下，外国出口商将获益。

■ 反对贸易保护的观点

赞成贸易保护的观点存在着缺陷。其缺陷如下：

- *国家安全论*——国家应该保护国防所需的产业。

  缺陷在于，几乎每种产业都可能被认为对于国防是“极其重要的”；对于目标产业实行直接补贴，比在国际竞争中采取保护措施会更有效率。
- **幼稚产业论**（infant-industry argument）——国家应该保护幼稚产业，以便在生产率方面通过干中学而获得收益，并且最终在国际市场的竞争中取得成功。

  缺陷在于，如果只有这个产业中的企业能够得到干中学所增加的收益，那么这个观点就是错误的，因为这些企业可以筹集它们自己的创办资金；直接补贴会更有效率。
- **倾销论**（dumping）——国家应该保护国外竞争者以低于成本出售产品的产业。

  缺陷在于，确定一家企业何时低于成本出售产品是困难的；只有全球的自然垄断企业才能维持其垄断地位；如果这家企业是自然垄断企业，那么，管制是更有效率的一种限制方法。
- *保护保障就业*——进口导致美国更多失业。

  缺陷在于，自由贸易是以进口产业出现更多失业为代价的，但是，出口产业却创造了就业机会；关税确实为进口竞争性产业增加了就业，但这样做的成本却是极高的。
- *廉价的外国劳动*——有必要通过征收关税来与廉价的外国劳动进行竞争。

  缺陷在于，美国劳动的生产率水平高于廉价的外国劳动；美国企业能够在其具有比较优势的产业中成功地竞争，因为同其他国家的企业相比，美国企业具有较高的生产率水平。

- 带来多样性和稳定性——国家专业化生产一种产品可能会受到经济波动的影响。
  缺陷在于，美国的产业并不单一。那些实行专业化生产的国家，能够获得专业化生产的好处，然后通过在国外投资实现多样化的产业。
- 放松环境标准——与那些环境标准低的国家进行竞争时，需要采取保护措施。
  缺陷在于，并不是所有贫穷国家都有较低的环境标准；当贫穷国家通过贸易致富后，它们会更加关心环境问题；目前贫穷国家在以污染为主的产业中可能具有比较优势。
- 本国文化——有必要通过贸易保护来保护本国文化。
  缺陷在于，那些叫嚣的贸易保护者只不过是与国家传媒有关的"寻租者"。许多"美国的"传媒企业都来自其他国家。
- 富国剥削发展中国家——贸易保护防止发达国家奴役穷国人民。
  缺陷在于，允许穷国与富国进行国际贸易，由于劳动需求增加了，所以穷国的工资水平会上升。

为什么国际贸易会受到限制

- 政府通过征收关税获得收益。在发展中国家，这一收益来源是重要的。
- 一些人成为国际贸易的受害者，因此，他们向政治家游说限制自由贸易。

帮助提示

1. **保护能够保障就业吗？**保护能够保障就业的观点很流行，但却并不正确。对进口产品征收关税会减少出口产业的就业。就业减少的原因是：由于外国人不能向我们出售较多的产品，也就不能向我们购买同样多的产品。因此，我们的出口产业会萎缩，或者不能像其他产业那样增长。

   而且，保障进口竞争性产业中的就业需要付出高昂的代价。例如，如果对纺织业采取贸易保护，那么，每年增加一个工作岗位，美国居民所付出的成本为221 000美元。在汽车业，这一成本为105 000美元；在奶制品业，这一成本为220 000美元；在钢铁业，这一成本为750 000美元。这些成本远远大于所创造的工作的工资。正如花费221 000美元得到45 000美元是愚蠢的行为一样，当保护工作岗位的成本超过为其所支付的工资时，贸易保护的行为同样是愚蠢的！

2. **为什么人们坚持保护论？**既然自由贸易的收益是相当大的，那么，为什么国家要限制贸易？关键在于，从整体上来看，虽然自由贸易创造了收益，但是，也产生了赢家和输家。赢家的整体所得大于输家所失，然而，后者却集中在少数行业中。换句话说，自由贸易的收益在许多人之间进行分配，所以，人均所得则很小。但是，所付出的代价却集中在少数人身上，因此，人均成本却非常大。

   自由贸易由于这种集中而遭到反对。尽管贸易限制仅使少数人受益，而使大多数人受害，但实行贸易壁垒并不奇怪。某一具体的贸易限制对大多数人中的每一个体所造成的损失非常小，但是，对于少数人中每一个体所带来的收益却非常大。因此，少数人有支持贸易保护政策的较强激励，大多数人却没有花费时间和精力反对贸易壁垒的激励。因此，最终结果是，尽管贸易限制对于国家所带来的成本大于收益，但是，政府还是频繁地限制自由贸易。

习　题

判断并解释

国际贸易的模式和趋势

1. 国家之间能够进行产品贸易，但不能进行服务贸易。
2. 美国是产成品的进口和出口大国。
3. 在2006年，美国的进口额超过了出口额。

国际贸易的收益

4. 每个国家生产任何一种产品或服务的机会成本都是相同的。
5. 如果一个国家能够以低于其他国家的机会成本生产一种产品，那么，这个国家在这种产品的生产上就具有比较优势。
6. 贸易可以让一个国家在其生产可能性边界以外消费不同产品和服务的组合。
7. 只有出口产品的国家才会在贸易中受益。
8. 国家之间不进行相似产品的贸易。
9. 企业可以通过国际贸易实现规模经济。

国际贸易限制

10. 美国的关税一直保持在较高的水平。
11. 经济学家普遍认为，高关税会提高一个国家的生活水平。
12. 当政府征收关税时，它们增进了消费者的福利。
13. 配额和自愿出口限额都会提高进口产品的价格。

反对贸易保护的观点

14. 关于贸易保护惟一正确的观点是保护幼稚产业论。
15. 在美国具有比较优势的产业中，美国工人能够同廉价的外国劳动力竞争。
16. 国际贸易会降低穷国的工资水平。

为什么国际贸易会受到限制

17. 自由的国际贸易会使一些国家的公民受益而使另一些国家的公民受损。

■　单项选择题

国际贸易的模式和趋势

1. ______是美国的服务出口。
   a. 一名美国公民在瑞士旅行时购买了晚餐
   b. 一名加拿大人在加拿大购买了一顶帽子
   c. 一名瑞士公民购买了一台美国制造的计算机
   d. 一名墨西哥公民访问美国时，在一家汽车旅馆住了一宿
2. 在2006年，______。
   a. 美国的服务贸易约占总出口额的50%
   b. 农业产品占美国总出口额的50% 以上
   c. 美国政府反对北美自由贸易协定
   d. 美国的进口额大于其出口额

国际贸易的收益

3. 假设 Musicland 和 Videoland 这两个国家生产两种产品：CD 和 DVD。如果______，则 Musicland 在生产 CD 上具有比较优势。
   a. 每生产一张 CD，Musicland 比 Videoland 放弃更少的 DVD
   b. 每生产一张 CD，Musicland 比 Videoland 需要更少的劳动
   c. 每生产一张 CD，Musicland 比 Videoland 需要更少的资本
   d. 每生产一张 CD，Musicland 比 Videoland 需要更少的资本和劳动
4. 国际贸易允许一个国家______。
   a. 在其 *PPF* 之外进行生产和消费
   b. 在其 *PPF* 之外进行生产，但不能在其 *PPF* 之外消费
   c. 在其 *PPF* 之外进行消费，但不能在其 *PPF* 之外生产
   d. 在其 *PPF* 之外既不能进行生产，也不能消费
5. 当______时，贸易收益最大。
   a. 没有国际贸易
   b. 每个国家根据其比较优势生产并与其他国家进行贸易
   c. 每个国家都征收关税而不是采用配额
   d. 每个国家都采用配额而不是征收关税

图 16.3　索拉累的生产

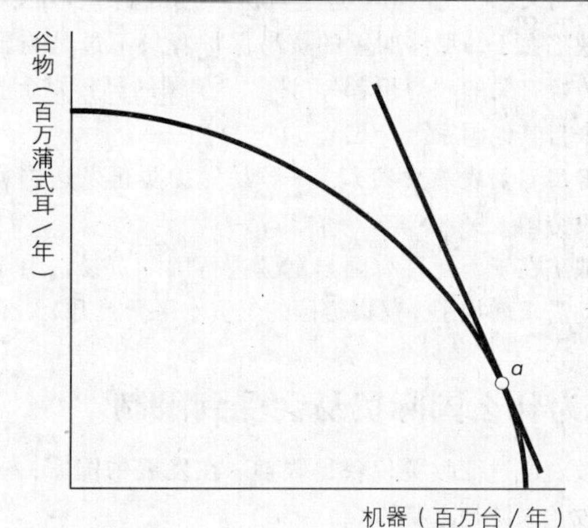

图 16.4　查夫的生产

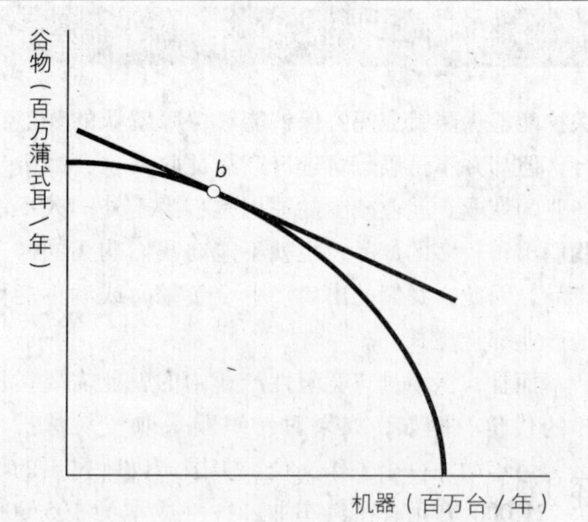

图 16.3 和 16.4 给出了两个国家索拉累和查夫的生产情况。索拉累的生产处于 *a* 点，查夫的生产处于 b 点。请利用这两个图形来解释以下 4 个问题。

6. 索拉累的 *PPF* 在 *a* 点的斜率为每台机器 200 蒲式耳谷物；查夫的 *PPF* 在 *b* 点的斜率为每台机器 15 蒲式耳谷物。如果两国之间没有发生贸易，索拉累生产一台机器的机会成本是______。
   a. 200 蒲式耳谷物
   b. 1/200 蒲式耳谷物
   c. 15 蒲式耳谷物
   d. 1/15 蒲式耳谷物
7. 如果两国之间没有发生贸易，那么，查夫生产一台机器的机会成本是______。
   a. 200 蒲式耳谷物
   b. 1/200 蒲式耳谷物
   c. 15 蒲式耳谷物
   d. 1/15 蒲式耳谷物
8. 索拉累在生产______比较优势，查夫在生产______比较优势。
   a. 机器上具有；谷物上具有
   b. 谷物上具有；机器上具有
   c. 机器和谷物上都具有；机器和谷物上都不具有
   d. 机器和谷物上都不具有；机器和谷物上都具有
9. 如果索拉累和查夫开始进行贸易，那么索拉累______，而查夫______。
   a. 向查夫出口机器；向索拉累出口谷物
   b. 向查夫出口谷物；向索拉累出口机器
   c. 向查夫出口机器和谷物；不向索拉累出口机器和谷物
   d. 不向查夫出口机器和谷物；向索拉累出口机器和谷物
10. 基于比较优势而产生的国际贸易，允许每个国家消费______。
   a. 较多的出口品，但总是消费较少的进口品
   b. 较多的进口品，但总是消费较少的出口品
   c. 较多的进口品和出口品
   d. 较少的进口品和出口品
11. 偏好多样化和规模经济的组合能够解释______。
   a. 一个国家进口和出口相似产品
   b. 关税导致无效率的原因
   c. 根据比较优势从事专业化生产
   d. 这样的一个结论：尽管各个国家不能在其 *PPF* 之外进行生产，但自由贸易却允许它们在其 *PPF* 之外进行消费

国际贸易限制

12. 关税是______。
   a. 一国政府对于其他国家出口的产品所设定的数量限制
   b. 一国政府通过对进口品的数量规定限额而设置的壁垒
   c. 对一国的进口品所征收的税
   d. 政府间关于限制一国出口的协定
13. 对产品征收关税使______获益。
   a. 该产品的国内消费者
   b. 该产品的国内生产者
   c. 外国政府
   d. 该产品的外国生产者
14. 假设美国从墨西哥只进口纺织品，同时只向墨西哥出口计算机。如果美国对墨西哥的纺织品征收关税，那么，美国的纺织业将会______，美国的计算机业将会______。
   a. 扩张；扩张
   b. 扩张；不变
   c. 扩张；收缩
   d. 收缩；扩张
15. 当______时，政府获得最多收益。
   a. 征收关税
   b. 使用配额
   c. 就自愿出口限额达成协议
   d. 政府得到的收益与关税、自愿出口限额相同

反对贸易保护的观点

16. 某一产业因为干中学，直到其成长壮大才能够在国际市场上成功进行竞争，所以这个产业需要得到保护。这种关于保护的（错误）观点指的是______。
   a. 绝对优势论
   b. 幼稚产业论
   c. 倾销论
   d. 多样化论
17. 以低于生产成本的价格在国外出售产品的行为称为______。
   a. 幼稚产业剥削
   b. 绝对优势
   c. 倾销

　d. 净出口

18. 当一个富国购买一个穷国生产的产品时，穷国的劳动需求会______，其工资率会______。
　a. 增加；上升
　b. 增加；下降
　c. 减少；上升
　d. 减少；下降

19. 保护某一产业有充分根据的理由是______。
　a. 这个产业不能和低工资的国外竞争者竞争
　b. 对于这个国家发展多样化的生产而言，这个产业是必需的
　c. 通过贸易保护以防止富国剥削穷国的工人
　d. 以上选项都不是

为什么贸易会受到限制

20. 关于国际贸易收益，正确的陈述是______。
　a. 每个人都从国际贸易中获益
　b. 尽管总体而言，贸易收益大于贸易损失，但仍然有一些人从国际贸易中获益，而另一些人却从中受损
　c. 尽管总体而言，贸易损失大于贸易收益，但仍然有一些人从国际贸易中获益，而另一些人却从中受损
　d. 每个人都从国际贸易中受损

■ 简答题

1. 两个国家 Disc 和 Chip 具有相同的 *PPF*。这两个国家只生产两种产品："视窗"操作系统和计算机。图 16.5 给出了它们目前的生产组合：Disc 在点 *a*，Chip 在点 *b*。
　a. 哪一个国家生产一套"视窗"操作系统的机会成本较低？哪一个国家生产一台计算机的机会成本较低？解释你得出答案的理由。
　b. 哪一个国家拥有生产"视窗"操作系统的比较优势？哪一个国家又拥有生产计算机的比较优势？为什么？
　c. 如果 Disc 和 Chip 发生贸易，哪一个国家出口"视窗"操作系统？哪一个国家出口计算机？为什么？

2. 一个国家仅生产小麦和计算机芯片。它具有芯片生产的比较优势。画出生产可能性边界，用它说明这个国家如何从事专业化生产，并说明其贸易收益。

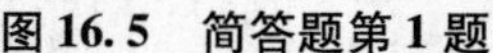
图 16.5　简答题第 1 题

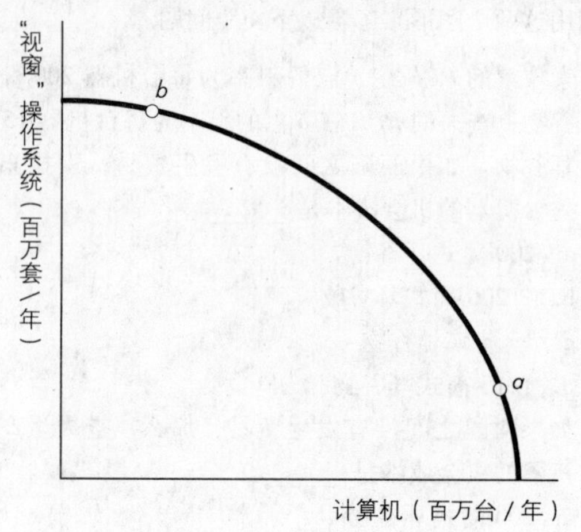

3. 对进口产品征收关税，将如何影响该产品的国内价格、进口数量以及国内生产的该产品数量？

4. 对进口产品实施配额，将如何影响该产品的国内价格、进口数量以及国内生产的该产品数量？

5. 对进口产品征收关税将如何影响这个国家的出口？

6. 表 16.1 是诺罗克斯国国内的手表需求表与供给表。
　a. 在图 16.6 中画出供给曲线和需求曲线。
　b. 均衡价格是多少？
　c. 诺罗克斯生产多少块手表？诺罗克斯的消费者又购买多少块手表？

图 16.6　简答题第 6、7 题

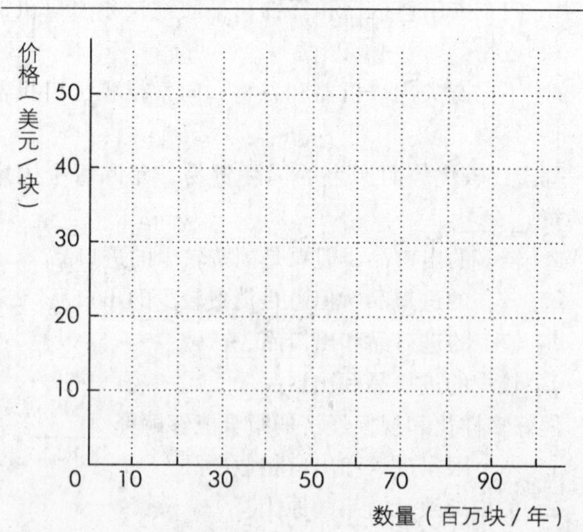

表 16.1　诺罗克斯的手表市场

价格（美元/块）	需求量（百万块）	供给量（百万块）
20	65	15
25	60	20
30	55	25
35	50	30
40	45	35
45	40	40
50	35	45

表 16.2　诺罗克斯存在贸易时的手表供给表

价格（美元/块）	诺罗克斯的供给量（百万块）	斯卫曲的供给量（百万块）	总供给量（百万块）
20	15	20	____
25	20	25	____
30	25	30	____
35	30	35	____
40	35	40	____
45	40	45	____
50	45	50	____

7. 诺罗克斯现在与另一个国家斯卫曲发生贸易。斯卫曲向诺罗克斯出口手表。表 16.2 给出了斯卫曲的出口供给量和诺罗克斯的国内供给量。
   a. 计算表 16.2 中手表的总供给量。
   b. 在图 16.6 中画出总供给曲线，该图中已包括了你画出的上一个问题中的国内供给曲线和国内需求曲线。
   c. 手表新的均衡价格是多少？
   d. 诺罗克斯的手表产量是多少？诺罗克斯的消费者购买了多少手表？诺罗克斯进口了多少手表？
8. 诺罗克斯的手表产业对于与斯卫曲贸易后的状况并不满意。手表产业游说政府，对从斯卫曲进口的手表每块征收 15 美元的关税。
   a. 完成表 16.3，说明关税如何影响来自斯卫曲的进口。
   b. 根据表 16.3 中的答案，完成表 16.4，该表为征收关税后新的总供给表。
   c. 征收关税后，诺罗克斯手表的均衡价格是多少？
   d. 诺罗克斯的手表产量是多少？诺罗克斯的消费者购买了多少手表？诺罗克斯进口了多少手表？
   e. 与第 6 题的情况相比较，说明谁从征收关税中受益，谁会受损。请解释为什么。

表 16.3　简答题第 8（a）题

价格（美元/块）	征收关税前斯卫曲的手表供给量（百万块）	征收关税后斯卫曲的手表供给量（百万块）
20	20	5
25	25	10
30	30	15
35	35	____
40	40	____
45	45	____
50	50	____

表 16.4　简答题第 8（b）题

价格（美元/块）	诺罗克斯的手表供给量（百万块）	斯卫曲的手表供给量（百万块）	总供给量（百万块）
20	15	5	____
25	20	10	____
30	25	15	____
35	30	____	____
40	35	____	____
45	40	____	____
50	45	____	____

■ 分析题

1. “我理解本章关于比较优势的理论。但我不明白，美国如何能够同像墨西哥这样具有低工资的国家进行竞争。我认为，保护我们高工资的办法，是将墨西哥的产品赶出我们的市场。”你的朋友认为他已理解比较优势，但实际上并非如此。请帮助他理解比较优势。并解释美国企业是如何同墨西哥企业进行竞争的。
2. 当你解释了第一个问题的错误之处后，你的朋友又犯了另一个错误：“谢谢，现在我明白，美国企业是如何同墨西哥企业进行竞争的。但是，我仍然觉得国际贸易并不好。毕竟，如果贸易能够帮助墨西哥，那么，我们必定会从中受损。所以，我还是认为应该禁止国际贸易。”请向你的朋友解释，国际贸易是如何让美国和墨西哥两国都受益的。

习题答案

判断并解释

国际贸易的模式和趋势

1. **错误**　如出国旅游、运输和保险等服务，都可以进行国际贸易。
2. **正确**　美国大多数的进口与出口都是产成品。
3. **正确**　在2006年，同20世纪80年代和90年代的年份一样，美国的进口额大于其出口额。

国际贸易的收益

4. **错误**　因为各国的机会成本不同，所以，国际贸易会增进每个国家的福利。
5. **正确**　该问题给出了比较优势的定义。
6. **正确**　由于一个国家可以在生产可能性边界之外的产品和服务组合点进行消费，所以，该国从贸易中获益。
7. **错误**　所有参与国际贸易的国家都会从贸易中获益。
8. **错误**　偏好多样性和规模经济解释了发生在相似产品之间的相当多的国际贸易。
9. **正确**　能够产生规模经济的长期生产可以参与国际贸易。

国际贸易限制

10. **错误**　美国的关税几乎一直都比较低。
11. **错误**　经济学家认为，关税会降低一个国家的生活水平。
12. **错误**　因为关税提高了进口产品的价格，所以，损害了消费者利益。
13. **正确**　关税、配额和自愿出口限额都会限制进口数量，从而都会提高进口产品的价格。

反对贸易保护的观点

14. **错误**　所有的贸易保护论都是有缺陷的。
15. **正确**　在具有比较优势的产业中，较高的生产率水平抵消了较高的工资成本，因此，美国企业能够在竞争中取胜。
16. **错误**　国际贸易提高了穷国的工资水平。

为什么国际贸易会受到限制

17. **正确**　自由贸易能够让消费者和出口产业的工人（还有企业）获益。它使进口竞争性产业的工人（及企业）受损。

单项选择题

国际贸易的模式和趋势

1. **d**　该墨西哥居民在美国企业购买了一项服务——住宿。
2. **d**　在2006年及近来的大多数年份，美国的进口额都大于出口额。

国际贸易的收益

3. **a**　一种产品的机会成本，是为多生产一个单位的该产品所必须放弃的其他产品数量。
4. **c**　无论有没有国际贸易，在*PPF*之外从事生产都是不可能的；但国际贸易允许在*PPF*之外的产品和服务组合点进行消费。
5. **b**　根据比较优势进行生产的自由贸易会产生最大的贸易收益。
6. **a**　因为斜率是用谷物数量表示多生产一台机器的机会成本，所以，机会成本等于*PPF*的斜率。
7. **c**　如上一题所述的原因，在查夫，一台机器的机会成本是15蒲式耳谷物。
8. **b**　在索拉累，生产谷物的机会成本较低，而在查夫，生产机器的机会成本较低。
9. **b**　各国都出口其具有比较优势的产品。
10. **c**　如果一个国家专业化生产其具有比较优势的产品，并与其他国家进行贸易，那么，该国进口产品与出口产品的消费都会增加。
11. **a**　通过专业化生产一种产品的相似产品并将其出口，企业就能够获得规模经济，并满足人们对其产品特有品质的需求。

国际贸易限制

12. **c**　该选项是关税的定义。
13. **b**　因为产品价格提高，所以国内生产者获益。
14. **c**　纺织业从关税中获益，而计算机产业从中受损。
15. **a**　与关税不同，政府不能从配额和自愿出口限额中获得收入。

反对贸易保护的观点

16. **b**　题中所述正是幼稚产业保护论的定义。
17. **c**　因为很难确定企业是否以低于成本的价格销售产品，所以，尽管人们常常认为有倾销行为，但却很难证实。
18. **a**　通过增加对穷国所生产的产品的需求，穷国的劳动需求会增加，因而其工资率提高了。
19. **d**　所有解释进行保护的原因都是错误的。

为什么国际贸易会受到限制

20. b　因为国际贸易中的总收益大于总损失，所以，从原则上讲，受损者能够得到补偿，总的说来每个人都从贸易中受益。

■ 简答题

1. a. Disc 生产"视窗"操作系统的机会成本较小。Chip 生产计算机的机会成本较小。

   图 16.7 说明了这些结论。一台计算机的机会成本等于与 *PPF* 相切的切线的斜率值。如图 16.7 所示，*b* 点切线的斜率值小于 *a* 点切线的斜率值。由图示可知，在 *b* 点处，计算机的机会成本较小，而此点正是 Chip 的生产点。一套"视窗"操作系统的机会成本等于这些切线的斜率值的倒数，所以，在 *a* 点处，一套"视窗"操作系统的机会成本较小，而这一点正是 Disc 的生产点。

图 16.7　简答题第 1 题

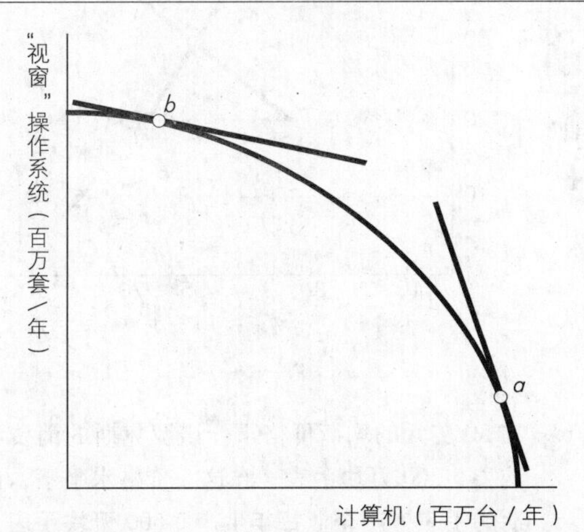

   b. Disc 在"视窗"操作系统的生产上具有比较优势，因为它生产"视窗"操作系统的机会成本小于 Chip。同样地，Chip 在计算机的生产上具有比较优势。

   c. 因为"视窗"操作系统和计算机分别是 Disc 和 Chip 具有比较优势的产品，所以，Disc 将出口"视窗"操作系统，而 Chip 将出口计算机。换句话说，Disc 的"视窗"操作系统相对便宜，所以它出口"视窗"操作系统；Chip 的计算机价格较低，所以它出口计算机。

2. 图 16.8 说明了该国的情况。如图所示，在进行国际贸易前，该国最初生产并消费 *W* 蒲式耳小麦，*C* 块芯片。在没有国际贸易时，小麦的消费量等于其生产量，芯片的消费量也等于其生产量。该国一旦进行国际贸易，就会改变其小麦和芯片的产量。随着国际贸易的发生，该国计算机芯片的产量会增加，而小麦产量则会降低。其变化情况如图 16.8 所示，该国生产 C_P 块芯片和 W_P 蒲式耳小麦。然而，该国并不消费这么多芯片和小麦。相反，该国出口芯片，并进口小麦，因此，该国消费（沿着其消费可能性曲线而变动）C_C 块芯片和 W_C 蒲式耳小麦。请注意，该国的芯片消费量小于其生产量，而小麦的消费量则大于其生产量。

   图 16.8 说明了贸易收益。与没有贸易时相比，该国现在可以消费更多的芯片和小麦。（比较最初的消费组合 *C* 块芯片和 *W* 蒲式耳小麦与贸易后的消费组合 C_c 块芯片和 W_c 蒲式耳小麦，可以明显看出。）国际贸易允许该国增加了所有产品的消费，因而改善了该国居民的福利。

图 16.8　简答题第 2 题

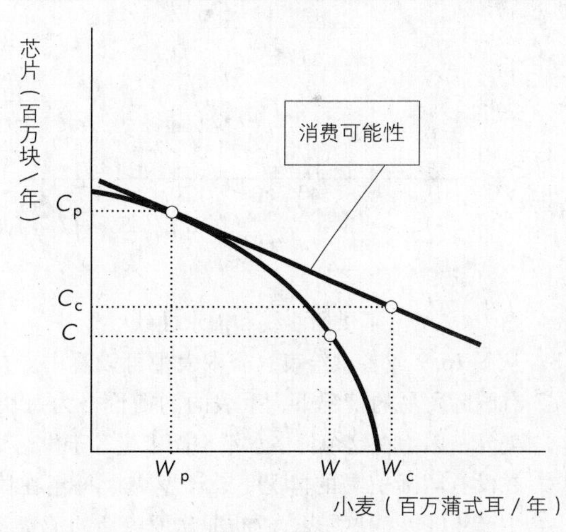

3. 因为进口产品的关税会减少外国出口产品的供给，所以，对于国内消费者来说，进口产品的价格上升了。随着进口产品的国内价格上升，人们对该产品的需求会减少，于是，进口量就会减少。国内价格上升会导致本国同类产品的产量增加。

4. 配额对产品的国内价格、进口数量以及国内同种产品产量的影响，与第3题答案中所讨论的关税的影响几乎相同。所不同的是，国内的价格因关税而上升，这是因为外国供给商在所有价格水平上都减少了产品的供给（征收关税后外国的供给曲线位于最初没有关税时的供给曲线的上方）。然而，配额却导致出口供给曲线在配额所限定的数量处成为垂直线。

5. 当一个国家对其进口产品征收关税时，其进口量将会减少，而其出口量也将以同样的数量而减少。关税限制了其他国家能够向这个国家出售的产品数量，同时也降低了其他国家所接受的其产品的价格。这样，如果一个国家限制进口，那么，其他国家就不能从这个国家购买更多的出口品，因此，关税引起了这个国家出口量的减少。

图 16.9　简答题第 6 题

6. a. 图16.9给出了供给曲线和需求曲线。
   b. 从图16.9或者供给表、需求表中可以看出：在没有国际贸易的情况下，手表的均衡价格为每块45美元，因为在这个价格水平下需求量等于供给量。
   c. 在没有国际贸易的情况下，诺罗克斯每年在国内生产4 000万块手表，这也是诺罗克斯的消费者每年所购买的手表数量。

7. a. 表16.5是总供给表，在任何价格水平下，诺罗克斯的总供给量等于其产量与斯卫曲的供给量之和。
   b. 图16.10给出了总供给曲线St、起初的供给曲线和需求曲线。
   c. 一块手表新的均衡价格是30美元。

表 16.5　简答题第 7（a）题

价格（美元/块）	诺罗克斯的供给量（百万块）	斯卫曲的供给量（百万块）	总供给量（百万块）
20	15	20	35
25	20	25	45
30	25	30	55
35	30	35	65
40	35	40	75
45	40	45	85
50	45	50	95

图 16.10　简答题第 7 题

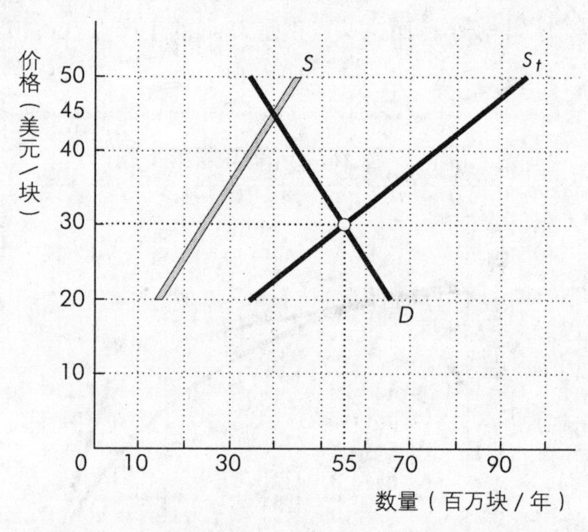

   d. 在30美元的均衡价格下，诺罗克斯的消费者每年购买5 500万块手表。在这一价格水平下，诺罗克斯的手表生产企业每年生产2 500万块手表。所购买的手表总量和总产量之间的差额为每年3 000万块手表，需要从斯卫曲进口。

8. a. 表16.6说明了关税如何影响从斯卫曲进口的供给量。每块手表15美元的关税引起斯卫曲企业的每块手表收入也减少了15美元。这样，当含有关税的价格是每块手表35美元时，手表厂商出售每块手表的收入仅为20美元。起初的供给表表明，当斯卫曲的手表企业每块手表的收入为20美元时，它们将生产2 000万块手表。其余的供给量可以用同样方式计算得到。

表16.6　简答题第8（a）题

价格（美元/块）	征收关税前斯卫曲的手表供给量（百万块）	征收关税后斯卫曲的手表供给量（百万块）
$20	20	5
25	25	10
30	30	15
35	35	20
40	40	25
45	45	30
50	50	35

表16.7　简答题第8（b）题

价格（美元/块）	诺罗克斯的手表供给量（百万块）	斯卫曲的手表供给量（百万块）	总供给量（百万块）
$20	15	5	20
25	20	10	30
30	25	15	40
35	30	20	50
40	35	25	60
45	40	30	70
50	45	35	80

b. 新的总供给量等于诺罗克斯的供给量加上征收关税后斯卫曲的新供给量。表16.7给出了各种价格水平下新的总供给量。

c. 一块手表的均衡价格是35美元。

d. 在35美元的价格下，诺罗克斯的消费者每年购买5 000万块手表，而诺罗克斯的企业每年生产3 000万块手表。诺罗克斯每年从斯卫曲进口2 000万块手表。

e. 诺罗克斯的手表企业和工人已经获益。在征收关税的情况下，它们生产更多的手表而且接受更高的价格。诺罗克斯政府也因为得到3亿美元的关税收入（关税收入等于每块手表的关税15美元乘以进口手表的数量2 000万块）而获益。诺罗克斯的消费者、斯卫曲的手表企业及其工人都将成为受损者。消费者因为必须为每块手表支付更高的价格（征收关税后的35美元高于征收关税前的30美元）而受损，从而引起手表的购买量减少。斯卫曲的企业及其工人受损，是因为它们所接受的每块手表的价格降低会导致它们减少用于出口的产量（征收关税前后的手表产量分别为3 000万块与2 000万块）。

■ 分析题

1. "你并没有抓住本章的要点。让我们用一些数字来说明，因为这些数字能够帮助你来理解。假设美国的工资水平是墨西哥的10倍。现在，美国工人的劳动生产率水平也高于墨西哥。我们用两个产业来说明。在第一个产业A中，假定美国工人的生产率水平是墨西哥的2倍；在第二个产业B中，美国工人的生产率水平是墨西哥的20倍。对产业A来说，美国企业不能和墨西哥的企业竞争。尽管美国工人的生产率水平是墨西哥的2倍，但是，他们的工资水平却是墨西哥的10倍。因此，在这个产业的竞争中，美国将会失败。然而，对于产业B，墨西哥的企业将会在竞争中失败。虽然美国工人的工资水平是墨西哥的10倍，但是，他们的生产率水平是墨西哥的20倍。所以，美国生产这种产品的单位成本较低。因此，美国企业能够同墨西哥的企业竞争并在竞争中获胜。

   "美国不可能在每一种产品或服务的竞争中击败墨西哥。原因在于，即使美国在每一种产品和服务的生产上都具有绝对优势，它也不可能在所有这些产品和服务的生产上具有比较优势。但是，在拥有比较优势的产业，如例中的产业B中，美国将能够同墨西哥进行竞争并取胜。"

2. "非常高兴你理解了本章的一些内容，但是，你却忽视了另一个要点。本章解释了，贸易如何导致所有国家都能消费比其所能生产的更多的产品和服务。一些图形说明了，一个国家如何能够在贸易发生后每种产品和服务都消费更多，你是否还记得？很显然，事实是，参与国际贸易的国家都会从中受益。

   "但是，你还可以从另一个角度来看这个问题。我曾经读到'贸易不是零和博弈'。这句话的意思是：如果你我自愿进行交易，比如，我愿意用我的经济学笔记交换你的化学笔记，那么，交换导致我们两人都受益。毕竟，如果交换没有让我的状况得到改善，那么，我就不会同意与你交换，而且，如果你没有从中受益，那么，你也不会同意交换。这种交换能够提高我们两个人的成绩：我的化学成绩和你的经济学成绩。

   "国家之间的贸易也是如此。假定我们从墨西哥进口一台录像机，墨西哥人用我们支付给他们的货币从堪萨斯州购买 50 蒲式耳小麦。实际上，我们是用 50 蒲式耳小麦交换这台录像机。如果这种交换没有让我们受益，那么，我们就不会进行交换。对于墨西哥人而言也是如此，如果他们需要的小麦没有这么多，那么，他们就不会同意进行交换。而且，本章已经提到，如果我们专门生产小麦，而墨西哥专门生产录像机，那么，我们和墨西哥所消费的小麦和录像机数量都会比我们都同时生产这两种产品时要更多。

"我们也许可以将这个问题进行概括。如果两个潜在的贸易伙伴愿意交易，那么，它们必须有不同的比较优势，也就是说，不同的机会成本。然后，它们将相互交换，并且双方都会从中受益。如果两国没有进行贸易，那么，每个国家必须面对并支付各自的机会成本。进行贸易的价格介于两国的机会成本之间。如果发生贸易，那么，在某种产品上具有较低机会成本的国家就会受益，这是因为产品的价格高于生产这种产品的机会成本。同样，具有较高机会成本的国家也会从中受益，因为它所支付的产品价格低于生产这种产品的机会成本。

"你知道，我认为这确实抽象。它表明，我们之间的交易可以导致双方获益，而两国之间的贸易也会导致双方获益。"

小测验

1. ______进口服务，______出口服务。
   a. 存在；也存在
   b. 存在；不存在
   c. 不存在；存在
   d. 不存在；也不存在
2. 美国的贸易余额等于______；近年来，美国的贸易余额是______。
   a. 进口额减去出口额；正的
   b. 出口额减去进口额；正的
   c. 进口额减去出口额；负的
   d. 出口额减去进口额；负的
3. 有一条生产可能性边界，纵轴表示玉米，横轴表示计算机。每增加一台计算机的机会成本是______。
   a. 从原点到生产可能性边界上的一条射线的斜率
   b. 从原点到生产可能性边界上的一条射线的斜率的倒数
   c. 生产可能性边界的斜率
   d. 生产可能性边界的斜率的倒数
4. 在两个国家中，要确定一国是否在某一种产品上拥有比较优势，必须比较______。
   a. 每一个国家的总产量
   b. 两个国家的机会成本
   c. 每个国家的总需求量
   d. 以上选项都不正确
5. 如果一个国家与其他国家之间都没有发生贸易，那么，它的消费可能性边界______。
   a. 与生产可能性边界一致
   b. 在生产可能性边界之外
   c. 在生产可能性边界之内
   d. 与生产可能性边界无关
6. 关税的直接影响是限制______，而______会受益。
   a. 出口；生产者
   b. 出口；消费者
   c. 进口；生产者
   d. 进口；消费者
7. 目前，美国征收的平均关税大约是______。
   a. 进口额的 4%
   b. 出口额的 4%
   c. 进口额的 40%
   d. 出口额的 40%
8. 当实施配额时，一种产品的国内价格与世界价格的差价由______获得。
   a. 本国政府
   b. 外国政府
   c. 本国消费者
   d. 本国进口商
9. 美国昂贵的劳动有可能同国外廉价的劳动进行竞争，并从中获胜，这是因为美国的劳动______。
   a. 在美国缴税
   b. 能够在其他国家生产产品
   c. 通常是能够保护其利益的强有力的工会成员
   d. 具有较高的生产率水平
10. 如果一个穷国向一个富国出口一种产品，那么，这个穷国出口产业的工资水平会______，就业会______。
    a. 提高；增加
    b. 提高；减少
    c. 下降；减少
    d. 下降；增加

本小测验的答案请参见第 225 页

第七编中期测验　全球经济

■ **第 16 章**

1. 如果美国的出口大于进口，那么，美国具有______。
   a. 负的净出口余额，且由美国的对外贷款来提供融资
   b. 负的净出口余额，且由美国从国外借款来提供融资
   c. 正的净出口余额，且由美国的对外贷款来提供融资
   d. 正的净出口余额，且由美国从国外借款来提供融资
2. 如果一个有效率的国家与其他国家进行贸易，那么，其生产点位于______。
   a. 生产可能性边界以内
   b. 生产可能性边界上
   c. 生产可能性边界以外
   d. 可能位于生产可能性边界以内，也可能位于生产可能性边界以外
3. 如果将所有的影响都考虑在内，那么降低关税会______。
   a. 减少进口，增加出口
   b. 增加进口，减少出口
   c. 同时增加进口和出口
   d. 同时减少进口和出口
4. ______会为本国政府带来收入。
   a. 征收关税
   b. 实行配额
   c. 实施自愿出口限额
   d. 实行补贴

答　案

■　中期测验答案

1. c　2. b　3. c　4. a

期终考试

试题一

1. ______不能被计入 GDP 中。
   a. 你对理发的支出
   b. 你购买一本二手教科书的支出
   c. 你在银行的储蓄账户中存入的 100 美元
   d. 选项 b 和 c
2. 在生产可能性边界的图中，______是能够达到但却没有效率的点。
   a. 生产可能性边界以外的点
   b. 生产可能性边界上的点
   c. 生产可能性边界以内的点
   d. 生产可能性边界上以及生产可能性边界以内的点
3. 假定南部的一场热浪导致数百万只小鸡死亡。但是，只有活鸡才能卖出并加工成食品，那么，由于热浪的袭击，鸡肉晚餐的均衡价格______，均衡数量______。
   a. 上升；增加
   b. 可能会变化，但变化方向不确定；减少
   c. 上升；可能会变化，但变化方向不确定
   d. 上升；减少
4. 如果政府的预算赤字增加，并且不存在李嘉图 - 巴罗效应，那么______。
   a. 可贷资金的供给减少
   b. 可贷资金的供给增加
   c. 可贷资金的需求减少
   d. 可贷资金的需求增加
5. 货币数量论认为，货币量增长率的变化会引起通货膨胀率的变化。根据新古典理论，如果公众预期总需求增加，那么，总需求增加不会对失业率产生影响。______。
   a. 这两句话都是正确的
   b. 第一句话是正确的，第二句话是错误的
   c. 第一句话是错误的，第二句话是正确的
   d. 这两句话都是错误的
6. 如果通货膨胀率为 10%，而实际利率为 3%，那么，名义利率大约是______。
   a. 30%
   b. 7%
   c. 13%
   d. 3．3%
7. 产出下降的经济周期阶段是______。
   a. 衰退阶段
   b. 扩张阶段
   c. 波峰
   d. 波谷
8. 如果______发生了变化，那么，比萨的供给曲线不会移动。
   a. 比萨销售者的数量
   b. 生产比萨的技术
   c. 比萨的价格
   d. 生产比萨的原料（如奶酪）价格
9. 如果政府的税收为 10 500 亿美元，而其总的支出为 10 000 亿美元，那么政府出现了______。
   a. 500 亿美元的赤字
   b. 500 亿美元的盈余
   c. 9 000 亿美元的赤字
   d. 9 500 亿美元的盈余
10. 新古典增长理论的一个假设是，______。
    a. 在长期，人们只能挣得维持生存的实际工资率
    b. 所有技术进步都是人们辛勤努力的结果
    c. 随着资本积累的增加，资本的经济回报率会逐渐降低
    d. 知识不受报酬递减的制约

11. 财政政策包括______的调整。
   a. 货币量
   b. 价格水平
   c. 失业率
   d. 税率

12. 假定 *AE* 曲线的斜率为 0.9。如果投资减少了 200 亿美元，那么，总需求曲线将会______。
   a. 向右移动 2 000 亿美元
   b. 向左移动 2 000 亿美元
   c. 向右移动 200 亿美元
   d. 向左移动 200 亿美元

13. 沿着生产可能性边界移动，随着生产越来越多的某种产品，多生产一个单位这种产品的机会成本将______。
   a. 下降
   b. 不变
   c. 上升
   d. 可能上升，也可能下降，还有可能不变

14. GDP 等于______。
   a. 总支出
   b. 总收入
   c. 一国在一定时期内生产的总产品的价值
   d. 上述选项都正确

对于下列两个问题，假定政府支出 *G* 增加了。在短期，经济沿着短期总供给曲线移动；在长期，经济沿着长期总供给曲线移动。

15. 在短期，价格水平会______，实际 GDP 会______。
   a. 上升；增加
   b. 上升；不变
   c. 不变；增加
   d. 上升；减少

16. 在长期，价格水平会______，实际 GDP 会______。
   a. 上升；增加
   b. 上升；不变
   c. 不变；增加
   d. 上升；减少

17. 联邦基金利率是______利率。
   a. 银行从美联储贷款时美联储所收取的
   b. 美联储从银行贷款时银行所收取的
   c. 银行之间互相借贷准备金时所收取的
   d. 以上选项都不正确

18. 失业救济金的增加意味着，失业工人寻找工作的机会成本下降了。当寻找工作的机会成本下降时，失业工人更有可能接受雇主提供的工作机会。那么______。
   a. 这两句话都是正确的
   b. 第一句话是正确的，第二句话是错误的
   c. 第一句话是错误的，第二句话是正确的
   d. 这两句话都是错误的

19. 刚进入劳动市场并正在寻找工作的中学毕业生属于______失业。
   a. 摩擦性
   b. 结构性
   c. 周期性
   d. 过剩性

20. 总产出在______（阶段）位于最高点，随后就进入到了______（阶段）。
   a. 衰退；波谷
   b. 扩张；衰退
   c. 波峰；衰退
   d. 波峰；扩张

21. 美联储增加货币量最常用的手段是______。
   a. 提高法定准备金率
   b. 降低法定准备金率
   c. 购买政府有价证券
   d. 出售政府有价证券

22. ______认为，货币增长率的变化对实际 GDP 没有影响。
   a. 凯恩斯主义周期理论
   b. 货币主义周期理论
   c. 新凯恩斯主义周期理论
   d. 实际经济周期理论

23. ______被计入 GDP 的投资项中。
   a. 微软购买 IBM 的股票
   b. 通用电气公司在自己的银行储蓄账户中存入 100 000 美元
   c. 福特汽车公司购买了原先由通用汽车公司所拥有的一家工厂
   d. 列奥纳多比萨店购买了一台新的比萨烤箱

24. 美元汇率从 1 美元兑换 100 日元变化为 1 美元兑换 130 日元，那么，日元对美元______了，美元对日元______了。
   a. 贬值；升值

b. 贬值；贬值
c. 升值；升值
d. 升值；贬值

25. ______认为，人们只能得到能够维持生存的工资率。
a. 古典经济增长理论
b. 货币主义周期理论
c. 凯恩斯主义周期理论
d. 新古典经济增长理论

26. 国家之间的许多贸易是相似产品的贸易（比如，美国既从日本进口汽车，又向日本出口汽车）。______不是国家之间进行相似产品贸易的原因。
a. 偏好多样化
b. 绝对优势
c. 规模经济
d. 没有正确选项，以上选项都是国家之间进行相似产品贸易的原因

27. 预期的未来美元汇率降低会引起美元需求曲线______移动，美元供给曲线______移动。
a. 向右；向右
b. 向右；向左
c. 向左；向右
d. 向左；向左

28. 当美联储购买政府有价证券时，银行的准备金将______。
a. 增加
b. 不变
c. 减少
d. 可能变化，取决于美联储究竟是从银行、还是从其他销售者手中购买政府有价证券

29. 假定货币流通速度提高了1%，货币量增长率为7%，实际 GDP 增长率为 3%。那么，通货膨胀率是______。
a. 8%
b. 6%
c. 5%
d. 上述答案都不正确，但可以根据所给数据计算出通货膨胀率

30. 生产比萨的奶酪价格上升了，那么由于生产成本的提高，均衡的比萨的相对价格将会______，均衡产量将会______。
a. 上升；增加
b. 上升；减少
c. 下降；增加
d. 下降；减少

试题二

1. 如果政府减少劳动所得税，那么，潜在 GDP 会______，*LAS* 曲线会______移动。
a. 增加；向右
b. 增加；向左
c. 减少；向右
d. 减少；向左

2. 价格水平上升和 GDP 降低同时并存的情况－－滞胀可能是由______所引起的。
a. 总需求曲线向左移动
b. 总需求曲线向右移动
c. 短期总供给曲线向左移动
d. 短期总供给曲线向右移动

3. ______会引起短期总供给曲线向左移动。
a. 价格水平上升
b. 价格水平下降
c. 货币工资增加
d. 货币工资减少

4. 未预期到的通货膨胀率的上升会引起失业率______；可预期的通货膨胀率的上升会引起失业率______；
a. 上升；上升
b. 上升；不变
c. 降低；不变
d. 降低；降低

5. 在短期，当美联储降低联邦基金利率时，价格水平会______，实际 GDP 会______。
a. 上升；增加
b. 上升；减少
c. 降低；增加
d. 降低；减少

6. 新古典增长理论______。
a. 认为在长期人们只能得到维持生存的工资
b. 认为不同国家的经济增长率一定是有差别的
c. 预测经济增长将是永远持续的
d. 假定技术进步是碰运气的结果

7. 公开市场业务是指商业银行购买或出售政府有价证券的行为。这一陈述是______的。
a. 正确

b. 错误

8. 消费者收入的增加会引起正常产品的______曲线______移动。
 a. 需求；向左
 b. 需求；向右
 c. 供给；向左
 d. 供给；向右

9. 假定人们认为吃比萨是一种时尚，同时又发明出一种能够降低比萨生产成本的烤箱，那么，在此情况下比萨的相对价格将会______，其产量将会______。
 a. 上升；增加
 b. 下降；增加
 c. 变化，但变化方向不确定；增加
 d. 上升；变化，但变化方向不确定

10. ______不会引起总需求曲线的移动。
 a. 政府支出的变动
 b. 货币量的变动
 c. 税收的变动
 d. 价格水平的变动

11. ______属于最具扩张性的财政政策。
 a. 减少政府支出和减少税收
 b. 增加政府支出和减少税收
 c. 增加政府支出并增加更多税收
 d. 增加税收

12. 家庭储蓄增加会引起______增加，实际利率会______。
 a. 可贷资金的供给；上升
 b. 可贷资金的供给；下降
 c. 可贷资金的需求；上升
 d. 可贷资金的需求；下降

13. ______，美元汇率的升值幅度是最大的。
 a. 当美元需求和美元供给同时增加时
 b. 当美元供给增加而美元需求减少时
 c. 当美元供给减少而美元需求增加时
 d. 当美元需求和美元供给同时减少时

14. 个人在经济下滑时期的失业属于______。
 a. 摩擦性失业
 b. 结构性失业
 c. 周期性失业
 d. 波谷失业

15. 随着经济周期阶段的推移，在______阶段实际 GDP 会增加，然后达到______，此后进入______阶段。
 a. 衰退；波峰；扩张
 b. 扩张；波峰；衰退
 c. 波谷；扩张；波峰
 d. 衰退；波谷；扩张

16. 在凯恩斯主义周期理论中，______是经济周期的驱动力。
 a. 总需求不可预期的变化
 b. 美联储调整货币量的增长率
 c. 企业对未来销售及利润信心的变化
 d. 生产率的增长率不可预期的变化

17. ______认为，在长期，工人只能得到维持生存的工资率。
 a. 古典增长理论
 b. 新古典增长理论
 c. 新增长理论
 d. 凯恩斯主义周期理论

18. ______认为，经济增长能够无限持续下去。
 a. 古典增长理论
 b. 凯恩斯主义周期理论
 c. 新增长理论
 d. 新古典增长理论

19. 某国政府部门的赤字是 750 亿美元，私人部门的赤字是 250 亿美元。那么，该国的净出口等于______。
 a. －1 000 亿美元
 b. －750 亿美元
 c. －500 亿美元
 d. －250 亿美元

请根据图 1 回答下列两个问题。

20. 在图 1 中，预期的通货膨胀率是______。
 a. 5%
 b. 4%
 c. 3%
 d. 以上选项都不正确

21. 在图 1 中，自然失业率是______。
 a. 3%
 b. 5%
 c. 8%
 d. 以上选项都不正确

22. 引起劳动需求增加的生产率的提高会导致潜在 GDP______，*LAS* 曲线______移动。
 a. 减少；向右
 b. 减少；向左

图 1

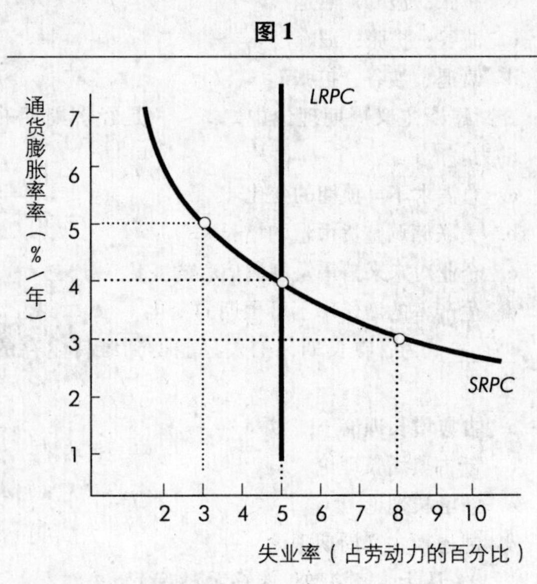

c. 增加；向右

d. 增加；向左

23. 沿着______，价格水平会发生变化，但货币工资率保持不变。

a. 总需求曲线

b. 短期总供给曲线

c. 长期总供给曲线

d. 以上选项都不正确

24. 如果 *AE* 的斜率为 0.9，那么，政府支出乘数等于______。

a. 10.0

b. 9.0

c. −10.0

d. −9.0

25. 如果某年的价格指数为 200，第二年的价格指数为 220，那么，这两年间的通货膨胀率是______。

a. 220%

b. 200%

c. 20%

d. 10%

26. 如果美联储降低联邦基金利率，那么，贷款量将______，货币量将______。

a. 增加；增加

b. 增加；减少

c. 减少；增加

d. 减少；减少

27. 一国的投资必须______来提供融资。

a. 仅由国民储蓄

b. 由政府预算赤字

c. 仅从国外借款

d. 由国民储蓄和从国外借款

28. 假定每小时劳动的资本增加了 21%，每小时劳动的实际 GDP 增加了 12%。那么，技术变革导致每小时劳动的实际 GDP 增加了______。

a. 21%

b. 17%

c. 12%

d. 5%

29. 当______时，从国际贸易中获得的利益是最大的。

a. 不发生国际贸易

b. 每个国家都根据自身的比较优势进行生产，然后与其他国家进行贸易

c. 每个国家都采用关税而非配额来限制贸易

d. 每个国家都采用配额而非关税来限制贸易

30. 在美国，在过去的 20 多年时间里，______。

a. 劳动需求的增加量大于劳动供给的增加量

b. 劳动需求的增加量小于劳动供给的增加量

c. 劳动需求增加了，但劳动供给却减少了

d. 劳动需求减少了，但劳动供给却增加了更多

答 案

■ 试题一

1. d 2. c 3. d 4. a 5. a 6. c 7. a 8. c 9. b 10. c
11. d 12. b 13. c 14. d 15. a 16. b 17. c 18. b 19. a 20. c
21. c 22. d 23. d 24. a 25. a 26. b 27. c 28. a 29. c 30. b

■ 试题二

1. a 2. c 3. c 4. c 5. a 6. d 7. b 8. b 9. c 10. d
11. b 12. b 13. c 14. c 15. b 16. c 17. a 18. c 19. a 20. b
21. b 22. c 23. b 24. a 25. d 26. a 27. d 28. d 29. b 30. a

小测验答案

答　案

■ 第 1 章

1. c 2. c 3. c 4. a 5. d 6. a 7. c 8. c 9. d 10. d

■ 附　录

1. c 2. c 3. a 4. c 5. c 6. c 7. c 8. d 9. b 10. b

■ 第 2 章

1. b 2. d 3. b 4. d 5. a 6. a 7. d 8. b 9. c 10. d

■ 第 3 章

1. d 2. d 3. b 4. b 5. c 6. b 7. c 8. a 9. b 10. b

■ 第 4 章

1. a 2. a 3. a 4. b 5. b 6. c 7. c 8. c 9. c 10. d

■ 第 5 章

1. b 2. c 3. a 4. a 5. c 6. d 7. b 8. d 9. d 10. c

■ 第 6 章

1. d 2. a 3. c 4. a 5. b 6. c 7. a 8. c 9. b 10. d

■ 第 7 章

1. c 2. d 3. a 4. d 5. a 6. a 7. c 8. c 9. d 10. c

■ 第 8 章

1. d 2. d 3. d 4. d 5. c 6. c 7. c 8. b 9. c 10. b

■ 第 9 章

1. a 2. b 3. d 4. a 5. a 6. a 7. d 8. c 9. b 10. c

■ 第 10 章

1. c 2. b 3. c 4. b 5. b 6. a 7. a 8. b 9. a 10. c

■ 第 11 章

1. c 2. d 3. b 4. c 5. d 6. c 7. c 8. d 9. b 10. d

■ 第 12 章

1. b 2. b 3. b 4. a 5. a 6. a 7. a 8. a 9. d 10. c

■ 第 13 章

1. a 2. c 3. c 4. d 5. d 6. a 7. a 8. d 9. c 10. c

■ 第 14 章

1. b 2. c 3. b 4. c 5. b 6. d 7. a 8. a 9. a 10. a

■ 第 15 章

1. b 2. a 3. c 4. a 5. c 6. c 7. c 8. b 9. c 10. d

■ 第 16 章

1. a 2. d 3. c 4. b 5. a 6. c 7. a 8. d 9. d 10. a

结束语　你应该主修经济学吗*

你应该进一步学习经济学吗

你已经学过了有关供给与需求、就业与失业、政府政策、美联储以及老成的艾格尔（至少在学习指南中学过）等方面的知识，现在，让我们考虑一下将来的学习。

- 你将来还应该学习经济学吗？
- 你是应该学习更多的经济学课程？或者甚至有可能主修经济学？
- 经济学研究生院的情况怎样？

经济学家普遍假定，人们都在做理性选择以使其福祉最大化。在这里，没有必要探讨这一假定。本章的目的在于，帮助你以较低的信息成本做出最优的理性选择。让我们评估一下学习经济学的收益，看这些收益是否大于学习经济学的成本。

学习经济学的收益

■ 知识、启发与主动性

正如英国著名经济学家约翰·梅纳德·凯恩斯所说："经济学家的想法，……无论正确与否，比一般人的想法会更有影响力。确实，世界是由少数人所统治的。那些认为自己完全不用掌握经济理论的实际工作者，通常都是一些被淘汰的经济学家的奴隶。"学习经济学是一种获得主动和启发的体验。与其将自己的想法埋藏在心，不如将其表达出来；要面对并理解这些想法。

■ 知识、理解与满足

在现实中，许多最重要的问题都是经济问题。通过学习经济学，你可以掌握理解与解决经济问题的实用工具。每天，通过电视和报纸，我们都能听到和读到一些重要问题，如经济增长、通货膨胀、失业、国际贸易关系、美联储最近的举措、最新的税收或政府支出账目、环境和未来的社会保障等。学习经济学会帮助你关注并较好地理解这些经济问题。作为一种回报，你能够理解较小且非常紧迫的问题，例如：我应该购买多少火腿？今天适合上滑雪课吗？我应该用退休金买政府债券还是买股票？正如肖伯纳所说："经济学是一门让人幸福的艺术。"米克·贾格尔是"滚石乐队"的主唱，曾从伦敦经济学院辍学，抱怨自己"得不到一点满足"。也许他应该学习更多的经济学知识？经济学的思维方式将帮助你获得最大的满足。

■ 职业机会

所有的职业并不是平等的。尽管许多职业的工资近年并没有怎么增加，但是，那些"解决、识别与经营符号问题"的"符号分析师"的工资却在猛增。[1] 这些符号分析师"将现实简化成抽象的符号，对其进行重新安排、调整与实验，并与其他专家进行沟通，最后，将这些符号转换成所表示的现实状态。"随着经济全球化对这些人见识需求的增加，以及技术进步提高了这些人的生产率，这些人的工资就大幅增加了。经济学家是典型的符号分析师，他们提出了一些抽象的概念，如供给与需求、成本与收益以及均衡等。

你可以把自己的经济学训练看作是一种智能培养与智力开发。在你的职业生涯中，你会用到你在初级经济学中学到的许多概念，但只有在实践中进行抽象思考你才能真正获益。

---

* 这篇文章由韦克福里斯特大学的罗伯特·惠普尔斯撰写，并经马克·拉什修改而成。

事实上，大多数经济学专业的学生并没有继续深造而成为经济学家。他们凭借自己的分析能力进入到各种领域，如商业、管理、保险、金融、房地产、市场营销、法律、教育、政策分析、咨询、政府、规划等，甚至还包括医疗、旅游和艺术领域。最近，对我所在大学的100名经济学专业毕业生的调查表明，他们的职业覆盖了上面所列举的各种领域（职业）。如果你想知道经济学专业的毕业生是如何在职场上走向成功的，那么，你可咨询你的教授，或者了解你所在大学经济学专业的毕业生都在做什么。

人口普查数据表明，从全美国范围来看，经济学专业毕业生比大多数其他专业毕业生的工资都要高。表1是美国劳动统计局1998年的一项研究结果。这些数据表明，在1993年，具有经济学学士学位的中年男子的工资收入只比极少数专业的同类毕业生要少，而高于大多数同类毕业生。在中年妇女中，经济学专业毕业生的收入是最高的。

表1 大学各专业毕业的中年人（35~44岁）的收入情况（美元，1993年）

专 业	女 性	男 性
会计学	39 843	49 502
农学	28 752	36 758
生物/生命科学	34 245	41 179
工商管理（不含会计学）	34 638	44 863
化学	37 501	44 994
计算机与信息服务	43 757	50 510
经济学	**49 175**	**49 378**
教育学	27 988	34 470
工程学	49 072	53 287
英国语言文学	30 296	38 297
保健/医疗技术	35 526	36 269
历史学	30 553	38 095
文科/人文学科	32 073	39 625
药学	48 428	50 480
心理学	32 301	40 718
社会学	29 532	37 250

资料来源：Daniel Hacker, "Earnings of College Graduates: Women Compare with Men," *Monthly Labor Review*, March 1998. http://stats. bls. gov/opub/mlr/1998/03/art5full. pdf

注：表中数据为获得学士学位的毕业生的收入。

这是长期的情况。短期情况也是如此。在2003年，经济学与金融学专业毕业生平均每年的起薪是40 084美元。尽管这一薪水水平低于计算机科学、工程学及其他一些专业毕业生的起薪，但是，这一薪水水平却高出工商管理专业毕业生2 000美元。而且，经济学专业毕业生的起薪比社会科学和人文科学等的毕业生要高出很多，如表2所示。这些数据每年都在更新，可以随时查看最新数据。（此外，经济学专业毕业生的就业率要高于许多其他专业，如人文科学和其他社会科学的毕业生。）

表2 2003年大学各专业毕业生平均年起薪（美元）

化学工程	51 853
计算机科学	47 419
经济学/金融学	**40 084**
工商管理	37 122
市场营销	34 628
历史学	32 108
英语	30 157
刑事司法	29 234
心理学	27 454

资料来源：National Association of College and Employers, jobweb. http://www. jobweb. com/salaryInfo/03summerss. htm

经济学专业与其他专业毕业生收入的较大差额有助于解释，为什么经济学专业的入学人数正在急剧上升。自从1996年以来，在美国，授予经济学学位的人数已经上升了约14%，加拿大与澳大利亚也出现了相似的趋势。[2]

即使你打算大学毕业后就找工作，经济学专业也是一个有价值的专业。经济学学位比获得MBA学位和法学学位更有利一些。三分之一以上的经济学专业毕业生，在其获得学士学位的两年时间内都能找到对口的工作，这与工商管理与法学专业毕业生的情况相当。事实上，对20世纪90年代法学院入学考试分数的分析表明，在14所大学专业多达2 000名学生参加的考试中，经济学专业的学生分数是最高的。经济学专业的学生平均分为155.3，第二高的历史学专业的学生平均分为154，而英语、心理学、政治学、通信、社会学和工商管理专业的学生平均分分别为153.7、151.9、151.6、150.7、149.3和148.6。[3]

《华尔街日报》上的一篇文章指出："经济学曾是一

个令人困惑的专业，目前正成为大学里的热门专业。”经济学教育并不是一种职业培训，而是为你从事许多工作提供基础。学习经济学的收益是非常大的，因为经济学能够教你如何思考，并且教你考虑我们的动态经济中最终的回报是多少。

学习经济学的成本

通常，学习经济学的“直接”成本（学费、书费和生活费用）与学习其他专业相比没有什么差别，因此，学习经济学的间接成本将是最重要的成本。

■ 所放弃的知识

如果你学习经济学，那么，你就不可能学习其他专业了。所放弃的知识可能是非常有价值的。

■ 负效用

如果因为你发现与其他学科相比，经济学是枯燥、单调或没有启发的，那么，学习经济学的机会成本甚至是比较高的，因为你的总体满足感降低了。（我知道这是比较罕见的，但偶而也会发生。）

■ 时间和精力

经济学是一个需要花费许多精力来学习的专业。尽管经济学课程通常不会像英语和历史课程（你必须读许多书）那样占用你太多时间，也不同于解剖学和生理学（你必须花费很多时间做实验和记东西），但是，经济学需要你花费大量的时间。此外，一些人发现经济学比大多数其他学科更难学，因为仅靠熟记是不够的。在经济学（像物理学）中，分析与解决问题是至关重要的。经济学专业比较严密，这让许多人望而生畏。

■ 分　数

如表 3 所示，初级经济学的分数通常低于其他一些专业课，包括其他一些社会科学和人文科学。[4] 但另一方面，经济学的分数通常要高于自然科学和数学。

表 3　大学各专业的平均分及分数分布情况

系　别	平均分	B + 以上所占的比例（%）	B – 以下所占的比例（%）
音乐	3.16	44	21
英语	3.12	27	12
心理学	3.02	28	23
哲学	2.99	29	21
艺术	2.95	29	24
政治学	2.95	24	23
经济学	**2.81**	**20**	**31**
化学	2.66	17	44
数学	2.53	22	46

请注意：分数并不能说明一切！

对于大多数学生而言，高分能够带来直接的满足感，分数也可以作为学生学习课程能力的一种信号。遗憾的是，因为不同系的分数标准并不统一，所以，你可能被你的分数所迷惑或误导。由于某门功课得了高分，你可能会认为，你这门课学得非常出色。但事实上，几乎每个人的这门课都得了高分。这里的关键点是，你应该被告知你自己学校的分数分布情况。如果你的经济学得了 B，历史学得了 A，那么，并不一定意味着你在学习历史学方面比经济学具有比较优势。每个人——或几乎每个人历史学的得分都是 A。在经济学上得 B 或 C 可能意味着你学得很好，因为经济学得高分是一件非常困难的事情。虽然在大学里获得较高的平均绩点（GPA）是一件高兴的事情，但是，平均绩点最大化不应该成为你的目标。总体福祉最大化可能成为你的目标，而要实现这个目标，可能选择回报更多的专业——也许是经济学专业，可能会以降低 1/10 左右的平均绩点作为代价。

在评估这一权衡时，你会注意到，平均分数较高的系，其毕业生的平均收入却是较低的。雇主知道，哪一个系的分数更难获得。近期一篇关于分数分布的文章总结道：“那些进入大学是为了获得较高报酬工作的学生应该明白，易学的课程在长期可能没有什么讨价还价的能力。”[5]

学习经济学的潜在效应

学习经济学具有一些潜在效应。我不能确定，它们是成本还是收益，这要由你来确定。

■ 改变对"什么是公平"的理解

最近，有人对主修初级经济学的学生在学期开始与结束的情况进行了比较研究。[6] 该研究发现，在学期末，有更多学生认为市场的运行是"公平的"。女学生的情况更是如此。这一结果得到了许多教授的认可。

例如，那些认为在节日提高鲜花价格是不公平的学生所占比例，几乎降低了一半。那些支持鲜花价格应由政府控制，而不是由市场决定的学生所占比例，降低了60%以上。这项研究认为，这些变化并不表示学生们的价值观发生了深刻的变化，而是他们通过学习经济学知识，认识到了以前的看法有失偏颇并努力进行修正。

■ 改变行为

许多人认为，经济学的学习改变了学生的价值观与行为。一些人认为，经济学的学习会使学生变坏。另一些人则持反对意见。特别是，有些人认为，经济学专业的学生可能变得更加重视自身的利益，不大可能与人合作。其原因可能是，这些学生花费了太多的时间学习经济模型，而这些模型通常都假定人是自利的。例如，一项研究报告认为，实验表明，在囚徒困境和讨价还价的博弈中，经济学专业的学生比非经济学专业的学生表现得更加重视自身利益。[7]

然而，这并不意味着，学习经济学将会改变你的行为。另一项研究，对经济学专业的一年级新生与高年级学生进行了比较，得出的结果是，经济学专业的学生"当他们开始学习经济学时就表现出与其他专业的学生不同。"[8] 换句话说，在学习经济学课程之前，经济学专业的学生就已经与众不同了，学习经济学并没有改变他们。然而，对这两种看法仍有一些疑问，因为并不清楚，利用经济博弈所做的实验是否反映了现实。一项实验曾问学生这样的问题：当他们捡到钱时是否会归还。其结果是，与其他专业学生相比，有更多经济学专业的学生会说他们不会归还。

但是，人们所说的与他们所做的有时并不一致。有人做了一个实验以验证这一观点。在不同的大学教室里，故意丢失一些内含10美元的信封，信封上贴着邮票并写着收件人地址。为了归还这些现金，学生们只要将信封密封好并寄出即可。其结果是，在经济学专业教室里丢失的信封，有56%的被寄回；而在历史学、心理学和工商管理专业教室里丢失的信封，仅有31%被寄回。[9] 也许经济学专业的学生并不比其他专业的学生更自私！

很显然，对于学习经济学能否改变学生的行为，以及如何改变学生的行为这样的问题，还没有得出明确的结论。

成本与收益

假如你对学习经济学的成本与收益进行了权衡，并且你已确定，学习经济学的收益大于成本或等于成本。那么，很显然，你就应该继续学习经济学。如果你不能确定收益是否大于成本，那么，你就应该收集更多信息——特别是那些有用而又不昂贵的信息。无论什么情况，请你继续阅读下面的内容。

经济学专业

经济学如同一棵树。你最先接触到的初级微观经济学和初级宏观经济学是树根。大多数大学都要求，在学习其他课程之前先学习这两门课。初级经济学课程中你所掌握的思维方式、基本概念和工具，通常在中级微观经济学和中级宏观经济学的学习中还会得到强化，然后，你将逐渐将它们用于其他专业课的学习。中级微观经济学和中级宏观经济学是树干。组成树支的专业课程包括：计量经济学（统计经济学）、金融经济学、劳动经济学、资源经济学、国际贸易、产业组织、公共财政、公共选择、经济史、经济思想史、数理经济学、当代经济问题和城市经济学。树支会因系别不同而不同，但是，这些课程却是相同的。你可以查阅一下学院的公告，与你的教授和同学探讨一下这些课程。

经济学研究生院

■ 为经济学研究生院的学习作准备

要进入经济学研究生院学习，你必须先学习几门数学课程，包括微积分、概率论、统计学和线性（矩阵）代数，大概需要至少两年的时间。至于你所在院校的具体课程设置，可以请教你的指导老师。此外，经济系的数理经济学和计量经济学是最基本的课程。（帮助提示：即使你不想上研究生院继续学习，这些数学课程对你也是非常有用的，就像对于非经济学专业的学生而言，经济学知识是非常有用的一样。）

如果你所在学院提供研究生水平的经济学课程，那么，你不妨去那里听几次课，以便感受研究生院的学习气氛。

大多数研究生院都要求有较高的经济学课程分数、较高的美国研究生入学考试（GRE）分数以及可靠的推荐信。你最好逐步熟悉几位教授，让他们知道你是出类拔萃的学生，这样他们就能为你写出评价较高的推荐信。

■ 研究生学习阶段的资金问题

与其他专业的研究生学位不同，攻读经济学博士学位你可能不会债台高筑。大多数经济学研究生可以做助教或助理研究员。助教先从批改试卷和上复习课做起，最后可以给学生授课。助理研究员通常做收集资料、统计工作，上图书馆为教授查阅资料，并常与教授们合作共同完成论文工作。大多数研究生助教的奖学金，足以支付学费并保证你的生活之用。

■ 你应该申请哪所学校的研究生院

选择一个最好的研究生院取决于许多因素，特别是你的能力水平、地理位置、研究兴趣的领域，自然还有资金问题。你应该与你的导师探讨一下你的能力水平和研究方向等问题。此外，一些报道性文章还给出了按系和研究领域对所有院校进行的排名。特别是要查阅一下以下文章：理查德·达桑斯凯和克莱顿·弗农的“美国经济学系的排名”（《经济观察》，1998 年冬季刊，第 12 卷第 1 期，第 157 ~ 170 页）；杰里·瑟斯比的“我们对自己说要做什么以及这又意味着什么？对经济学系研究的另一种展望”（《经济学文献》，2000 年 6 月，第 38 卷第 2 期，第 383 ~ 404 页）；约翰·奇尔哈特的“按专业领域对经济学系的排名”（《经济学教育》，1989 年春季刊，第 20 卷第 2 期，第 199 ~ 222 页）。当你申请研究生院时，可能会有最新的排名情况。可以请教教授或图书馆管理员来帮助你找到这些材料。对于较偏的专业（如经济史和城市经济学），查到某个特定领域的最新资料是特别重要的。

■ 你会在研究生院做什么

在第一学年，大多数经济学专业的研究生要学习宏观经济学和微观经济学这样的理论课程。一年以后，你可能会参加一系列的考试，以检查你是否掌握了这些核心理论。如果你通过了这些考试，那么，在第二年和第三年，你会学习更多的专业课程，也许会参加两门专业课的考试。然后，你就要撰写你的学位论文——将提出经济学某一领域新知识的原创性研究。在这些阶段，你还要同时从事助教和（或）助理研究员的工作，学位论文阶段可能会被延长。在社会科学领域，研究生完成博士学位论文的平均时间大约是 7．5 年。要知道，较大比例的研究生（大约 50%）不能获得博士学位。

■ 研究生院的情况

对许多学生而言，经济学研究生院的学习几乎是不可想像的。所用的资料和方法与大学阶段是完全不同的。在研究生院，你要用的教材与所读的期刊，通常都是理论性较强且比较抽象的。获取这种信息的一种好方法，是在课堂上学习，或者阅读反映近期学生情况的资料。特别是要阅读阿乔·克莱莫和戴维·科兰德所著《经济学家的成长》（博尔德，科罗拉多：西部观察出版社，1990 年版）一书。

经济学研究生教育委员会对经济学研究生教育做了一项重要的研究，并在 1991 年 9 月的《经济学文献》杂志中发表了其成果。该委员会让大学教学人员、研究生和刚获得博士学位的研究生列出他们认为在经济学研究生学习阶段最重要的技能。结果是，最重要的技能是分析能力与数学，然后是评价能力、运用理论的能力以及计算技能。在列表的最后，是创造力与沟通能力。如果你对经济问题感兴趣，但却不具备上述技能，那么，你可考虑其他一些与经济学有关的领域，如公共政策。许多经济学专业的学生转向商学院去攻读工商管理硕士学位（MBA），通常他们比大学就专修工商管理的学生要出色。

经济学读物

如果你已经决定将来要学习经济学，或者如果你渴望获得更多经济学知识，那么，你就应该尽早开始阅读一些经济学家撰写的文章和著作。生命是短暂的。为什么要把时间浪费在看电视上呢？

要想每天都获得一些经济学知识，最简单的方法是及时掌握最新的经济事件。下面推荐一些你在报摊、书店或图书馆可以找到的资料，你可以利用寒暑假期间来阅读一下。

■ 华尔街日报

许多大学生都以学生低价订购了《华尔街日报》（简写为 WSJ）。你也可以订购！你的指导教师那里可能有学生订购表格。WSJ 不仅是一份有许多商业新闻的报纸，而且其中还有关于国内外新闻、政治、艺术、旅游、运动方面的文章以及生动的评论性文章。阅读 WSJ 是把你所学的经济学与现实世界结合起来的一种最佳方法，也会为你今后的职业生涯做好准备。

■ 杂　志

英国出版的《经济学家》周刊，学生能以折扣价订购。你可以在学校图书馆里翻阅一下这份期刊，你将会被其中丰富的信息量与犀利的文笔所吸引。《商业周刊》也是值得一读的刊物。

《美国企业》、《加图杂志》）、《挑战》、《公共利益》这四份探讨经济政策的季刊也在推荐之列。最后，向你推荐的刊物是美国经济学会出版的《经济观察》杂志，这也适合经济学研究生阅读。

■ 经济学家的著作

最近，我问了美国各地一些经济学教授这样一个问题："如果一个聪明而又充满激情、刚刚学完初级经济学的学生来找您，要您推荐一本经济学的书供他暑假阅读。您会推荐什么书呢？"

以下便是教授们推荐的图书。

■ 首选图书

米尔顿·弗里德曼：《资本主义与自由》（*Capitalism and Freedom*）。

史蒂文·莱维特和斯蒂芬·达布纳：《反常的经济学》（Freakonomics）。

史蒂夫·兰兹伯格：《爱空谈的经济学家：经济学与日常生活》（The Armchair Economist：Economics and Everyday Life）。

■ 其他选择

艾伦·布林德：《硬头脑，软心肠：现行社会的实用经济学》（Hard Heads，Soft Hearts：Tough－Minded Economics for a Just Society）。

赫南多·德·索托：《资本的秘密：为什么资本主义会在西方胜利而在其他地方失败》（The Mystery of Capital：Why Capitalism Triumphed in the West and Failed Everywhere Else）。

罗伯特·弗兰克：《狂热：在一个过剩的时代为什么货币不能满足》（Luxury Fever：Why Money Fails to Satisfy in an Era of Excess ）。

戴维·弗里德曼：《隐藏的秩序：日常生活中的经济学》（Hidden Order：The Economics of Everyday Life）。

苏珊·李：《为什么政府会威胁到经济的健康》（Hands Off：Why the Government Is a Menace to Economic Health）。

此外，亚当·斯密的《国富论》（The Wealth of Nations）是每个经济学专业学生的必读著作。这本书写于1776 年，是迄今为止最有影响的经济学著作。其中的许多观点，在目前仍然是有价值的。

■ 经济小说

对于喜欢小说的学生而言，可以选择的图书包括：

马歇尔·杰文斯：《边际谋杀》（*Murder at the Margin*）、《致命均衡》（*The Fatal Equilibrium*）和《致命的无差异》（*A Deadly Indifference*）。这是有关经济学谋杀秘密的三本故事书。运用你学过的经济理论来分析犯罪行为。

拉塞尔·罗伯茨：《无形的心》（*The Invisible Heart*）。这是一本有关经济学的爱情小说。"劳拉能够爱上一个在其墙上贴着亚当·斯密大幅画的男人吗？"

拉塞尔·罗伯茨：《选择：自由贸易与保护主义的寓言故事》（*The Choice：A Parable of Free Trade and Protectionism*）。

乔纳森·怀特：《拯救亚当·斯密：财富、转变与美德的故事》（*Saving Adam Smith：A Tale of Wealth，Transformation，and Virtue*）。

注　释

1. 此术语是罗伯特·赖克在《国家论》（*The Work of Nations*）中采用的。引自其中的第 178 页。
2. John J. Siegfried and David K. Round，"International Trends in Economics Degrees during the 1990s，" *Journal of Economic Education*，Vol. 32，no. 3，Summer 2001，pp. 203 – 218.
3. Michael Nieswiadomy，"LSAT Scores of Economics Majors，" *Journal of Economic Education*，Vol. 29，no. 4，Fall 1998，pp. 377 – 379.
4. Richard Sabot and John Wakeman – Linn，"Grade Inflation and Course Choice，" *Journal of Economic Perspectives*，Vol. 5，no. 1，Winter 1991，pp. 159 – 170。
5. Donald G. Freeman，"Grade Divergence as a Market Outcome，" *Journal of Economic Education*，Vol. 30，no. 4，Fall 1999，pp. 344 – 351.
6. Robert Whaples，"Changes in Attitudes about the Fairness of Free Markets among College Economics Students，" *Journal of Economic Education*，Vol. 26，no. 4，Fall 1995.
7. Robert H. Frank，Thomas Gilovich，and Dennis T. Regan，"Does Studying Economics Inhibit Cooperation?"，*Journal of Economic Perspectives*，Vol. 7，no. 2，Spring 1993，pp. 159 – 171.
8. John R. Carter and Michaeld. Irons，"Are Economists Different，and If So，Why?" *Journal of Economic Perspectives*，Vol. 5，no. 2，Spring 1991，pp. 171 – 177.
9. "Economics Students Arent Selfish，Theyre Just Not Entirely Honest，" *Wall Street Journal*，January 18，1995，B1.
10. "博士头衔的浮动"，《经济学文献》，1992 年 6 月，第 30 卷，第 2 期，第 830 ~ 875 页。如果把在校期间的休学时间包括在内，那么，时间上升到了 10.5 年。当然，一些学生只有部分时间用于学业，大多数学生都是一边攻读学位，一边工作。

译后记

经过四五个月的努力，终于在2009年的春节期间完成了本书的翻译工作。

这本《学习指南》是帕金《宏观经济学》（第8版）的配套用书。考虑到广大读者，特别是广大同学们使用方便，对于一些关键概念的译法，我做了这样的处理：既可这样译、又可那样译的术语，尽量采用第8版中译本的译法；觉得第8版中译本的译法比其他译法更好的，予以保留；只有那些我认为译法不太准确或不太大众化的术语，我才改变了译法。关于后者，在这里仅举几例。"post hoc fallacy" 一词在第8版中译为"事后谬误"，在本指南中，我将其译为"事后归因谬误"，这样更准确一些；"open market operation" 一词在第8版中译为"公开市场操作"，而更普通的译法和用法是"公开市场业务"，本指南中采用了后面的这种译法；"currency drain ratio" 在第8版中译为"现金漏损率"，在本指南中，我将其译为"现金外流率"，这样更准确一些。

近七八年来，译介国外经济管理著作是我的重要学术工作之一。我独立翻译及与人合译多部著作，如《投资智慧论语》（2001年）、《寻找蓝筹股》（2002年）、《工作契约2．0》（2003年）、《企业与社会：伦理与利益相关者理论》（2004年）、《在空白处创业》（2007年）等。我也参与了帕金《微观经济学》、《宏观经济学》（第8版）部分章节的翻译工作。正因如此，我才对翻译工作有所感受。尽管在翻译过程中，有前一个版本（第5版学习指南）的中译本可供参考，但是对我也是一个挑战。我力求在前一个版本的基础上有所提高。是否达到了这一目标，有待于广大读者，特别是使用本指南的教师和同学们的评价。

在每一章"关键概念"这一部分，我在翻译时，对于一些基本定义，尽量与原书第8版中的译法保持一致，这样便于学生们使用。原版第5版指南中的"前言"与"结束语"这两部分与第8版指南中相同。而且，在翻译过程中，我发现第5版指南中译本这两部分的译文质量较高，我也是在认真研读的基础上再译的，也参考了这两部分译文。在这里，特向帕金《宏观经济学》第5版和第8版中译本的译者、《帕金宏观经济学（第5版）学习指南》的译者表示感谢。

此外，与第5版指南中译本相比，本学习指南在形式上也有较大改进。如各章习题中的"选择题"改为"单项选择题"，"模拟分析题"改为"分析题"；特别是，对于单项选择题，都留有空格，这样更符合国人的习惯了。

无疑，对于本指南译文中存在的不足甚至错误之处，应当由我承担全部责任。

感谢责任编辑周敏芳女士的督促，本书译稿才得以顺利完成。在翻译本书的过程中，北京工商大学经济学院的刘成碧教授、严旭阳教授、赵泉副教授、徐丹丹副教授、张宏艳副教授、高扬副教授、郭毅副教授、余向华博士等学者以各种方式给予我帮助，在此特向他们表示感谢。

朱中彬

2009年2月15日于北京工商大学